Romance Mediúmnico

# LA VENGANZA DEL JUDÍO

Dictado por el Espíritu
## CONDE J. W. ROCHESTER

Psicografía de
## VERA KRYZHANOVSKAIA

Traducción al Español:
**J.Thomas Saldias, MSc.**
Trujillo, Perú, Junio, 2021

La Venganza del Judío

Traducido de la 1ra Edición Portuguesa, 1997

© Vera Kryzhanovskaia

**World Spiritist Institute**
Houston, Texas, USA
E–mail: contact@worldspiritistinstitute.org

# De la Médium

Vera Ivanovna Kryzhanovskaia, (Varsovia, 14 de julio de 1861 – Tallin, 29 de diciembre de 1924), fue una médium psicográfa rusa. Entre 1885 y 1917 psicografió un centenar de novelas y cuentos firmados por el espíritu de Rochester, que algunos creen que es John Wilmot, segundo conde de Rochester. Entre los más conocidos se encuentran "El faraón Mernephtah" y "El Canciller de Hierro."

Además de las novelas históricas, en paralelo la médium psicografió obras con temas "ocultismo–cosmológico." E. V. Kharitonov, en su ensayo de investigación, la consideró la primera mujer representante de la literatura de ciencia ficción. En medio de la moda del ocultismo y esoterismo, con los recientes descubrimientos científicos y las experiencias psíquicas de los círculos espiritistas europeos, atrajo a lectores de la alta sociedad de la "Edad de Plata" rusa y de la clase media en periódicos y prensa. Aunque comenzó siguiendo la línea espiritualista, organizando sesiones en San Petersburgo, más tarde gravitó hacia las doctrinas teosóficas.

Su padre murió cuando Vera tenía apenas diez años, lo que dejó a la familia en una situación difícil. En 1872 Vera fue recibida por una organización benéfica educativa para niñas nobles en San Petersburgo como becaria, la Escuela Santa Catarina. Sin embargo, la frágil salud y las dificultades económicas de la joven le impidieron completar el curso. En 1877 fue dada de alta y completó su educación en casa.

## La Venganza del Judío

Durante este período, el espíritu del poeta inglés JW Rochester (1647–1680), aprovechando las dotes mediúmnicas de la joven, se materializó y propuso que se dedicara en cuerpo y alma al servicio del Bien y que escribiera bajo su dirección. Luego de este contacto con la persona que se convirtió en su guía espiritual, Vera se curó de tuberculosis crónica, una enfermedad grave en ese momento, sin interferencia médica.

A los 18 años comenzó a trabajar en psicografía. En 1880, en un viaje a Francia, participó con éxito en una sesión mediúmnica. En ese momento, sus contemporáneos se sorprendieron por su productividad, a pesar de su mala salud. En sus sesiones de *Espiritismo* se reunieron en ese momento famosos médiums europeos, así como el Príncipe Nicolás, el futuro Zar Nicolás II de Rusia.

En 1886, en París, se hizo pública su primera obra, la novela histórica "Episodio de la vida de Tiberio", publicada en francés, (así como sus primeras obras), en la que ya se notaba la tendencia por los temas místicos. Se cree que la médium fue influenciada por la Doctrina Espírita de Allan Kardec, la Teosofía de Helena Blavatsky y el Ocultismo de Papus.

Durante este período de residencia temporal en París, Vera psicografió una serie de novelas históricas, como "El faraón Mernephtah", "La abadía de los benedictinos", "El romance de una reina", "El canciller de hierro del Antiguo Egipto", "Herculanum", "La Señal de la Victoria", "La Noche de San Bartolomé", entre otros, que llamaron la atención del público no solo por los temas cautivadores, sino por las tramas apasionantes. Por la novela "El canciller de hierro del Antiguo Egipto", la Academia de Ciencias de Francia le otorgó el título de "Oficial de la Academia Francesa" y, en 1907, la Academia de Ciencias de Rusia le otorgó la "Mención de Honor" por la novela "Luminarias checas."

## Del Autor Espiritual

John Wilmot Rochester nació en 1ro. o el 10 de abril de 1647 (no hay registro de la fecha exacta). Hijo de Henry Wilmot y Anne (viuda de Sir Francis Henry Lee), Rochester se parecía a su padre, en físico y temperamento, dominante y orgulloso. Henry Wilmot había recibido el título de Conde debido a sus esfuerzos por recaudar dinero en Alemania para ayudar al rey Carlos I a recuperar el trono después que se vio obligado a abandonar Inglaterra.

Cuando murió su padre, Rochester tenía 11 años y heredó el título de Conde, poca herencia y honores.

El joven J.W. Rochester creció en Ditchley entre borracheras, intrigas teatrales, amistades artificiales con poetas profesionales, lujuria, burdeles en Whetstone Park y la amistad del rey, a quien despreciaba.

Tenía una vasta cultura, para la época: dominaba el latín y el griego, conocía los clásicos, el francés y el italiano, fue autor de poesía satírica, muy apreciada en su época.

En 1661, a la edad de 14 años, abandonó Wadham College, Oxford, con el título de Master of Arts. Luego partió hacia el continente (Francia e Italia) y se convirtió en una figura interesante: alto, delgado, atractivo, inteligente, encantador, brillante, sutil, educado y modesto, características ideales para conquistar la sociedad frívola de su tiempo.

## La Venganza del Judío

Cuando aun no tenía 20 años, en enero de 1667, se casó con Elizabeth Mallet. Diez meses después, la bebida comienza a afectar su carácter. Tuvo cuatro hijos con Elizabeth y una hija, en 1677, con la actriz Elizabeth Barry.

Viviendo las experiencias más diferentes, desde luchar contra la marina holandesa en alta mar hasta verse envuelto en crímenes de muerte, la vida de Rochester siguió caminos de locura, abusos sexuales, alcohólicos y charlatanería, en un período en el que actuó como "médico."

Cuando Rochester tenía 30 años, le escribe a un antiguo compañero de aventuras que estaba casi ciego, cojo y con pocas posibilidades de volver a ver Londres.

En rápida recuperación, Rochester regresa a Londres. Poco después, en agonía, emprendió su última aventura: llamó al cura Gilbert Burnet y le dictó sus recuerdos. En sus últimas reflexiones, Rochester reconoció haber vivido una vida malvada, cuyo final le llegó lenta y dolorosamente a causa de las enfermedades venéreas que lo dominaban.

Conde de Rochester murió el 26 de julio de 1680. En el estado de espíritu, Rochester recibió la misión de trabajar por la propagación del *Espiritismo*. Después de 200 años, a través de la médium Vera Kryzhanovskaia, El automatismo que la caracterizaba hacía que su mano trazara palabras con vertiginosa velocidad y total inconsciencia de ideas. Las narraciones que le fueron dictadas denotan un amplio conocimiento de la vida y costumbres ancestrales y aportan en sus detalles un sello tan local y una verdad histórica que al lector le cuesta no reconocer su autenticidad. Rochester demuestra dictar su producción histórico–literaria, testificando que la vida se despliega hasta el infinito en sus marcas indelebles de memoria espiritual, hacia la luz y el camino de Dios. Nos parece imposible que un historiador, por erudito que sea, pueda estudiar, simultáneamente y en profundidad, tiempos y medios tan diferentes como las civilizaciones asiria, egipcia, griega y romana; así como costumbres tan disímiles como las de la Francia de Luis XI a las del Renacimiento.

El tema de la obra de Rochester comienza en el Egipto faraónico, pasa por la antigüedad grecorromana y la Edad Media y continúa hasta el siglo XIX. En sus novelas, la realidad navega en una corriente fantástica, en la que lo imaginario sobrepasa los límites de la verosimilitud, haciendo de los fenómenos naturales que la tradición oral se ha cuidado de perpetuar como sobrenaturales.

El referencial de Rochester está lleno de contenido sobre costumbres, leyes, misterios ancestrales y hechos insondables de la Historia, bajo una capa novelística, donde los aspectos sociales y psicológicos pasan por el filtro sensible de su gran imaginación. La clasificación del género en Rochester se ve obstaculizada por su expansión en varias categorías: terror gótico con romance, sagas familiares, aventuras e incursiones en lo fantástico.

El número de ediciones de las obras de Rochester, repartidas por innumerables países, es tan grande que no es posible tener una idea de su magnitud, sobre todo teniendo en cuenta que, según los investigadores, muchas de estas obras son desconocidas para el gran público.

Varios amantes de las novelas de Rochester llevaron a cabo (y quizás lo hacen) búsquedas en bibliotecas de varios países, especialmente en Rusia, para localizar obras aun desconocidas. Esto se puede ver en los prefacios transcritos en varias obras. Muchas de estas obras están finalmente disponibles en Español gracias al **World Spiritist Institute**.

## Del Traductor

Jesus Thomas Saldias, MSc., nació en Trujillo, Perú.

Desde los años 80's conoció la doctrina espírita gracias a su estadía en Brasil donde tuvo oportunidad de interactuar a través de médiums con el Dr. Napoleón Rodriguez Laureano, quien se convirtió en su mentor y guía espiritual.

Posteriormente se mudó al Estado de Texas, en los Estados Unidos y se graduó en la carrera de Zootecnia en la Universidad de Texas A&M. Obtuvo también su Maestría en Ciencias de Fauna Silvestre siguiendo sus estudios de Doctorado en la misma universidad.

Terminada su carrera académica, estableció la empresa *Global Specialized Consultants LLC* a través de la cual promovió el Uso Sostenible de Recursos Naturales a través de Latino América y luego fue partícipe de la formación del **World Spiritist Institute**, registrada en el Estado de Texas como una ONG sin fines de lucro con la finalidad de promover la divulgación de la doctrina espírita.

Actualmente se encuentra trabajando desde Peru en la traducción de libros de varios médiums y espíritus del portugués al español, así como conduciendo el programa "La Hora de los Espíritus."

## ÍNDICE

### PRIMERA PARTE: LA LUCHA DE LOS PREJUICIOS

1.- EL MILLONARIO ............................................................. 11
2.- LA GRAN E INESPERADA DESAGRACIA ....................... 30
3.- EL PADRE MARTINCITO DE ROTHEY ......................... 54
4.- EL NOVIO JUDÍO ............................................................ 70
5 – NUEVO SACRIFICIO PARA EL
HONOR DEL NOMBRE ........................................................ 103
6 – EL FIN DEL SUEÑO DE SAMUEL ................................. 145
7–. SAMUEL Y SU ESPOSA ................................................. 203
8.- La Venganza del Judío .................................................... 233
9.- EL BAILE DE MÁSCARAS Y SUS CONSECUENCIAS ... 252

### SEGUNDA PARTE: EL HOMBRE PROPONE Y DIOS DISPONE

1.- TRIBUNAL FAMILIAR ..................................................... 301
2 – LA VOZ DE MÁS ALLÁ DE LA TUMBA ......................... 333
3.- LA CONVERSIÓN DEL ATEO ......................................... 348
4 – LA CONFESIÓN ............................................................. 377
5.- LA RECONCILIACIÓN .................................................... 390
6.- LOS PASOS DE LA ESCALERA ...................................... 416
7.- NO SE APROVECHA UN BIEN MAL ADQUIDO ........... 451
8.- NEMÉSIS, LA DIOSA DE LA VENGANZA
Y EL CASTIGO .................................................................... 462
9.- EL PAGO DE LA DEUDA ................................................ 488
10.- LA VIUDEZ .................................................................... 506
11.- LA CARTA DE RAÚL .................................................... 521

# PRIMERA PARTE

# LA LUCHA DE LOS PREJUICIOS

## 1.– EL MILLONARIO

Un elegante carruaje rodó en un hermoso día de primavera en 1862, al trote de dos magníficos caballos, las animadas calles de la ciudad de Pesth.[1] Frente a un palacio, ubicado en el barrio aristocrático por excelencia, se detuvo la fogosa pareja y un criado con librea abrió la puerta del carruaje.

Un joven elegante, vistiéndose con lo último de la moda, se apeó con facilidad y, respondiendo al saludo reverente del portero con un leve asentimiento, subió lentamente la larga escalera, con pasamanos dorados, que conducía a las habitaciones del piso superior.

– Su padre ha preguntado por usted, señor – anunció uno de los sirvientes mientras le quitaba el sombrero y el abrigo.

– Está en su oficina, pero le pide que lo espere en su sala.

Sin responder, el joven caminó por algunas habitaciones, con muebles componiendo un lujo exagerado, y entró a la sala de su padre. Amplio salón, cuyo buen gusto, en exageradamente rica ornamentación; sin embargo, se podría objetar que se distinguía de los demás: todos los muebles eran dorados; una alfombra extensa tendida sobre el pavimento, aquí y allá, obras de arte, muy costosas, formando un conjunto

---

[1] Actual Budapest, capital de Hungría. En ese momento, capital del entonces Imperio de Austria–Hungría.

inarmónico, llenaban las mesas y consolas, solo el gran escritorio, abarrotado de papeles, y la gran caja fuerte a prueba de fuego, insinuaban la oficina de un comerciante.

Después de caminar con impaciencia por la habitación durante unos minutos, el joven se tiró en un sillón y, con la cabeza vuelta hacia lo alto, apoyada en la espalda, frunciendo el ceño, estaba sumido en sus meditaciones.

Abraham Maier, un viejo financista, era uno de esos israelitas que logró, sin una explicación plausible, amasar una gran fortuna saliendo de la más absoluta oscuridad. De una humilde tienda, donde nació, en una pequeña ciudad de provincias, comenzó su vida como vendedor ambulante; llevando a la espalda las pequeñas cosas desparramadas, había vagado por el país en todas direcciones, sin descuidar el caserío más modesto. Ayudado por uno de esos accidentes que siempre se alían con el esfuerzo del semita, moderado, sin medir esfuerzos, y poco a poco adquirió un pequeño ingreso; alguna especulación, concluida con éxito, en un instante lo convirtió en un hombre rico, y con el tiempo, en un millonario banquero.

Aunque él mismo seguía siendo un israelita de principio a fin, y un observador exacto de la Ley de Moisés, le había proporcionado a su único hijo Samuel una educación generosa. El niño, cuya llegada, después del duodécimo año de matrimonio, le había costado la vida a su madre, era el ídolo, el punto focal de los afectos del viejo Maier; trabajó y acumuló, sin cansarse, nuevas riquezas para él. Para educarlo, no escatimó nada.

Confesemos, en honor a Samuel, que había podido hacer pleno uso de los medios que se le habían puesto a su disposición bajo la dirección de los profesores más competentes al principio, y en la Universidad a partir de entonces había completado brillantes estudios; viajar, entonces, había dado a su educación el toque final; manejaba con seguridad seis idiomas, pintaba con cierto mérito y era un músico refinado.

Ricamente dotado, pero orgulloso y apasionado, despreciaba su origen judío, que ya le había hecho sufrir innumerables angustias, además de impedirle entrar en las casas verdaderamente aristocráticas, que se empeñaba en frecuentar.

Con la libertad que le dio su padre, para seguir sus dictados íntimos, vivió como un noble, practicaba deportes, retomaba las relaciones entre sus antiguos compañeros de estudios y con la fina juventud de la ciudad, que asistía a sus fiestas en su propia motocicleta, y en el que prestó dinero, en caso de necesidad.

En muchas ocasiones, viejos amigos de Abraham Maier le comentaban el hecho que su hijo nunca asistiera a la Sinagoga, descuidando por completo las prescripciones de su Ley, interesándose solo por la sociedad y las costumbres cristianas. El viejo banquero, moviendo la cabeza, con una risa seca, respondía:

– Dejémosle disfrutar de su juventud; los propios cristianos lo harán desilusionarse de tales amistades y, sin más ilusiones, volverá a la religión de sus padres, que; sin embargo, vive en su corazón. Samuel tiene solamente cinco lustros de edad, trabajar juiciosamente, tiene el instinto empresarial; una vez que pasen estos sueños juveniles, se convertirá en mi legítimo sucesor...

Había pasado mucho tiempo desde su llegada, inmerso; sin embargo, en su melancolía sombría, no se había dado cuenta, tampoco había notado que se levantaban las cortinas de terciopelo y que un anciano, con barba blanca, delgado y encorvado, se detuvo en el umbral de la puerta, mirándolo escrutadoramente. De repente, Samuel se levantó y, pasándose las manos por el espeso cabello, exclamando con una voz ahogada por la desesperación y la ira:

– ¡Oh, maldición haber nacido judío! ¡En el seno de esta raza aborrecible, de cuyo estigma no nos liberan ni la educación ni el dinero!

– Te equivocas, hijo; el oro borra los prejuicios más profundos; estos cristianos, llenos de sí mismos, bajan la frente al polvo, frente al judío despreciado, en su afán de obtener un poco de este metal que, incluso pasando por nuestras manos, se contamina.

Cerrando con cuidado la puerta de la habitación, el banquero continuó:

–¿Desde cuándo; sin embargo, sientes el morboso deseo de despreciar a tus abuelos y el deseo de cristianizarse a ti mismo? ¿Es por eso que casi nunca asisten a nuestras fiestas? – Concluyó con una sonrisa de malicia.

– Los que hacen negocios con nosotros vienen, o no quieren hacer daño, por las obligaciones que te deben – replicó amargamente el muchacho –. A pesar de ser amables y afectar la igualdad, y a pesar de nuestra bienvenida a estas personas, en su intimidad resuena una nota que me hace hervir la sangre. A muchos de los que asisten a nuestras cenas, antiguos compañeros de la Universidad y soldados, he ayudado, sin pedirles nunca que paguen un solo sueldo, y, en un momento desafortunado, me devuelven con repugnancia hiriente, haciéndome darme cuenta del abismo que mi descendiente cava entre ellos y yo...

– ¡Ingratos! Imbéciles, arrogantes, como todos los de la raza de los *goys* (cristianos) – exclamó el viejo banquero, sentándose en un sillón –. ¿Y quieres pertenecer a esta clase, reconociendo que vienen aquí solo por interés? No eres justo, Samuel, con el Dios de nuestros ancestros. ¿No te dio un regalo y con todo esto que puede hacerte feliz e incluso envidiado? ¿No eres joven, de cuerpo y espíritu sano, e inmensamente rico? Ten cuidado de no volverse ingrato, y en no unirte tan estrechamente a nuestros enemigos; mientras te necesiten, te adularán, expulsándote como un perro repugnante, cuando puedan prescindir de ti. Sin embargo, quiero preguntarte, ya que estamos en este tema: ¿qué está pasando dentro de ti, hijo mío? He observado, durante algún tiempo, con amargura, que no eres el mismo; enojado, pálido, distraído, descuidando los negocios; confiesa: ¿qué te preocupa?

– ¿Puedo esperar que me escuches con indulgencia, padre mío? Mi confesión debe parecerte odiosa, pero debo morir si... si...

Samuel se dejó caer en la silla y se pasó el pañuelo por la cara ardiente.

– No importa qué confesión hagas, porque tengo derecho a saber la verdad. En innumerables ocasiones has podido apreciar mi indulgencia.

– Es verdad, padre. Te debo toda la verdad; escúchame pacientemente.

Hace unos 7 meses, como sabes, estaba en nuestra propiedad de Rudenhof. Como siempre, di mi paseo habitual por el bosque que se extiende hasta el dominio del Conde de M.

De repente, escuché el crujido como ramas que se rompen, y una voz de una mujer pidiendo ayuda a gritos. Me lancé en esa dirección y vi un caballo, que se había caído, arrastrando al jinete detrás de él en su caída. Al final de la aproximación, el animal se puso de pie, queriendo retomar su carrera, arrastrando al jinete con él, atrapado como estaba por el pie al estribo. En un instante la alcancé y tomé las riendas; entonces le solté el pie, y en el desafortunado momento, porque el corcel, con un salto inesperado, me arrancó las riendas de las manos y partió al galope. Me incliné ante la amazona, todavía estirada en el piso, la levanté en mis brazos; era una mujer joven, desconocida para mí, pero de una belleza fascinante. Se le había caído el sombrero y dos ricas trenzas, de un rubio rojizo, caían desordenadas sobre sus hombros. Inesperadamente, vi gotas de sangre corriendo por su frente.

– ¿Estás herida? – Le pregunté sorprendido.

Sin respuesta, me miró con sus hermosos ojos azul oscuro.

Pensé para mis adentros que quizás el susto la había privado del habla, y concluí que era necesario limpiar y proteger la herida. Cerca, retumbaba una fuente, en las inmediaciones de la cual había descansado más de una vez. Corriendo allí, mojé mi pañuelo en el agua; al regresar; sin embargo, descubrí que la niña se había desmayado.

Lavé su frente y traté de curarle la herida, que era leve; tales medidas no surtieron efecto, ya que ella permanecía inconsciente. Me encontré en una gran vergüenza: ignoraba su nombre y domicilio; dejarla para ir en busca de ayuda, estaba fuera de toda duda, porque ella ejercía en mí tal fascinación que me mantuvo a su lado.

Tomando una resolución repentina, la levanté en mis brazos y me dirigí a nuestra casa. El camino era largo, y, además, requería el mayor cuidado de esa invaluable carga; te juro; sin embargo, padre, que no quisiera abreviarlo, porque no me conformé con contemplar la criatura; el mero toque de ese cuerpo debilitado y flexible me mareaba.

Al verme llegar, sin aliento, sosteniendo en mis brazos a una mujer que estaba desmayada, nuestros sirvientes se acercaron y me ayudaron a colocar a la joven en una cama. De repente, el ayuda de cámara; que se había acercado con una almohada, dijo sorprendido:

– Señor, esta es la Condesa de M, hermana del Conde Rodolfo; la he visto algunas veces, ya que conozco a su doncella, Marta.

– Entonces – respondí –, envíe un mensajero a caballo ahora, para que el Conde sepa que su hermana está a salvo aquí.

– Este Conde Rodolfo es oficial de Caballería y ha frecuentado nuestra casa varias veces; su padre es un chambelán de la Corte, ¿no es así? – Preguntó el viejo banquero.

– ¡Eso es exactamente, papá!

– ¿No sabías, entonces, que tiene una hermana? – Y el viejo banquero tenía una sonrisa irónica – No sabrá, supongo, que estos grandes caballeros están endeudados. Guardo más de una letra de cambio de ambos en mi billetera. Continua.

– Gracias a mis esfuerzos, Valéria – así se llama la Condesa – pudo abrir los ojos muy rápido y agradecerme efusivamente por haberla salvado.

– Exagera, Condesa – le respondí sonriendo.

– Al enterarse que había enviado una advertencia a su familia, con una sonrisa tan encantadora me tendió la mano, que no podía contenerme, y presioné su mano contra mis labios. Luego le ofrecí unos tranquilizantes, que aceptó, informándome más tarde que solo vivía allí. Había completado su educación en un internado en Suiza y, con un pariente, había pasado un año en Italia y quería que nos convirtiéramos en buenos vecinos.

Extasiado, escuché sus palabras y mi corazón latía tan fuerte que pareció romperse, cuando sus ojos azules, claros y sonrientes, se encontraron con los míos. ¡Me fascinó!

Nuestra conferencia fue interrumpida por la llegada del Conde Rodolfo. Abrazando a su hermana, me agradeció de todo corazón la ayuda que yo le había dado, y la notificación que yo le había dado, que los había liberado de la dolorosa angustia que le provocó la aparición del caballo de Valéria, cubierto de espuma y con las rodillas heridas y ensangrentadas. Luego le pidió a su hermana que lo acompañara, para tranquilidad de su padre, y le ofreció el brazo. Fui con ellos al pasillo. Dándome la mano, a modo de despedida, Valéria me dijo:

– Espero verte en nuestra casa muchas veces; papá y Rodolfo estarán felices de expresar su gratitud a mi salvador. Si no hubiera sido por su pronta intervención, me habría roto la cabeza con piedras y troncos.

Noté una mirada de sorpresa por parte del Conde hacia su hermana, apenas ella hubo terminado sus palabras y, sin confirmar la invitación, con su consentimiento, le hizo girar el bigote diciendo:

– Supongo, Valéria, que aun no sabes el nombre de tu salvador, permíteme reparar este descuido y presentarte al señor Samuel Maier.

– El tono era tranquilo e indiferente; sin embargo, vibraba allí un sentido oculto, que me lastimó a mí y a la niña; miró a su hermano, luego a mí, y sin una palabra se subió a su coche. Rodolfo la siguió rápidamente, se llevó la mano a la gorra y azotó a los caballos.

Me di la vuelta, mi corazón fuera de control. Comprendí la leve insinuación y preví la consecuencia. Que debía olvidarme del hecho, me ordenaba la razón y mi orgullo; pero ¡pobre de mí! La fatalidad me había golpeado; recordando a Valéria, no podía descansar; noche tras noche, día tras día evocaba su rostro encantador, su sonrisa fascinante.

Guiado por una fuerza superior a mi voluntad, me dirigí a la Quinta de M. Me dijeron que los dos Condes estaban en la ciudad, y la Condesa no podía recibir a nadie, pues estaba bastante indispuesta; una indisposición que no fue suficiente; sin embargo, para impedirle tomar un carruaje por la tarde. La mala acogida fue evidente; me aventuré, a pesar de eso, a una nueva visita... no me recibieron. Me quedaba, por tanto, llorar en silencio por un insulto que no había merecido, dado el servicio prestado.

¿Qué más puedo decir, padre? Ardía de sorda rebelión y, a pesar de esto, estaba tan absorto en mi pasión que buscaba ansiosamente cada oportunidad de ver a Valéria, sin que ella misma lo supiera; en el paseo, a veces en el teatro, la vi. Rodolfo me visitaba de vez en cuando, por el motivo habitual, pero no hablaba de Valéria.

Ayer por la tarde, en casa del Barón Kirchberg, con sorpresa, vi a Valéria, quien, sonrojada, evitó mi mirada. Sin embargo, no podía dejar escapar esta oportunidad para explicarme y, en el invernadero, en un momento en que ella estaba sola, me acerqué:

– Disculpe que la haya acosado, Condesa – y me incliné, hablando así –, pero es mi deseo saber el motivo de su cambio de actitud hacia mí.

Se puso pálida y me midió con una mirada de orgullo y desprecio.

– La explicación que usted provoca, señor, sería preferible evitarla – dijo, con un acento duro y gélido que pensé que esa boca reluciente era incapaz de hacerlo –. Además del favor que me hizo, le pido disculpas por la audacia del tono y la familiaridad que usó conmigo, por lo que creí que era un amable vecino nuestro. Una vez que terminó la ilusión, actué como era mi deber; somos escrupulosos entre nosotros, señor Maier; Debo obedecer ciertas consideraciones en relación con quienes frecuentan el salón de mi padre, y no puedo exigir que se reúnan allí con aquellos de quienes los separa el prejuicio racial.

Acentuando estas palabras, que sin duda resultó ser yo un marginado a los ojos de esta doncella a la que adoraba, y de su orgullosa clase, la sangre brotó de mi corazón y una nube oscureció mi visión.

Sin duda ella estaba consciente del trance que había provocado, porque, cambiando repentinamente de tono, apoyó la mano en mi brazo, con ansioso interés:

– Qué pálido está, mi señor. ¿Está enfermo?

Retrocedí, como si la mordedura de una serpiente me hubiera lastimado.

– ¿Se deja arrastrar, Condesa, y contaminarse al contacto de un ser inferior a usted? Concédame, al menos, presentarle mis sentimientos y mis disculpas por haberla sacado de debajo de los cascos del caballo, sin atender que es deshonroso para los privilegiados que hombres de mi raza les presten sus servicios; nunca olvidaré esta lección. Permíteme una última pregunta y la liberaré de mi presencia – agregué al verla alejarse de mí –. ¿Fue el señor Conde, su hermano, quien le instruyó sobre la susceptibilidad de sus visitantes y la diferencia que establecen entre los hombres los prejuicios de raza?

– "Sí, Rodolfo me hizo ver la manera inconveniente como me condujera.

– ¿Conoce la situación en la que él mismo se encuentra conmigo?

## La Venganza del Judío

Valéria se sonrojó, mirándome con despecho.

– Me dijo que lo conocía y que asiste a veces a su casa porque hace negocios con su establecimiento bancario; pero, por regla general, los hombres no necesitan ser tan escrupulosos en sus relaciones, lo que no es posible para las mujeres.

¡Mientras ella hablaba, saqué de mi billetera una carta que había recibido de Rodolfo, quince días antes, en la que me pedía que le diera una importante suma de dinero, para saldar deudas de juego, rogándome que lo salve de ese lío y llamándome amigo!

– Compruebe usted mismo, Condesa, que el señor Conde, su hermano, abusa indudablemente de la envidiable y masculina condición de estar por encima de los escrúpulos, y que los prejuicios raciales no se extienden al dinero.

Ruborizada hasta la nada, Valéria me arrebató la misiva de las manos, recorriendo una mirada sobre ella. Al encontrarse; antes de firmar, con un "Suyo devoto y agradecido", hundió los dientes en los labios y me entregó el papel en silencio. Aparté la mano.

– Guárdela, Condesa. Esta carta le dirá si me hice digno de tanto desprecio, salvando la vida de su hermana y ayudando a su hermano, en situación crítica. Es una ayuda inútil, ya que el Conde no está en condiciones de reembolsar la cantidad; estoy al día de sus negocios.

Sin esperar tu respuesta, me fui; no volví aquí; sin embargo, fui a nuestra casa en las afueras, ansioso por encontrar aire y movimiento para recuperarme.

Cansado, tal vez, Samuel guardó silencio, apartando los rizos negros de cabello que se le pegaban a la frente. Sin interrumpir, el viejo Abraham escuchó la larga narración del hijo. Alisándose la barba gris, de vez en cuando lo observaba con una mirada mezclada con lástima y alegría íntima.

– Bueno, ¿qué piensas hacer ahora, Samuel? Destruir a estos bastardos, creo – preguntó después de un breve silencio.

– Exactamente, padre; diferente; sin embargo, de lo que supones. Por ahora, es mi único deseo tener en mis manos todas las letras de cambio y obligaciones aceptadas por los dos Condes. ¿Me ayudarás en este intento?

– ¿Por qué no cumpliría un propósito tan justo? ¿No eres mi único heredero? Llama a Levi, arreglemos este asunto como desees.

Diez minutos después, un anciano, rasgos pronunciados del típico semita, se presentó en la oficina. Era Joshua Levi, el primer agente de la Casa.

– Mi querido Levi – dijo el banquero, respondiendo al saludo servil y profundo del subordinado con un leve asentimiento –, es mi deseo estar en posesión de todas las obligaciones y cartas de intercambio aceptado por los condes de M., padre e hijo; consulta con los empresarios de la ciudad, que pueden estar en posesión de estos títulos. Seis semanas es el tiempo que te doy para completar esta operación, y no olvidaré recompensar tu celo.

– Sabe, por supuesto, señor Maier, que estos documentos son de valor muy dudoso – observó el agente –. Los Condes son jugadores, gastan más allá de sus ingresos; sus propiedades están hipotecadas, y las creo insolubles.

– Tales hechos no cambian mi resolución de ninguna manera; busca estos papeles, aunque a costa de sacrificios de nuestra parte, y en cuanto los recojas, dáselos a Samuel, que se ocupará de este asunto. Ahora, hijo mío, ve y descansa; no estás en condiciones de trabajar, ¿verdad? Lo haré por dos y tengo que hablar de negocios con Levi.

Aproximadamente tres semanas después de esta entrevista narrada por nosotros, vamos a encontrarnos con Valéria M. y su querida amiga, la Condesa Antonieta de Eberstein, reunidas en una sala maravillosa y profusamente ornamentada de las flores más raras y recubierta de seda azul. Las dos jóvenes formaban un perfecto contraste: pequeñas y delgadas, con tez nacarada, cabello rubio y armonía en los movimientos ondulantes, la que le había ganado el nombre de hada, Valéria era más como una niña, al lado de Antonieta, con sus trenzas negras, ojos chispeantes y aire intrépido. Amigas desde la infancia y educadas incluso en el mismo internado, se amaban sinceramente y pasaban semanas enteras juntas, siendo Antonieta considerada y tratada en la casa del Conde de M. como un pariente cercano.

Antonieta recorrió con la mirada las páginas de un periódico ilustrado, distraída y melancólica, de vez en cuando lanzando una mirada inquisitiva a su amiga, que parecía estar soñando, la mirada en el vacío, apoyada en los cojines del pequeño diván. Usaba todavía un peinador blanco, a pesar que era casi mediodía, y sus delicadas manos jugaban con las borlas del cinturón que ceñía su figura. En un rechazo, Antonieta tiró el periódico a un lado y exclamó levantándose:

– ¡De todos modos, esta situación no se puede prolongar! ¿Qué pasa contigo, Valéria? Esta melancolía, esta palidez, estos cismas sin fin, todo tiene una razón: confiésame la verdad. ¿No juramos nunca ocultar nuestros secretos la una a la otra?

Con un leve estremecimiento, Valéria se enderezó en el sofá:

## La Venganza del Judío

— Eres impulsivo – dijo, y tomando la mano de su amiga, la atrajo hacia sí –. No debo ocultarte nada, tienes razón. Antes; sin embargo, prométeme que mantendrás un secreto completo sobre lo que te voy a revelar, porque, para mi desgracia, Rodolfo tiene sus asuntos en problemas.

Ante ese nombre, un intenso rubor tiñó las mejillas de Antonieta; absorta en sí misma; sin embargo, en sus propios pensamientos, Valéria no lo notó, y continuó:

— Sí, te lo contaré todo; comenzando por el accidente que sufrí en los últimos días de septiembre, veinte días antes de tu regreso.

— ¡Ah! ¿tu caída del caballo? Rodolfo me habló de este accidente, que no fue desastroso, ni cambió tu salud.

— Estás equivocada; realmente estaba en peligro de muerte; pero, no sabes a quién le debo la gracia que todo terminó bien. Nunca les he revelado el nombre de esa persona, ya que no les agrada ni a mi padre ni a mi hermano.

— Esto es lo extraño. Sin embargo, es cierto que nadie pronunció el nombre de quien te brindó una ayuda tan inestimable.

— Voy a contarte la historia con todo detalle – dijo Valéria, después de dudar un poco –. Cuando mi caballo, Phoebus, se volcó, me caí y mi cabeza golpeó el suelo con violencia, todo se volvió borroso para mis ojos; vagamente noté que el caballo se levantaba y me arrastraba por los brezos, con el pie sujeto al estribo. El entumecimiento se disipó, me encontré en los brazos de un joven muy guapo, que luchó por acomodarme debajo de un árbol; perdiendo el conocimiento, no vi nada más, y cuando me recuperé, estaba acostado en un sofá, junto al cual estaba arrodillado el mismo joven, lo que me permitió oler esencias y, por otro lado, una doncella de aspecto respetable se puso de pie. Entonces me di cuenta que mi salvador era de una belleza inusual; solo su tez oscura, con una ictericia pálida, denotaba un origen extraño.

Me ofreció tranquilizantes, habló y yo, sin reservas, entré, me aferré a la simpatía que me inspiraba. Debido a sus actitudes delicadas y la riqueza de los muebles, creí que estaba tratando con una persona igual en la jerarquía. Sabiendo que aun tenía la gentileza de advertir a los míos, extendí mi mano, que él, sin disimular, besó efusivamente, lo que me hizo sonrojar. Hubo prisa por llegar a Rodolfo y, despedirse de mi salvador, lo invité a que viniera a visitarnos. Imagina; sin embargo, mi confusión, cuando Rodolfo, dirigiéndose a mí con una de esas miradas que conoces, me presentó al joven, ¡era el sr. Samuel Maier!

– ¿Cómo? ¡Samuel Maier! ¿El hijo del banquero judío? – exclamó Antonieta, dejándose caer en el sofá, vencida por una imparable crisis de risa –. Oh, pobre Valéria, entiendo tu suerte adversa: cargada en los brazos de un judío, y tu hermosa cabecita de largo cabello rizado descansando sobre el pecho o los hombros judíos; ¡odioso!

– Tal hecho no es tan detestable como la convicción que un hombre de apariencia y modales tan bondadoso es judío, y legítimo, ni siquiera bautizado – dijo Valéria, con un leve temblor en la voz.

MM. Antonieta miró con sorpresa el rostro agitado y ardiente de la amiga.

– ¿Y de verdad crees, Valéria, que el bautismo destruirá tal origen? ¿Y con qué ventaja? No veo, finalmente, motivo de tu inmenso dolor.

– Espera a que termine. Dos veces Maier se presentó en nuestra casa, en el campo, y aquí. Sin embargo, por orden de mi padre y de Rodolfo, no fue recibido.

## La Venganza del Judío

– Medida muy razonable en la que espero que no encuentres la manera de objetar – interrumpió la ardiente Antonieta – ¡porque te libera del disgusto de ver en tu salón a este hombre que exhalará, de cerca, el olor nauseabundo, característico de su raza! No me mires así, la herencia de este olor es un hecho.

– ¡No, no! – Exclamó Valéria, riendo ampliamente. Estaba muy discretamente perfumado como cualquiera de nosotros, y su atuendo era elegantemente simple.

– Cuídate, Valéria; ¡defiendes tanto a este judío, que no me gusta sospechar de enormidades! – Exclamó Antonieta, simulando ansiedad.

– No tengas miedo; pero si me interrumpes continuamente, no conocerás la parte más notable de mi narrativa. Hay cerca de veinte días, en la casa del Barón Kirchberg, me encontré inesperadamente a este Maier. ¡Pues crees que me pidió satisfacción de mi proceder, y con la más tenaz impertinencia me exigió que le dijese por qué me mantenía oculta para él, después de haberlo invitado a venir a nuestra casa!

– Fuerte esto, y propio de un judío no sospechar la razón de tal procedimiento.

– ¡Suponte, querida Antonieta, que ni siquiera pareció molestarlo! Estaba más exasperada por este acoso, porque me obligó a avergonzarme de mí mismo, porque es ingrato mostrarle la puerta de entrada a un hombre que nos ha librado de una muerte segura.

– No, cuando es judío... – observó Antonieta.

– Es verdad; pero, sobre todo, me molesté y le hice comprender, quizás con mucha rudeza, que su lugar no estaba en nuestro medio, sintió el ultraje, porque su rostro se puso lívido y pálido, y pensé que se iba a desmayar. Así que me dirigí a él con palabras comprensivas; ¡Oh, si hubieses escuchado la escandalosa respuesta sobre de la estima que nos inspira el oro de los judíos! Me tendió, con la mirada, disparando chispas de odio y despecho, una carta de Rodolfo, que le pedía una gran suma, tratándolo como a un amigo; agregando que nuestras finanzas estaban arruinadas, se fue, sin que yo tuviera tiempo de volver a mí misma.

Valéria se levantó enérgicamente y, corriendo hacia un pequeño mueble, sacó un papel.

– Aquí está la carta, ¿ves? No me atreví a mostrársela a Rodolfo, aunque estaba seguro que no pagó tal suma.

Antonieta tomó la carta, con mano temblorosa, y la leyó de un vistazo.

– ¿Cómo puedes estar segura – preguntó –, que este dinero no ha sido reembolsado?

– No miraste la posdata – respondió Valéria, mostrando las líneas – Lee: *"Querido Samuel, esta carta servirá como garantía que pagaré mi deuda con el primer dinero del que pueda disponer, entonces, me restituirás ésta, que a manos discretas confío."*

– En primer lugar, se hace necesario conocer si tu hermano no ha pagado a ese judío tacaño, ¡y olvidó la nota en sus manos! ¡Estos chicos son realmente imprudentes! – Exclamó Antonieta, que al parecer mostraba el más vivo interés por los asuntos del joven Conde.

– ¿Qué grave motivo tienen para agitarse así, señoras? – Preguntó una voz fuerte en ese mismo momento. Era Rodolfo quien, sonriente y feliz, se acercó a las dos jóvenes, quienes, inmersas en profundas cavilaciones, no notaron su entrada.

– ¡Vamos a ver! ¿Puedo ser el juez en esta causa? Tienes las mejillas rojas de fuego, Valéria; y tú... –. y no continuó,

## La Venganza del Judío

sonrojándose, arrebatando violentamente la carta que había vislumbrado en la mano de Antonieta –. ¿En qué circunstancias vino a caer este papel en sus manos? – Preguntó con voz ronca –. ¿Maier habría tenido el descaro de presentarse a Valéria con sus quejas?

– ¡No! ¡No! Fue por una razón diferente que me presentó a esta carta.

Y en breves palabras la joven explicó la conversación que había tenido con el banquero en el salón del Barón Kirchberg.

Rodolfo la escuchó abatido y nerviosamente mordisqueando su fino bigote rubio.

– Aun así, Valéria, te equivocaste al tratar a este hombre con tan evidente desprecio, sin disimulo, al menos; es un mezquino el judío, claro, pero es millonario y puede hacernos daño que ni supones ni entiendes – concluyó el Conde, con un suspiro.

– Dijo, sin vergüenza, que nuestros negocios estaban en la ruina; ¿al menos le reembolsaste la cantidad mencionada en esta carta? – Preguntó Valéria, curiosa. Rodolfo vaciló.

– Espero devolverlo pronto.

– No hay nada pronto; es necesario, aun hoy, pagar a este hombre pretencioso y avaro – estalló la impetuosa Antonieta. Y prosiguió, con ardor, sosteniendo las manos del Conde entre las suyas – Rodolfo, tú has sido mi amigo desde la niñez, y si aun le sientes algún cariño por tu amiga de travesuras, permíteme rescatarte de tan despreciable compromiso. Tengo, actualmente, en mi residencia, la suma requerido; acepta pagarle a Maier y, cuando sea posible, restituirás esa bagatela. Vamos dime que aceptas, en atención a todos los conceptos y atenciones que de pequeños lealmente compartimos.

Ojos húmedos, pero traviesos de Antonieta, tan ardientes suplicaban, que Rodolfo, totalmente subyugado, apretó la manita de la joven contra sus labios.

– ¿Y cómo rechazar una oferta así? Acepto Antonieta. ¡Ciertamente, porque en alma y cuerpo soy tuyo!

– ¡Gracias! ¡Gracias! Entiendo lo que sacrificas por mí, en este instante – y la joven se sonrojó al decir estas palabras –. Hasta luego, amigos míos, mi carruaje me espera, abajo; voy y vuelvo; cálmate, hada querida, todo se arreglará.

En ese momento, un sirviente levantó la cortina de seda y anunció respetuosamente:

– Señor Conde, Joshua Levi, empleado de la Casa Bancaria Maier, desea hablar con su señor padre. Sabiendo eso Su Excelencia saliera, pidió tratar con usted, ya que el asunto, dice, requiere urgencia.

– Bueno, lleve a este señor a mi oficina y déjelo esperar; Tan pronto como haya acompañado a la Condesa de Eberstein al carruaje, iré a ocuparme de él.

## 2.- LA GRAN E INESPERADA DESAGRACIA

Después de acompañar a Antonieta al carruaje y de intercambiar con ella una última mirada afectuosa, el joven Conde se apresuró a su despacho. Aun le hervía en el pecho un poco de la dolorosa emoción que acababa de sufrir, que le daba a sus facciones un aire arrogante y frío, más que nunca. Apenas respondiendo al profundo saludo de Levi, arrojando la nota que una vez le había enviado a Samuel sobre la mesa, dijo bruscamente:

— Su jefe, sin duda, tiene la intención de recordarme el texto de esta carta, que descartó tan imprudentemente; tranquilícelo, dígale que este mismo día se le pagará en su totalidad la suma mencionada en esta carta.

Se sentó y abrió un libro, dando a entender con este gesto que la audiencia había terminado; sin embargo, como el israelita no se movió, Rodolfo lo miró con sorpresa:

— Tengo el honor de saludarlo, Sr. Levi, y... estoy bastante ocupado.

— Siento mucho, señor Conde, por decepcionarlo con este tema — Levi lo saludó con humildad —. No me olvidaré de transmitir que me honra en informar, mi visita; sin embargo, está vinculada con un final muy diferente. Mi patrón me ha encomendado presentarles varios títulos que posee Casa Maier y advertirles que el pago debe realizarse sin falta, dentro de diez días.

A los ojos sorprendidos del joven Conde, expuso, abriendo su gran carpeta, no una pequeña cantidad de obligaciones y letras de cambio, emitidas por él y su padre a favor de varias personas de la ciudad, e incluso de la Capital. Su importancia alcanzó una cifra que hizo sentir incómodo a Rodolfo, quien ni siquiera pensó que pudo haber derrochado tanta fortuna.

Fue en voz baja que, reuniendo toda su energía, dijo:

– ¿En qué circunstancias se condensan estos papeles en sus manos?

– Señor Conde, sus firmas valen el dinero – respondió servilmente el judío –. Ofrecidos como pago a nosotros, fueron aceptadas en nuestra casa, sin obstáculos, y está seguro que está dispuesto a cumplir con sus obligaciones. Me atreveré, además, con su permiso, notifique al señor Conde que muchos de estos títulos han caducado hace mucho tiempo y que, en su atención, hemos acordado esperar diez días para darle tiempo para las medidas necesarias. ¡Permítame saludarlo honorablemente, señor Conde!

– ¡Un momento!

Rápidamente, Rodolfo escribió unas líneas, en las que pedía, en tono gélido, que Abraham fuera a su residencia, con el objetivo de explicar el malentendido.

– Olvidé decirte que el jefe está enfermo – aclaró Levi mientras sostenía la carta. Todos los negocios están siendo dirigidos por el señor Maier hijo, y, en el presente caso, debe entenderse con él.

Y el israelita desapareció por la puerta, después de saludarlo con numerosas muestras de respeto.

Solo, Rodolfo se levantó y, en un gesto de desesperación, se agarró la cabeza con ambas manos. Ni siquiera en sueños podría redimir esa suma, y si no lo hiciera, quedarían arruinados y deshonrados. De prisa, decidió informar a su padre de todo.

Acababa de llegar, el viejo Conde, cuando Rodolfo irrumpió en la habitación y, bruscamente, ordenó al criado que saliera.

Ante el asombro del padre, ante el gesto inesperado del hijo, siguió la desesperación al darse cuenta de lo que había sucedido. Una profunda postración lo abrumaba; se hundió en un sillón y, por primera vez, experimentaba el remordimiento del viejo noble por el descuido con el que se había esclavizado a costosas pasiones.

Sin embargo, quedaba poco tiempo para lamentaciones inocuas; lo que se necesitaba era encontrar la manera de detener el golpe que los amenazaba.

Tomando el lápiz, padre e hijo examinaron sus recursos; a pesar que tiene cubiertos, joyas familiares, caballería, carruajes y propiedades menos costosas, no obtendrían la cifra necesaria, aun sin desconocer la circunstancia desfavorable de una venta forzada y prematura. Pagaría.

Es cierto para el judío, vendiendo todo en una subasta, y el viejo cortesano era bastante capaz de hacerlo, pero ¿qué les quedaría después de este escándalo? La ruina es una vergüenza deshonrosa. Rodolfo se vería obligado a abandonar el servicio militar.

Las búsquedas domiciliarias de varios usuarios no arrojaron resultados; se apoderó de los dos nobles tremendo desconsuelo por el hecho que no hubo respuesta a la carta del joven Conde.

Dos días después de esas horas desesperadas, un nuevo imprevisto golpeó la ciudad: Abraham Maier había muerto repentinamente, víctima de una apoplejía, que lo había acabado en tres horas. Cuarenta y ocho horas después del entierro del viejo banquero, Rodolfo recibió una nota muy breve de Samuel, informándole que de las once a las tres de la tarde recibiría en su despacho a todos los que tuvieran negocios a tratar con él. Si quería hablar con él, Rodolfo lo encontraría allí.

Temblando de ira ante el nuevo atropello, el joven oficial prometió él mismo que, si la providencia lo ayudaba a salvarse de la miseria y el escándalo, abandonaría todos los placeres mundanos y sería otro hombre. Estos buenos propósitos no le sirvieron de nada en ese momento y Rodolfo, con el corazón oprimido, decidió acudir, a toda prisa, a la presencia de Maier; tres días lo separaban de la fecha límite para el pago, y era su deseo evitarle a su anciano padre la dolorosa entrevista.

Así se dirigió a su oficina, y sin demora lo hicieron pasar a la oficina de Samuel, quien se levantó para saludarlo y él amablemente le ofreció un sillón. Entre ellos hubo un momento de silencio. La muerte de su padre había influido mucho en Samuel: estaba delgado y pálido; entre las cejas, se cavara una arruga profunda. Una expresión dura y amarga tiró de sus labios.

## La Venganza del Judío

– Me pesa mucho, señor Maier – empezó Rodolfo, con desenfrenada irritación – hablar del motivo que me trajo.

Permítame decirle aquí que conozco bien las causas de su actitud. Pues bien, es indigno buscar, en venganza contra una joven, mi hermana, por supuesto, la ruina de una familia, haciendo que unas palabras ultrajantes paguen con miseria y deshonra.

– Se olvida – interrumpió el banquero con frialdad – ¡que esas palabras inspiraron las sutiles explicaciones de su hermano!

– Sí; lo confieso: soy responsable de la afrenta que le hizo Valéria; sin embargo, señor Maier, no soy el primero ni el último de mi clase, que están atrapados por prejuicios que tu raza, durante mucho tiempo, se ha esforzado por echar raíces. ¿Es por una razón similar, entonces, por la que busca arruinarnos?

– Absolutamente; de usted depende, Conde, que reconciliemos la cuestión de manera amistosa, y quiero creer que no ha sufrido, por mi parte, hasta el día de hoy, las desagradables cualidades que atribuye a mi raza.

– ¡Oh! Si acepta un acuerdo amistoso – exclamó el joven Conde, emocionado. Se lo pido de todo corazón, Samuel, pido disculpas por haberte ofendido. Concédenos una moratoria de un año, tiempo necesario para reformas en nuestra economía doméstica y algunas ventas, sin pérdidas, y literalmente pagaremos nuestra deuda.

Una sonrisa acre se deslizó por los labios de Samuel.

– Comete un error, Conde. No se trata de disculpas entre nosotros; Ni siquiera te concedo una hora de prórroga y si no paga dentro de estos tres días, colocaré una hipoteca sobre lo que tienes. Solo hay una tercera solución, y de ti depende si la adopto o no, y solo entonces quemaré todos los papeles de la deuda y no te volveré a pedir nada.

Rodolfo lo miró, completamente sorprendido:

– No te entiendo – dijo –. ¿Qué me pides entonces?

Con un gesto de irritación, Samuel empujó los papeles apilados frente a él y un extraño brillo brilló en sus ojos.

– Escuche, Conde, mi propuesta: deme a la Condesa Valéria como esposa, y todas las obligaciones que pesan sobre sus posesiones serán destruidas por mí.

El rostro pálido de Rodolfo se cubrió de una ola de sangre y, empujando violentamente la silla, se levantó:

– ¿Te has vuelto loco, Maier? ¿Te ríes de nuestra desgracia? ¡Valéria casarse contigo! Olvidas que eres...

Y no completó la oración.

–... ¡un judío! – Samuel concluyó con voz gutural –. Pero, un judío que ya no lo será, ya que es mi intención bautizarme. Además, para satisfacer el orgullo de tu hermana, he dado los pasos necesarios para adquirir una antigua baronía, y en toda descendencia extinta, y obtener del Gobierno el derecho a utilizar el título y el nombre de las tierras. Yo, por supuesto, preferiría conquistar a Valéria de otra manera; mi origen; sin embargo, es un obstáculo. Por lo tanto, utilizo todos los medios para obtener a la mujer que dio a luz una de esas pasiones fatales y locas que aniquilan a un hombre y lo arrastran al crimen.

Lo que te digo le costó la vida a mi padre. Ante la inminencia de verme a mí mismo como cristiano, se apoderó de él la apoplejía que lo mató. Si tal hecho no ha tenido el poder de cambiar mi actitud, tendrás que entender que no hay obstáculo capaz de detenerme. ¡Reitero mi deseo, por tanto, la mano de la Condesa Valéria o tu deshonra!

## La Venganza del Judío

¡En estos tres días, elige entre mí y la miseria total! Medita tranquilamente sobre estas cosas, y mi propuesta no parecerá excesiva.

En esos momentos; sin embargo, Rodolfo era absolutamente incapaz analizar con frialdad tal propuesta. Con mirada de supremo desprecio, el joven banquero se midió y respondió con voz ronca y temblorosa que denotaba la tormenta en su alma.

– Necesitarías ser judío para sopesar fríamente las ventajas de tal ajuste, y aunque éramos lo suficientemente innobles como para estar de acuerdo con esta degradante combinación, Valéria nunca se sometería a esto... y aprende, si lo ignoras, que el corazón de una mujer se conquista, no se negocia.

Sin esperar respuesta, Rodolfo se arrojó fuera de la habitación; no notó el rubor que quemaba el rostro de Samuel, y el destello de odio que encendió chispas en sus ojos.

– ¡Para ganar el corazón de una mujer! – Murmuró en un tono acre –. ¡Lo intentaré, tan pronto como el camino esté abierto para él! ¡A cualquier precio!

Cuando el hijo regresó desorientado y dio a conocer el resultado de la entrevista, el viejo Conde de M. pensó que se iba a volver loco.

Pálido, sin voz, se dejó caer en un sillón; solo de pensar en entregar a su hija, su Valéria, al judío insolente, lo rebeló con dolor y orgullo indignado.

– ¡Ah! siempre esa raza dañina – murmuró finalmente –, una raza que se ha deleitado con la sangre de los cristianos durante siglos; este perro abyecto también pretende, a pesar de su apariencia de civilización, comer en carne humana, como el Shyloc de la Edad Media. Nunca tendré el triste valor de contarle a la desafortunada hija lo que nos propone osadamente. Sería lo mismo, si se le pidiera este sacrificio, como pedirle el sacrificio de la vida misma, y tal arreglo vale la por una deshonra tan grande como la ruina.

— Yo pienso lo mismo, padre; tampoco tengo la fuerza para decirle a Valéria toda la verdad, y creo que un tiro de pistola, bien dirigida, eliminará este obstáculo de una manera más digna.

Abatido, el viejo aristócrata inclinó la cabeza. ¡Oh, cuánto deploró, ahora, los excesos de su juventud, las locuras de su vejez, y ese mal ejemplo con el que conduciría a su hijo por los caminos de ligereza y disipación!

Valéria, objeto de todo el alboroto, aun no era consciente de la tormenta que se estaba formando sobre las cabezas de su gente; la agitación nerviosa, la oscura preocupación de su padre y Rodolfo entraban por los ojos y una ansiedad terrible, la presciencia de una gran desgracia, se apoderaron de su alma. De carácter frágil, lánguido e impresionable, Valéria se dejó desanimar, intuyendo la llegada del peligro, y solo Antonieta, con su presencia, pudo evitar que enfermara dada la inquietud en la que vivía. El día de la entrevista fatal, entonces, cuando los dos Condes se negaron a asistir a la cena, la angustia de Valéria no conoció límites.

— Te aseguro que nos amenaza una gran desgracia, y algo terrible se está gestando contra nosotros – exclamó –. Hoy, desde mi ventana, vi a Rodolfo salir del coche para entrar a la casa; se veía borracho y tenía rasgos que nunca le había visto. Más tarde, deseando ir a los aposentos de mi padre, no me presentaron; ahora no vienen a cenar... ¡Oh! Dios mío, ¿qué vergüenza para nosotros está reservada?

## La Venganza del Judío

El corazón de Antonieta se llenó de amargura; no se atrevería a confesar lo mucho que le quería a Rodolfo, y que un peligro absurdo que parecía amenazar al amado le quitaba el descanso.

Más decidida; sin embargo, que Valéria, decidió acabar con esa duda.

– Cálmate, Valéria. Le escribiré una nota a Rodolfo, pidiéndole que me dé, sin más preámbulos, un momento de conversación. ¡No me ocultará la verdad!

Esbozando apresuradamente algunas líneas, regresó a cerca de la amiga que, de la agitación, había pasado a un evidente malestar; al final del día, la acostó en un sofá, le desató las trenzas para aliviar su cabeza ardiente y le cubrió los pies con una capa. Apenas terminó estos cuidados, vino un criado a anunciarle a Antonieta que el joven Conde la esperaba en la terraza.

Rodolfo estaba apoyado en una columna, con los brazos cruzados; no levantó la cabeza hasta que Antonieta le tocó el brazo. Ante la palidez y contracción nerviosa de los rasgos del Conde, la niña exclamó:

– ¿Qué te pasó, Rodolfo? ¡Dime por piedad!

Atrayendo al joven oficial a una banca, se sentó a su lado y le tomó la mano.

– Habla con franqueza, amigo mío; lo que te aflige de esta manera atroz no debe permanecer oculto para siempre; confía en un corazón fraterno.

– No soy digno de tu amistad, Antonieta – susurró con los dientes apretados – ¡Miserable que soy! La desgracia que se cierne sobre nosotros, la he ayudado a acumularse; ¡Solo una bala me liberará! ¡Pero no abandones a Valéria, la víctima inocente, en esta desgracia!

## La Venganza del Judío

La doncella soltó un grito ahogado.

– Rodolfo, lo que acabas de decir no es digno de un noble y honorable hidalgo. Has fallado, me dices; pero, ¿es con un delito que se repara un error? Júrame que abandonarás ese pensamiento fatal, o ¿es necesario que yo declare que la bala también pasará por mi corazón después de pasar por el tuyo?

El joven Conde se estremeció y una tierna alegría iluminó su rostro con una mirada.

– Antonieta, querida, seguro que no comprenderás lo que siento en este momento. No tengo ningún nombre honorable que ofrecerte, cuando es mi deseo consagrar toda mi vida a tu felicidad. Ahora que estás segura que te amo, te diré toda la verdad: todavía no eres solo mi amiga de la infancia, eres también la mitad de mi alma y tienes derecho a mi total confianza.

Atrayéndola hacia él, le explicó en detalle el estado de sus finanzas, los trastornos de los últimos días, terminando con la insultante propuesta de Samuel.

– Ya ves, Antonieta – concluyó – que nos falta el coraje necesario para pedirle a Valéria un sacrificio igual al de su vida, y qué imposible para nosotros seguir viviendo después de tanta infamia.

La joven escuchaba palpitando y moviéndose; ante las últimas palabras del Conde, se puso pálida.

– ¡Oh! No, Rodolfo, repito que los errores no se pueden lavar con un crimen. ¡Oh! si hubiera alcanzado la mayoría de edad, te habría librado de la vergüenza de inmediato; a mi tutor; sin embargo, aunque amable, no puedo pedir la mitad de mi fortuna.

– ¿Crees que soy capaz de aceptar tal sacrificio? – Rodolfo la interrumpió bruscamente.

La Venganza del Judío

— No te enojes, querido, y hablemos razonablemente — Pasando una mano por su frente húmeda, agregó:

— En cualquier caso, no hay nada en el mundo que impida nuestra unión, ya que nos amamos; Creo; sin embargo, que es nuestra obligación, por otro lado, revelarle todo a Valéria, antes que se consuma la ruina de la familia; sin embargo, no se preocupe; todo llegará a su fin, Dios se apiadará de nosotros.

— Mi buen ángel, Dios está lleno de misericordia — murmuró el joven, sosteniéndola contra su pecho —, porque él me permitió unir mi vida a la tuya, en esta hora de cruel tormento. Ve, pues, y habla con mi infeliz Valéria, para que ella misma pueda decidir sobre ella y nuestro futuro.

Molesta, con el corazón lleno de amargura, Antonieta se dirigió a la habitación de su amiga. En la puerta, se detuvo y miró con tristeza y admiración por Valéria, quien permaneció tendida en la tumbona y ligeramente dormida. Ella era fascinante en esa posición, grácil en su abandono, mechones de su largo cabello, desatados, descansaban sobre la alfombra, brillando como una cascada a la luz de una lámpara fijada al techo.

— ¡Qué hermosa! ¡Sin duda es capaz de inspirar a un hombre una loca pasión! — Pensó Antonieta suspirando —. ¿Cómo decirle; sin embargo, que solo ella es la víctima destinada a sacrificarse por la felicidad de los suyos casándose con este judío aborrecido?

Acercándose a la joven, se inclinó y la saludó con la mano en la frente. Valéria abrió los ojos y se enderezó.

— ¿Eres tú, Antonieta? ¡Cuánto tiempo tardaste! En tu cara me doy cuenta que Rodolfo no te ha dicho nada bueno.

## La Venganza del Judío

Antonieta se sentó junto a su amiga y le estrechó la mano con firmeza.

— Lo has adivinado, mi pobre Valéria; cosas muy tristes que tengo que decirte; ¿podrías escuchar con valentía toda la verdad?

La doncella palideció; pero apelando a toda su energía, murmuró:

— La verdad más dolorosa es preferible a la incertidumbre, a la expectativa de una desgracia desconocida. Dime, pues, Antonieta; estoy lista para aprender sobre todo y todos los sacrificios.

La Condesa de Eberstein relató, con el cariño que le inspiraba la amistad, la tremenda verdad, observando con inquietud la lívida palidez de su amiga y el temblor nervioso que poco a poco se apoderaba de ella; cuando mencionó la condición estipulada por Samuel, Valéria soltó un grito y saltó del sofá, como si moviera el poderoso resorte.

— ¡Casarme con Maier! ¡Pero, esto no es solo sacrificio, sino una tortura prolongada e indefinida! ¡Ojalá se tratara de morir...! Vivir con este judío asqueroso y nauseabundo, ¡oh...!

Valéria comenzó a caminar, agitada, por la habitación, retorciéndose las manos, ahora casi sofocada por los sollozos, con una desesperación insoportable. De repente, se detuvo junto a Antonieta, que lloraba en silencio.

— Escúchame — dijo, con la mirada brillante de agitación febril —. No tengo ni el derecho ni la fuerza para dejar morir a mi padre y Rodolfo; todo condenado a muerte; sin embargo, tiene el recurso de apelar a una gracia; yo también lo intentaré, e incluso le pediré a Maier que nos conceda la moratoria, independientemente que exija mi mano, lo que no le traerá felicidad. ¡Todavía lo haré hoy!

## La Venganza del Judío

Antonieta tomó las manos de su amiga, asombrada:

– Valéria, es una locura lo que vas a intentar; ¿Dónde y cómo verás a este hombre?

– Ya lo tengo todo resuelto – interrumpió Valéria con impaciencia –. La casa del banquero no está lejos de la nuestra; lo rodea un vasto jardín amurallado; en un callejón que corre a lo largo de esta pared, pequeña puerta se abre al jardín, que está destinado a los visitantes que no quieren ser vistos cuando entran; se cierra solo después de doce de la noche. No hay por qué asombrarse así: Rodolfo me dio todos estos detalles, sin prever que algún día me servirían. Por esta puerta entraré; en la planta baja alberga a Samuel, y parece que sus habitaciones están conectadas por el jardín; por tanto, lo encontraré y hablaré con él.

– ¿Quiere, entonces, arriesgarse, sola, en una entrevista con ese hombre locamente enamorado de ti? De nada sirve que te expongas así, eres demasiado hermosa para que él renuncie a ti, y tu presencia solo exacerbará su loca pasión.

– Olvidé que me quiere por esposa y que sabe tenernos en sus manos – respondió Valéria con una risa acre –. Nada se atreverá, pues, contra mi honor; además, no estaré desarmado – tomó un pequeño revólver de su escritorio, regalo de Rodolfo – y, para que estés perfectamente tranquila, me acompañarás; te quedarás por la pequeña entrada y darás la alarma, si yo grito. Sin embargo, no me detengas, porque tal vez, ¿quién sabe? Pueda tener éxito. Se dice que el llanto de la amada rompe al hombre más inflexible. Si me ama, no resistirá mis lágrimas, o tal vez su orgullo judío pueda contentarse con mi humillación – concluyó Valéria, repentinamente disgustada –. ¡Oh! ¡Cuánto lo odio por la degradación que nos inflige!

## La Venganza del Judío

– ¿Qué pasa si hay un grupo de personas allí y algunos te reconocen? – Intervino Antonieta, débil, llena de temor por la agitación febril de su amiga.

– No, no, ¿a quién podría hospedar, solo unos días después de la muerte del padre...? Sin embargo, tenemos prisa; son las nueve y media, y la luna ya está brillando; este es el mejor momento; ayúdame a arreglar mi cabello; luego nos envolveremos en túnicas negras; No quiero cambiarme de ropa, porque tengo miedo de llamar la atención de la criada.

La joven Eberstein, sin más oposición, trenzó el largo cabello de Valéria con manos temblorosas. Luego, ambas fueron envueltos en largas túnicas de seda negra, cubriendo con encaje la cabeza, y ambas bajaron silenciosamente al jardín. A través de una trampilla, cerrada desde el interior con un pestillo, que estaba destinado al jardinero, llegaron a la acera, donde, ordenando el primer coche de alquiler que pasó que se detuviera, ingresaron y le pidieron que los llevara a la calle paralela al jardín del banquero.

No hablaron en el camino; el estado de ánimo en que se encontraba Valéria la privó de su capacidad de razonamiento. Débil y de naturaleza exaltada, acostumbrada a los mimos y adulaciones por parte de todos en su vida, carecía de una verdadera madre, cuyo afecto natural pudo sufrir y dirigir los arrebatos de su genio; el viejo pariente que, después de la muerte de la Condesa, se había hecho cargo de la pequeña huérfana, carecía de esta cualidad de ser educadora, y Valéria había crecido sin crear en sí misma ese freno íntimo que da fuerza a la razón para regular los impulsos naturales. En cuanto a Antonieta, que también fue huérfana desde temprana edad, era de carácter honesto, recto, pero amiga de las aventuras, el peligro y resoluciones inoportunas; en ese momento su corazón palpitaba; comprendió perfectamente que estaba ayudando a

Valéria en una aventura que tenía el deber de evitar; sin embargo, el romanticismo de la empresa la había conquistado, y la esperanza de ayudar a Rodolfo evitando, además, un matrimonio tan degradante había silenciado los últimos escrúpulos dentro de ella.

La parada del carruaje las sacó de sus cavilaciones; descendieron, ordenando al cochero que esperase en la esquina de la calle, y se dirigieron, casi corriendo, hacia la puertita, a la que había mencionado Rodolfo. En realidad, estaba abierta, según los informes del Conde.

– ¡Espérame en este rincón oscuro y ruega a Dios que me ayude! – dijo Valéria, apretando la mano de su amiga.

Y sin escuchar la respuesta, bajó por un camino sombreado, bordeado de árboles centenarios.

Movida por una resolución desesperada, Valéria buscó orientarse por las arboledas y callejones del jardín que no conocía, desierto y tranquilo, con el objetivo de encontrar el camino a casa. De repente se detuvo, estremeciéndose; vino de aparecer en un amplio claro, que la luna, saliendo, iluminado. Un macizo de flores rodeaba una fuente, que brotaba en una palangana de mármol; atajos se deslizaban a través de estatuas y bloques de naranjos en flor, que conducían a una enorme terraza, a la que se llegaba por muchos escalones, y que conducía a las habitaciones de la planta baja.

En esta galería, también decorada con raros arbustos, había una mesa elegante, llena de libros y papeles, junto a la cual, en un sillón, estaba sentado un hombre, pero no trabajando. La luz de una lámpara iluminaba perfectamente su cabello negro y ondulado, así como la parte inferior de su rostro que sus manos cubrían. Al pie de la mesa, un gran perro de Terranova yacía sobre una estera.

## La Venganza del Judío

Al ver al que estaba buscando, Valéria se detuvo, como si estuviera clavada en el suelo, y se aferró temblorosa al pedestal de una estatua.

¿Cuáles eran los pensamientos de ese hombre terrible y odioso? ¿Podría pensar en la muerte del padre – que no pudo soportar la perspectiva del bautismo de su hijo – o en un nuevo proceso de destrucción y degradación de sus víctimas?

Todo el coraje ficticio con el que se había armado la doncella desapareció de repente; la idea de hablar con Samuel, humillarse ante él, tocaba su cruda realidad; sintió miedo y vergüenza y, asaltada por un temblor nervioso, dio media vuelta para escapar; sin embargo, el agudo oído del perro había captado el susurro de su túnica de seda contra la piedra del pedestal. El perro se levantó; de un salto, estaba en el jardín y, ladrando salvajemente, se arrojó sobre la chica, que se había petrificado de horror.

Sobresaltado, Samuel levantó la cabeza y llamó al perro; notando; sin embargo, que el animal dio vueltas, gruñendo, alrededor de algo que no pudo distinguir, saltó al suelo y, al darse cuenta de la forma de una mujer a la que atacaba el perro, corrió gritándole: "¡Déjala, Marte!" y lo agarró por el cuello.

Con creciente asombro, el joven examinó a la desconocida, que todavía estaba de pie junto a la estatua, y cuya túnica la señalaba como una persona de la alta sociedad.

– ¿Quién eres y por qué estás perdida aquí? – Preguntó –. ¿Se ha quedado sin palabras, señora? ¿A quién buscas aquí?

– ¡A ti! – Respondió Valéria, dando unos pasos hacia adelante y quitando la casita de encaje que cubría su cabello.

Habiendo sido impedida de retirarse, la joven había recuperado la resolución desesperada que la había traído aquí.

## La Venganza del Judío

Reconociendo a la que le había robado la calma de sus días, a través de cuyos ojos de zafiro se había olvidado por completo, Samuel retrocedió, como si lo hubiera alcanzado un rayo.

– ¿Aquí, Condesa, en ese momento? ¡Oh! ¡Presiento que no es la paz lo que viniste a traerme!

– Se equivoca, señor Maier, vengo a proponerle la paz, si; sin embargo, la aceptas – respondió Valéria en voz baja y apagada –. ¡Oh! Te lo ruego, dale a mi padre una moratoria de un año que le permitirá saldar su deuda y te estaré eternamente agradecida; era para suplicar que vine aquí...

Y ella le tendió sus manitas, suplicante.

La mirada de Samuel estaba fija en este hermoso rostro, más encantador todavía por la emoción; a las últimas palabras; sin embargo, se cruzó de brazos y, en su frente, el surco con una arruga profunda se desgarró.

– Reconozco, Condesa – su voz era sombría, pero tranquila –, que su padre la ha puesto al día; por tanto, sabe que en sus manos está la salvación del honor de los suyos.

– Pero ¿a qué precio? Pide lo que es imposible – El joven sonrió con tristeza.

– ¿Qué hacer? La felicidad solo se puede lograr con dificultades. ¿Cree que pueda ser menor el precio al que pretendo conquistar la mujer que amo con locura?

– ¡Oh! ¿Y con el sacrificio de un alma pretendes comparar el de un poco de oro? – Intervino Valéria –. Evalúa por muy poco la humillación y el infierno interior de toda una vida, usted que solo sacrifica una cantidad de dinero. Esto es, sin duda, para los de tu raza, el más insoportable de los sacrificios, y me asombra que su gusto esté tan desquiciado que se enamore de una cristiana arruinada – agregó con ironía y desdén. Un repentino rubor cubrió las pálidas mejillas de Samuel; él respondió; sin embargo, con calma:

– Tiene razón, Condesa; es una locura aspirar al corazón de la mujer que arroja su desprecio en el rostro de quien la ama; sin embargo, se engaña completamente suponiendo que un hombre de mi raza solo puedo sacrificar un poco de ese oro que los cristianos gastan con tanta facilidad. Sacrifiqué más que eso; sobre el altar de su adoración, Condesa, dejé la vida de mi padre cuando le declaré que me iba a convertir en cristiano; no pudo resistir la perspectiva de ver a su hijo convertido en un renegado de su Dios, su raza y su familia. Permítanme decir también que ningún hombre es responsable del azar, que lo arroja, al nacer, a tal o cual religión. Hace mucho que estoy acostumbrado, y más fuera de gusto, a las costumbres cristianas, y la educación, la única línea que pone límites a los hombres, me iguala a ti. No puedo entender, entonces, como mi acto puede ser repugnante, querer casarme con una doncella cristiana, que me trae solo a su persona, mientras yo le sacrifico mi religión, dándole a su familia paz y fortuna, ya que soy yo el único acreedor. Mi sacrificio es voluntario Condesa Valéria, pero no menos que el tuyo; tienes una garantía de futuro, porque lo hago por amor y, con toda certeza, puedes caer en manos peores que estas. Créame – terminó con repentina amargura –, ¿entre los cristianos no hay malos maridos, ni hombres sin fe, ni ley...?

Al escuchar estas palabras, que demostraron la inmovilidad de la resolución del banquero, la sobreexcitación nerviosa de Valéria alcanzó su punto máximo; temblores de fiebre la sacudieron, el corazón le latía con fuerza y la desesperación, mezclada con la rabia, casi la volvía loca.

– ¡Ah! ¡No tiene piedad! – Exclamó sacudiendo la cabeza entre las manos – En vano he venido aquí; todas las cosas que me dices no pueden borrar la mancha que es tu nacimiento, porque todo el mundo siempre diría que me casé con un judío; ¡mira, entonces, que ni la riqueza ni la educación pueden llenar semejante abismo! ¡Oh! ¡Dios! Sr. Maier: puede encontrar una mujer que no sea yo; salvar a los míos de la ruina, si de hecho su amor es tan abrumador como dice, sin forzarme a un matrimonio que me provoca las náuseas más invencibles. Sea generoso, y lo tendré en la cuenta de un amigo, con... – su voz se apagó.

– ... con disgusto – concluyó Samuel, vacilante, como si una bala lo heriría, ante la confesión despiadada e inoportuna de Valéria.

– No, no, con reconocimiento – intervino –. Deseo creer en la magnanimidad de su alma, y ninguna humillación me parece demasiado para lograr la recuperación de la mía.

Exaltada, con los nervios tensos, por las muchas emociones del día, casi inconsciente de lo que estaba haciendo, Valéria cayó de rodillas.

– Mire, de rodillas le ruego: ¡quíteme la vida y conténtese con mi sacrificio, a cambio de la salvación de los míos!

El joven, temblando, se pasó la mano por la frente, bañada en sudor.

Su primer deseo fue salir corriendo, levantarla; reprimiéndola; sin embargo, dio un paso atrás; ira y pasión intercambiados en sus ojos cuando, con voz ronca y llena de amargura, respondió:

– No me atrevo, Condesa, a levantarla con mis indignas manos; sufro, por tanto, la vergüenza de tener a mis pies una mujer suplicante, una mujer que prefiere la muerte a mi amor. No renunciaré a su amor, a pesar de todas las ofensas porque la amo, aun como es: insensible, malvada y cegada por mezquinos prejuicios; ¡no la voy a matar, quiero que viva por mi amor!

Valéria se levantó bruscamente; el broche de la capa se soltó con el gesto violento, y la capa rodó hasta el suelo. La doncella; sin embargo, no se dio cuenta; con ojos que disparaban chispas, levantó la mano:

– ¡Maldito seas tú y tus esfuerzos, hombre sin piedad! – Gritó con la voz quebrada.

Y girando, se tiró por el callejón que conducía a la salida; pero, ella solo había dado unos pasos y las fuerzas la abandonaron, la cabeza la rodeó, todo se oscureció ante sus ojos, y ella se desmayó.

Con gestos mecánicos, Samuel había levantado su capa del suelo y se había puesto a perseguir a la doncella. Al verla abatida, se olvidó de todo; corrió hacia ella, la levantó y la llevó a una banca; pero al verla completamente inconsciente, la acostó en la banca, sujetándole la cabeza con el manto enrollado, y corrió a su habitación, de donde regresó con una copa de vino y una de sales, que la hizo aspirar.

Después de unos momentos, la Condesa volvió a abrir los ojos; pero, su mirada demacrada, su debilidad, mostraba que una completa debilidad había sucedido a la exaltación nerviosa de la desesperación. Indefensa, dejó que un poco de vino se derramara en su boca: cuando; sin embargo, quiso tratar de ponerse de pie, volvió a caer, sin fuerzas. El joven se pasó una mano por el pelo, desorientado.

– ¿Qué hacer? – Murmuró –. Chica sin sentido común, ¿ni siquiera pensaste en el riesgo que alguien te viera por aquí? Perdería su reputación. No tiembles así – añadió, inclinándose ante ella –. Dime, ¿cómo llegaste? ¿Hay un carruaje o una persona esperándote?

## La Venganza del Judío

– Mi amiga Antonieta, junto a la puerta – murmuró Valéria con esfuerzo, su voz apenas audible.

Sin perder un segundo, Samuel se dirigió a la salida y, abriendo un poco la puerta, vio la sombra de una mujer acurrucada en la oscuridad.

– ¿Es usted la señorita Antonieta? – Susurró el banquero.

– Sí. Dime, por Dios, ¿dónde está Valéria? – Respondió la niña en voz baja.

– Después de emociones muy fuertes, se sintió mal; sin embargo, señorita, me sorprende que la haya apoyado en una empresa que podría juzgarse con dureza. ¿Tiene un carruaje?

– Sí, nos espera un coche de alquiler en la esquina.

– Venga entonces, señorita; trate de tranquilizar a su amiga y vea si puede regresar a casa.

Sacó su reloj y, saliendo a la calle, trató de averiguar la hora a la luz de la lámpara.

– Casi las once. Es necesario darse prisa, ya que podrían notar su ausencia en el palacio del Conde de M. Venga rápido, señorita.

Antonieta había echado un ojo crítico al joven judío, a pesar de la emoción que se apoderó de ella. Solo supo por nombre que tenía el futuro de Rodolfo y de ella misma en sus manos. Esta primera observación favoreció a Samuel; de ninguna manera este joven elegante y apuesto coincidía con la figura del israelita escuálido y esquelético que su imaginación había creado. Ella lo siguió, algo más tranquilizada; pero cuando vio a Valéria postrada en una banca, como golpeada por una desgracia, se arrojó sobre ella inquieta.

## La Venganza del Judío

– Hada, querida hada, ¿cómo te sientes? – Preguntó, tomando una mano – ¡Vamos! ¡Anímate, coraje! Necesitamos regresar. ¿Puedes caminar?

– Lo intentaré – murmuró Valéria.

Con la ayuda de Antonieta, se levantó e intentó dar unos pasos; asaltada; sin embargo, por una repentina atonía, no pudo sostenerse sobre sus débiles piernas y ciertamente caería si no hubiera sido por el apoyo del banquero.

– ¡Qué hacer, Dios mío! – Exclamó Antonieta –. Bien se ve, Señor, que el sacrificio fue inútil y que sigues sin piedad hacia esta infeliz familia.

– No me condene imprudentemente, señorita – dijo el joven, con vivacidad –. Ponte en mi posición: si amaras, ¿podrías renunciar a lo que para ti es más precioso que la vida misma?

– No – respondió la joven con franqueza, pues en su mente se había levantado la figura de Rodolfo.

– Sé complaciente entonces con mi debilidad. ¡Ahora llevaré a la Condesa Valéria al coche y seré su guardián hasta el jardín del conde de M. ¡Vamos!

Sin esperar respuesta, levantó a Valéria en sus brazos, quien no trató de resistirse de ninguna manera, y caminó rápidamente hacia la salida. Los sentimientos más encontrados agitaron a la Condesa de Eberstein, que lo siguió, observó cada uno de sus movimientos, curiosa y sospechosa; su carácter recto; sin embargo, la obligó a reconocer que, por sus modales y apariencia, Samuel Maier no estaba en muy diferente de los chicos que frecuentaban su sociedad todos los días. La elegante sencillez de toda su persona, lo hacía completamente diferente de otras personas de su raza, inmunda y bruta, que ella había visto en los pequeños pueblos cercanos a sus tierras; en la mano, blanca y delicada, que se destacaba claramente en el manto negro de Valéria, no había un solo anillo, uno de los cuales, a juicio de Antonieta, debería haber estado en todos los dedos de un judío.

– "En realidad, no es nada, tan feo como pensaba que era – pensó la prometida de Rodolfo –. ¿Quién sabe? Puede ser que todo termine mejor de lo que esperábamos."

En ese momento, Samuel detuvo sus pasos. Estaban frente a la pequeña puerta.

– Ordene que venga el coche, señorita – pidió en voz baja.

Cuando se acercó el carruaje, metió a Valéria en él, que mantenía los ojos cerrados y parecía inconsciente a todo; ayudó a Antonieta a levantarse y luego, sentándose en el asiento delantero, cerró la puerta del coche.

– Debo ir y ayudarla a llevarla por el jardín; usted no tendría la fuerza para eso – aclaró, como disculpándose. Momentos después el coche llegó a la entrada del jardín del palacio del Conde de M. Al bajar primero, Antonieta le dio al cochero una moneda de oro y, al abrir la puerta, echó una mirada al jardín. Todo se sentía silencioso y vacío.

– Deprisa, bajaré con ella – susurró la chica de Eberstein.

Y guio a Samuel, que había devuelto su valiosa carga, a un cenador cerca de la salida y en el que había una banca.

– ¡Gracias a Dios que estamos en casa! – Exclamó Antonieta, santiguándose. Acepte mi agradecimiento, señor, y abandone este jardín lo antes posible.

Un largo suspiro escapó del pecho de Samuel; sin embargo, sin responder, se volvió y caminó hacia la salida; en el momento de atravesar la puerta, se detuvo:

## La Venganza del Judío

– Dígale a la Condesa Valéria, que parece demasiado angustiada, mi decisión de concederle un período de ocho días para meditar y resuelva definitivamente; ¡muéstrele además que trabaja en el error, persistiendo en un prejuicio indigno de nuestra época, rechazando a un hombre que la ama con todas las fuerzas de su alma!

## 3.- EL PADRE MARTINCITO DE ROTHEY

Después de cerrar la puerta detrás de él, Samuel se encontró en medio de la calle, sin abrigo y sin sombrero. El coche ya se había ido. Aturdido como estaba a pesar de todo lo que había sucedido esa noche, tales circunstancias no le impresionaron.

Sin pensar que su traje sería motivo de extrañeza, se dirigió a largos pasos camino a su residencia; no la reflexión, sino la necesidad de estar solo, inspiró la idea de alejarse de la calle principal, todavía llena de movimiento y ruido, y caminar por senderos poco buscados, silenciosos y desiertos a esa hora.

Ya estaba cerca de su casa, cuando accidentalmente se topó con un hombre en la esquina de la calle, caminando sin prisas, con las manos cruzadas detrás de la espalda, y Samuel quería ponerse delante. Tan violento fue el impacto que el sombrero del extraño se cayó, dejando al descubierto la cabeza tonsurada de un sacerdote.

– Perdóneme, reverendo – se disculpó Samuel, tomando el sombrero y presentándoselo al sacerdote, que estaba muy indignado.

Casi al mismo tiempo; sin embargo, lanzó una exclamación de sorpresa:

## La Venganza del Judío

– ¡Oh! ¡Es usted, Sr. Maier! – Dijo el sacerdote –. Por lo que veo, le gusta pasear de noche, y sin sombrero, más aun... ¡ay! ¡Oh! es un poco descuidado para un comerciante importante y... ¡tan severo! Le digo esto, porque acabo de llegar de la casa de un hombre muy afligido en su nombre, el Conde de M.

– ¿Sabes, entonces, qué asuntos hay entre el conde de M. y yo? – Preguntó Samuel, sorprendido.

– El padre Rothey, muy popular en Pesth, predicador y miembro de todas las sociedades caritativas, era conocido por el banquero, que no sabía que tenía relaciones con la familia de M.

– Soy el confesor del Conde y su familia – explicó el sacerdote –. Y no teniendo; sin embargo, ningún derecho en el caso, recordaré, señor Maier, que su religión, como la nuestra, le prohíbe ser despiadado con su vecino; lo que exiges, además, es imposible de lograr.

Un ligero rubor coloreaba los rostros del israelita.

– ¿Por qué lo dices? – Preguntó, deteniéndose, llegando que estaban a la entrada del jardín –. ¡Quiero ser bautizado, y creo que el deseo de convertirme en cristiano, de apartar mi alma de una creencia que usted condena, debería alegrarse, reverendo padre!

El reverendo negó con la cabeza.

– Loable es su intención; pero, por supuesto, como muchos de sus correligionarios, tiene la intención de abrazar la fe de los protestantes, que, en mi opinión, es también una herejía, igual a la de la Ley de Moisés.

– Se equivoca, padre; mi deseo es convertirme en católico e imitar la creencia de la persona que amo; si la Condesa es condescendiente a mi deseo; es usted, padre, a quien pretendo pedirle que me acepte como neófito. No te negarás a iniciarme, creo, en los símbolos de tu religión, y, esperando ser digno del bautismo, te encargaré de ser el portador de las limosnas que pretendo distribuir a los necesitados. Apenas la necesidad, no la falta de corazón, me obliga a no transigir con el Conde de M.

Una sonrisa de comprensión y satisfacción brilló en los labios del padre Rothey. No era malo, pero era fanático de su religión.

Para desviar las almas del infierno de la herejía y aumentar el círculo de su "beneficencia", tales eran los fines a los que dedicó su vida. La perspectiva de una conversión tan rotunda, como la del banquero millonario, lo alegró grandemente, y el cálculo de las grandes sumas que el celo de este riquísimo neófito pondría en sus manos, desterró los últimos escrúpulos.

– Sin duda, lo que me dices, mi joven amigo, cambia en gran parte mi opinión. Por supuesto, no repeleré un alma que busca salvarse en el seno de la Santa Madre Iglesia, reconociendo sus propios errores. Por tanto, cuenta conmigo; el lugar; sin embargo, no es adecuado para tratar asuntos tan graves. Búscame en mi casa mañana, después de la misa, y nos tomaremos el asunto en serio –. Samuel agradeció al sacerdote su disposición y, después de despedirse el uno del otro, uno con benevolencia, el otro con respeto, los dos hombres se separaron.

Por la mañana, al día siguiente de esa noche inquieta, cuando Valéria se despertó de un sueño pesado y febril, un rayo de sol, pasaba a través de las cortinas, brillaba sobre las ramas de nomeolvides, dibujaba en la alfombra e iluminaba con una suave semi–sombra esta alcoba virginal, forrada de raso blanco y profusamente decorada con mil lujosas baratijas.

## La Venganza del Judío

Con mirada cansada, la joven se quedó mirando esos objetos que eran tan conocidos suyos. Tenía la cabeza hundida, el corazón apesadumbrado y una ligera sensación que se había sentido mal durante la entrevista del día anterior. ¿Cómo había regresado a su casa? No lo sabía. Con un gesto nervioso se levantó y abrió las cortinas de la cama. A su cabecera, parcialmente vestida, acurrucada en una perezosa, pálida, abatida, Antonieta roncaba; la mantilla negra y la capita de encaje que había traído el día anterior, estaba en un sillón. Con un largo suspiro, Valéria recayó sobre las almohadas.

– "¡Pobre Antonieta! – Pensó –. ¡Como hermana, comparte todos mis sufrimientos! ¡Triste destino mío!"

Lágrimas ardientes corrían por sus mejillas, se humilló en vano. El infame espectro de la ruina continuó con su mano levantada, y los seres que amaba fueron pintados en su espíritu, con pinturas sorprendentemente reales, el escándalo de una subasta pública, el deshonor, que obligaría a su padre y a su hermano a abandonar los servicios oficiales y, finalmente, las protestas de la gente por sus reacciones, las miradas rencorosas y burlonas de amigos envidiosos, celosos de su belleza y sus triunfos sociales. Sin embargo, ¿se reirían y se burlarían, menos si ella se casara con un judío? ¿De qué manera y bajo qué miradas sería recibida la Sra. Maier? Un sudor frío estalló en la frente de Valéria.

– ¿Cómo proceder, Dios mío? ¿Qué hacer? –Repitió, angustiada.

Su pensamiento se centró en Samuel y, sin entender por qué, lo comparó con un viejo general, codicioso y agotado, que había tenido la intención de casarse con ella, pero que evidentemente no podría pagar las deudas de su familia. Junto a este viejo uniforme, rico en vicios, pretensiones y egoísmo, destacaba de manera singular el pálido y enérgico Samuel. ¡Oh! ¡Si tu nacimiento no te inspiró tan invencible, ojeriza!

– ¡Señor Jesús! ¡Ayúdame! ¡Aclárame! – Pidió con las manos entrelazadas y los ojos húmedos alzados hacia el crucifijo, colocado en el espacio entre la cama y la pared.

Antonieta, despertando, puso fin a los pensamientos angustiados de Valéria. Al darse cuenta que su amiga estaba más dispuesta, a la chica de Eberstein le sirvieron una comida ligera. Y solo después de verla levantada y cómodamente sentada en la perezosa de su dormitorio, Antonieta accedió a describir los detalles de su regreso a la casa y repetir las últimas palabras de Samuel, quien le dio un plazo de ocho días para reflexionar y tomar una resolución final.

– Tranquilízate, entonces, recupera energías, y bueno... ¿quién sabe? Puede ser que, en estos ocho días, Dios nos abra una puerta, una salida – concluyó Antonieta.

– No nos dejemos adormecer por ilusiones imposibles – añadió tristemente, Valéria –. Sin embargo, tienes razón, debo rezar. Solo la religión me iluminará y me sostendrá. Mañana me confesaré con el padre Rothey.

El deseo de la joven Condesa, en cuanto a consultar al confesor tendría lugar antes de lo esperado, ya que, hacia las tres de la tarde, le comunicaron que el padre Martincito de Rothey quería hablar con ella.

Íntimamente satisfecha por la inesperada oportunidad, ordenó que lo hiciesen ingresar de inmediato.

Valéria ignoraba que el director espiritual ya estaba ganado para la causa del despreciado Samuel.

El padre Martin, de hecho, había tenido una agradable mañana. Al encontrar a Samuel en su casa, cuando regresó de la misa, hablaron durante más de dos horas. El espíritu, las actitudes, las opiniones del joven israelita, le dieron al sacerdote la impresión más benigna de él. Cuando, al despedirse, Samuel había querido contribuir manteniéndose anónimo para una organización benéfica a discreción del sacerdote, y le había dejado una billetera que contenía 30.000 florines, el viejo sacerdote se arrogó a sí mismo el deber de salvar un alma cuya conversión sería muy beneficiosa para la Iglesia y los pobres.

Al verlo entrar, Valéria quiso levantarse; acercándose; sin embargo, rápidamente, y sentándose en una silla a su lado, dijo con amabilidad:

– Permítete quedarte, mi querida hija; ¡Qué pálida y cambiada estás! Para ser honesto, vine a hablar con tu padre, pero, diciéndome al sirviente que estabas enferma, subí y me felicito por eso. Veo que un dolor amargo te tortura. ¿Quieres confiarme tu secreto? ¿Quién te entenderá mejor que este que vela por tu alma? Confiesa, pues, claramente, y espero que el Señor me inspirará para devolverte la paz.

Desde que era una niña acostumbrada a revelarle a su confesor los recovecos de su alma casta e inocente, Valéria confesó sin reservas, la verdad, solo silenciando su aventura de la víspera.

– ¡Oh! Padre – concluyó – y sus lágrimas fluyeron de los ojos a caudales –. Muéstrame lo que debo hacer. Creo en mi obligación de salvar a mi padre y a Rodolfo, pero a pesar de eso, dudo por miedo de perder mi pobre alma por casarme con un hereje, ya que, aunque promete abandonar su religión desaprobada, está ignorando lo que este vil se propone adoptar.

El padre Martincito, pasando la mano por la cabeza caída de Valéria, dijo con dulzura y unción:

– Hija, destierra toda inquietud de tu corazón. ¿Qué sacrificio agradaría al Todopoderoso más que esto, el de una hija que ofrece, por la protección de su padre, su felicidad, su vida? Es necesario aclararte, además de lo grande que será tu dignidad en el cielo, por sacar un alma de las tinieblas y del Averno.

Este jovencito, que conozco un poco; tiene buenos dones; hace caridad sin ostentación, y creo que solo le faltan las verdades de nuestra santa religión, para que se convierta en un elemento digno de estima y útil para la sociedad y la Iglesia. Diré más, para tranquilizarte por completo, que el señor Samuel Maier, sabiendo que soy su confesor, ya me ha buscado; su amor me llevó a pedirme que lo iniciara en las verdades de Nuestra Santa Doctrina; quiere ser bautizado por mis manos, y todo eso me dijo, aprobé de inmediato. No podemos evaluar los propósitos de Dios, quien te usa como instrumento de salvación de un alma más, porque esta lección, estoy seguro, disuadirá a tu hermano en la peligrosa pendiente de los errores mundanos. Así que levanta la cabeza, querida hija, porque lo que hagas no te avergonzará y constituirá, en cambio, una sublime renuncia, cuya recompensa será en la satisfacción del cumplimiento del deber.

Valéria bajó la cabeza. Una cascada de lágrimas brotó de sus ojos.

– ¡Sea todo como Dios quiere! – Murmuró –. Dame tu bendición, padre, y le pediremos a Dios que me aliente para consumar mi sacrificio con dignidad.

– Es en los débiles donde se manifiesta la fuerza del Señor – reflexionó el sacerdote, levantándose y colocando su mano sobre la cabeza inclinada de la señorita – Y ahora, hija mía, iré a buscar a tu padre, para discutir este gran problema con él.

## La Venganza del Judío

Sola, Valéria se derrumbó sobre las almohadas y cerró los ojos; una relativa tranquilidad siguió a la tormenta que la había asustado.

Al menos su conciencia estaba en paz; su venerable confesor, en quien era una firme creyente, le había asegurado que estaba actuando dos veces meritoriamente, salvando al padre y el alma del judío; el terrible fantasma de la ruina, de la miseria, fue igualmente eliminado, para siempre; la tranquila vejez de su padre, el futuro de Rodolfo asegurado; todo este gran peso había abandonado su corazón. Pero, ¿qué tipo de existencia tendría? ¿Cuál era su situación con respecto a este novio y a este marido, en la que no había pensado hasta entonces, excepto con dañina repulsión?

Una nueva pelea se encendió en su corazón, extraña e inexplicable: el sacrificio le parecía excesivo en su fuerza, y; sin embargo, no habría cedido, por ningún precio, a nadie más: en su memoria se desfilaba la entrevista del día anterior. Mientras la humillación sufrida por su negativa la llenaba de ira y disgusto, una simpatía invencible la atraía hacia este hombre apuesto y de ojos ardientes cuya tenaz pasión la encantó.

Antonieta, al llegar, interrumpió tan extraña lucha interior. Las dos jóvenes se abrazaron.

– ¡Todo está terminado! – Murmuró Valéria entre lágrimas –. El buen padre Martincito me informó de mi deber; la boda es un asunto resuelto.

– Si eso es correcto, te voy a confesar algo que he estado escondiendo, temeroso que mi egoísmo influya en tu decisión final.

Entiendes bien que la salvación de Rodolfo también garantiza mi felicidad; en su angustia no pudo contener su declaración de amor por mí. Has adivinado, seguramente, desde hace mucho tiempo, que tengo mis propios sentimientos hacia él: estamos comprometidos.

Un ligero rubor tiñó las pálidas mejillas de Valéria.

– ¡Oh! Hay una alegría inesperada que nace de mi sacrificio y que disminuye la hiel. ¿No valen la paz de mi padre, tu buena fortuna y la de Rodolfo no valen la destrucción de mi vida?

En el rostro expresivo de la joven Eberstein, trasparecía adolorida emoción.

– Querida Valéria, ¿por qué rechazas la posibilidad de un futuro feliz? ¿Por qué Samuel se convertiría en cristiano y tu para hacer totalmente tu infelicidad?

– ¿Qué piensas entonces? Viviendo en la intimidad de este ser que me repugna; soporta su ternura, sus besos, y ser feliz...

Ante estas palabras, Valéria se cubrió la cara, temblando.

Antonieta negó con la cabeza con desaprobación.

– Exageras, hada, aumentas tu carga por tu cuenta. Vi, ayer, al señor Maier, y yo estaba convencida que la idea que me hacía de él estaba equivocada: es un chico guapo, en sus facciones no muestra el tipo desagradable de los de su raza; sus modales son perfectos, su lenguaje pulido. Con el bautismo, deja de ser judío, se convierte en un hombre similar a todos los demás.

Estas declaraciones de Antonieta acabaron por tranquilizar a Valéria y, después de la cena, servido a las jóvenes en la habitación de esta última, la alegre resolución había desalojado la desesperación anterior.

## La Venganza del Judío

Ruido de pasos, seguidos por el tintineo de espuelas, habían sobresaltado a Valéria y la conversación fue interrumpida.

– Son papá y Rodolfo quienes finalmente llegan – dijo Valéria, mientras se levantaba, emocionada y fue a encontrarse con el anciano Conde, demacrado, desfigurado, que se había detenido en la puerta.

Era un hombre de casi cincuenta años, de una apariencia aristocráticamente bella y muy bien conservada: su trato cautivador y la bonhomía descuidada de un gran señor, para derrochar sumas enormes, hicieron innumerables amigos del Conde de M. entre sus pares. Los hijos adoraban a este padre, cariñoso y lleno de indulgencias, incluso adorando sus defectos. La terrible situación por el juego y sus ruinosos placeres habían creado el mal ejemplo imitado por su hijo Rodolfo no podía sacudir este amor mutuo; nunca se levantó, contra el padre adorado, un pensamiento de censura.

Al darse cuenta de la emoción que descontrolaba a su futuro suegro, Antonieta se acercó a Rodolfo y lo condujo a una habitación contigua.

– Papá, papá, todo estará bien; no estés tan triste – exclamó Valéria, acercándolo al sofá y haciéndolo sentarse. La voz no le llegó al Conde de M. quien silenciosamente apretó a su hija contra su pecho.

– Mi querida hija – murmuró al fin –, ¿perdonarás a un padre indigno que, olvidando sus obligaciones y el futuro de sus hijos, los ha llevado a este extremo desesperado?

De pie, en un gesto de cariño, Valéria pasó sus manitas por las mejillas y las canas de su padre, siempre espesas, ondulantes, una ingenua expresión de admiración y orgullo filial brillaba en sus hermosos ojos azules.

## La Venganza del Judío

– ¿Qué tengo que perdonarte, el mejor, el más cariñoso de los padres? Si estás dotado de fortuna por Dios, ¿es culpa que no puedas vivir pobremente al nivel de cualquier alma burguesa humilde?

El Conde la tomó en sus brazos, en un gesto de ternura, y dos lágrimas amargas corrieron por sus mejillas.

– Tu generosidad, hija mía, fue para mí el más castigo, más que una censura; pero ¿tengo derecho a aceptar un sacrificio tan grande?

– Puedes aceptarlo, papá, porque lo hago de forma espontánea, visto que asegura tu descanso y el futuro de Rodolfo; el cielo me dará fuerzas y todo será mejor de lo que suponemos. Por lo tanto, restituye tu buen humor.

– Todo te parece fácil por ahora, hija; sin embargo, ¿qué será de ti cuando sea necesario vivir y soportar la presencia de este hombre? Debo advertirte que tu martirio comenzará pronto, el padre Martincito, viniendo a mi casa, me arrancó el permiso para traer a Maier, pasado mañana, para cenar. Esta será una introducción a los esponsales, que solo se realizarán después del bautismo, que, según el padre Martincito, podría tener lugar en cuatro o cinco meses.

– Sabré ser enérgica, padre mío; es preferible, además, hacer rápidamente lo que no se puede evitar.

Y la agitación febril que tan fácilmente la dominaba comenzó a brillar en sus ojos. En tales circunstancias, desconocía los obstáculos y las dificultades.

Mientras tales efusiones tuvieron lugar entre padre e hija, no menos airada era la entrevista que tenía lugar entre Rodolfo y su prometida. Cuando entraron solos al estudio, el joven Conde pasó el brazo por la cintura de Antonieta y les dio un beso apasionado.

## La Venganza del Judío

— Mi esposa, y muy pronto mi amada esposa, estamos salvados; sin embargo, ¿qué sería de mí, sin tu ayuda, en esta terrible coyuntura?

¡Dime de nuevo que me amas!

De inmediato, Antonieta apoyó la cabeza en el pecho de Rodolfo. De repente; sin embargo, apartó la frente con los ojos brillantes:

— Rodolfo, te quiero mil veces más que a la vida misma; sin embargo, antes de poner mi mano en la tuya para siempre, debes hacer una promesa. ¿Lo quieres hacer?

— Sí, por supuesto. ¿No tienes derecho a exigirme todo?

— Por tu honor y por nuestro amor, júrame, entonces, que nunca cogerás un naipe, ni te acercarás a esa tela verde sobre el que hiciste caer, al acaso, nuestra fortuna, nuestra felicidad, nuestra vida. El tremendo sacrificio que nuestra infeliz Valéria está dispuesta a consumar, por las faltas de otros, no debe ser en vano; el honor de nuestro nombre no debería depender más de una aventura de juego; no podría vivir, temiendo siempre un abismo debajo de tus pies, para devorarte. Tachemos y olvidemos el pasado; sin embargo, jura, que me pretendes como esposa, siempre haciendo justicia a esta ilimitada confianza que nos unió, nunca firmes una letra de cambio sin mi consentimiento; y así, en paz y felicidad, comenzaremos una nueva vida; suficiente fuerza y amor que siento en mí para hacerte apreciar una vida ordenada, libre de estos placeres viciosos y dañinos.

Ruborizándose hasta la raíz de su cabello, y sorprendido, Rodolfo incluso escuchó hasta el fin. Al principio le dolió; sin embargo, el tono de convicción, la dulce y profunda estima que brillaba en los ojos húmedos de Antonieta, habían logrado su objetivo; su conciencia incluso le dijo que la novia

## La Venganza del Judío

tenía razón; que se prefería una vida tranquila y ordenada al infierno de esos días; el amor y el remordimiento, en cuanto a Valéria, se encargarían del resto.

El espíritu tentador hizo surgir, aun por última vez, en la mente del joven oficial, las embriagadoras emociones de la sala de juegos, las falsas alegrías que debía abandonar. Sin embargo, un esfuerzo de voluntad desvaneció, esa tentadora imagen; su mirada, guiada por una generoso decisión, se sumergió en la mirada de la joven, que había seguido al ansiosa las transformaciones de su fisonomía.

– Antonieta, amada mía – dijo, levantando la mano, en gesto solemne: lo juro, por mi honor y nuestro amor, nunca más cogeré una carta de juego; que nunca te esconderé ninguna de mis acciones, como hice en la hora de angustia y humillación que nos unió. Nuestros intereses serán comunes. Fue fácil para mí estar con tu amor, empezar una vida diferente a tu lado, y aunque dudé, el recuerdo de este momento y el nombre de Valéria serían suficientes para llevarme por el camino de la razón.

Antonieta se arrojó a sus brazos:

– Creo en ti, Rodolfo, y entrego, con alegría, mi futuro en tus manos.

Cuando, algún tiempo después, los dos jóvenes regresaron al aposento contiguo, encontraron a Valéria que se había reclinado en los brazos de su padre.

– Padre – exclamó Rodolfo –, el cielo nos ofrece una alegría en estos días desafortunados. Mira, te traigo una hija y amiga, una hermana de nuestra infortunada Valéria.

Ante estas palabras, un destello de felicidad atravesó el rostro demacrado y triste del Conde.

## La Venganza del Judío

– Hija querida, sé bienvenida mil veces, como si fueras mi propia hija – dijo, besando su frente –. Sé feliz y conviértete en el ángel guardián de Rodolfo, para que no tenga que lamentarse nunca de sus desatinos y locuras iguales a las mías.

– Me prometió que se corregirá y sé que se enmendará – dijo Antonieta, llevándose la mano del viejo Conde a los labios –. Padre, comenzará una nueva vida para todos; vívela totalmente con nosotros y te distraeremos, calmaremos y amaremos tanto que no tienes que sentirte vacío o aburrido.

– Te entiendo, hija – respondió el anciano con una sonrisa.

– Tienes razón; debo consagrar, a mis hijos, los últimos años de mi vida; Dios me ha herido con una lección despiadada, obligándome a aceptar el sacrificio del futuro de Valéria.

– Padre amado, exageras tus faltas tanto como mi valor – exclamó Valéria, abrazando a Antonieta –. ¿Cómo lamentar una resolución que es fuente de tanto bien? El hecho que mi amiga se convirtiera en una hermana es un consuelo sublime, y espero que todo termine mejor de lo que suponemos.

En la mañana del día fijado para el compromiso secreto de Valéria, el viejo Conde de M. fue a la residencia del Barón Maurício de Hoyeu, tutor de Antonieta, y le presentó formalmente la propuesta de matrimonio de Rodolfo, y, viejos amigos y viejos compañeros de escuela que eran, resolvieron en pocas palabras el asunto; sin embargo, al observar al Barón sobre los gastos abusivos del joven oficial, el Conde respondió, con aire sombrío:

– No tengas miedo, Maurício; mi hijo y yo abandonamos todas las locuras; a ti, viejo y fiel amigo, al padrino de Valéria, debo revelarte toda la verdad.

## La Venganza del Judío

Y, sin ocultar nada, el Conde expuso los hechos de los últimos días, y el sacrificio espontáneo de Valéria, con el que la joven Condesa devolvió la tranquilidad y el honor a toda la familia.

– Hoy – concluyó –, esta vergonzosa transacción debe consumarse; el padre Martincito llevará a Maier a cenar con nosotros. Sin embargo, al pensar que mi hija inocente pondrá su mano en la de ese israelita codicioso y repugnante; que, por mi culpa, descenderá a este lodo de la avaricia, a esta sociedad infame, ni siquiera sé de dónde vengo, todo en mi se rebela, y me pregunto a mí mismo si no soy dos veces infame, persistiendo en vivir para presenciar tal desgracia. Así que te ruego, Maurício, que vengas hoy a cenar a mi casa, eres el padrino de Valéria; tu presencia será un refresco para mí y para mi hija.

El rostro alegre y amable del Barón de Hoyeu adquirió un aspecto cada vez más serio:

– Hay una historia triste, mi pobre Egon; aunque has malgastado tu fortuna de manera casi imperdonable, no es el momento de hacer reproches. Lejos de eso, si tuviera los medios, los pondría inmediatamente a tu alcance, porque es doloroso para un hombre de tu edad y posición verse obligado a hacer algo así; pero, agregaré sinceramente, aparte de eso, no entiendo por qué este matrimonio es una desgracia. Conozco a Samuel Maier porque lo encontré muchas veces en casa de mi sobrino – eran compañeros de universidad – es un joven encantador, absolutamente noble, en él, nada nos recuerda a esa raza brutal y repugnante que estamos acostumbrados a despreciar. El método ciertamente no es noble que aprovechó, pero hay que tener en cuenta su desfavorable situación: un joven, apasionadamente enamorado, comete las mayores locuras para conquistar a la mujer de sus deseos, y más aun cuando es una Valéria. ¡Diablos! Una perla sobre todo si un prejuicio necio le impide colocarse entre los demás pretendientes.

– ¿Tonto? – Espetó el Conde –. ¿Una Condesa de M. y ese hijo de un avaro?

– No te ofendas, Egon, y confiesa: la mayor causa de tu rebelión es que Samuel sea judío; mientras recibe el bautismo; sin embargo, deja de serlo. Sabes que, además, no doy crédito a todos esos desnudos de las antiguas religiones que, a partir de una cosmogonía viciosa, llena de ignorancia y leyendas inverosímiles, deben dar paso a una creencia única, liberal y filosófica.

– ¡Sé que eres ateo, Maurício, y te deploro por esto!

– Disculpa, creo que hay un ser absoluto, creador del universo; este Padre Eterno; sin embargo, creó a todos sus hijos iguales, y no aprueba, con toda certeza, esta mezquina guerra entre ellos, bajo el mando de hombres cuyo egoísmo se adorna con el título de sus ministros. Basta; sin embargo, sobre el tema, conozco tus convicciones totalmente católicas y las respeto. Permíteme; sin embargo, convencerte que un hombre apuesto, espiritual y lo suficientemente rico como para comprar un principado – que no debe ser despreciado en nuestros días – no debe en modo alguno hacer miserable a mi ahijada, solo porque era de origen judío y sus antepasados no llevaron un estandarte durante las Cruzadas. Estas dos criaturas jóvenes pueden, sin duda, amarse y ser felices.

– Por el momento, al menos, Valéria solo siente desprecio y disgusto por él – dijo el Conde con un suspiro –. Hasta luego, mi querido Maurício; en la cena juzgará si sus esperanzas optimistas tienen alguna posibilidad de cumplirse.

## 4.- EL NOVIO JUDÍO

– Escucha, hada, sacude tu apatía; son las cuatro horas, es más que suficiente para que te cambies de ropa – dijo Antonieta, quien, ya vestida para la cena, se sentó en un taburete cerca del sofá, donde Valéria estaba reclinada, pálida y mirando al vacío.

La joven se levantó suspirando:

– Es cierto, necesito disfrazarme para celebrar mi felicidad como es debido, dile a Marta que me consiga un vestido negro y un velo del mismo color. Nada más justo que el día en que entierro mi nombre, posición y fortuna, llévame de luto. La joven Eberstein negó con la cabeza:

– Honestamente, no puedes pensar en recibir a Samuel con esta indignante ironía; y si, ante esta afrenta, rechazara tu sacrificio, y busca venganza, ¿qué pasaría?

– No creo que el señor Maier sea tan sensible; le dije palabra por palabra que estaba disgustada y... ni siquiera estaba conmovido. Sin embargo, no quiero arriesgar tu felicidad y la de Rodolfo por una bagatela; así que elige tú misma mi ropa.

– Entonces te sugiero este vestido blanco, con encaje, que te fue enviado hace poco desde París; el blanco también es de luto, no tan lúgubre; sin embargo, y no muy perceptible.

Con la más fría indiferencia, Valéria se dejó vestir; cuando la criada; sin embargo, ayudada por Antonieta, dio los toques finales, esta última pensó que Valéria nunca se había visto tan fascinante; el vestido, sencillo, aireado, parecía hecho a medida por su delicada e ideal belleza. Antonieta quiso poner unas rosas exuberantes alrededor de su cintura y en su cabello; Valéria apartó la mano de su amiga y dijo, con aguda ironía:

— Las espinas sin las rosas, querida, serían más convenientes en este alegre compromiso, o, mejor dicho, ¿si es que se necesitan las flores, que son las favoritas de las gentes agradables a las que está destinado mi futuro? El ajo, creo...

— ¡Dios mío! — Exclamó Antonieta — ¿Cómo se puede decir tanto sarcasmo? ¿Qué ha sido de tu buen corazón y espíritu?

Valéria no dijo nada y las dos entraron juntas al salón. Dejándose caer en un sillón cerca de la ventana, Valéria comenzó nerviosamente a desplegar las flores en un hermoso ramo, que había sido colocado en una pequeña jardinera en Sévres. Antonieta la miraba con tristeza y compasión; pero al escuchar pasos en el pasillo, salió. Se trataba del viejo Conde que, lúgubre, como una densa nube de tormenta, con las cejas fruncidas, estaba agitado.

— Querido padre, cálmate — dijo la joven de Eberstein, tomando con cariño el brazo de su futuro suegro —. Lo inevitable debe soportarse. Debemos, al menos en apariencia, aliviar la tensión de Valéria, recibir a Samuel con buena voluntad y tratarlo como es usual entre nosotros, con todas las personas de nuestro medio; estos buenos modales se reflejarán en él, estimulándolo. ¡Ah! Allí están el tío Maurício y Rodolfo, ¡alabado sea Dios! ¡Llegaron antes que el padre Martincito!

El rostro de Rodolfo estaba tan cargado como el de su padre; sus dedos jugaban con las alas de su uniforme, o se movían nerviosos en el bigote.

– Rodolfo, trata de disimular tu enfado y disgusto – murmuró Antonieta, mientras los dos viejos se saludaban –. Si mantienen, tu padre y tú, ese aire lúgubre, nuestra actitud será insoportable para todos.

– ¡Oh! Si pudiera retorcerle el cuello a ese canalla judío, pronto me pondría feliz – murmuró el joven oficial con enojo, apretando los puños.

– ¿Qué es de Valéria? – Preguntó el Barón de Hoyeu, poniendo fin a este diálogo, que se había mantenido aparte.

Antonieta le mostró en silencio la puerta de la habitación.

A la vista de la joven que, pálida y mirando, persistía en su obra destructora, el Barón se detuvo y balanceó la cabeza. La alfombra y el vestido blanco de Valéria estaban cubierto de pétalos de rosa, claveles y azucenas; y todavía arrancaba, sin piedad, las flores y hojas que su manita podía alcanzar.

– ¡Oh! ¡Oh! Querida ahijada, ¿cuál es el significado de esta ejecución? ¿Cuál es la culpa de este ramo? – Preguntó alegremente el Barón.

Valéria miró hacia arriba con esfuerzo; al ver a su padrino, trató de sonreír y se levantó; pero, inesperadamente, se detuvo temblando y, con la mano extendida, retrocedió sin fuerzas. Se acababa de oír el rodar de un coche, que estaba estacionado en la puerta.

– ¡Es él, con el padre Martincito! – Anunció Antonieta, que había corrido hacia la ventana.

Rodolfo miró su reloj.

– Puntual, como un gran señor – dijo con ironía.

– Seis menos cinco minutos.

## La Venganza del Judío

Momentos después, el sacerdote entró en el salón.

Rothey y Samuel. El banquero fue recibido por los dos Condes con cortesía; sin embargo, una reserva glacial se había mostrado en el toque fugitivo de sus dedos cuando sus manos tocaron las de Samuel. Solo el Barón de Hoyeu se adelantó con una sonrisa amistosa y la mano extendida.

– Buenas tardes, joven amigo, recibe mis felicitaciones y mis mejores deseos para tu futuro. El amor y la paciencia ya han hecho que la gente olvide muchos prejuicios – añadió en voz más baja –. Haz feliz a mi ahijada y el día de hoy será perdonado y olvidado.

– Agradecido por estas buenas palabras, señor Barón, me son gratas doblemente, hoy, tan enredado para mí de felicidad y disgusto. Pero donde está...

Samuel guardó silencio y su mirada ardiente e impaciente recorrió la habitación.

– Ella está allí, en esa oficina. Ven – respondió el Barón.

El sacerdote también había notado la ausencia de Valéria, y a una indicación del Conde, había penetrado en el despacho. Al ver a la doncella parada junto a Antonieta, blanca como el vestido que lucía y con un aire de silenciosa desesperación en sus mejillas, se acercó rápidamente y murmuró, en tono de reproche:

– ¿Es esta la fe, el gozoso desinterés que esperaba encontrar? Levanta la cabeza, hija mía, y no olvides que debes ser mi aliada en la obra santificadora de traer a la Iglesia un alma que ya se está impregnando de la verdad; el bautismo pronto limpiará a este joven de cualquier defecto, así como nos redime del pecado original.

## La Venganza del Judío

Se interrumpió, vio a Samuel con el Barón e hizo una seña al primero. Luego, tomando la mano fría de Valéria, la colocó en el joven y dijo, con la unción:

– Acepta, hija mía, con total confianza, al marido que el Señor ha elegido para ti; que bendiga esta unión y me dé la alegría de realizarla pronto.

Bajo la influencia de las palabras del sacerdote, o bien por el silencioso deseo de Samuel, Valéria levantó lentamente los ojos hacia el prometido, y encontró una mirada tan llena de amor y tristeza, que, tierna y confusa, se sonrojó hasta la frente y, en voz baja, lo invitó a sentarse.

El Barón luego se acercó, abrazó a su ahijada y se sentó cerca de los novios, iniciando una conversación variada. Rodolfo y Antonieta se unieron a ellos, el padre Rothey se unió al viejo Conde, que se había quedado en el salón.

Cuando se anunció que la cena estaba servida, se sintieron todos aliviados. El Barón se levantó rápidamente; Antonieta y Rodolfo lo siguieron apresuradamente; los novios se quedaron solos un momento. Samuel ofreció ceremoniosamente su brazo a su esposa; sometida, sin embargo, emocionado, tomó su mano y se la llevó a los labios ardientes.

– Valéria, perdóname a esta hora – susurró con voz ronca –. Créeme; consagraré mi vida entera para mostrarte mi amor, buscando hacerte feliz.

La joven suspiró con dificultad.

– Esperemos, señor, que el futuro redima el dolor agonizante que hoy me impones, tu amor persistente y despiadado ha destruido toda resistencia. Espero que esto sea para nuestra buena fortuna e imploraré a Dios que todos sean dirigidos hacia el bien.

## La Venganza del Judío

– Soy consciente de su buena voluntad; es la primera y será la última vez habré sido cruel contigo, Valéria; me convierto, por nuestra unión, en tu esclavo, pero... – se inclinó, su mirada ardiente se hundió en la de su novia –... podría convertirme en un ser feroz y criminal si te pierdo.

Después de estos tristes y extraños esponsales, el tiempo pasó muy lentamente. Samuel se dio cuenta de lo dolorosa que era su presencia con la familia del Conde. Ante tal disgusto, apenas encubierto, alguien más habría renunciado a ese matrimonio y sacrificado el amor por el orgullo; con la tenacidad de su gente; sin embargo, Samuel insistió. Con una delicadeza natural, heredada de una vida pasada y formada de manera bastante diferente, se mostró lo menos posible, rechazó cualquier invitación que lo disuadiera durante un tiempo prolongado en la casa del Conde de M., o que pudiera despertar sospechas sobre el secreto que debería permanecer oculto hasta el tiempo determinado. Cada dos o tres días, venía a pasar una hora, por la noche, con su prometida, cuando, luego, con su charla interesante, espiritual, pero discreta, intentaba complacerla.

Poco a poco, Valéria se fue acostumbrando; señalando que el banquero le daba la respetuosa deferencia, que nunca reclamaba ningún privilegio de novio, ni hablaba de los apasionados sentimientos que a veces quemaban sus grandes ojos negros, la joven recobró su antiguo aire tranquilo y natural, y comenzó a conversar con él; sin vergüenza.

Una vez, al encontrarla Samuel en el piano, ella a su vez le pidió que tocara algo. Se adelantó con la mejor buena voluntad. Tocando la aria que ella acababa de cantar, Samuel tejió variaciones dignas del perfecto músico que era; la primera sonrisa, verdaderamente sincera y amiga de Valéria, fue su premio.

## La Venganza del Judío

Este predicado de buen gusto actuó favorablemente sobre todos los que compartían el secreto: Rodolfo abandonó el aire de hostilidad; el viejo conde murmuró afablemente:

– Tiene más delicadeza de lo que me atrevo a creer.

El padre Martincito no dejaba de elogiar el celo y las buenas cualidades de su alumno en la religión. En cuanto a Antonieta, impregnada hasta cierto punto de las ideas liberales de su tutor, se había permitido sentir una sincera simpatía por el banquero. De la misma manera, cuando se enteró que su amiga estaba menos angustiada, y que cuando se acercaba la hora de la visita de Samuel, sus ojos buscaban con impaciencia el reloj, y que el ruido de las pisadas del joven traía inesperado rubor en las mejillas de Valéria, Antonieta se alegró francamente y comenzó a creer que los cálculos del tío Maurício bien podrían haber sido correctos.

Conforme se acercaba el final del mes de mayo, la familia del Conde M. decidió ir en busca del campo, donde los extraños no la molestarían tanto. Como Samuel era el vecino más cercano, Valéria se sintió obligada a decírselo que, en el campo, tenía su presencia por más tiempo y con mayor frecuencia en su casa.

Conmovido por estas buenas palabras, el novio le aseguró que aprovecharía el permiso.

Los días que siguieron fueron felices y muy animados; se hicieron todos los preparativos para el matrimonio entre Rodolfo y Antonieta, previsto para principios de julio, y de la misma forma se estaba preparando el ajuar de Valéria, cuya boda se iba a celebrar el veinticinco de septiembre, justo después del bautismo de Samuel, el padre Martincito, entregado por completo al alumno, quiso apresurarse lo más posible. La futura Condesa de M. y el Barón Maurício acordaron ser los padrinos del novel cristiano.

En una hermosa tarde de la segunda quincena de junio, fueron ambas novias sentadas en un cenador, trabajando duro en una cubierta para el altar de la Iglesia de los Misioneros, cuando Samuel, al llegar, interrumpió su ocupación.

Luego de los primeros saludos, el joven sacó de su bolsillo un hermoso volumen en terciopelo azul, los bordes dorados, y lo colocó frente a Valéria, con una dulce sonrisa. Antonieta, inclinada sobre su amiga, curiosa por saber el título de la obra, se echó a reír.

– ¿Qué juego es este? – Preguntó, todavía riendo.

– ¡Un calendario encuadernado en terciopelo y oro! ¡Qué honor para un libro de tan fugaz valor!

– ¿No puedes adivinar por qué lo traje?

– No – respondieron las dos jóvenes a una voz.

– Pues bien, señoras, es mi deseo pedirles que busquen, en este calendario, el nombre de pila que mejor les parezca a mi futura esposa y a mi madrina, para reemplazarlo por el poco querido nombre de Samuel, tan poco comprensivo, lo sé, a la señorita Valéria.

– Yo nunca dije eso – respondió Valéria, sonrojándose –. Confieso; sin embargo, que no es el más bonito.

Y ambas, diligentemente, comenzaron a elegir y discutir el nombre más bonito y el más acorde a la personalidad de Samuel, pero no pudieron llegar a un acuerdo.

Finalmente, Valéria cerró el libro y le informó que tomaría la decisión ella misma, no de repente, sino en un instante de calma y soledad.

## La Venganza del Judío

– Aquí viene nuestro padre, con su rostro mucho más animado – agregó la joven –. Apuesto a que traes algo nuevo...

– Queridas hijas – dijo el anciano noble, después de saludar al futuro yerno con mayor agradecimiento de lo habitual –. Les informo que todos nuestros proyectos para el matrimonio de Rodolfo necesitan ser cambiados. Vengo a recibir una carta de tu tía, la Princesa O. Aquí hay otra carta, que vino con esta, y dirigida a ti, Antonieta. La Princesa me informa que la debilidad que todavía siente en las piernas le impide venir aquí, y que la idea de no presenciar el matrimonio de su sobrina le desagrada tanto que me ruega que vaya, con todos nosotros, a celebrar sus nupcias en su propiedad, y descansar allí unas semanas.

– ¿Y qué decidiste, padre? – Valéria preguntó, echando una mirada de soslayo al rostro demacrado de Samuel.

– Dados los términos de la invitación, no sería apropiado rechazarla, que, al final, no tiene por qué aparecer. Hice amistad con la Princesa, antes de su viudez: era una mujer extraordinaria y como, además, es tu pariente cercana, Antonieta, estoy feliz de renovar mis antiguas relaciones. En mi respuesta diré que aceptamos y saldremos, así, el 2 o 3 de julio. Y, sin más preámbulos, incluso la vista; los dejo a gusto en tu conversación.

Con el Conde ya fuera, y mientras Antonieta se entregaba a leer la carta de su tía, Valéria se acercó a Samuel que, hosco y pensativo, se apoyó en la mesa.

– El nuevo proyecto de mi padre no te parece muy agradable – dijo en voz baja.

El joven suspiró.

– Una separación de tantas semanas, y su asistencia a fiestas de las que mi condición falsa, espuria y abyecta no me permitan participar, no pueden ser amables conmigo. ¿Quién es esta Princesa de O.?

– Es hermana del padre de Antonieta, viuda desde hace mucho tiempo.

Vive en su propiedad en Estiria, está enferma. Nunca la he visto, pero escuché muy bien sobre ella.

– No me niegues compensación por el dolor imprevisto – añadió el banquero, después de un momento de pausa –. Vengan todos ustedes a pasar un día en mi finca, en el mismo lugar donde, por primera vez, tuve la gracia de encontrarte.

– Te lo prometo – dijo Valéria –, antes que nos vayamos, pasaremos un día en tu casa.

El consentimiento del conde fue obtenido fácilmente por la doncella, mejor dispuesto y más satisfecho que nunca, y por todo ello se decidió que, el día antes de la partida, estando todo arreglado, el Barón de Hoyeu y el Conde con sus hijos, responderían a la invitación de Samuel.

El día programado para esta visita había amanecido espléndidamente: el calor era sofocante, pero no se veía ninguna nube en la bóveda celeste.

Con una sonrisa traviesa, Antonieta observó que su amiga se había adornado con especial cuidado: el vestido blanco, que había lucido el día de su compromiso, y que se había vuelto antipático para ella pues se rehusara a volver a ponérselo, desde entonces, lo pidiera ahora, completando su conjunto con un hermoso sombrero de paja blanco, adornado de capullos de rosa.

Al mediodía todos estaban en camino. Los hombres montaban a caballo, mientras que las dos jóvenes cabalgaban en un elegante y pequeño un carruaje, llevado por ponis, que conducía Antonieta, regalo que le había hecho Rodolfo de este vivaz y excelente equipo.

La residencia de verano de Samuel, Rudenhof, era un pequeño castillo, de estilo renacentista, con torreones a los lados, decorado con balaustradas talladas y cinceladas, rodeado de amplios jardines. La habitación, señorial en su conjunto, tenía la marca de la riqueza y el buen gusto.

Mientras cruzaban la avenida que conducía al castillo y que los robles daban sombra, Antonieta susurraba sonriendo:

– ¡Mira qué hermoso edificio, Valéria! Creo que se puede vivir muy bien en él, y que un Conde no podrá ofrecerle nada más fino...

Valéria no respondió; sus ojos estaban fijos, no en el palacio ni en sus alrededores, sino en la esbelta y elegante postura de su joven dueño, que esperaba recibir a sus invitados, de pie en el último escalón de la escalera.

Sin revelárselo a sí misma, la joven Condesa había dejado de lamentar su sacrificio; la presencia de Samuel era ahora motivo de satisfacción, que esperaba con impaciencia y – ¡sin duda alguna duda! – no renunciaría a este novio, aunque se presentara un pretendiente más ventajoso.

Samuel se esmeró mucho en brindarles la más cariñosa y amable hospitalidad: excelente almuerzo, paseo por los jardines, visita al castillo, visto en todos sus detalles, y al museo de los lienzos y antigüedades que había adquirido en sus viajes ocuparon toda la mañana; por la tarde, un viaje en barco en un gran lago, famoso por la pintoresca belleza de sus orillas.

Después de la cena, el viejo Conde y el Barón se retiraron a la terraza, con el objetivo de disfrutar allí de su café, inhalar sus finos puros y disfrutar de una agradable digestión; reunió a los jóvenes en una habitación de al lado, y Valéria, que ya había notado un piano de concierto y una estantería llena de música, le pidió a Samuel que tocara algún trecho.

Con su característica buena voluntad, el joven respondió de inmediato a este deseo. Su maestría, quizás, nunca había sido tan admirable, ardiente y expresiva, pero también llena de caprichos: ahora vivaz y triunfante, a veces tímida y de indecible tristeza, la melodía parecía acompañar mansamente los sentimientos del artista. Perdido que quedara la última nota, un aplauso frenético se elevó desde el pasillo y la terraza. Apoyada en el piano, Valéria fue la única que escuchó con mayor emoción y no dijo nada de elogio; aun, cuando Samuel tenía la intención de dejar el piano, ella miró hacia arriba y susurró:

– ¡Oh! No, me gustaría escucharte cantar todavía; canta algo.

El banquero se detuvo por un momento y su mirada ardiente penetró los ojos de Valéria; luego su voz se elevó clara y sonora: cantó el juego de Edgard, de "*Lucia de Lammemoor*" en un fragmento en el que el novio traicionado derrama su desesperación y recriminaciones sobre el infiel.

El corazón de Valéria comenzó a latir dolorosamente; esos acordes penetrantes, vibrantes por momentos de pasión, llenos de dolorosa tristeza, pesaban sobre ella, como oprimiéndola; un temblor de nervios la estremeció, le pareció que era ella quien se recriminaba.

– Cantas tan bien como un artista consumado – dijo cuando terminó –. ¿Por qué prefieres este pasaje? – Samuel tomó su mano y se la llevó a los labios. Al notar su temblor, se inclinó profundamente:

## La Venganza del Judío

– Perdóname; estás muy pálida. Ni siquiera sé que me llevó a cantar esta aria; yo te compensaré por mi culpa, luego elige lo que te agrada oír.

Después de haber reunido nuevos elogios, Samuel propuso que todos fueran al lago; la idea; sin embargo, pareció complacer muy poco a los dos viejos nobles.

– Queridos amigos – dijo el Barón de Hoyeu –, aunque tal invitación es muy seductora, creo que es preferible un descanso contemplativo en esta terraza, después del calor del día y el cansancio de una cena de Luculus; creo, por tanto, que expreso el mismo ideal que mi amigo Egon, al proponerles, señoras, que emprendan este viaje por el agua bajo la protección de sus futuros cónyuges; incluso pueden imaginar que están navegando en el mar de la vida, que para los enamorados no solo es poético, sino también recomendable.

– En la protección de tu indolencia, siempre eres bastante ingenioso – exclamó Antonieta, riendo –, que la ilusión de un paseo por el mar de la vida sea completa, echaremos de menos la tormenta.

– ¿Quién puede garantizarlo? Quién sabe si, para poner a prueba nuestro coraje común, el cielo nos otorgará una tormenta – dijo Valéria.

– ¡Así que sofoca el calor, y realmente quiere que parezcan nubes sospechosas que aparecen en el horizonte!

– ¡Qué absurdo! El cielo está despejado; nada sugiere una tormenta; apresurémonos a disfrutar de la frescura; ¡debe ser maravilloso en el lago!

Y la traviesa Antonieta tomó su sombrero y sombrilla, agarró a Rodolfo del brazo y, corriendo bajó por los escalones de la terraza. Samuel los acompañó, seguido de Valéria, y guio a los invitados a través de los callejones sombríos desde el parque, hasta el lago.

Debajo de una rampa de piedra estaban ancladas una docena de botes, de los más variados tipos y tamaños, y en medio de ellos, un gran barco adornado con flores y alfombras, ciertamente preparado para el recorrido. Rodolfo dirigió una mirada de disgusto a los dos remeros apostados en la barcaza.

– Mi querido Samuel, aquí tienes preparaciones que poco le hacen justicia a tu imaginación; confieso que un paseo no me agrada con estos dos chicos, y como el tío y el papá tuvieron la buena idea de quedarse en casa, propongo que cojamos estos dos pequeños, que parecen hechos para dos pasajeros, y conduzcamos cada uno para su dama.

Lo cierto es que el joven Conde dio poca importancia a la conversación un tanto intrascendente entre su hermana y su futuro cuñado, y quiso estar a solas con Antonieta.

– La idea será aceptada con alegría, si la Condesa Valéria la apoya – respondió el banquero.

La joven no se opuso en absoluto. La impresión producida por el canto de Samuel se quedó en ella, los sonidos profundos y penetrantes de su voz todavía reverberaron en sus oídos y ella suspiraba a una hora de conversación tranquila.

Entonces las dos parejas tomaron asiento, y los caballeros, tomando los remos, se fueron, prometiendo regresar al mismo lugar en dos horas.

Rodolfo siguió por la izquierda, para seguir los márgenes; Samuel remó hasta el medio del lago, donde se podía ver a lo lejos una pequeña isla poblada de árboles. Ni la más mínima brisa arrugaba la superficie de la vasta lámina de agua, clara y pulida como un espejo; remando con lentos movimientos, Samuel no podía apartar los ojos de su acompañante, que en su vaporoso vestido blanco y largo cabello rubio, se asemejaba a la diosa del lago, subida a la superficie para admirar las aguas traslúcidas.

El corazón del muchacho latía violentamente; estaba íntimamente seguro que la aversión de la joven Condesa había reemplazado un sentimiento que ni ella misma sospechaba: la expresión que a menudo se reflejaba en sus ojos azules, tan puros, ya no era, ciertamente, el de la revuelta; a pesar de esto; sin embargo, sintió el anhelo inalienable de escuchar, por fin, de sus labios, cualquier palabra de aliento.

Dejando los remos, se inclinó hacia su compañera, que estaba en silencio, pensativa.

– Valéria – dijo –, permíteme darte las gracias por tu visita de hoy. Me siento inmensamente afortunado de haber recibido en mi casa a quien, muy cerca, será dama y reina allí.

– ¡Oh! Esta visita la hice con la mayor buena voluntad; me di cuenta de lo mucho que te preocupaba nuestra separación.

– Te agradezco estas palabras, y más por haber aceptado dar este paseo por el lago conmigo; es la primera oportunidad cuando nos encontramos solos, absolutamente aislados, apartados de hombres y viles prejuicios, y no puedo rehuir el deseo de hacerte una pregunta: Dime, Valéria, ¿puedo estar segura que no sentirás por mí esta aversión que me hace sufrir un infierno por dentro, y me inspira, a veces, a devolverte la libertad y, en otros, me incita a atarte a mí con lazos eternos? El miedo a perderte me desata una tormenta de fríos y malos sentimientos.

Las mejillas de Valéria se cubrieron de un fuerte rubor; Trató de responder, pero una vergüenza incontrolable le oprimía la garganta, y en sus ojos los sentimientos que la preocupaban afloraron tan vívidamente que un suspiro de alivio y alegría escapó del pecho de Samuel.

– No es mi objetivo forzar ninguna confesión, Valéria, ni creo que tengo derecho a hacerlo, ya que todavía no soy cristiano, pero cuando el bautismo haya removido el último obstáculo que nos separa, ¡oh! entonces, dime si alguna vez podrás sentir por el que será tu esposo una parte del amor que le inspiras.

Un ronco estruendo de trueno interrumpió su conversación; ambos miraron hacia el cielo, donde las nubes grises se acumulaban desde Dios sabe dónde, y se movían a una velocidad vertiginosa; soplaba una brisa fresca, levantando pequeñas olas y meciendo el pequeño bote. Samuel agarró los remos.

– La tormenta va a estallar – dijo –, es necesario que lleguemos a la isla, ya que hemos llegado tan lejos de la orilla.

Comenzó a remar resueltamente hacia el islote que ya estaba a la vista; pero la borrasca avanzó; se hizo más oscuro de un momento a otro; un rayo rasgó el cielo ennegrecido; el viento soplaba violentamente, sacudiendo la ligera embarcación e impidiéndole avanzar. La doncella apenas podía ser sostenida por más tiempo, y en todo momento temía perder el equilibrio y caer al lago.

– Arrodíllate en el fondo del bote, Valéria – pidió Samuel, quien se encontró incapaz de ayudarla, ya que tenía las manos ocupadas –. ¡Rápido! Agárrame, no te muevas, de lo contrario volcaremos.

La joven respondió sin demora; abatida, pero, aun así, seguía los detalles de la lucha entre Samuel y los elementos. Por fin llegaron a la isla; una nueva dificultad; sin embargo, se presentó allí: romper contra la orilla, las olas furiosas y espumosas, el reflujo, empujaron el bote a la ligera, repeliéndolo con violencia, imposibilitando que los dos ocupantes saltaran a tierra.

Ante el peligro presente, el joven tomó una decisión repentina: levantó a Valéria en sus brazos, dio un salto ágil y vigoroso y pisó alegremente la tierra. La joven soltó un grito de miedo.

– No le temes a nada, estamos a salvo – dijo Samuel, secándose la frente empapada de sudor.

– Pero ¿qué pasa con nuestro bote? ¿Cómo volveremos? ¡Mira! – Exclamó la joven, señalándole la barca que, arrastrada por las olas, como una cáscara de nuez, bailaba sobre la cresta de las olas y ya se perdía en la niebla.

– No nos olvidarán en la isla desierta; nos buscarán cuando cese la tormenta.

Un resplandor cegador atravesó el cielo y el retumbar del trueno, que hizo temblar la isla, apagó con su estallido las últimas palabras del banquero. Al mismo tiempo, empezaron a caer gotas redondas de lluvia.

– ¡Ven! Conozco un lugar, aquí, donde podemos refugiarnos – dijo Samuel, arrastrando a su compañera, que se aferró a él, temblando por todo el cuerpo.

En unos instantes llegaron a un grupo de rocas grises, una de las cuales avanzaba, a modo de cubierta, y el conjunto formaba una especie de pequeña cueva, abierta, con una banca de musgo en la parte de atrás. Comenzó una lluvia torrencial, solo Valéria se había resguardado.

– ¿Por qué estás parado ahí bajo la lluvia? ¡Estarás empapado en agua! – Exclamó, colocando a su novio en la banca junto a ella.

## La Venganza del Judío

– Estarás mal acomodada, ¡hay tan poco espacio! – La voz de Samuel se perdió en el rugido de la tormenta.

La tormenta se desató con toda su violencia; relámpagos y truenos atronadores se repetían casi ininterrumpidamente; lluvias de lluvia cayeron con un golpe vertiginoso sobre las rocas. El rugido de las olas creció y todo se unió en un caos soberbio, pero aterrador.

Sin sentirlo, Samuel había puesto su brazo alrededor de la cintura de su compañera, quien de ninguna manera objetó y apoyó la cabeza en su hombro. Tranquilos y silenciosos, permanecieron así, apoyados uno contra el otro. Aversiones, prejuicios, Valéria se olvidó por completo de ellos, y una extraña sensación de paz y felicidad inundó su alma.

Cuánto tiempo se quedaron así no pudieron decirlo. La tormenta estalló; el rugido del trueno se desvaneció en la distancia; las nubes se abrieron y los rayos plateados de la luna iluminaron la superficie inmóvil del lago.

– ¡Santo Dios! ¿Ya la Luna? ¿Qué hora será y qué le habrá pasado a Rodolfo y Antonieta? – Exclamó Valéria, poniéndose de pie. Samuel sacó su reloj de su bolsillo.

– Las diez en punto – anunció. Y después de un momento de atención:

– Llegarán los que nos buscan y, para Rodolfo, no tienes miedo; navegó por la orilla y no corrió ningún riesgo; sin embargo, Valéria, estás pálida. ¿Tuviste miedo?

Sacudió la cabeza y le dio a Samuel una mirada húmeda y radiante:

– No siento miedo bajo tu protección; Ahora sé la fuerza y el coraje que tienes para salvar de las tormentas de la vida a aquella que confía en ti. Y ahora Samuel, puedo darte la respuesta a la pregunta que me hiciste en el botecito: sin duda anhelo tu bautismo, del que nacerá una nueva existencia para nosotros, pero, desde este momento, te amo; te apoderaste de mi corazón, poco a poco, venciendo la antipatía y los prejuicios; la hora que pasa ha aclarado mis sentimientos y es de *motu propio* que me entrego a ti.

Samuel la atrajo hacia su pecho, temblando de felicidad y, por primera vez, le dio un apasionado beso en los labios.

– Este momento hace olvidar todos los lamentos, desprecios y el desdén que he soportado – susurró – Solo hoy se realizaron nuestros esponsales, Valéria, y creo que no te negarás a contestar una súplica.

– ¡Por supuesto! Si puedo hacerlo.

– He tenido nuestros anillos de compromiso conmigo durante mucho tiempo, y les atribuyo un poder mágico; vamos a cambiarlos en este momento de aventura. Después de mi bautismo, el padre Rothey los bendecirá; sin embargo, estaré más tranquilo sabiendo que usas mi anillo. Vas a viajar mañana, durante tres semanas, lo que significa una eternidad; el mal augurio me persigue, haciéndome temer que un viaje así sea desafortunado y que nunca nos volvamos a ver.

– Aquí tienes mi mano, Samuel, no forzada a ello, sino por anhelo de mi corazón; con mucho gusto tomaré tu anillo, demostración evidente de nuestra palabra empeñada.

Sacando rápidamente su billetera, el joven sacó dos anillos, guardados en papel de seda y luego colocó el más pequeño de ellos, después de llevárselo a los labios, en el dedo de Valéria.

– A través de este anillo, signo de la eternidad, te une a mí para todo y siempre – afirmó él, su voz hueca, y una expresión sombría brilló en sus ojos –. ¡Lo quieres de *motu propio*; la desgracia caiga sobre ti si alguna vez me traicionas y perjuras!

— ¡Samuel! ¿Por qué me ofendes con tantas sospechas? También exijo el mismo juramento.

Una cordial sonrisa de ironía se cernió sobre los labios del joven.

— Para asegurar mi fidelidad, no temas nada, Valéria; Mi amor solo morirá con mi vida.

— ¿Por qué entonces dudas del mío? Hoy estás con el humor inclinado a la guerra, Samuel; para empezar, me hiciste escuchar una arenga desagradable para una novia; y ¿dudas ahora de mi palabra?

— Ciertamente soy un alienado e ingrato, y bien merezco tu reproche, hada; he estado nervioso durante dos días, agitado, atormentado por oscuros presentimientos; todo empezó después de un sueño, que carecía de sentido común y que me dejó atónito, sin duda, de una manera inusual.

— Dime cómo fue ese sueño, Samuel, ya que no debes tener más secretos para mí.

El banquero la apretó contra su corazón.

— Escucha, entonces, reina y severa señora mía. El miércoles por la noche, volviendo de tu casa, de buen humor, me fui a la cama y me dormí, contemplando tu fotografía, construyendo castillos para el futuro. Soñando, me encontré contigo, en un magnífico prado cubierto de flores; caminamos, despreocupados, felices, hacia una iglesia que, cerca, era visible. En la puerta del templo, que estaba completamente abierta, abandoné tu mano y dije: "Nos vemos, Valéria; me voy a bautizar en esa gran pila que ves en el centro de la nave; espérame frente a la puerta.

## La Venganza del Judío

A una señal de su asentimiento entré; acercándome a la fuente, pero noté con asombro que no tenía agua, y que en lugar de un sacerdote estaba un joven oficial de notable belleza: rubio, como tú, y sus ojos negros se posaron en mí con frío desdén. Con aire despreocupado, dejó caer en la pila como una cascada de monedas de oro, y me mostró esta lluvia dorada, diciendo con desdén:

– ¡Bautízate en esto!

Preocupado, sin entender nada de lo que estaba pasando, salí de la iglesia, para pedirte una explicación; sin embargo, todo había cambiado; frente a mí, una avenida ensanchada enteramente ocupada por el pueblo, cuyos límites se adelgazan en una especie de arena, también llena de gente. No sé por qué, estaba en un coche dorado, de pie junto al hombre de uniforme; sin embargo, esta vez llevaba una toga y una corona de laurel en la cabeza, a la manera de los héroes romanos. Me vestía de la misma manera, con una enorme espada, y grité con todas mis fuerzas: "¡Muerte a los cristianos!" Hubo un motín y en el transcurso de él maté a muchos hombres, mujeres y niños; y, en medio de ellos, te encontré, inesperadamente, Valéria, de rodillas, pelo suelto, ojos apagados, te levantas, juntas tus manos hacia mí, manos que sostenían una cruz. Borracho de sangre y en cólera, grité: "¡Muere!", y levanté la espada. El oficial corrió hacia ti, en el mismo momento, te levantó y con tanta rudeza me apartó, caí de espaldas. Cuando me levanté, angustiado, me encontré en el jardín de la casa de mi vecindario, en Pesth, junto al gran lago; sin embargo, me sentí mal, en el costado, vi una llaga ensangrentada, que quemaba como si fuera fuego. Ante mí, en traje de novia, tú, Valéria, y yo solo sabíamos que no te casarías conmigo, pero con el rubio, el de uniforme. La angustia estaba estampada en tu rostro y hablabas, sin que yo pudiera entenderte. Se encendió en mí un odio irracional, y una voz burlona cantó, en cualquier lugar, el aria de Lucía, que me escuchaste hoy. Estaba tan atormentado por la herida que pensé que me había vuelto loco; y, agarrándote, me arrojé contigo al lago. En ese mismo momento, la voz de Rodolfo gritó:

– ¡Ah! ¡Traidor! ¡Asesino!

Así que me desperté, sobresaltado; un sudor helado me cubría todo el cuerpo, y tan certera era la impresión del sueño, que pensé que la voz de Rodolfo aun vibraba e incluso sin querer me llevé la mano al costado, donde el dolor agudo aun me dolía. Después de un breve momento, recuperé completamente la razón, y comprendí que me había engañado un sueño, pero no pude cerrar los ojos por el resto de la noche.

En un momento, curiosa e impresionada, Valéria lo había escuchado.

– Es una pesadilla – dijo después de un breve silencio –. No entretengamos supersticiones. Dios nos guarda.

Luego vinieron repetidas llamadas de varias voces desde el lago, y un bote apareció en la distancia.

– Vienen a buscarnos – dijo Samuel, temblando.

– Adiós, pues, Valéria; permíteme despedirme de ti ahora; mañana seremos como extraños, bajo la mirada helada de tu padre.

– No. Debemos vernos una vez más. Mañana por la mañana, Samuel, ven entre las once y el mediodía. Te estaré esperando en el pequeño bosque de Flora, junto a la escotilla que conduce al campo. Allí hablaremos y podremos despedirnos sin testigos.

Lleno de alegría y gratitud, el joven la abrazó contra su pecho; luego, alzando la voz, respondió a las súplicas. Al cabo de unos momentos, el barco en el que se encontraba Rodolfo atracó y pudieron retomar el camino a casa. Cerca de la rampa aguardaban ansiosos el Conde, el Barón y Antonieta.

– Cálmense, aquí están los náufragos sanos y salvos – gritó con alegría, Rodolfo, en cuanto los vio.

Valéria se subió a los escalones y se arrojó a los brazos de su padre:

– Papá, querido, si me tienes viva aquí, se lo debes al valor y la presencia de ánimo de Samuel – exclamó.

El viejo Conde, en su absorbente satisfacción, no prestó ninguna atención al aire embelesado de su hija menor, ni al trato familiar que le dio, honoríficamente, el que, en su opinión, soportó con dificultad; Rodolfo; sin embargo, hizo girar las puntas de su bigote y miró a su hermana con una mirada llena de sospecha.

Al día siguiente de esa visita, Valéria se despertó temprano y se tumbó, en un gozoso bienestar, en las almohadas de seda.

Había pasado un tiempo desde la última vez que se sintió tan feliz. El futuro no le causaba temores, pero le sonreía. Sonrojada, estudió el anillo que Samuel le había puesto el día anterior en el dedo. ¿Qué tonto prejuicio podría inspirar en ella un sentimiento de repulsión por este hombre tan guapo, tan talentoso? La hora insoportable que pasó en su jardín, volvió a él, cuando había exigido que le devolviera su libertad. Por suerte para él, se había negado a hacerlo, y ahora una sonrisa feliz bailaba en sus labios nacarados. Otros momentos la esperaban más agradable en este jardín; allí caminaba solo con Samuel por los callejones en penumbra, y su voz sonora y armoniosa, cuyas inflexiones vibrantes y apasionadas tocaban cada fibra de su corazón, le susurraba al oído palabras de amor, como las que había escuchado el día anterior... ¡Oh! ¡Qué mal

## La Venganza del Judío

venía este viaje! ¡Cuánto tiempo, sin él, serían esas tres semanas! Gracias a Dios, había concertado una cita para él esta mañana... ¡Todavía hay tantas cosas que decirnos el uno al otro!

Con un movimiento rápido, empujando las mantas hacia un lado, tocó el timbre, llamando a la camarera. La joven se vistió con especial cuidado; llevaba un vestido en seda azul y un chal de encaje que resaltaba la blancura nacarada de su tez; en su cabello rubio pasó un lazo de cinta, igualmente azul, dejándolo colgar en dos largas trenzas; luego se equipó con la pequeña sombrilla, no sin antes mirarse en el espejo que se veía encantadora con este atuendo sencillo y despreocupado; y corrió al lugar designado para la reunión prometida.

Impaciente, comenzó a caminar por el bosquecillo, mirando su reloj – solo las diez y media de la mañana – y, decidiendo, inesperadamente abrió la puerta a través de la cual Samuel debía pasar. Frente a ella, se extendía, hasta donde alcanzaba la vista, un terreno ligeramente accidentado, cubierto de trigo, cuyas banderas ondeaban con la brisa.

A la derecha, hundida en la distancia, estaba la carretera que conducía a Rudenhof; torciendo más adelante, un camino accidentado, estropeado por las lluvias y por los carros, llenos de gavillas de trigo, que pasaban por él todo el año.

Valéria emprendió el camino lleno de baches, recogiendo acianos y amapolas a su paso; llegando a un gran un árbol, cuyas ramas daban sombra al camino, se sentó sobre sus raíces y comenzó a tejer una corona de acianos. La puerta de entrada al parque, y también el camino de Rudenhof, fueron vistos por ella desde ese refugio, pero estaba completamente escondido por la sombra de las ramas y por los matorrales de trigo. Estaba terminando la corona de flores y se la ataba al cabello, cuando, mirando hacia el camino, vio que venía un jinete con las riendas. Al llegar a la pared, saltó ágilmente al suelo, ató su montura e intentó abrir la puerta.

– ¡Samuel! – Llamó en voz alta.

El joven se volteó, completamente sorprendido; al no ver a nadie; sin embargo, iba a continuar. Valéria luego repitió el nombre y él, guiado por la dirección de la voz, se encaminó hacia allá. De inmediato, vio a Valéria, alegre, con un ramo de flores en las rodillas, luciendo ella misma como una centaurea.

– ¡Oh! Qué hermosa estás, querida – exclamó Samuel, sentándose a su lado y con un beso interrumpiendo sus saludos.

– Estoy muy feliz – agregó entonces –, por encontrarte aquí, esperándome; toda la mañana temí que, pensándolo bien, tu orgullo no aprobaría nuestra última noche, y que ahora estarías ausente.

La joven se sonrojó.

– ¿Qué idea tienes de mí? ¿Qué orgullo nos separará ahora, cuando todo es tan claro como el sol de julio? Solo un dolor me pica: es que debemos separarnos. ¡Oh! ¿Por qué aun no estás bautizado? Iríamos juntos...

Un destello de felicidad brilló en los ojos de Samuel.

– No pasará mucho tiempo, querida, que sea tuyo en cuerpo y alma, y luego nada podrá separarnos; si quieres; sin embargo, hacerme feliz a todos, trátame de tú, aquí, donde estamos solos.

Este monosílabo íntimo, que sale de tus labios, será para mí como un talismán.

– Desde ayer, te muestras muy exigente y nada tímido. Si no estuviera viajando y contestaría: no. Hoy; sin embargo, no quiero negarte nada – murmuró Valéria, confundida.

## La Venganza del Judío

– ¡Muy agradecido! ¡Mil veces agradecido! Tu corazón sintió la necesidad de ayuda que me encuentro, ¡más que nunca! Hay tres semanas que tendré que pasar por un infierno de celos. Pensar que te encontrarás en una sociedad extraña, rodeada de jóvenes y brillantes, que no pueden dejar de consagrarte sus honores. Tan hermosa y encantadora, ¿quién puede verte y no te ame? Estos hombres tampoco sabrán que estás comprometido con otro, alguien cuyo nombre nadie dirá.

Mientras hablaba, Samuel se entristecía y un acento de profundo pesar vibraba en su voz, mientras que en sus ojos negros brillaba un extraño resplandor.

– Samuel, no tengas celos; bien sabes que te amo; ¿Quién puede por tanto derrotarte? – Dijo Valéria.

Sin embargo, al darse cuenta que Samuel, triste, estaba sumido en pensamientos, ella, con un gesto afectuoso, se inclinó y le acarició la mejilla, levemente, con la rosa en la mano. Con un suspiro arrancado de lo profundo de su pecho, Samuel dijo con tristeza:

– Querida Valéria, he sufrido, más que tú, la fatal arrogancia de los prejuicios del mundo; tú misma, mientras no conocías mi origen israelita, me mostraste benevolencia, a la que Rodolfo puso fin con una palabra.

– ¿Por qué me torturas, Samuel, a esta hora supuse pasaríamos totalmente felices? Descubro que albergas restos de ira por el pasado, cuando mi orgullo inspiró malas palabras, ¡en las que te apoyas para sospechar que soy infiel! Sin embargo, ¿olvidas el mal, que en tus manos está mi honor? Nunca habría podido amarte si no me hubieras hecho la guerra, y gracias, en todos los sentidos, para someterme a tu ley. ¡Tu prisionera, a pesar de todo, se convirtió en tu aliada!

## La Venganza del Judío

— Nunca me recuerdes estos hechos, Valéria –dijo el joven, respirando con dificultad –. Unirse a una mujer a través de la amenaza, sentirse dominado por la pasión y saberse despreciado y aborrecido; nunca podré borrar de mi memoria el cruel insulto que me arrojaste en la cara, cuando dijiste que mi origen despertaba en ti un odio insuperable, un disgusto tan vivo que ningún bautismo podría borrar. Ante el temor que estos prejuicios, tu orgullo natural te haga dudar y ruborizarte por tu elección, ¿puedo ser considerado loco? La sociedad no sabrá que, al principio, solo querías redimir a tu familia con tu sacrificio; no, pero a pesar de esto, ¿permanecerás resuelta y fiel, cuando los honores te rodeen y un aristócrata ponga su amor a tus pies un nombre digno de ti? Si, a pesar de las tentaciones, juras permanecer fiel y no avergonzarte de mi ascendencia, haré todo lo posible para tranquilizarme, sofocaré ese sentimiento demoníaco de los celos.

— ¡Santo Dios! Entonces, ¿qué tipo de juramento necesitas, Samuel? – preguntó Valéria, avergonzada y como que preocupada.

Miró hacia el sol, cuyos rayos proyectaban destellos sobre la hierba a sus pies.

— Esta estrella luminosa que ves, que ilumina a todos, sin distinción de raza y creencias, fue creada por un Dios que es nuestro, tuyo, y que solo la humanidad laxa, orgullosa y celosa compartía con su odio fratricida, para destruir más fácilmente la armonía del universo, dirigida por una sola voluntad. Pues bien: ¡es a ese Dios soberano, Valéria, a quien invoco como testigo de tu juramento y, si abjuras, que la vista de ese sol, que nos ilumina en este momento, sea para siempre un remordimiento vivo, una acusación de tu acto de infidelidad!

La joven lo había escuchado todo, pálida y con los labios temblorosos.

## La Venganza del Judío

— No tienes piedad, Samuel, porque así me atormentas; sin embargo, te juro que te seré fiel, y no me sonrojaré de ti y que, si mi palabra falla, no quiero volver a ver el sol nunca más.

Estas últimas palabras fueron sofocadas por sollozos convulsivos.

Las lágrimas de la amada conquistaron y atemorizaron al banquero, que palideció y, cayendo a los pies de Valéria, le cubrió las manos de besos, rogándole que lo perdonara, reprochándose por haberse dejado arrastrar por sus malos sentimientos, hasta el punto de ofenderla.

— ¿Preferirías que me quedara? Les diré que me siento enferma y no asistiré a estas nupcias, si eso te calma — dijo de repente.

— Oh, no; te pido ahora que vayas a esta fiesta y no te acuerdes de mis celos enfermizos; y como prueba que me perdonas completamente, quiero que te lleves esto.

Samuel, sacando una pequeña billetera del bolsillo de su abrigo de marroquín rojo, la puso en la mano de la novia.

— ¿Qué significa esto? ¿Qué contiene esta billetera? — Preguntó la joven, perturbada.

— Es mi deseo que en esta fiesta estés tranquila, feliz, libre de cualquier pensamiento doloroso sobre tu padre y tu hermano. En tus manos pongo todos los títulos de deuda. No necesito documentos, ya que me diste tu corazón...

— Guárdalos, te lo ruego, y entrégaselos a mi padre, en la fecha conveniente, según lo acordado — pidió Valéria, sumamente pálida.

— No; el amor no necesita lazos visibles, y causa horror de pensar que todavía estás bajo el yugo de un sacrificio. Me juraste lealtad y creo en ti tanto como creo en mí mismo. ¿De qué me sirven estos documentos?

## La Venganza del Judío

Solo eras tú, querida, a quien quería, y nunca quise la miseria tuya; me sentiré más tranquilo y más fuerte, cuando no pueda llevar otra arma que mi amor; ¡cuando, con otra garantía no cuente, sino con tu corazón sincero!

Vencidos, sin fuerzas para negarse, ante la fe absoluta y ternura ilimitada reflejada en los ojos de su prometido, Valéria lo rodeó el cuello con el brazo y murmuró, conmovida:

– Acepto, Samuel; no voy a acabar con estos papeles, pero los conservaré siempre, a lo largo de mi vida, como recordatorio de esta hora en que devolvemos nuestros insultos y nuestro desprecio con la más generosa confianza.

– ¿Qué dices? ¿Ofensas? Todo está olvidado, extinguido por este momento de dulce felicidad – respondió Samuel, sosteniéndola contra su pecho y colgando su cabello perfumado. '

Siguió un breve momento de silencio; ambos pensaron que habían alcanzado la dicha perfecta, esa fatamorgana[2] del corazón inexperto del hombre, que cree estar en posesión de lo que percibe su vista y que en realidad es solo una sombra falaz.

Al darse cuenta que la novia temblaba de emoción, Samuel inmediatamente controló sus propios sentimientos y, volviendo a sentarse, dijo jovialmente:

– Después de su regreso, debemos encontrarnos a propósito en este mismo lugar. Nunca se me pasó por la imaginación que este camino excavado me inspirara asombro; desde este momento, en adelante, siempre que vaya a Rudenhof, no me olvidaré de visitarlo. Ofréceme, como recuerdo, esa corona de acianos que te sienta tan

---

[2] Fatamorgana – en italiano, este término se refiere a la ilusión visual del oasis, fenómeno óptico que les ocurre a quienes ingresan al desierto. (N.T de la versión portuguesa).

## La Venganza del Judío

maravillosamente; o, mejor dicho, espere unos momentos, todavía.

– Será mejor.

Sacó un pequeño libro en blanco y un lápiz de su bolsillo; le rogó que se quedara sin moverse, y al cabo de unos instantes le dejó ver un boceto terminado con rara perfección.

– Con este boceto pintaré tu retrato al óleo – dijo riendo –. El tiempo pasará más rápido cuando tenga tu hermoso rostro ante mis ojos.

– ¡Ah! ¡Qué buena idea! ¡Qué parecido es el boceto! – Exclamó Valéria, aplaudiendo con sus pequeñas manos –. Eres sin lugar a dudas, el más gentil y galante de los novios que se pueda soñar. Sin embargo, es hora de decir adiós. Puedo garantizar que Antonieta y mi criada me buscan por todos los rincones. Solo tendré tiempo para hacer mi maleta de viaje. En cuanto a ti, ve a buscar a papá y quédate para acompañarnos a la estación; Quiero verte hasta el último momento.

– ¡La señora hada será obedecida! Montaré a caballo y llegaré muy noblemente por la gran avenida – respondió Samuel, riendo y saludándola con la mayor reverencia.

– Adiós. Haré que te lleven la corona.

En el momento en que Valéria, sonrojada y feliz, entró en su cuarto, la criada anunció que Antonieta la estaba buscando en el jardín, con la maleta lista.

– Fui a recoger flores y llegué un poco tarde. Rápido, Marta, dame el vestido para el viaje y déjame. ¡Todavía tengo que escribir una carta, urgentemente!

Guardó la pequeña billetera roja en su maleta y se preparó a toda prisa. A solas, corrió a la habitación de su hermano, tomó un marco de marfil de su escritorio con su propia fotografía de pequeño tamaño, tomada en Italia y, en una pequeña caja, cerró el retrato, así como la corona, y junto a una cruz de oro, sujeta con una fina cadena, y agregó una nota, en estos términos: *"Esta cruz que recibí el día de mi primera comunión, quiero que sea la cruz de tu bautismo. Escríbeme a la dirección de Rodolfo y envíame tu fotografía; mi respuesta la dará el mismo portador."*

Un momento después, tocó el timbre, llamando a Marta.

– Por la tarde, me gustaría que le enviaran esta caja a Maier; es el valor de una apuesta que ganó; haz que, después que nos vayamos, la lleven a Rudenhof.

Luego se guardó la llave de la caja en el bolsillo, para entregársela a Samuel, y corrió al pasillo, donde la esperaban con impaciencia generalizada.

Durante el almuerzo, un criado le anunció a Samuel que un lacayo acababa de traerle un paquete destinado a él. El banquero pidió que lo colocaran en la habitación contigua. Cuando se levantó de la mesa, y los sirvientes ya se habían marchado, abrió el paquetito, sacando dos cofres de joyas. Acercándose a las dos jóvenes, dijo, sonrojándose:

– Nunca se me había dado la oportunidad, hasta ahora, para ofrecerles a cada una de ustedes un mimo.

– ¡Pues, sí! Que son, pues, los confites y las flores, en cajitas y frascos, ¿qué son otras obras de arte? – Cortó, riendo, Antonieta.

– Se permite flores y dulces a cualquiera que los ofrezca; con motivo de su matrimonio, señorita Antonieta, le ruego que acepte este pequeño recuerdo, como mi futura madrina y pariente. Siempre me has dado tantas muestras de benevolencia y amistad que me lastimarás si no las aceptas. En lo que a usted respecta, señorita Valéria, no rechazará la primera oferta que su prometido se atreva a ofrecerle.

Antonieta, llena de curiosidad, abrió su cofre y, al ver la magnífica guarnición de rubí de estilo antiguo, le tendió la mano a Samuel, diciendo:

– ¡Es realmente bello! Aceptado.

La admiración general conquistó la guarnición de Valéria: fue de una corona de margaritas trabajada en diamante. Tan admirable fue la selección de piedras y la obra de arte, que, incapaz de ahogar su alegría, Valéria quiso experimentar el efecto del adorno, instantáneamente. Samuel, con mirada apasionada, le hizo comprender que la joya la había puesto de manera maravillosa.

La conversación fue interrumpida por el anuncio que los carruajes estaban listos. Antonieta corrió a acomodar los baúles, Rodolfo, el viejo conde y el Barón de Hoyeu se marcharon para el último minuto. Los novios se quedaron solos un momento.

– Coge esta llave: con ella abrirás una cajita que, por la tarde, te llevarán.

– Adiós Valéria, vuelve pronto y no me olvides también – susurró Samuel, con dolorosa emoción.

– ¡Nunca! Para ti será mi primer pensamiento en la mañana; por la noche, el último – respondió ella, arrojándose a sus brazos. En ese momento, Antonieta levantó el telón y, al ver ese beso de despedida, se alejó, con gesto de asombro.

Después de diez minutos, estaban todos en los vagones y se dirigían a la estación, donde llegaron justo a tiempo para tomar el tren.

Se intercambió un saludo final con Samuel en la estación, en pie; luego la locomotora se puso en marcha, transportando a sus pasajeros.

## La Venganza del Judío

Con la cabeza apoyada en el pecho, el corazón latiendo con fuerza, Samuel se subió a su carruaje y buscó el camino a Rudenhof. Todo parecía vacío y oscuro. El resto del día lo pasó apoyado en la terraza.

Por la tarde, la cajita que le trajeron le dio un poco de equilibrio; leyó varias veces la nota de Valéria, besó la cruz dorada y, teniendo la pequeña foto frente a él, se quedó absorto en la contemplación del bello rostro de la novia.

Olvidando miedos, desacuerdos, celos, diseñó y soñó con un largo futuro de buena fortuna.

¡Infeliz Samuel! No sabía qué tan corto sería su sueño, y el duro despertar arrojaría sombras en muchos momentos de su existencia.

# 5 – NUEVO SACRIFICIO PARA EL HONOR DEL NOMBRE

Se hizo el silencio luego que el vagón que transportaba al Conde de M. y su familia dejó la estación. Valéria se recostara sobre las almohadas, cerrando los ojos; estaba triste, y más doloroso de lo que había querido dar a entender, fue la separación de Samuel. El Conde de M. se sumergió en la lectura de un periódico, los novios; sin embargo, tranquilos en su paz, iniciaron una conversación que acabó por despertar la curiosidad de la joven Condesa. Hablaban de la Princesa de O. y su único hijo Raúl.

– Tengo especial curiosidad por volver a ver a mi primo – dijo Antonieta, mientras Valéria comenzaba a prestar atención –. No lo he visto en unos ocho años, porque cuando pasé un período de vacaciones en la casa de la tía Odila, él estaba en Niza, con su ayudante; tú, Rodolfo; sin embargo, lo viste en el Regimiento: ¿Cómo está? ¡Nos dio la esperanza de volverse extraordinariamente hermoso!

– Pues él satisfizo plenamente esa esperanza. ¡Es un precioso modelo para Apolo o Adonis! Solo choca que es bastante endeble y de aspecto enfermizo. Sirvió en el Regimiento solo unos meses – entonces estabas con Valéria en Italia –, más tarde, le concedieron, por motivos de salud, una licencia por ocho meses, que está llegando a su fin.

## La Venganza del Judío

Sin embargo, se hizo apreciado por sus compañeros. Es amable, ingenuo como una niña, a pesar de sus veintiún primaveras; no bebe, no juega, evita toda la sociedad y no es un desilusionado, lo que me parece un milagro, porque las mujeres lo acosan con frecuencia. Hará muchas conquistas; sin embargo, el día que evalúe la posición que y apariencia y posición le confieren; y soy muy afortunado de no haber tenido tiempo de convertirlo en mi rival.

Antonieta de Eberstein se echó a reír.

– Eres muy modesto, Rodolfo. Un chico como Raúl, no podía volverse peligroso; sin embargo, me alegro que se haya convertido en un hombre agradable y de buen comportamiento. Es la única riqueza de su madre: ¡infeliz tía Odila! Casi se volvió loca por la pérdida de su marido. Abandonó todo, después, a pesar de su belleza, juventud y fabulosa fortuna, se ha enclaustrado en sus propiedades en Estiria y vive dedicada exclusivamente a su hijo, que es su ídolo.

Poco a poco, Valéria volvió a su apatía.

– "¡Algún insípido mimado! ¡Ni siquiera pretendo confrontarlo con Samuel, tan guapo, tan autoritario y tan talentoso!" – pensó. Y cerró los ojos.

Después de algunas horas, nuestros viajeros llegaron a su estación de destino, donde debían permanecer hasta que se dirigiesen, en carruaje, al castillo de la Princesa. Todos bajaron. De repente, Rodolfo, riendo, mostró a un oficial que pasaba junto a ellos, entre la multitud, buscándolos.

– ¡Aquí estamos, Príncipe!

El joven se volteó rápidamente y saludó cordialmente a sus invitados.

De hecho, el Príncipe Raúl de O. era un joven atractivo. Conservaba, aun en su porte alto y masculino, la gracia juvenil de la adolescencia; espesos mechones de cabello castaño claro enmarcaban un rostro de perfil antiguo, blanco y fresco como el de una niña, a la que le añadieron un encanto propio, sus grandes ojos negros y sus cejas del mismo color.

Saludó a las damas respetuosamente; sin embargo, cuando lo vio Valéria, se encendió en sus ojos tal fuego de apasionada admiración que la joven desvió la mirada, sonrojada.

Después de saludar a los dos Condes y al Barón con cordiales abrazos, Raúl condujo a sus invitados a los carruajes y todos se pusieron en camino.

La Luna apareció ya, cuando se acercaron al castillo, enorme fortaleza de la época feudal, construida en una meseta, rodeada de montañas cubiertas de árboles, en una posición tan pintoresca que Valéria no se cansó de admirar.

Tan expansiva y franca fue la forma en que la Princesa de O. recibió a sus invitados que todo el rigor de etiqueta pronto se eclipsó; agradeció calurosamente al Conde y al Barón haber estado de acuerdo con su deseo de celebrar la boda en su palacio, y le dijo a Rodolfo, dándole un beso maternal en la frente:

– ¡Vive para hacer feliz a Antonieta, hijo mío, y sé mil veces bienvenido!

Abrazó a Valéria una y otra vez, y al notar el ardor que se delataba en los ojos de Raúl, y las múltiples atenciones con las que rodeaba a la joven, comenzó a mirarla, a su vez, con atención. Después del té, precedido de una cena, largamente alabada por los viajeros, durante la cual estuvo presente la más cordial alegría. Se dirigieron todos al salón y se dividieron en grupos. Conversando con el Conde de M. sobre los detalles de la boda, la Princesa interrumpió para decir, con admiración no disimulada:

– Mira a Valéria: ¡la hija que tienes es realmente hermosa, Conde! No creo haber visto nunca un rostro tan divino. ¡Esos ojos de zafiro pueden hechizar a un santo!

Para asombro de la Princesa, la mirada del Conde, que observaba a su hija, de pronto se entristeció y un largo suspiro escapó de sus labios.

La noche estaba avanzada, cuando las dos novias entraron en la habitación que habitarían hasta el día de la boda; sin embargo, la alegría de las últimas horas les había quitado el sueño y seguían hablando, a pesar de estar acostadas.

– ¿Qué juicio te formaste de la tía y Raúl? – Preguntó Antonieta, abriendo la cortina de la cama, para ver mejor a su amiga reclinada en las almohadas.

– La Princesa es muy amable y me despierta una sincera admiración –espetó Valéria –. ¡En ella se mezclan tanto la bondad como la tristeza en la expresión de su rostro! La dificultad con la que se mueve me incomoda el corazón. En cuanto a Raúl, no le digo que me agrade. A pesar de su indudable belleza y perfectos modales, hay algo desagradable en sus ojos, demasiado soñador, ¡pero sin mucha energía! La boca, en determinados momentos, adquiere un pliegue de orgullo y hasta de malicia.

– ¡Dios mío! ¡Dices tales blasfemias! Es cierto que Raúl no tenía hasta el momento, una oportunidad para ser enérgico: mimado y adorado desde la infancia, todavía no había ningún deseo suyo que no se hiciera realidad. Se percibe en él al niño bueno, sencillo y confiado; todavía no está acostumbrado, lo que es, por supuesto, una gran virtud si se le considera un Príncipe de veintiún años, guapo como Adonis, rico como un

## La Venganza del Judío

Creso. ¿Sabes que recibió, en herencia, de un pariente anciano, la baronesa de Raven, más de un millón? Muy lógico, entonces, si notas alguna fantasía de orgullo en él.

Valéria había escuchado en silencio; sin embargo, cuando la compañera dio por finalizado su discurso de alabanza, levantó el dedo y dijo, con fingida gravedad:

– Escucha, creo que es mi deber decirle mañana a Rodolfo que estás totalmente magnetizada por tu primo; que ya no terminas de elogiar sus virtudes y gracias, y es muy posible que prefieras casarte con el Príncipe de O. en lugar de convertirte en la Condesa de M.

Antonieta rodó sobre sus almohadas, riendo salvajemente.

– No tengas cuidado – exclamó finalmente –. Para mi nada existe más encantador en el mundo que Rodolfo, con su grandeza atrevida y militar, su piel sedosa y esos ojos azules; el gentil Raúl, con su mirada soñadora y bigote de adolescente, nunca lo derrotará. Sin embargo, tú debes tener cuidado con esta presencia. Raúl demuestra estar fascinado por ti, y bien podría resultar un pretendiente más adecuado que Maier, quien, a pesar de las buenas cualidades que reconozco en él, nunca será otra cosa que un judío bautizado.

Valéria palideció y sus ojos brillaron febrilmente.

– ¡Antonieta! Si me amas, nunca me hables de este modo; no bromees con este tema; es tarde, pero ¡buena suerte! Se acostó y cerró los ojos, permitiendo que su amiga buscara tranquilamente la correlación entre esta repentina ira y el beso de despedida que había sorprendido esa mañana.

Para el quinto día después de su llegada, se fijó el vínculo de Antonieta y, por unanimidad, se acordó que, aparte de algunas visitas que no podían escatimar, este período estaría dedicado a la comunión íntima de la familia. Las fiestas empezaron con un gran baile, que ofrecería la Princesa el día de la boda, y que irían seguidas de varias reuniones, de cabalgatas y paseos preparados, a veces por el Príncipe Raúl, a veces por los vecinos.

Se agotó el tiempo en suave serenidad. La Princesa mostró una preferencia cada vez más ardiente por Valéria; la acariciaba tanto y buscaba oportunidades tan evidentes para acercarla a Raúl, que nadie podía equivocarse sobre sus futuras intenciones.

Este hecho despertó una leve aprensión en el corazón de Antonieta y dejó al conde de M. arrepentido, mezclado con rabia.

El día antes de la boda, todos reunidos en la tierra, cuando la Princesa, luego de examinar por un momento el rostro radiante de su hijo, sentándose junto a Valéria y ayudándola a formar un ramo, dijo con una leve sonrisa:

– Han pasado quince años, queridos amigos, después que me encerré en este castillo, sin salir; sin embargo, estoy resuelta a pasar más cerca de mi amado hijo, que regresa al Regimiento, y luego, ¿quién sabe? Puede ser que Raúl también encuentre un a novia, y pueda yo disfrutar de la felicidad de celebrar incluso un matrimonio.

– Tía, ¿no haces planes por adelantado? – Exclamó Antonieta –. No es sino hasta dentro de tres meses que Raúl alcanza la mayoría de edad y me parece demasiado joven para casarse.

Raúl se volteó, sonrojándose como una cereza; sus ojos brillaban y sus labios temblaban.

– ¿Quién se atreve a decir que soy demasiado joven para casarme? Querida Antonieta, Rodolfo es solo cuatro años mayor que yo y; sin embargo, crees que es digno de casarse contigo; permítame declarar que estás equivocada. Mi opinión es que mamá, como siempre, tiene razón y es imperativo que me case.

La apasionada indignación del joven provocó una carcajada generalizada.

– Quédate quieto, primo; no dije nada demás – exclamó Antonieta.

– Ya que te muestras así, como león rabioso, retiro mis palabras y te declaro apto para el matrimonio. ¿Quién hubiera pensado, tía Odila, que este santito estuviera con los oídos por todas partes? Incluso pensé que no podía ver ni oír...

– Nada más que Valéria – concluyó la Princesa, mirando el rostro agitado de su hijo con una mirada de silenciosa adoración.

Por fin amaneció el gran día y, ya por la mañana, alegre animación reinó en el castillo. Por todas partes los sirvientes se agitaban, colgando guirnaldas, banderas y lámparas; en el jardín se completaba la iluminación y fuegos artificiales, y un vasto campo de naranjos, junto a los salones de recepción, se transformó en un maravilloso jardín de invierno con callejones cubiertos de arena y refugios escondidos entre pequeños naranjos.

Mientras se realizaban estos preparativos, en la habitación que ocupaban la novia y su amiga, todo seguía en calma. El deseo de Antonieta era pasar esas horas en silencio y soledad, mientras aguardaba la llegada de las jóvenes que deseaban vestir a la novia. A petición suya, Valéria hizo despedir a las camareras, con la intención de ayudar a la propia amiga en su primer baño; le había puesto sus zapatitos, le había peinado el pelo negro y le había dado, finalmente, la túnica, que sería reemplazada por el magnífico vestido de raso cubierto de encaje, que estaba dispuesto en uno de los sillones.

Ambas estaban calladas. Antonieta se había preocupado por el momento grave que se avecinaba; sentimientos desiguales agitaban a Valéria. El día anterior, Rodolfo le había entregado a su hermana un medallón con un retrato de Samuel y una carta en la que le describía a la joven todo lo que había practicado y pensado desde su partida.

Añadió que el padre Rothey había sido llamado a Roma y había partido, corriendo, para quedarse tres o cuatro semanas, pero le había dejado muchas ocupaciones; además, le había asegurado que esta ausencia no afectaría la fecha del bautismo.

– Escucha, Antonieta, quería pedirte un consejo – dijo Valéria, tomando un pequeño cofre con incrustaciones de la mesa y sentándose junto a su amiga –. ¡Antes que nada, mira esto!

Abriendo la pequeña caja fuerte, aparecieron, sobre el fondo de terciopelo negro, innumerables ristras de magníficas perlas, rematadas en un admirable broche de zafiro.

– La Princesa me pidió esta mañana que fuera a su habitación, donde, después de abrazarme innumerables veces y repetirme que me ama como su pariente más cercano, como su propia hija, me obsequió con esta joya verdaderamente principesca.

Antonieta hizo una reverencia y, con asombro, dijo, después de un momento de contemplación:

– ¡Es genial! Hoy debes lucir este collar, ya que la delicadeza lo exige. Pero tienes miedo, Valéria; por este regalo, ¿crees que la Princesa aprueba el amor de Raúl, que te hace sentir tan vívidamente?

## La Venganza del Judío

– Bueno, ¿también has observado que este chico sin sentido está demostrando un interés en mí muy superior a lo que se podría desear? Intento evitarlo, en la medida de lo posible, pero no puedo ser grosero con el hijo de la Princesa, que es tan bueno conmigo. Lo cierto es que Raúl no hace ni dice nada por supuesto; su mirada; sin embargo, que me sigue con ardor a todas partes, me molesta; una especie de opresión me asalta cuando estoy en tu presencia, y espero irme hoy en lugar de mañana. Sospecho de la gran amistad que une a papá con la señora de O., así como del tono paternal que papá usa cuando trata con el Príncipe. ¡Señor Dios! ¿Qué resultará de todo esto? ¿Si Raúl me pide que me case con él...? Antonieta, ¿qué debo hacer? ¡Aconséjame! ¿Cómo proceder?

– Quédate en este mismo estado, y cállate – exclamó la chica de Eberstein, rodeándola con sus brazos –. Es cierto que le agradas a Raúl, y ¿qué motivo podría impedirle mostrarte sus sentimientos, ya que desconoce nuestra relación con Samuel Maier y tu compromiso? Sin embargo, no creo que te pida que te cases con él tan pronto; si su intención es esa, se mantendrá en reserva hasta el invierno y, en el momento oportuno, la noticia de su matrimonio destruirá sus ilusiones. En el peor de los casos, podemos decirle a la tía Odila, que conserva suficiente autoridad sobre su hijo, para que se olvide de un rapto juvenil. De todos modos, estoy segura que tu padre y Rodolfo no permitirán que la situación se prolongue demasiado; saben que estás comprometida con Samuel y que la dignidad de nuestro nombre depende de ese consorcio.

– Sí, al menos la de nuestra palabra prometida – murmuró Valéria.

– Entonces, toca el timbre y llama a tu doncella, querida – continuó Antonieta –. Son apenas las cinco, la ceremonia está fijada para las siete y llegarán nuestras amiguitas.

## La Venganza del Judío

Cuando Valéria apenas había terminado su baño, hubo una carcajada y una gran cantidad de jóvenes irrumpieron en la habitación y de repente rodearon a la novia.

La bendición nupcial se dio, con la pompa requerida, en la capilla del castillo. Luego recibieron a la joven Condesa de M. y esposo las felicitaciones de los invitados, y, en medio de los sonidos de la orquesta y los vítores, los recién casados darían inicio al baile. Las danzas continuaron entonces, sin interrupciones, y el entusiasmo de la sociedad, contenta y brillante que había en los salones, creció a medida que el champán les calentaba la cabeza.

Un vals terminó cuando Valéria, conducida por el brazo de Raúl, entró al jardín de invierno bellamente iluminado por linternas escondidas en la vegetación; ambos estaban emocionados por el baile, y el Príncipe condujo a Valéria a un bosquecillo solitario, la sentó en una banca de terciopelo verde que imitaba al musgo y se sentó a su lado.

Mientras Valéria abanicaba su rostro sonrojado, el Príncipe la miraba sin ocultar su adoración. De repente, cayó de rodillas y, tomando su mano, exclamó apasionadamente:

– Valéria, mi querido ángel, te amo aun más que a la vida misma: ¡consiente en unirte a mí, o déjame morir a tus pies!

– ¡Por Dios, Príncipe, levántate! ¡Si alguien te viera...! Pides lo imposible...

– ¿Imposible? – Repitió, sin creer lo que había oído –. No me levantaré, Valéria, sin haber escuchado mi condena. ¿No me aceptas porque no soy amable contigo o dudas de mis sentimientos?

– Levántate, Raúl; siéntate a mi lado – suplicó, con lágrimas en los ojos.

## La Venganza del Judío

El muchacho obedeció, con gestos mecánicos y regresó a su lugar en la banca, mirándola con tal expresión de ansiedad y tristeza que a Valéria se le hundió el corazón.

— Mi respuesta no dictaba ninguna de las razones que te puedas imaginar: ¿quién podría ser, más que tú, Raúl, digno de cariño y simpatía? ¿Cómo dudar de tu cariño? Incapaz de sentimientos falsos o palabras ligeras es tu corazón sincero; si me hubieras tenido hace tres meses, expresaste tus sentimientos, dichosa y honorablemente, te hubiera dado mi palabra; ¡Ahora debo rechazarlo! Imposible asociarme, ya no soy libre.

Las mejillas de Raúl se pusieron lívidas.

— ¿Es tarde, entonces, para mí? ¿A quién amas entonces? ¿Dónde está este afortunado? ¿Por qué tu padre y tu hermano no dijeron nada de ese compromiso?

Se inclinó hacia la chica, buscando con ávida inquietud la respuesta en sus ojos.

La joven; sin embargo, permaneció lívida y sin habla. Eso era cierto. Guardó silencio sobre Samuel y el escandaloso acuerdo que obligó a la hija del Conde de M. casándose con un judío bautizado. Al principio le dolió confesarle al Príncipe de O. que al darle la mano estaba pagando las deudas de su padre y su hermano, pero él no sabía cómo para decir: "Prefiero a ti un hombre sin linaje, el hijo de una raza despreciada." ¿Cómo la miraría este noble altivo, que sin duda podría reconocer, incluso deplorar, la necesidad que la forzó, pero nunca disculpar y aprobar un amor tan absurdo? Atrapada en el alma de Valéria, débil y llena de vacilaciones, una lucha terrible; como gigantes, todos los prejuicios de su crianza y de la sociedad en la que había crecido se levantaron en su interior; estaba avergonzada de ella misma y de su amor y no quiso decirle a Raúl, por ningún precio, lo que le había ocultado a su gran amiga, temerosa de pensar que los ojos de Antonieta, incrédulos y sorprendidos, estaban fijos en ella. Fuera del alcance de la mirada ardiente de Samuel y por la fascinación que ejercía sobre ella, el orgullo abrumador y la falsa vergüenza abrumaban todos los demás sentimientos. Valéria estaba acostumbrada a ser vista como una víctima, conociendo su amabilidad con el novio, vista como sacrificio a la necesidad. Su lengua luego se negó a pronunciar: "Nos entendemos bien, amo a este hombre, amable y leal a pesar de todo."

Una lucha tan íntima, que sería larga de narrar, había durado solo unos momentos y el orgullo había ganado.

Con voz débil, débil, dijo:

– El nombre no importa; el hombre con el que me voy a casar no lo conoces, no pertenece a tu sociedad; solo sé que la necesidad me obliga a esta elección, mi honor y mi palabra me unen irrevocablemente a él; si, pues, me amas, Raúl, no me atormentes, olvídate de este sueño fugaz. No puedo remediar lo que no tiene remedio.

Se levantó y corrió, casi a la carrera, desde el invernadero, donde Raúl permanecía sumido en una desesperación indescriptible.

El joven Príncipe de O. era un hijo mimado: todo le sonreía durante su vida, viendo los más pequeños deseos e incluso sus caprichos, y; sin embargo, esta primera gran esperanza refutada parecía superar el límite de sus fuerzas. Cubriendo el rostro con ambas manos, se tiró contra el respaldo del asiento y gruesas lágrimas se deslizaron por sus dedos como perlas en su desesperación, tampoco notó el murmullo de una conversación y los pasos de dos personas que caminaban sin prisas hacia el bosquecillo. Afortunadamente para él, era la

Princesa de O. quien, cansada de la animación de la fiesta llegó, del brazo del Conde de M., para disfrutar de unos momentos de descanso.

Ante la actitud angustiada del joven y sus lágrimas, el Conde se detuvo, sorprendido; sin embargo, la Princesa, lívida de susto, se acercó a su hijo, a quien le preguntó, angustiada, tomándole las manos:

– Hijo amado, ¿qué te pasa? ¿Estás enfermo?

Raúl se levantó impetuoso; detuvo, por la fuerza de su voluntad, las lágrimas que lo ahogaban, dio un paso hacia el Conde de M. y preguntó, con una voz diferente por la angustia y la pasión:

– ¿Con quién obligas a Valéria a casarse para limpiar su honor de tu nombre? ¿Qué cruel obligación la une, irrevocablemente, a un hombre al que se ha negado a nombrar?

– ¡Raúl, estás delirando! – Exclamó la Princesa, llena de asombro. Sin embargo, una mirada al semblante pálido y agitado del conde de M. le dio la convicción que su hijo iba a tocar una herida viva.

– Mi joven amigo, sería natural que tomara a mal tu manera de pedir una explicación por mis acciones – respondió el Conde de M., recuperando la calma –. Sin embargo, tu estado de ánimo es un factor atenuante y, aunque estoy disgustado, debo confirmar que Valéria ha estado comprometida con el banquero Maier durante dos meses.

Por razones extremas, este compromiso no se puede romper, aunque me repugne.

Raúl lanzó un grito ahogado y, liberándose de los brazos de su madre, que intentaba detenerlo, salió del jardín.

## La Venganza del Judío

– ¡Y has estado en silencio hasta ahora sobre un asunto tan serio, Conde! – Exclamó la Princesa, abandonándose en la banca –. ¡Buscamos urgentemente una solución!

– ¡Ah! Señora, seguramente lo habría usado si hubiera existido tal remedio, en lugar de casar a una Condesa de M. con un judío bautizado; le debo, de hecho, una explicación, pero me parece un momento inapropiado para tratar un tema tan complicado.

– Eso es correcto mi amigo. Mañana hablaremos de este tema. Por ahora, veamos cómo procede el infortunado Raúl: en su estado de ánimo, es bastante capaz de cualquier locura.

A pesar de la atonía nerviosa que le hacía temblar las piernas enfermas, la señora de O. se apoyó en el brazo del Conde, y así entraron a los pasillos. Los recorrieron en todas direcciones, sin resultado, así como la galería y las terrazas, ¡por ninguna parte estaba Raúl!

Al darse cuenta que la Princesa se mantenía a sí misma con gran dificultad y estaba a punto de perder el conocimiento, el Conde la condujo hasta un sillón.

– Mantén la calma, mi querida Princesa, y no temas nada. Cuando eres joven, un amor así tiene violencia, pero también la duración falaz de la tormenta de verano. Informaré a Rodolfo de la situación y encontrará, en un instante, a nuestro infortunado amigo que medita y llora en algún pequeño bosque y se lo traeré de vuelta a nuestros invitados.

Rodolfo fue encontrado de inmediato y se le informó de lo que estaba sucediendo.

– Hijo mío, ve, busca a ese desafortunado y llámalo a la razón – concluyó el Conde –. Convéncelo que regrese a la multitud.

## La Venganza del Judío

La Princesa se muere de desesperación y, además, ¡sería un escándalo si no asistiera a la cena!

Incontinenti, el joven Conde fue en busca de su primo, registrando todos los rincones, sin encontrarlo; luego corrió hacia los jardines iluminados, pero casi desiertos a esa hora. En ninguna parte encontró a Raúl. Asaltado por un ligero malestar, Rodolfo corrió al lago al fondo del parque. Allí, en medio de una pequeña isla artificial, había un pequeño pabellón iluminado por las hadas; una de las góndolas, amarrada a la orilla del lago, se había soltado y se podía ver junto a las escaleras que conducían al pabellón. Alguien había sido transportado allí, y ese otro no sería alguien más que Raúl.

Saltando a otra barcaza, el Conde se encontró, después de algunos golpes, en el extremo opuesto. Con una leve mirada, encontró el otro bote pequeño vacío; sin embargo, todavía devolvió al pequeño jardín que rodea el pabellón: en él se había cavado una cueva, y en el fondo de la misma una ninfa tallada en mármol levantaba una lámpara encendida, proyectando su luz sobre las aguas de una fuente artificial, que brotaba entre conchas y se vertía, en cascada, en el lago.

Un hilo de luz, que se escapaba de la cueva e iluminaba toscamente los árboles y los alrededores, le dio a Rodolfo la oportunidad de percibir una figura esbelta y negra tendida sobre la hierba a unos pasos del agua. Inclinándose, vio que era el Príncipe Raúl, que parecía no ver ni oír nada, con la cabeza entre los brazos.

– ¡Raúl, vuelve en ti y sé un hombre! – Dijo Rodolfo poniéndolo de pie, por la fuerza de sacudirlo –. ¿Te parece razonable que te eches en la hierba húmeda, hasta el punto de contraer una enfermedad, además de mostrarte así a los invitados, sin saber qué opinan de tu partida?

Desgraciado joven, tranquilízate – dijo el Conde amablemente, observando el rostro perturbado del Príncipe –. Necesitas aprender, como todos los hombres, a aceptar lo que no se puede evitar; no te desanimes; piensa en tu infeliz madre. Confía en que la oportunidad, responsable de tantos hechos extraordinarios, aun te traerá felicidad.

Al parecer, estas palabras afectaron a Raúl, quien se recompuso, se pasó la mano por el cabello rebelde, alisándolo, y murmuró con forzada seguridad:

– Es cierto: es inútil que todos conozcan el secreto de mi derrota. ¡Vamos!

Sin decir palabra, los dos jóvenes emprendieron el regreso al castillo.

Al pasar por la sala donde se servían los refrescos, Raúl se detuvo en un buffet, pidió una copa de champán helado y lo bebió.

– ¿Qué haces? – Exclamó Rodolfo arrebatándole de las manos la copa que pretendía llenar de nuevo –. Bañado en sudor como te encuentras, ¿bebes ese vino helado?

Dándose la vuelta, sin responder, el Príncipe entró en el salón de baile y su presencia le dio a la Princesa un poco de calma.

Una agitación febril se apoderó de Raúl. Nunca como entonces era más animado y brillante; se entregó a los bailes, con un ardor sin igual; luego, para calmar la llama íntima que lo consumía, devoró innumerables trozos de hielo, mezclados con champán helado. Ya no había intentado acercarse a Valéria y se sentó en el otro extremo de la mesa para cenar.

– Es fascinantemente hermoso – conjeturó Valéria, estableciendo una comparación con su prometido –. Le falta; sin embargo, ese fuego que seduce y arrastra, el aire de energía y carácter varonil, que constituye la verdadera belleza del hombre. No, nunca, Samuel; ¡Todavía te soy fiel! Sin embargo, estos nobles arrogantes me desprecian; ¡me harás feliz!

Cuando entró a su camerino al amanecer, Rodolfo encontró, para su gran sorpresa, al viejo criado de Raúl, quien parecía esperarlo con impaciencia, pálido y emocionado.

– ¡Ah! Disculpe, señor Conde, el acoso que le traigo a esta hora inapropiada – dijo ceremoniosamente el fiel servidor –. Creo; sin embargo, que Su Alteza el Príncipe Raúl está bastante enfermo.

Cuando se retiró ayer, se mostró exageradamente emocionado; tenía todas las ventanas abiertas y, en cuestión de quince minutos, se bebió una botella de agua helada. Temiendo alguna incomodidad, me paré a los pies de la cama y noté que el Príncipe no se acomodaba a ella. Al amanecer se quejaba del frío y fuertes escalofríos lo sacudían, necesitando que lo envolviera en mantas; ahora está otra vez febril, y creo que ni siquiera me reconoció. Sin embargo, puedo estar equivocado, y por eso he llegado a implorar al Conde que juzgue personalmente el estado en el que se encuentra Su Alteza y concluya si hay una necesidad urgente de notificar a la Princesa.

Muy preocupado, Rodolfo se vistió apresuradamente y corrió a la habitación de Raúl. Lo encontró tirado sobre las almohadas en desorden, con la cara enrojecida, los ojos medio cerrados, pero sin ver nada; un aliento irregular y laborioso se agitó en su pecho.

Rodolfo le puso la mano en la frente, le tomó el pulso y, levantándose rápidamente, ordenó:

– Rápido, José, envía algunos hombres a caballo y ordena que busquen médicos, sin tener piedad de los animales; el peligro, según tengo entendido, es inmediato. Estoy

## La Venganza del Judío

buscando a mi esposa para que advierta a la Princesa y aquí estaré de regreso.

– ¡Señor Dios! ¡Qué gran desgracia nos aguarda! – Exclamó el fiel criado anciano que ya había servido al padre de Raúl.

Y corrió tan rápido como sus piernas se lo permitieron, para hacer los arreglos necesarios.

Antonieta se estaba vistiendo y se levantó ruborizada a la entrada de su marido, pero notando su aire aprensivo, preguntó ansiosamente;

– ¿Qué te pasa, Rodolfo? ¿Qué pasó?

– Todo lo peor que podría pasar; Raúl está muy enfermo. Ayer se resfrió, eso es seguro. Este resfriado, y el choque moral que sufrió, le provocaron una inflamación maligna o fiebre; arde como fuego y no reconoce a nadie. Envié a buscar doctores; en cuanto a ti, querida, advierte a tu tía, infunde en ella la calma y el coraje.

Rápidamente, la noticia de la enfermedad del Príncipe circuló por el castillo, por lo que los invitados, habiendo llegado el médico y declarando que el estado del paciente era extremadamente grave, se apresuraron a despedirse.

La condición de la Princesa causó lástima a quienes la vieron. Estaba casi loca, pensando que podría perder a su único hijo; pálido, la mirada fija sobre el rostro sonrojado de Raúl, yacía consumida en un sillón cerca de la cama, indiferente a todo lo que la rodeaba. Abrió la boca solo una vez y fue para llamar al Dr. Walter, venerado anciano que ya no practicaba la medicina, pero en cuyo conocimiento la Princesa tenía absoluta confianza y él había sido amigo de la familia durante mucho tiempo.

## La Venganza del Judío

Rodolfo y Antonieta velaron con dedicación al paciente, cuyo estado empeoraba visiblemente, y que, en su delirio, hablaba solo de Valéria, y de su rival a quien, con todos los esfuerzos, quería ahuyentar.

Al llegar, el Dr. Walter se instaló en el castillo, a pedido de la Princesa. Sin duda, su profundo conocimiento de la estructura psíquica de Raúl pareció ayudar al viejo médico; la fiebre disminuyó progresivamente bajo el efecto de su medicación, remitiendo por completo en la mañana del sexto día, dando paso a la postración, a la debilidad total. Todos se regocijaron, confiando en la mejora; dos días después de este nuevo estado, el Doctor dijo, con expresión inquieta:

– Creo que es mi deber advertirle, Señora, que el estado actual del Príncipe es quizás más temible que fiebre y delirio; esta debilidad, esta progresiva extinción de las fuerzas vitales, creo, vendrá de cualquier conmoción moral y, si no podemos lograr una reacción saludable, es muy probable que sea un evento fatal.

Presa de la desesperación y fuera de sí, la Princesa narró al médico, en sus detalles, el amor desesperado de Raúl, que ella se había animado a sí misma, sin saber que podía haber algún impedimento para esta unión.

– Usted cree; sin embargo, doctor – concluyó –, que, si Valéria apareciera al lado de la cama de Raúl, en un instante en que estuviera lúcido, y le dijera que consentía en convertirse en su esposa, ¿podría eso provocar una reacción que lo salvara?

– No puedo garantizar nada sobre el resultado de este experimento. Sin embargo, dado el amor del joven, creo que ese arreglo es el que más asegura buenos resultados.

## La Venganza del Judío

— Porque aun hoy Valéria debe poner el anillo de compromiso en el dedo de mi hijo; ¡No hay obstáculo que no quite para salvar a mi Raúl!

Totalmente resuelta, la Princesa se levantó y, entrando en su habitación, envió a un sirviente a pedirle al viejo Conde que fuera a verla urgentemente.

Nada más llegar, lo acercó a él, en el sofá, y luego de relatar la conversación que tuvo con el médico, agregó:

— Ahora, amigo mío, ya no somos extraños el uno para el otro, y es bueno que me expliques, con total franqueza, las razones por las que te obligan a casar a Valéria de manera tan desigual, y juntos busquemos formas de liberarla.

— En efecto, no hubiera deseado una unión más digna y brillante para mi hija que con Raúl, y lo que te voy a confesar es tan doloroso, Princesa, que, en lugar de hacerlo, hubiera preferido una bala al corazón. Trato de afrontar esto; sin embargo, como una expiación que Dios me inflige por las diversas locuras, además del sacrificio, aun más cruel y pesado, de casar tan vergonzosamente a mi pobre hija.

— ¿Y será posible que sacrifiquemos el futuro de Valéria por un poco de oro y yo la vida de mi hijo? — Exclamó la Princesa de O. ante el silencio del conde —. No, Conde, olvidemos, en esta hora suprema, toda la miseria mundana; un padre y una madre afligidos no deben mirar más allá de sus hijos. Hoy mismo pediré que venga mi procurador, y saldarás el asunto de esta deuda con él.

¡El usurero insolente debe ser reembolsado, lo antes posible, y no se debe volver a saber de él! En lo que a nosotros respecta, todo se arreglará para no imponerle ninguna obligación por un acuerdo tan simple entre personas de nuestra jerarquía.

## La Venganza del Judío

Profundamente emocionado, el Conde se llevó la mano de la Princesa de O. a los labios.

– Tonta e ingrata sería con la Providencia y contigo si rechazara, con gratitud, lo que me propones. Ahora, es necesario informar a Rodolfo y Antonieta. En primer lugar, hablaremos con ellos y luego llamaré a Valéria. Durante este período, la hermana de la caridad puede velar por el enfermo.

Algo sorprendido por esta inesperada llamada, la joven pareja apareció de inmediato en la oficina, donde el Conde y la Princesa los pusieron al tanto, animadamente, de lo que se había resuelto. Al principio, un destello de alegría brilló en los ojos de Rodolfo. Tenía la intención de hablar; sin embargo, al mirar a Antonieta, empezó a mordisquearse el bigote y guardó silencio.

– Querida tía, querido padre – exclamó la joven, cuyo rostro juvenil se cubrió de sonrojo – creo que lo que decidas es irrealizable; le dimos nuestra palabra a Samuel; ha sido, durante dos meses, el prometido de Valéria, y se prepara para unirse a la lista de cristianos. Hacerlo con él, como desees, sería una traición ignominiosa.

– ¡Traición! – rugió el Conde Egon, saltando de su silla, rojo de ira e indignación –. Te atreves a poner a prueba la defensa más justa contra el ladrón que, con el cuchillo apuntando a nuestra garganta, no te dice: ¡El bolso o la vida! Que sería perdonado, pero: ¿El honor o la vida? ¿Recuerdas las condiciones que nos fueron dictadas, y el maldito día en que, lleno de insolencia, ese perro inmundo se presentó en nuestra casa, en el papel de novio? ¿Has olvidado el desaliento moral de Valéria, su muda desesperación? Ciertamente, la noticia del bendito cambio de nuestra posición será también para ella un alivio.

## La Venganza del Judío

Lo siento, querida Antonieta, todavía no estás lo suficientemente imbuida del honor del nombre que llevas, empezando a inventar obstáculos. Les pido ahora que adviertan a Valéria que su futura madre la espera y que juntos decidiremos cuál podría ser la oportunidad más favorable para que su presencia y palabra actúen favorablemente sobre el estado de nuestro querido paciente.

Antonieta se quedó sentada y respondió conmovida:

– Te equivocaste, padre, al creer que Valéria está feliz con tal ruptura, y considerarlo una manumisión; tengo razones para creer que Valéria ama a Samuel Maier: que, antes de nuestro viaje, tuvieron un entendimiento decisivo entre ellos; que ella se opondrá vigorosamente a violar la palabra prometida al novio, para que no sospechen de mi después de haberla influenciado, me niego a advertir a Valéria. Mande llamar a otra persona, y creo que esta no es la mejor manera de restaurar la salud de Raúl, cuya vida está en manos del Señor.

– ¿De qué estás hablando, Antonieta? – Exclamó la Princesa de O. sacudida por la sorpresa –, ¿cree usted seriamente que Valéria podría preferir un judío usurero a Raúl?

– Ten calma, querida Princesa – interrumpió el Conde.

– Aunque mi nuera tenga razón, lo que no creo mucho, todo no será más que una de esas fantasías naturales para el cerebro inactivo de una chica. Creyendo que está indisolublemente ligada a Maier, que en verdad es bello y tiene espíritu, la exaltada generosidad de Valéria la hizo buscar todos los puntos favorables de su sacrificio; además, agrega que la mujer siempre es frágil cuando sabe que es amada, y la pasión ardiente y constante de ese hombre bien puede haberla cegado y conquistado. Será suficiente hacerle saber que su sacrificio es innecesario, y que un hombre del linaje de Raúl, ideal en cuerpo

## La Venganza del Judío

y alma, se convierte en su marido para hacerla entrar en razón. Y ahora, Rodolfo, toca el timbre para que llamen a Valéria. Con su respuesta, nuestros debates se cerrarán.

La joven permaneció en su habitación, profundamente preocupada. Desde el momento en que Raúl enfermó, se había aislado por completo; la oprimía pensar que era la causa involuntaria de la desgracia que había herido a la Princesa; se sintió excluida, fue la única que no fue llamada al lado de la cama del enfermo; ¿y cuál sería su posición si el Príncipe muriera? Sin embargo, no se le pasó por la cabeza que podría, al convertirse en la esposa de Raúl, devolverle la salud; tenía su corazón y pensamientos en Samuel.

La sacó de la cavilación en la que estaba inmersa la llamada del Conde.

Observando que todos estaban reunidos en la oficina como si estuvieran en el consejo de familia, la doncella palideció y apretó la medalla metida en su pecho entre sus dedos, como si el retrato que contenía pudiera animarla contra el acre presagio que le atormentaba el corazón.

– ¡Valéria! – Gritó la Princesa, acercándola a su lado y apretándola con fuerza contra su pecho.

– En tus manos está la vida de Raúl.

– ¿Mis manos? ¿Qué dices, señora? – Susurró la joven con los ojos húmedos –. Soy, involuntariamente, el motivo de su enfermedad, y esto me hace muy infeliz, pero no tengo poder alguno para ayudar a este pobre Raúl, a quien dedico la estima que se tiene por un hermano.

– Estás en un error, querida, y puedes ayudarlo mucho – dijo el Conde –. Podemos ser libres, a través de una transacción honorable, que salvaguarda nuestro honor e intereses, de obligaciones onerosas que teníamos sobre nuestros hombros. El banquero Maier, en unos días, recibirá en su totalidad la deuda pendiente, y el sacrificio que impusiste por nosotros será inocuo. Eres libre y puedes ser la novia del hermoso y buen Raúl, a quien esta buena noticia debe devolverle la salud y la vida.

Valéria se levantó de inmediato; Un temblor nervioso recorrió todo su cuerpo.

— No puede ser, padre, lo que me propones es irrealizable: nadie más mi marido, pero Samuel; le juré serle fiel y cumpliré mi juramento; no obstante, su origen y los prejuicios del mundo.

Antonieta, que se había quedado callada, dirigió a su suegro una mirada significativa, que expresaba mejor que las palabras: "¡Listo! ¡Con eso!

¡¿Quién tiene la razón? "

Esa mirada y la repentina determinación de su hija, que parecía dispuesta, a pesar de su rostro pálido y de haberse cruzado de brazos, para defenderse de todos, exasperó aun más el carácter violento del Conde.

— ¡Has perdido la cabeza! – Rugió, agarrando el brazo de Valéria.

La Princesa lo apartó diciendo con su autoridad:

— ¡No la tortures! Nadie se convence con la violencia. En cuanto a ti, Valéria, vuelve a ser lo que eres, pobrecita. Lo que acaba de decir es una tontería; rindo homenaje a tu amor filial, aunque nunca comprendiste el valor de tu sacrificio, pero ahora que se vuelve innecesario – porque el acuerdo con tu padre es definitivo, te cases con Maier o no –, ¿insistes en mantenerlo? ¿Has pensado alguna vez cuán grande será el escándalo en la sociedad, ante tal elección, que hasta la dedicación filial hará noble? Muchas puertas se cerrarán a la esposa del banquero judío, aludiendo a que puede ser honorable en sí mismo, pero cuyo padre se hizo famoso por amontonar, a través de mil infamias, su inmensa fortuna. Cálmate, infeliz niña, aparta este malévolo sueño, que nació en un instante de tristeza y éxtasis, hábilmente explorado por el hombre que se propone, sabio y fuerte, y, de todos modos, abrirse un camino a la aristocracia, que le cierra sus puertas. Quiere ser bautizado, dices; sin embargo, solo su pequeña experiencia de vida puede inducirlo a creer en su sincera conversión. Innumerables y lamentables ejemplos prueban que, definitivamente, un judío nunca deja la religión de tus antepasados; Samuel Maier permanecerá siempre, en el fondo de su corazón, fiel a sus hermanos hebreos, que te verás obligada a acoger y cuya presencia, modales y prácticas te provocarán repudio cada día. ¿Qué decir de tu vida en común? ¿Has imaginado lo que le dará si, innecesariamente, te unes a esta gente, de la que nos separa la fuerza de un prejuicio, que ellos mismos no están dispuestos a destruir? Y cuando el sueño de amor, que construyes tan bonito, se haya desvanecido, ¿qué pasará a corto plazo, y la realidad de la vida reclamando sus derechos, ¿qué te quedará? Desconectada, aislada de esta sociedad en la que naciste y para la que has sido educada, lo sacrificarás todo por un marido que, en la vida en común, perderá inevitablemente el barniz que lo hace tu igual, aparentemente. No olvides que es un hombre de la gente común, de la repugnante y vil familia de los judíos, y a quien su padre educó en todos los engaños, con la idea de ganar a cualquier precio. Estas fortunas judías, hija mía, son producto del esfuerzo, la desgracia y la ruina, ¡y con cuánta frecuencia! de la muerte del cristiano. Ese banquero que, a pesar de su juventud, maneja sus asuntos con tanta firmeza, no tendrá tiempo para desempeñar el papel de esposo amoroso; lleno de sí mismo por haberse casado con una Condesa de M., desilusionado con la esperanza de convertirse en una figura de la alta sociedad, pronto será indiferente. Digno sucesor del padre, provocará hábiles trampas, en las que caerán las víctimas de su rapacidad. No niegues con la cabeza, Valéria; eres tú misma la prueba clara de lo que te digo: tal adorador perdido en la pasión no acaparó, calculadamente, todas las obligaciones tuyas – como lo dijo tu padre – ¿y no levantó el puño con insolencia, pasando para tenerte como prenda, tan pronto como pensó que era el dueño de la situación? Conscientemente puedes decir que en el instante en que te dijo por primera vez, que te quería por esposa, ¿le diste el sí con alegría? ¿No has estado luchando, desesperada? ¿No se rebeló tu orgullo? ¿No tembló tu alma de pesar, al pensar en pertenecer, en cuerpo y alma, a ese judío?

Con creciente emoción, Rodolfo lo había escuchado todo; todas las aflicciones sufridas recobraron vida dentro de él; la dura carta de Samuel, y luego el humillante encuentro en el que él, orgulloso noble, cruzó la oficina bajo la mirada curiosa de los empleados, había tenido que escuchar del cruel banquero la arrogante afirmación que su hermana pagaría por el matrimonio la honorabilidad de la familia. El recuerdo de la charla celebrada con su mujer, la noche anterior, en la que la temeraria Antonieta le había contado al marido de la visita nocturna de Valéria, vino a llenarlo de indignación.

– ¿No tienes vergüenza, Valéria? – Exclamó con los puños cerrados –. ¿A qué te aferras, en tu locura? ¿Olvidaste la noche que fuiste a suplicarle, y cómo, una nueva fecha límite? Y el... miserable te despidió, imponiendo una elección entre tu honor y su persona.

– ¿De qué noche estás hablando? – Preguntó el viejo Conde, asombrado.

## La Venganza del Judío

– Ah, papá, esto no tiene nada que ver con el caso – cortó Antonieta, dirigiendo a su marido una mirada de profundo descontento –. Rodolfo está delirando y equivocado.

Valéria permaneció en silencio. Como si le faltaran las fuerzas, se apoyó en un mueble y, con ambas manos, se cubrió el rostro perturbado. La Princesa se había estirado entre ella y Samuel, con sus palabras, un velo oscuro cuya sombra la cubría. Dolorosamente conmovida, recordó el tremendo dolor que la había hecho preferir la muerte a esta unión, así como el momento en que ella, la noble Condesa, había rogado de rodillas por su libertad, cuando entonces el corazón endurecido de Samuel había permanecido insensible. "Es solo que te ama", susurró una voz interior. "Por obstinación de la usura", susurró otro.

Y si el futuro, que la Princesa había desentrañado ante sus ojos, fuera cierto; ¿si tan solo un sueño hubiera sido su amor por este hombre apuesto y enérgico, un sueño del que despertaría demasiado tarde, cuando se encontrara despreciada, desterrada de la sociedad, señalada por ella debido a su alianza totalmente desigual, burlándose de ella por tu loca y absurda elección?

No había forma de pretender que su matrimonio ya no era un sacrificio, ya que la Princesa facilitó la regularización de los asuntos pecuniarios, nada más que un deseo voluntario.

Se estremeció una vez más; sin embargo, la figura de Samuel apareció triunfante ante los ojos de su alma; ¡Samuel! Confiaba absolutamente; él le había entregado los documentos y ella le había jurado lealtad bajo los calientes rayos del sol.

– No, mil veces no – dijo con voz agitada –. Samuel no es inmundo, no ladrón, como sus compatriotas. No pretendía tener ningún vínculo entre nosotros, salvo amor y mi palabra,

## La Venganza del Judío

porque me devolvió todas las letras de cambio para que pudiera destruirlas. Por tanto, exigí cualquier otro sacrificio y no me opondré; sin embargo, no me pidan una traición tan injusta, una falsedad, que me convertiría en la mujer más mala.

– ¡Él te dio las obligaciones! – dijeron todos a la vez. Sin hacerles caso, Valéria se volvió y se fue.

– ¡Este pícaro es más complicado de lo que pensaba! Procedió con absoluto conocimiento del genio generoso y ardiente de Valéria – dijo el Conde –. Mientras tanto, su discurso, querida Princesa, actuó con eficiencia y estoy seguro que podría superar sus escrúpulos infantiles; hablaré con ella y llevaré los documentos para enviárselos a su procurador. Espero, más tarde, poder llevar a la novia a estar con Raúl.

– Dios te guíe y te dé buenas inspiraciones, amigo mío – respondió la señora de O. con un suspiro –, y a Valéria también. Vuelvo con mi paciente.

– ¡Oh! ¡Dios! Papá, ¿qué quieres hacer? No se puede constreñirla así – dijo Antonieta, inquieta, en cuanto la Princesa se marchó.

Antes que el viejo Conde pudiera contestar, Rodolfo exclamó agudamente:

– Pero ¿qué supones?" No se trata de violencia. Nuestro padre tiene toda la razón si quiere utilizar todos los medios de persuasión para hacerla renunciar a su terquedad; en resumen, no es prudente rechazar a un partido como Raúl para casarse con este judío repugnante.

Confieso, ahora, que la idea del escándalo, inevitablemente, si este matrimonio tuviera lugar, me ha costado más que una noche de insomnio. La sorpresa, las bromas, los chismes curiosos sobre las razones de semejantes disparates me ponen nervioso; la ruina de nuestras finanzas no puede permanecer oculta, y la vergüenza de haber vendido a Valéria a un hombre oscuro que nunca ha estado en nuestra sociedad recaerá sobre nuestro nombre. Cuando pienso que todas estas molestias se pueden evitar con la unión de hada con un hombre que, al final, toda mujer envidiará y que suplantará prontamente a este Romeo judío, comparto absolutamente la opinión que Valéria debe, a cualquier precio, estar desilusionado. Te lo ruego entonces, Antonieta, que nos ayudes con toda tu influencia sobre ella.

– En absoluto, amigo mío, no puedo hacer esto – respondió la joven esposa, sacudiendo la cabeza con gravedad –, pero me repugna tratar con tanta rudeza y desprecio a un hombre que recibimos en nuestra intimidad a nivel de un futuro familiar y que, cumpliendo las obligaciones antes de la boda y confiando solo en nuestra palabra, en parte, redimió sus faltas. Después, tengo la convicción que tal acuerdo, si se verifica, no nos traerá la felicidad, como sucede con todo lo deshonesto, y quizás nos prepare para futuros grandes dolores. Valéria ama a este hombre, y no lo olvidará, por más miserable que intentes hacerlo a sus ojos, porque Samuel tiene esta calma enérgica, esta pasión ardiente y abrumadora que somete a la mujer. Es una naturaleza poderosa, no un judío ordinario, pero un espíritu profundo, que sabía con sensibilidad cautivar. Valéria lo ama y Raúl no podrá hacer que ella lo olvide. A pesar de su indiscutible belleza, mi primo es muy joven, muy mimado por la adulación de su madre y de los que le rodean, demasiado acostumbrado a ser querido, a juzgar conscientemente la situación, y a tener la paciencia de conquistar, con el tiempo, el corazón de Valéria. Por ahora, estará completamente satisfecho; con el tiempo; sin embargo, comprenderá que en su esposa no encuentra todo lo que esperaba, y su unión será deshonrada. Y aunque esta desgracia no le hace saber a Raúl que su imagen no vive en el corazón de su esposa, sino en el del novio que le quitaron, ¿qué pasaría? Sin embargo, proceda como mejor le parezca; solo que no consiento en entrometerme en tal arreglo, ni influenciaré a Valéria.

— Eres completamente libre, querida — dijo el Conde Egon, que había seguido, recostado en un sillón y con creciente fastidio, las palabras de su nuera —. De acuerdo, entonces, con el brillante elogio que estás aquí para hacer, debo convencerme que la irresistible naturaleza del Sr. Maier te ha dominado tanto como a Valéria, y estás pidiendo un papel que desempeñar en la escandalosa crónica de Pesth.

Pero no olvides que es también el nombre de tu esposo y el honor que las malas lenguas arruinarán; siempre te he considerado más sabia que Valéria. Ahora que estás casado, deberías entender mejor todo, y para mi gran asombro, alimentas la locura de las niñas, las ideas románticas del internado universitario, pensando que eres así tan bien en el papel de heroína a la que desea, de manera total, sumar, para mayor efecto, un amor infeliz.

— Es sin justificación, papá, que me imputes tan culpable imprudencia — respondió Antonieta, tranquila y seriamente —. Pienso que eres muy aficionado a la charla mundana, y comprendo lo cruel que es arrancar de nuestro corazón, porque yo también amo la figura del hombre amado. Tan irrazonable como parece este sentimiento para los hombres sensibles, es tan tenaz que, si se la arranca de raíz, con violencia, puede dejar en el alma un vacío que nada en el mundo podrá llenar. Sé que, si hubieran querido separarme de Rodolfo, habría luchado a muerte por mi amor, ¡y no me hubiera creído loca por semejante derrota!

## La Venganza del Judío

Con expresión de infinita alegría y gratitud, Rodolfo tomó la mano de su esposa y la besó; el viejo Conde los miró riendo.

– Admitamos que fui muy severo. Sin embargo, mi querido muchacho, observaré, por mi parte, que tu amor es uno que el mundo y los familiares pueden bendecir y apoyar; con Valéria la situación es diferente; estoy seguro que sus sentimientos son una ilusión enfermiza, y que solo la igualdad de nacimiento y posición da felicidad duradera, y también que es mi deber tratar de salvarla de una locura irremediable.

Preocupada y fuera de sí, Valéria se había retirado a su habitación; su cabeza daba vueltas, su corazón se contraía como un torniquete; se abandonó impotente en un sofá y rompió a llorar. Transcurrido ese primer paroxismo de aflicción, pensó en su situación; todo a su alrededor parecía sombras y nubes. ¡Debería luchar, como le había jurado a Samuel, para darle prueba que no se avergonzaría de él y que el inmenso amor que los unía le compensaría los juicios falsos y el desprecio de la sociedad! Sin embargo, ¡esta lucha contra todos sus parientes fue difícil! Con un profundo suspiro, se quitó el medallón del cuello y se sumergió en la contemplación del retrato de Samuel: los grandes ojos oscuros del hombre parecían mirarla con reproche, recordándole el juramento. Sin darse cuenta, comenzó a comparar a los dos hombres entre los que tenía que elegir, y el rostro suave y caprichoso de Raúl, su mirada aterciopelada y soñadora, se volvió pálida y apagada, ante esa frente enérgica, esos ojos llenos de vida, y esa boca severa, que parecía decir: "¡Ninguna pelea me hará retroceder!"

"¡Oh, no, Samuel! Te seguiré siendo fiel – murmuró Valéria, tomando la miniatura y acercándosela a los labios –. Llama falsa es el amor de Raúl, el primer cariño que se extinguirá como el núcleo de un fuego artificial; pronto me olvidará, mientras que tú, Samuel, mi pérdida haría que tu corazón se desangrara hasta la muerte.

Un ligero golpe en la puerta la hizo temblar.

– ¡Entre! – Ordenó, escondiendo el relicario. Al ver a su padre, se levantó angustiada.

– Siéntate, hija mía – dijo el Conde, acercándose a ella –, y mantén la calma; Dios puede testificar lo dolorosas que son tus lágrimas para mí; el deber de un padre; sin embargo, me obliga a hablar de nuevo en serio, antes que rechaces definitivamente tu verdadera felicidad, a cambio de la falaz felicidad que sueña tu alma juvenil.

Entendamos, entonces, mi querida hija: no quiero imponer nada sobre ti, sino solo aclarar, dada la experiencia que tengo, lo que tu visión engañosa no advierte, y eso antes que sea demasiado tarde.

– Ya no eres una niña; la mujer de juicio que eres me comprenderá. Nacimos para vivir una vida real y activa, no en un mundo de ilusiones, y esta realidad de la vida nos obliga a guiar nuestros sentimientos por la razón. La clase y sociedad en la que vives, por derecho de nacimiento, nos imponemos deberes, que no podemos relegar sin piedad; la tradición de honor, escudo inmaculado que nos dejaron nuestros antepasados, es nuestro deber transmitirlo, exento de cualquier mancha, a nuestros herederos; una chica de tu estirpe no puede disponer del corazón como lo hace cualquier burgués; su elección fuera de nuestra órbita llamará la atención, y si la debacle en nuestras finanzas se hace pública, señalarán con el dedo a su padre ya su hermano. No me interrumpas, Valéria; quieres decirme, sé que fue para librarnos del deshonor que te sacrifiqué al principio te quedaste; tienes razón.

## La Venganza del Judío

Ante mi conciencia, soy juzgado: padre culpable, jugador sin juzgar, derroché el futuro de mis hijos, y ciertamente no sería para salvar mi vida que aceptaría la degradante imposición del judío y consentiría que tú fueras, por un momento, su esposa. También se trataba de Rodolfo. Decidiendo entre los dos, tú eras la pobre hija sacrificada. Enamorado, joven, Rodolfo no vio más que salvación en esto.

Mi cabello se puso gris, y pregúntales cuánto le costó a tu padre estos dos meses. La presencia de un hombre así, cada sonrisa y cada palabra familiar que intercambió contigo, fue una puñalada en mi pecho; mi conciencia estaba indignada: "¡Has fracasado; has vendido tu hija!"

He estado buscando secretamente todo este tiempo una solución, ya que aun no podría existir después del día de su boda.

Valéria soltó un grito ahogado:

– ¿Qué escucho de ti, padre?

– La verdad, hija. ¿Creías seriamente que podía soportar este escándalo, la curiosidad condenatoria, la alegría impactante de mis iguales, que me envidian? ¡Oh, nunca jamás! ¡Antes la muerte!

¿Y ves ahora cómo me siento, cuando la suerte nos ofrece una solución honorable y tú la rechazas, para conectar con un individuo que no puede darte la felicidad y cuya unión es deshonrosa?

Piensa bien, querida hija, da cobijo a los llamamientos de tu padre y evítale una desgracia que llene de veneno sus últimos días.

El Conde guardó silencio, pero dos lágrimas brotaron de sus ojos, y tal ternura infeliz en su voz, que toda la resistencia de la joven se desmoronó. De niña adoraba a su padre; con mirada ansiosa contempló el cabello gris del Conde, las profundas arrugas que le cortaron la frente, lisa hace unos meses, y le oprimieron el pecho.

Tenía profunda angustia. Si en verdad la muerte de las nuevas esperanzas del Conde lo llevasen al suicidio, si ella sacrificase a su propio padre, como Samuel al suyo, ¿qué suerte florecería en la tumba de los dos ancianos?

Con un grito ahogado, Valéria se arrojó al cuello de su padre.

– ¡No! ¡Oh! No, papi; vive para mí, sé feliz. Dios tendrá en cuenta esta hora, creo, y perdonará mi traición. Renuncio a Samuel; ¡Me casaré con Raúl!

Asaltado por una emoción real y profunda, el Conde la abrazó contra su pecho.

– ¡Dios te salve! – Él susurró.

Después de un largo silencio, dijo, pasando su mano por el cabello rubio de su hija, cariñosamente:

– Es necesario que te deje, hija, pero ¿no me darás los títulos que tienes contigo?

Valéria se levantó, silenciosa como en un sueño, y abriendo una cajita, sacó de su billetera roja los papeles sellados que le había dado Samuel, entregándoselos a su padre. Después que el Conde se fue, se abandonó en un sillón y se agarró la cabeza con las manos, porque ni siquiera podía llorar; en su cerebro sobreexcitado, solo una idea se arremolinaba: "¡Todo está terminado!" Entonces todas las cosas se fusionaron en un dolor acre, un corazón roto, que no dejaba lugar a ningún pensamiento.

## La Venganza del Judío

Ni siquiera notó que la puerta se abrió un poco y dejó entrar a Antonieta.

Ante la doncella, inmersa en absoluta postración, y la desesperación fatal que apretó su rostro, lágrimas de rabia asomaron a los ojos de Antonieta.

– Egoísmo despiadado y ciego, ¿qué consecuencias traerá todavía? – Murmuró amargamente.

Luego, arrodillándose junto al sillón, acercó a Valéria:

– Infeliz hermana, llora en mis brazos, te entiendo y creo que, sobre todo lo que está pasando, ronda nuestra amistad.

Valéria se estremeció y cuando sus ojos buscaron los de su amiga fiel, leyendo en ellos cariño sincero, se sentía menos sola y, apoyando la cabeza en el hombro de Antonieta, dejaba fluir libremente las lágrimas que aliviaban su cansado corazón.

La joven de Eberstein la dejó llorar completamente.

Estas lágrimas eran saludables, lo sabía; cuando la joven supo calmar su sufrimiento de cierta manera, fue solo entonces que le dijo, con gentil imposición:

– Acuéstate. Estás muy cansada y de hecho necesitas un poco de descanso.

Sin resistirse, Valéria se dejó llevar, se recostó en el sofá, ingirió unas gotas de tranquilizante, se dejó alborotar el cabello y extendió una colcha sobre sus pies. Luego cerró los ojos y completamente agotada de fuerzas, como estaba, se durmió de inmediato, en un sueño agitado.

Antonieta fue a colocarse junto a la cama de su amiga, después de haber bajado las cortinas y pedido silencio total, y se enfrascó en pensamientos dolorosos. El dolor de Valéria le atravesó el corazón; su ingenua honestidad se rebeló contra el nuevo sacrificio que le arrancaron a la infortunada joven, después de haberla obligado, por así decirlo, a ese amor. Pensó en Samuel con igual ansiedad, a quien, inesperadamente, le fue arrebatado un bien ya adquirido.

¿Cómo podía soportar la pérdida de la mujer que amaba con tanta pasión, la destrucción del feliz y pacífico futuro soñado?

Así pasaron más de dos horas, observando; sin embargo, que el sueño de la niña se volvía cada vez más tranquilo y profundo; que su rostro, al principio agitado, tomó una expresión suave y sonriente, lo que era normal en ella, Antonieta se calmó, salió de puntillas y volvió a encontrar a Rodolfo en el cuartito contiguo al dormitorio de Raúl.

– Entonces, ¿cómo está mi hermana? – Preguntó con cuidado, el joven Conde –. Mi padre me aseguró que ella había cedido a su súplica.

– Eso es correcto, pero ¿qué consecuencias resultará de ello? Dios sabe. Preveo muchas lágrimas en el futuro.

Y Antonieta narró en qué estado había encontrado a su cuñada.

– Ahora duerme, pero, ¿podrá ella hacer un nuevo sacrificio? Después, digas lo que digas, entiendo que actuamos mal con Samuel, y siento pena por él.

El joven Conde tiró nerviosamente de su pequeño bigote rubio.

– Llévate al diablo con toda esta historia – exclamó –. Estoy casi a pensar que habríamos hecho mejor en celebrar nuestra boda en otro lugar. Yo también lo siento, Maier, sinceramente; en el fondo, es un buen tipo; sin embargo, uno no puede realmente sacrificar para él la vida de Raúl, y yo nunca creería a mi hermana enamorada de Samuel.

## La Venganza del Judío

El médico, al entrar, interrumpió la conversación de los jóvenes esposos.

– Entonces, señor doctor, ¿cómo deja al enfermo? – Preguntó Antonieta.

– No he observado ninguna mejora en su estado, señora Condesa, la debilidad ha crecido y la inacción es la misma; la Princesa; sin embargo, viene a informarme que la Condesa Valéria ha aceptado ser la novia del Príncipe, y confieso que en esto tengo mi última esperanza. Puede ser que la presencia de la amada produzca en él una reacción saludable y desarrolle la circulación de la sangre; una medicina santa es alegría, y la juventud tiene recursos fabulosos. Sin embargo, no tenemos tiempo que perder probando este último y valioso remedio. El Príncipe duerme, ahora mismo; este sueño; sin embargo, no se prolongará; por tanto, señora, procuraren que se prevenga a la joven Condesa, que le pido se una a su prometido. Necesita verla tan pronto como abra los ojos.

– Transmitiré su orden a Valéria, pero ¿no cree usted, como yo, doctor, que mi infortunada tía haría mejor en no asistir a esta reunión?

– ¡Sin duda! Su desesperación, las lágrimas que no podía controlar, actuarían desfavorablemente – respondió el médico, mirando su reloj –. Le advertí que la Condesa Valéria, su esposo, usted y yo seremos las únicas personas presentes en este acto. No perdamos el tiempo, por favor, señora. Me temo que se despierta. Al entrar en la habitación de Valéria, Antonieta la encontró ya despierta.

Parecía tranquila y le tendió la mano a su cuñada con una sonrisa melancólica.

– Querida amiga, ¿tendrás fuerzas para ir cuanto antes a la cabecera de Raúl? – Preguntó Antonieta abrazándola.

## La Venganza del Judío

– El infortunado muchacho no conoció tus dolores, y está tan enfermo que la última esperanza del médico está puesta en ti. Concédele, por lo tanto, este dicho, quizás el último, ¡para verte y escuchar de tu boca que aceptas casarte con él! Él te ama tanto que puede devolver esa alegría a la vida.

Valéria bajó la cabeza.

– ¿Por qué me negaría? Esta visita es consecuencia de la resolución que tomé para salvar el honor de mi familia nuevamente. Si tuve la vergüenza de traicionar deslealmente a Samuel, ¿por qué no tendré el valor de mentirle a Raúl diciéndole que, por su propia voluntad, yo me convertiré en su esposa, especialmente si con esta mentira te salvo la vida? Se levantó suspirando y, con cansada indiferencia, se entregó a Antonieta, que le trenzó la larga cabellera, le alisó la ropa; Sin embargo, en el momento de salir de la habitación, Valéria se detuvo estremeciéndose:

– Espera un momento; debo dejar el anillo que Samuel me dio.

Se lo quitó del dedo, lo agitó y luego lo cerró en el relicario que llevaba alrededor del cuello.

– Ahora – dijo con amargura –, mi dedo está listo para recibir el anillo del Príncipe.

La penumbra reinaba en la habitación del enfermo; se levantaron cortinas de damasco rosa; una lámpara, solo que, cubierta por una pantalla de seda, iluminaba tenuemente la gran habitación y la cama con cortinas en la que Raúl yacía, inmóvil, con los ojos cerrados. A la cabeza, en un sillón, se sentó una hermana de la caridad que, con la cabeza gacha, deslizaba las cuentas del rosario entre sus dedos; cerca de una mesa pequeña, hablaron Rodolfo y el doctor en voz baja. Al ver llegar a las dos jóvenes, el Conde se acercó a su hermana, apretándole la mano con fuerza y, sin una palabra, la llevó a la cama. Atendiendo una señal de Rodolfo, la monja se levantó y salió de la habitación.

Ante el gran cambio que se había producido durante los pocos días cuando no había visto a Raúl, Valéria se detuvo, estupefacta, de hecho, el Príncipe parecía una hermosa estatua de alabastro; su cabello rubio, esparcido sobre la almohada, rodeaba su rostro marchito como un halo; una expresión de dolor apretó su boca; su mano, delgada y blanca, descansaba sobre la cubierta húmeda y helada.

Una pena sincera, piedad ardiente y cariñosa brotaron en el corazón joven y bueno de Valéria. Olvidando su propio dolor, se sentó en el borde de la cama, inclinándose ansiosamente hacia el que sería su marido si huía de la muerte. Rodolfo permaneció de pie junto a la cama, esperando que el enfermo despertara. Antonieta y el médico se dirigieron al fondo de la habitación. Pasaron más de diez minutos, sin que se notara ningún cambio. Raúl se mantuvo inmóvil y, de no ser por el aliento que, casi imperceptiblemente, se le escapaba del pecho, de vez en cuando, se hubiera creído que la llama de vida había dejado ese cuerpo exhausto. Una angustia, cada vez más opresiva, se apoderó de Valéria. su corazón latía, con violencia; la extinción de esta vida, porque no pudo soportar la pérdida de su primer amor, le inspiró un profundo dolor; Raúl no tenía la culpa de sus penas, ya que ignoraba que la obligaron a sacrificarse para intentar salvarlo.

En ese instante, se movió y abrió los ojos. Su mirada fija e indiferente vagó con cansancio por los que le rodeaban; cuando encontró; sin embargo, el rostro de Valéria inclinado ansiosamente hacia él, un fugaz destello escapó de sus ojos y una sincera sonrisa se cernió en sus labios:

## La Venganza del Judío

– ¡Tú... aquí, Valéria! Por primera vez vienes a verme... – susurró.

No continuó, porque la atonía lo hacía imposible.

Al darse cuenta de que, abrumado por la emoción, su hermana no podía responder, Rodolfo se inclinó hacia el paciente y le dijo con cariño:

– Valéria ha venido a darte una noticia que, esperamos, te devuelva pronto la salud: todos los obstáculos que te separaban han sido eliminados; es tu esposa la que viene a poner su mano en la tuya.

Un temblor nervioso sacudió el cuerpo del paciente y, dilatado por la enfermedad, sus ojos miraron a la joven, con una expresión de amor indescriptible, de miedo a la incredulidad.

– ¿Es cierto que me amas? – Preguntó inquieto.

– Así es, Raúl; quiero ser tu esposa; dime si esta promesa te trae alegría – respondió Valéria, su voz apenas audible. Un destello de apasionada felicidad brilló en los ojos del Príncipe.

– ¡Si soy feliz...! Simplemente no me atrevo a creer en esta inesperada felicidad.

Rodolfo había sido instruido por el médico para dilatar lo más posible la leve emoción del paciente y, para ello, la Princesa había enviado a su sobrino dos anillos idénticos – que sirvieron, en tiempos pasados, a su propio compromiso –. A las últimas palabras del Príncipe, el Conde colocó estos anillos en la mano de su hermana y dijo sonriendo:

– ¡Esto es lo que te convencerá que tu felicidad no es una ilusión! Valéria se inclinó aun más ante su prometido; unas lágrimas corrían por sus mejillas mientras colocaba uno de los anillos en el dedo de Raúl y el otro en el dedo que, no hace mucho, había desprotegido el de Samuel.

– ¡Vive para quienes te quieren! – Añadió, con la voz temblorosa.

Un vívido rubor coloreó el pálido rostro de Raúl mientras presionaba la pequeña mano de Valéria contra sus labios, tratando de levantarse.

– ¡No te canses! – Dijo Rodolfo enérgicamente, arreglando las almohadas para sostenerlo.

– ¿Nos cansa la alegría...? Valéria, si no me niegas el beso de compromiso, luego quiero vivir o morir en paz, según la voluntad de Dios; estaré totalmente feliz.

Sin dudarlo, la joven se inclinó y apretó los labios contra los del prometido. Pero... ¡qué diferente era este beso tranquilo y fraterno del que había intercambiado con Samuel la tarde de la tormenta!

Raúl no notó nada... abrumado por el exceso de felicidad y debilidad, se desplomó sobre las almohadas casi sin sangre. Valéria lanzó un grito de sorpresa; el Príncipe volvió a abrir los ojos y abrió los labios en una sonrisa dichosa.

– No es nada, una pequeña debilidad; aunque no me dejes – susurró.

Entonces la joven permaneció sentada, con la mano de Raúl en la suya. Pronto; sin embargo, los ojos del joven se cerraron y su respiración tranquila y uniforme demostró que estaba roncando.

Advertido por el Conde, el Dr. Walter se acercó a la ligera y examinó al paciente. La palidez cadavérica de Raúl había dado paso a un tenue tinte rosado; abundante sudor le humedecía la frente y las manos; el pulso estaba animado; profundo, el esculapio se elevó con un suspiro de alivio.

– Está a salvo, Condesa; vivirá. Ahora solo se necesita dormir y descansar.

La Venganza del Judío

Tomando una manta, cubrió al enfermo.

Valéria había quitado cuidadosamente su mano de entre las de Raúl, quien durmió; se levantó y, con paso indeciso, se dirigió a la habitación contigua, donde la Princesa, con el rostro bañado en lágrimas de felicidad, le tendió los brazos. Muchas emociones; sin embargo, habían abrumado a la doncella y, ante esta felicidad que surgió los restos de su fortuna, una angustia indescriptible inundó su corazón. Le asombró la cabeza y se desmayó.

## 6 – EL FIN DEL SUEÑO DE SAMUEL

Durante estos hechos, en el castillo de la Princesa de O., ajeno a la tormenta que se estaba formando sobre su cabeza, Samuel siguió viviendo en su mundo de ilusiones y brillantes esperanzas. Para llenar el tiempo que lo separaba del regreso de Valéria, se entretuvo activamente en la ordenación de las habitaciones destinadas a su futura esposa, eligiendo él mismo cada tapizado, cada jarrón, cada mueble, y nada le parecía lo suficientemente rico y hermoso para el ídolo que habitaría ese nido de sedas. y encajes.

De alguna manera descuidaba sus ocupaciones en la oficina, ya que, por las mañanas, el joven banquero se asombraba de lograr del retrato de Valéria. El rostro suave y fascinante de la joven Condesa ya sonreía sobre el lienzo, y sus ojos azules, cristalinos, contrastaban con los acianos trenzados en forma de corona, que adornaban la cabeza rubia, en su mayor parte, todo estaba quieto en boceto, el amor; sin embargo, dirigió e inspiró el pincel del artista. La cabeza de Valéria asomaba como si estuviera viva y parecía sonreírle a su futuro esposo. Cuando estuviera listo, ese retrato se colocaría sobre el escritorio del banquero, de modo que, cuando levantaba la vista de sus ocupaciones, siempre podía contemplar los rasgos adorados.

## La Venganza del Judío

Quince o dieciséis días después de la partida del Conde de M., una mañana Samuel se encontraba en su taller de pintura. Había leído, por séptima vez consecutiva, antes de sumergirse en su obra, la carta de Valéria, que era una respuesta a la suya, en la que, agradeciendo el envío del retrato, reafirmó su cariño y mostró impaciencia por volver a verlo.

Inmerso en las esperanzas del futuro, el banquero manejaba con ardor el pincel, cuando la voz de un criado lo alejó de sus sueños para decirle que varias personas querían hablar con él.

– ¿Quiénes son? – Preguntó, tirando a un lado con fastidio su paleta y pincel. ¿No te prohibí que me incomodaran?

El sirviente mencionó varios nombres.

– Insistieron con tanta vehemencia que no me atreví a despedirlos – terminó disculpándose.

– Está bien; trae a estos caballeros al salón azul – ordenó Samuel en un tono pausado.

Cuando, poco después, entró en la habitación, una nube lo ensombreció, pensó y frunció el ceño: allí estaban, juntos, junto con el Gran Rabino de Pesth, y dos de sus hermanos, viejos amigos de su padre, notables por el rigor con que veían la religión, y dos hombres de sus parientes lejanos, que daban el aire perfecto del judío típico, con sus largos abrigos negros y gorros de piel, del judío que se encuentra en las ciudades provinciales de Rusia o Austria.

– Han expresado su deseo de verme, caballeros. Díganme en qué puedo servirlos – dijo Samuel, después de contestar con indiferencia el saludo de los compatriotas y mostrarles asientos.

## La Venganza del Judío

– Me parece que no somos invitados bienvenidos – gritó el Gran Rabino, con cierta ironía –, ¡pero lo que sea! Qué aquí nos trae un motivo muy serio para dejarnos llevar.

Venimos a preguntarte, Samuel Maier, si lo que se dice ahí fuera es cierto; si, bajo la influencia de esta pasión sin sentido por una mujer cristiana, realmente quieres llenar de barro la memoria de tu padre, negar la fe en Israel y convertirte en cristiano para poder casarte con esta Dalila. Responde: ¿es todo esto cierto?

Los ojos de Samuel brillaron vivos. Dirigiéndose a un mueble de Boule, lo abrió, sacando un Evangelio, un crucifijo y libros de teología. Dejando tales objetos sobre la mesa, exclamó, con voz vibrante:

– Todo lo que acabas de decir es verdad. Quiero ser bautizado; aquí, al pie de esta ventana, en este mismo salón, doy la bienvenida al sacerdote que me guía en los dogmas de la fe cristiana; prueben lo que les digo, este Evangelio y este crucifijo. Pero, ¿qué tienes que ver con esto? Soy un hombre independiente y de pensamiento libre que hace mucho tiempo que no logró cruzar el umbral de la sinagoga. Mi padre, aferrado a ti, sometiéndose de ojos cerrados a prácticas fallidas, que en su mayor parte no tienen trascendencia en el siglo que vivimos; yo, habiendo recibido una educación diferente, imbuida de otras ideas, no puedo acompañarte. Siempre estoy dispuesto a ayudar y asistir a mis hermanos en Israel; sin embargo, ¡en mi vida privada quiero ser autónomo, no admito que nadie se entrometa!

Un susurro de reproche se elevó entre los judíos; sin embargo, con un gesto el Gran Rabino los obligó a guardar silencio y, dando un paso hacia Samuel, exclamó enérgicamente:

## La Venganza del Judío

– ¡Te equivocas, joven loco! Es nuestro derecho y deber llamarte a la razón, y abrirte los ojos ciegos, evitando que la ira de Jehová te hiera como los rebeldes de Coré en el desierto. Atrévete a llamar obsoletas e indignas de nuestro tiempo las leyes dictadas por el profeta de nuestro pueblo, olvidando que bajo estas mismas leyes debemos subsistir, a pesar de todo, entre los pueblos enemigos que nos rodean durante tantos siglos. ¡Ah! bastante horriblemente ajusticiado fue tu padre por despreciar nuestros consejos, por permitirte descuidar todas las prescripciones de la ley de Moisés, y por rodearte de siervos cristianos, que te desprecian y escupen en la espalda de su jefe.

Esta debilidad culpable es el origen de frutos dignos. ¡Enloquecido por pasión sacrílega, pretendes casarte con una hija de nuestros enemigos, para sacrificarle la fe de tus antepasados!

El anciano israelita estaba de pie, con el rostro enrojecido; en sus rasgos angulosos había un fanatismo oscuro y exaltado.

– Olvidas, miserable – continuó el rabino – que eres un hijo de Israel, del pueblo deshonrado y perseguido, que son peores, a los ojos de estos *goys*, que los seres primitivos. Los que arrojaron al fuego o persiguieron a nuestros padres; que los encerraron en sus ciudades como si fueran animales venenosos; que nos toleran, hoy, con el corazón lleno de odio, esperando el momento de la mala suerte para destrozarnos de nuevo; no te echarán de donde y cuando surja la oportunidad. ¿Crees, por tanto, que esta orgullosa familia puede recibirte como un igual, solo por el bautismo? Desilusiónate, se rebajan y te quitan el oro, porque con eso se salvan de un escándalo público, pero ellos te desprecian, y te odian en su corazón: para ellos serás un extranjero, desde cuyo origen sentirán un disgusto invencible, incluso esta mujer, por quién pretendes negar a tu Dios y a tus hermanos. ¡Despierta, Maier, abandona un plan que te traerá infelicidad! Si temes que este desafortunado negocio te traerá una enorme pérdida económica – me informan que has gastado una gran suma en todo esto, pues, obedeciendo mi orden, Levi me dijo la cifra total – debes saber que tus hermanos han reunido la cantidad necesaria. para cubrir las deudas del Conde de M.

Luego, el rabino sacó una billetera llena de papel moneda de su bolsillo y la colocó sobre la mesa.

– Aquí está, bienvenido, hijo mío; poner esto en orden con calma, y relega al olvido el episodio triste de tu vida, que un día te hará que te sonrojes frente a ti mismo.

Pálido, pero con todo entusiasmo, Samuel se había apoyado en una pieza y, con los brazos cruzados sobre el pecho, había escuchado la vibrante reprimenda del rabino. Tan pronto como le presentaron la billetera, sus mejillas se ruborizaron intensamente.

– Malas son todas tus palabras – respondió después de un momento de silencio difícil: mi decisión es irrevocable; guarda esa billetera. Agradezco a mis hermanos por sus buenas intenciones, pero no puedo aceptarlo. Yo mismo pago todas las obligaciones que me conciernen. Una verdad se destaca en lo que vienes a decirme a mí mismo: los israelíes son odiados y molestos dondequiera que se establezcan. ¿Por qué? Porque se lo merecen: sucede que la codicia, la astucia, la mentira los gobiernan, haciéndolos odiosos; se da que la usura y la ruina nos persiguen, como un rastro profundo. En cualquier parte donde se descubra algún negocio oscuro, operaciones injustas, tráfico degradante, en todos estos actos los israelíes juegan un papel relevante. ¿Pueden ellos, frente a tales hechos, lamentarse de inspirar odio y asco...? En gran parte, ¿no es culpable nuestro pueblo, la masa, continuando desconocido, ambicioso, avaro y falso, considerado como lepra social en todos los países donde se afinca?

Sin embargo, la mayor culpa es de ustedes, rabinos, que gobiernan a esta multitud. Cubriéndose con el nombre de Moisés; sin embargo, no fue él quien fundó la Cábala, esa sociedad de los fuertes contra los débiles; no fue él quien, disculpándose de felicidad general, pero en verdad para atender las intrigas de los superiores, agota la última gota de esta gente humilde, acumulando sobre ellos impuestos secretos, en beneficio del tesoro del pueblo, no es él quien impide su propio dominio, ¡guarda en la masa este desprecio por todo lo que no es hebreo y que cava un acantilado entre nosotros y otros pueblos! Protesta contra la intolerancia de la Iglesia cristiana, pero ¿no obliga a los que participan en sus creencias a la esclavitud más dolorosa? ¿No los persigues incluso en los recovecos de los hogares? ¿No les obliga, con todas las armas, incluso las menos permitidas, a permanecer fieles a usted? Tú solo no me obligarás a hacer nada; no renunciaré a la mujer que amo, y tomaré la religión de Jesús, el hijo más digno y sublime que nuestro pueblo ha albergado en su seno y al que los que te precedieron, los rabinos y los sumos sacerdotes del Templo, condenaron, porque tuvo el valor de decir en la faz del mundo: ¡el espíritu vivifica, la letra mata!

Poco a poco, Samuel se animó: sus ojos brillaron, y su persona mostraba, por todas partes, una energía inquebrantable y una fuerte convicción.

Como un solo bloque, los israelitas se habían levantado, golpeados por la ira y el asombro.

– ¡Qué vergüenza, perjurio, que insultas a un hombre digno de veneración! – Rugieron, reunidos en torno al rabino, que había oído todo y a quien se había silenciado el asombro y la indignación.

## La Venganza del Judío

De repente, el rabino se enderezó y sus ojos enviaron rayos venenosos sobre el inusual banquero:

– ¡Escucha esto, Samuel Maier! No provoques la venganza de tus hermanos a quienes hieres. Te consideras rico e invulnerable; otros, más notables que tú; sin embargo, cayeron en el instante en que el brazo vengador de Jehová cayó sobre ellos. Y ahora – sacó un papel doblado del bolsillo – hijo rebelde, toma este mensaje que tu padre, a las puertas de la muerte, junto a quien yo velaba, me encomendó entregarte en un momento decisivo de tu existencia. Él mismo, abrumado en justo castigo, con la mano parcialmente entumecida por la muerte, trazó las líneas que estás a punto de leer; creo de suma importancia el momento en que te doy a conocer este último llamado a tu conciencia.

Con las manos temblorosas, Samuel desdobló la página y corrió los ojos por las líneas, escritas en hebreo, con letras vacilantes, pero reconocibles que firmó su padre:

*"Hijo mío* – escribió Abraham Maier – *hice todo lo posible para ayudarte, hacerte feliz. Por el amor que te he dado, por mis atenciones, por los millones de los que te hago heredero, renuncia a la Condesa de M., y luego sé bendecido. Sin embargo, si tomas a la ligera la petición que te dirijo desde Más Allá de la tumba, si adoptas la religión de los que nos persiguen, te maldigo, y le pido a Jehová que reduzca a cenizas todo lo que toques con tus manos."*

Samuel se puso lívido, y en sus expresivos rostros se reflejaba la inmensa lucha que se estaba librando dentro de él; sin embargo... el recuerdo de Valéria ahogaba cualquier otro sentimiento. Abdicar a ella, no, más bien la vida.

Con un movimiento rápido, rompió el papel, arrojando los pedazos sobre la mesa.

## La Venganza del Judío

– Me haré cristiano y dejaré que tus maldiciones y las de mi padre caigan sobre mis hombros. ¡Ahí tienes mi respuesta!

Estallaron gritos de horror y rabia; sin embargo, tres golpes en la puerta provocaron un repentino silencio en la habitación.

– ¡Pase! – Ordenó Samuel, en tono irritado.

Pronto apareció un criado que, con expresión de timidez y vergüenza, presentó, en una pequeña bandeja de plata, una tarjeta de visita.

– Disculpe, señor, por permitirme molestarlo – un enviado del Conde de M. se presentó, y su deseo es hablaros urgentemente de un asunto de la mayor relevancia, hace ya quince minutos que le está esperando en la oficina. Samuel tomó la tarjeta y leyó: Carlos Herbert.

– Hiciste bien en avisarme – le dijo al sirviente. y sin mirar a sus compatriotas, quizás ya olvidados, se encaminó hacia el estudio.

El hombre de aspecto agradable, de mediana edad, se levantó, con el maletín bajo el brazo, cuando Samuel entró.

– Permanezca sentado, señor Herbert – exclamó Samuel mientras tomaba asiento frente a su escritorio –. ¿Usted pude decirme con qué mensaje me honra el Conde de M.? ¿No me traes, por casualidad, una carta?

Por un momento, con la mirada inquisitiva, el enviado miró fijamente el rostro emocionado del banquero.

– No señor. Su excelencia me hizo portador de un mensaje oral y la solución de un asunto financiero.

Herbert abrió la carpeta y sacó un fajo de billetes y otro fajo de letras de cambio, canjeadas por la mitad, que Samuel conocía bien.

## La Venganza del Judío

– ¿Qué es esto? – Preguntó, con los ojos encendidos.

– Le ruego, milord, que se digne verificar la veracidad de la importancia de estos títulos; llegaré a la conclusión que el conde de M. está a la altura de tu casa – respondió Herbert con calma –. Me envía, además, comunicarle que el convenio particular establecido entre usted y Su Excelencia debe considerarse definitivamente incumplido. La Condesa de M. ha marcado su matrimonio con el Príncipe de O.

Samuel se quedó sin habla. Era como si una nube de plomo; un solo pensamiento se arremolinaba en su cerebro; no advirtió la mirada de lástima y asombro que Herbert había dirigido a su pálido rostro; no escuchó su despedida, ni que salió de la habitación; en ese instante toda la vida exterior se había disipado en él; en su alma; sin embargo, el primer letargo se apagó, reemplazado por pensamientos atroces; todo había terminado: ¡futuro, sueños de aventuras!

La mujer que era su ídolo, lo traicionó, para hacerse Princesa; los mismos papeles que le había regalado a Valéria, en el momento que para siempre sus almas parecían unidas, fueron devueltas de manos de un extraño, ¡sin una explicación! Le reembolsaban, y todo estaba dicho.

¿Qué podía esperar o exigir el judío, sino oro...? Sus labios temblaban con un ataque de risa ronca...

En las palabras de aquellos israelitas estaba la verdad, de los que aun estaban reunidos en su habitación: "Te expulsarán como a un reptil, tan pronto como ya no te necesiten."

La traidora, ella, ¿quién sabe? En ese momento intercambia un beso con su Príncipe, sonriendo ante las apasionadas frases que le susurraba al oído.

## La Venganza del Judío

Un sentimiento infernal constreñía el corazón de Samuel; profundo el dolor casi le quita el aliento; su mirada inquieta, frenética, aburrida, se detuvo junto a un revólver sobre el escritorio.

Tembló. A la vida inhóspita y angustiosa que se abría ante él, ¿no era preferible la muerte?

En un momento se levantó y agarró el arma, sin siquiera darse cuenta que en el suelo extendió los billetes que le había traído Herbert. Un momento después, la Casa se sobresaltó por el ruido de una detonación, y cuando, en primer lugar, y con sus compañeros, el Gran Rabino entró en el gabinete, encontraron a Samuel arriba de la alfombra, en un charco de sangre, el revólver todavía en su mano apretada.

– ¡He aquí, Jehová lo ha juzgado! – Sentenció el anciano con fanática satisfacción.

Habiendo salido de la habitación del banquero, el emisario del Conde de M., lentamente hacia la salida; estaba descendiendo, con sus pensamientos, los últimos peldaños de la escalera, cuando escuchó el ronco crujido de un disparo. Herbert se detuvo, temblando; no podría dar la razón por la que ninguna impresión le hizo ese ruido.

Después de unos minutos, un sirviente bajó corriendo las escaleras.

– ¿Qué pasó, Juan? ¿Por qué corres de esta manera? – Preguntó el portero tomándolo del brazo –. ¿Ha pasado algo? Creo que escuché una detonación en el interior.

– ¡Suéltame! Busco un doctor. El amo se voló los sesos – gritó el criado, arrojándose a la calle.

– Joven desafortunado – comentó Herbert, tomando asiento en el carruaje que lo esperaba. Supongo que no fue posible para él digerir la pastilla que le traje. Sin duda, esto es lo mejor que le puede pasar por el bien de nuestro joven Príncipe: muerto el animal, con él se va el veneno. Buen hombre, eso fue todo, lo juro. En cualquier caso, debo apurarme para llevar esta novedad al castillo, y si me apuro, podré embarcarme en el último carruaje.

Unas horas más tarde, Herbert se sentó en su lugar en el carruaje que lo llevaría al castillo de la Princesa. La última campana ya había sonado; los pasajeros que llegaban tarde corrieron a sus asientos. El coche que había elegido Herbert estaba lleno, como los demás, y de inmediato se entabló una animada conversación entre los viajeros.

– Has oído que Samuel Maier, el banquero millonario, ¿acabó con su vida? – Comentó un hombre gordo, cargado de paquetes y sacos.

– ¿Como no? No se habla de nada más en todo el pueblo – respondió una anciana que estaba de pie junto a Herbert. Nadie puede entender tal curso. Al principio se pensó que se había arruinado, y mi yerno tenía prisa por ir a su oficina a reclamar una suma muy grande; le pagaron en su totalidad, y uno de los sirvientes le dijo que Samuel Maier aun respiraba cuando lo encontraron y que los médicos no se apartaron de él ni un momento. Hay una herida mortal en el costado.

– Disculpe que le diga, señora – interrumpió uno de los pasajeros – que, de buena fuente, se me informa que el negocio de Casa Maier nunca ha gozado de tanta prosperidad como en la actualidad; sin embargo, no es menos seguro que muera ya que una bala sí se alojó en su cerebro, y que, a causa de una discusión, mantuvo confidencial, que tuvo con sus hermanos de religión. El gran rabino de Pesth le hizo una escena tremenda, acompañado de muchos otros judíos, porque tenía la intención de convertirse en cristiano, como se dice, y recibió instrucción religiosa de un sacerdote. Después del escándalo que en su casa lo hicieron, se fue a su oficina, donde se suicidó.

Herbert escuchó todo, sin tomar parte en la conversación, manteniendo silencio. Disfrutando, durante mucho tiempo, del honor de la confianza ilimitada de la familia de O, estaba perfectamente informado de la verdad, en todas sus minucias, de la historia del compromiso del joven Príncipe, y se le escapó un suspiro de lástima al recordar al apuesto muchacho, tan prematuramente muerto.

En la mañana que siguió a ese ajetreado día, Rodolfo y Antonieta estaban solos, en una terraza cercana a las habitaciones de la Princesa. El almuerzo había terminado; el viejo Conde se había ido a disfrutar de la siesta; Valéria, que había estado toda la mañana con su prometido, se había retirado a su habitación, y la Princesa había regresado con su hijo, cuya convalecencia procedió a grandes pasos.

La joven pareja intercambió alegremente ideas sobre un viaje a Nápoles, que pensaban emprender en cuanto Raúl se recuperara, cuando sus proyectos se vieron interrumpidos por la repentina llegada de Herbert.

– ¿Así que está de regreso, señor Herbert? – Exclamó Rodolfo mientras extendía su mano.

– Es cierto, señor Conde; me apresuré, y habiendo sido informado que su padre estaba descansando, vine a darle, sin testigos innecesarios, la noticia que traigo.

– ¿Qué es lo que pasa? Este aspecto lúgubre no me dice nada bueno.

¿Es el caso que este loco de Maier pretendiera hacer algún ridículo escándalo? – Preguntó Rodolfo, con irritación mezclada con impaciencia.

¿Cuál fue su respuesta?

## La Venganza del Judío

Herbert respondió encogiéndose de hombros:

– Maier no se opuso; creo que no pudo, ni puede intentar nada, ya que murió, cinco minutos después que yo saliera de su oficina: ¡el banquero se voló los sesos!

Rodolfo se incorporó enérgicamente, al mismo tiempo que Antonieta emitía una exclamación ahogada y se cubría el rostro con las manos.

– Muerto... ¿Samuel? – repitió el Conde, pasando su mano por la frente húmeda y pálida –. ¿Estás seguro de esto? ¿No es esto una noticia falsa?

– Nada más seguro; yo mismo escuché el disparo fatal. La noticia de este suicidio corre por toda la ciudad y ni siquiera mencionó nada más en el tren.

– ¡Aquí hay un final tremendo! ¡Infeliz Samuel! – dijo Rodolfo en voz baja – Le ruego, señor Herbert, guarde el absoluto secreto de este triste evento. Valéria debe ignorarlo, y cuando se entere de la muerte de Samuel, no debe saber que él mismo ha puesto fin a su propia vida.

Antonieta interrumpió con un grito a Rodolfo quien, volviéndose, se puso pálido, Valéria estaba parada al pie de las escaleras que conducían al jardín, sus manos apretadas contra su pecho, blancas como las suyas, vestida de muselina y con el rostro petrificado, en una expresión indescriptible de horror y desesperación. Había venido en busca de un libro que había olvidado, y había podido escuchar las últimas palabras de Herbert.

– Samuel fue asesinado... ¡y fui yo, yo, quien le asestó el golpe mortal! – Susurró sus labios blanqueados.

Dio unos pasos adelante, vacilante, y rodaría fatalmente los escalones si Rodolfo no hubiera corrido a tomarla en sus brazos.

## La Venganza del Judío

La trasladaron a su cama, donde Antonieta y la camarera hicieron todo lo posible por reanimarla, pero fue en vano. Corriendo a la habitación de su padre, Rodolfo le informó de todo lo sucedido, así como a la Princesa. Se decidió, de común acuerdo, no decir nada sobre lo que le había sucedido a Raúl sino incluir al viejo médico en la confianza.

Regresando una hora después, después de dos días de ausencia, pasado en su Quinta, el Dr. Walter fue llevado, en primer lugar, a Valéria.

Con apariencia de muerta, la joven permanecía tendida, quieta, y de rodillas, Antonieta, con la frente bañada en sudor helado, frotaba con esencias las sienes y las manos inertes de su amiga.

El médico asintió con la cabeza y comenzó a atender al paciente, sin pérdida de tiempo. Sus esfuerzos se vieron coronados por el éxito: Valéria volvió a abrir los ojos; sin embargo, una nueva sombra de desgracia hizo que todos, ante su mirada desubicada y el temblor nervioso que la sacudía.

– ¿Cree que puede ocurrir alguna enfermedad más grave, debido a esta emoción? – Preguntaron ansiosos el Conde y la Princesa.

– No. Quiero creer que el ataque de nervios desaparecerá sin dejar rastro serio – fue la respuesta del médico –. Por ahora, ml prepararé un tranquilizante, al que añadiré un narcótico suave, entonces será de mucha ayuda si duerme unas horas. Luego, es necesario darle a la Condesa la oportunidad de entregarse a su desesperación, de liberarla de cualquier vergüenza y permitirle un descanso absoluto. Nadie, excepto su cuñada, y la camarera, debe acercarse a ella en estos momentos dolorosos. Cuando las lágrimas se derramen, ella volverá a la razón y la calma. Sin embargo, para que mi prescripción se lleve a cabo de manera eficiente, es necesario sacar al Príncipe. Por tanto, le sugiero que pase dos semanas en mi casa, seguro que lo tratarán como si estuviera aquí mismo.

– ¡Oh! Mi viejo amigo, solo puedo expresar mi gratitud por tu oferta – exclamó la Princesa, tomando la mano del Doctor.

– Raúl; sin embargo, no querrá prescindir de la presencia de su novia...

– Es mi deber idear un pretexto y hacer que se vaya. Prepárelos, señora, lo que sea más urgente. Prepararé – en este intervalo –, la poción para Valéria, y luego iré a Raúl.

– El Doctor lo encontró sentado en un sillón, apoyado en almohadas que le daban apoyo, con los pies envueltos en mantas. Al examinarlo, y después de consultar su pulso, el médico dijo, disgustado:

– ¡Sigue teniendo fiebre! Debo ser franco y decirle, Príncipe, que, gracias a los excesos de su madre en cuidarlo – fíjese en este vendaje – y a la agitación que la proximidad de vuestra novia le causa, así tan pronto no estará restablecido. Yo consentí, por tanto, si es su deseo recuperar fuerzas y salud, de pasar diez días en mi casa; podré tratarlo racionalmente, y estaré más a gusto de cuidarlo, además de lo que me cansa mucho, viejo que soy, venir aquí. También me gustaría someterlo a un tratamiento determinado para el que tengo todo lo necesario en casa y que ya lo usé en un hijo mío. Si da su consentimiento, podrá acompañarme en una o dos horas como máximo.

– ¡Santo Dios! Doctor, sé que tiene razón, pero ¿cómo es imposible estar lejos de Valéria?

– ¡Ahora! Una separación de ocho días no es excesiva, además de eso será útil para ambos. Valéria también está

## La Venganza del Judío

nerviosa y muy cansada: ¿no cree que le hicieron daño, a esta naturaleza débil y sensible, los ocho días de insomnio y miedos que provocaste en ella? Bien necesitada, ella está en absoluto reposo y, además, ¿crees que así se presentará ventajosamente, pálido como el espectro y con enormes ojeras? Mi joven amigo, escúcheme, con esta corta separación ustedes también ganarán amor y salud.

Las mejillas de Raúl se cubrieron de un fuerte rubor.

– Doctor, tiene razón. Estoy feo y ¿cómo puedo complacer a mi novia? Debo estar ausente. Deseo al menos decirle adiós.

– ¡Arranques de enamorados! ¿Hace mucho que la dejaste? No; sin embargo, no deseo contradecirlo. Pero como Valéria se sintió mal de la cabeza, le di una pastilla para dormir para que pudiera descansar. Por eso le prohíbo que la despierte, pero te doy permiso para besar la mano de la durmiente. '

Raúl se dejó vestir, insistiendo; sin embargo, en ver primero a Valéria antes de partir. Llevado del brazo por Rodolfo y el viejo Conde, se arrastró, vacilante, hasta el costado del diván, donde la novia dormía pesada y febrilmente. La penumbra de la habitación y el rubor que quemaba las mejillas de Valéria, se unieron para no hacer sospechar nada al joven Príncipe; se llevó ligeramente la manita del durmiente a los labios; luego, con tranquilidad, se le permitió ser conducido al vehículo, donde fue instalado.

– La pequeña tendrá tiempo de calmarse con esta ausencia de catorce días – susurró el médico, al despedirse de la Princesa. Al despertar a Valéria, el recuerdo se reavivó y una terrible desesperación se apoderó de ella. Exigió, llorando profusamente, que la llevaran a Pesth, porque quería decir su último adiós al cuerpo de Samuel. Ella se llamó a sí misma una asesina; a veces deseaba haber muerto con él; a veces pedía detalles de lo que había sucedido.

Noche tras noche el nombre del banquero revoloteaba en sus labios; se negaba a comer, no bebía, y en su interior Antonieta albergaba temores por la razón y la salud de su amiga.

Sin embargo, como había predicho el Dr. Walter, estaba agotada por el exceso de sufrimiento. A esta sobreexcitación le siguió una gran debilidad, tras lo cual se estableció una relativa calma en su cerebro.

En respuesta a las súplicas de Antonieta, comió algo; rodeada de silencio y tranquilidad, ayudó a calmar sus agotados nervios. Después de una semana, la dolorosa desesperación de Valéria había dado paso a una profunda, pero amena melancolía. Aprovechando este buen humor, Antonieta, una mañana, se sentó junto a su amiga, quien, al fin, en una hamaca en la terraza, abrigada en su silencio, meditaba, dejando que algunas lágrimas rodaran por sus pálidas mejillas.

– Hada, querida, ¿puedes oírme? Quiero mostrarte un proyecto – exclamó su cuñada, apretándole las manos –. Ayer por la tarde, al regresar de su visita a Raúl, la Princesa trajo buenas noticias. Está muy bien, y para que se recupere por completo, el Doctor lo envía a Biarritz, a los baños de mar. Con este hecho de exención durante seis semanas de tus obligaciones como novia, vengo a invitarte a que nos acompañes a Nápoles. El padre y la tía van a Vichy, así que tú, con Rodolfo y conmigo, a solas, y en el sereno seno de esta hermosa naturaleza, libre de cualquier acoso, también vas a reunir libremente nuevas fuerzas para que puedas cumplir honestamente con tus obligaciones con el viviente, quien, inconsciente de tus aflicciones, también merece tu amor.

## La Venganza del Judío

Valéria se incorporó, con fervor febril, a semejante proyecto. La perspectiva de pasar unas semanas completamente libres para rendirse a sus recuerdos de Samuel, sin tener que esconder sus dolorosos sentimientos frente a Raúl, era como restaurar su fuerza. Su interés por la vida renació; trató de acelerar, tanto como pudo, el momento de la partida, y estaba decidida a ir a la casa del Doctor, para sorprender a su prometido y despedirse de él.

Fue con tan profunda y tierna alegría que Raúl volvió a ver a su novia, que ella no sintió el coraje, ni las ganas, de mostrarse fría. Con cariño, como una hermana, respondió a su beso de bienvenida y alegría, se enteró, con sinceridad, de los progresos visibles que había hecho en su convalecencia.

Por otro lado, Raúl estaba incómodo con la palidez y la expansión demacrada de la niña. El viejo doctor lo tranquilizó, le hizo saber que ella emprendería un viaje a Nápoles mientras él permaneciera en Biarritz, y le aseguró que después de seis semanas volvería fragante como una rosa.

Se resolvió después de eso que todos se reunirían en París, en los últimos días de agosto, y la unión de la joven pareja se celebraría el 16 de septiembre.

Estos detalles dispusieron, como quiso el Príncipe, que ofreciera su brazo a la novia, proponiéndole un pequeño paseo. Valéria no hizo ningún intento de suplicar, sonriendo, y se alejaron charlando.

Era la primera vez desde la inolvidable noche del baile que los jóvenes estaban solos. Con aspecto preocupado, Raúl caminó lentamente y por un momento dejó que la conversación se interrumpiera; Valéria, tomando en cuenta esos silencios del cansancio, sugirió la idea de ir a un pequeño bosque y descansar un poco. Entonces se sentaron en una banca rodeada de arbustos de rosas. Luego ella, recogiendo algunas flores, trenzó dos ramos pequeños y ofreció uno a Raúl. El joven le tomó la mano y, apretándola a contra los labios, dijo:

– Querida, antes de separarnos, me gustaría hacerte una pregunta: cuando te expuse, por primera vez, mis sentimientos, me rechazaste, porque ya estabas comprometida. Más tarde supe por mi madre que estabas comprometido con una un hombre de condición más bien inferior, obedeciendo a la imperiosa necesidad, y esto es lo que hizo imposible tal vínculo. Sin embargo, quiero saber de tu propia boca si no amas a este hombre. Son cosas que pasan, ya que el corazón no cuenta, para su elección, ni la jerarquía ni la riqueza. Si ese es el caso, confiésalo, Valeria, sinceramente, y a pesar de la pasión que me inspiras, te devolveré tu libertad, sin resentimientos, porque es más fácil renunciar a la persona que amas que casarte cuando tu corazón se vuelve hacia otro. Deseo y espero, Valéria, poseer toda tu alma con el tiempo, pero no puedo si ella no es libre.

La joven había escuchado con pesar; con sentimiento indefinible, levantó la vista y se encontró con la mirada clara y leal de Raúl, quien la miraba con ansiosa ternura. ¿Qué respondería? ¿Decirte que amaba a una persona muerta, tan profundamente, y renacer, con esto, en esa alma joven, pura y tan sensible, rabiosas pasiones, arrojándolo a un infierno moral semejante al que él mismo había sufrido...?

¡No! Ella podía decir conscientemente que el recuerdo, que era querido para ella, almacenado de manera indeleble en su memoria, no era peligroso para su prometido. Luego le tendió ambas manos y, en voz baja, pero firme, respondió:

– No te preocupes, Raul. No tienes rival; el hombre a quien se prometió mi mano, no estaba en mi existencia sino como un sueño pesado y tormentoso. Todo ha terminado y eres el único al que deseo pertenecer.

## La Venganza del Judío

Expresando gran alegría en su rostro, Raúl la atrajo hacia él; ella apoyó la cabeza en su pecho y cerró los ojos.

"Eso está mejor – pensó, mientras Raúl se rozaba los labios en su cabello –. ¿Cómo podría vivir si fue la causa de otro suicidio? Raúl no tiene nada que ver con mi vileza hacia Samuel; haré todo lo posible para no ser indigna de él."

Rodolfo había ido a Pesth, la víspera de esta visita, y se suponía que pasaría dos días; sin embargo, al salir de la casa del Doctor, Antonieta lo encontró de regreso. Abrumada de alegría, la joven esposa ni siquiera notó la mirada preocupada de su esposo, quien se declaró enormemente fatigado y, pretextando una urgente necesidad de descanso, se la llevó a sus habitaciones, justo después del té.

– ¡Santo Dios! Rodolfo, ¡es la primera vez que te veo con tantas ganas de dormir! – Exclamó Antonieta, riendo –. Solo son diez y media, ¡y ya estás hablando de irte a la cama! En lo que a mí respecta, aun leeré.

– No, querida, ¡nunca había estado tan desvelado! – Murmuró el joven Conde –. Quería estar a solas contigo. ¿Quieres saber? ¡Traigo de Pesth noticias que nos traerán muchas tribulaciones! Maier no murió.

– ¿Qué estás diciendo? ¿Se daría Herbert el descaro de semejante mentira?

– No; Samuel buscó suicidarse; la bala; sin embargo, se desvió al chocar con el reloj, y la herida no es fatal, aunque sí presenta algún peligro. Los médicos garantizan tu vida. ¿Qué opinas ahora? ¿Se lo comunicamos a Valéria?

– ¡Dios no lo quiera! Desencadenaría nuevas luchas, resaltando la conversación que tuvo hoy con Raúl, y esto la hace que sea necesario que crea que Samuel está muerto, al menos hasta que se case y se acostumbre a la nueva situación. La seguiremos pasado mañana y tan pronto como regresemos, a más tardar, la hiedra habrá crecido con esta historia. En Pesth, nadie comentará sobre tal evento. Poco después de la boda, el prometido partirá; solo cuando regresen Valéria sabrá toda la verdad a través de mí.

— Por supuesto — asintió Rodolfo con calma —. Así es mejor, y Raúl, marido guapo y seductor, se ganará por completo su corazón, haciéndola olvidar a este judío.

✷ ✷ ✷

Pasaron casi dos meses desde el diálogo que vimos a narrar, y el sol deslumbró en un hermoso día de septiembre. El magnífico clima, caluroso como si fuera julio, llamó al gran paseo de la ciudad de Pesth a una densa multitud de paseantes: a pie, a caballo y en carruajes, todos se apretujaban allí.

En un carruaje diferente, en el que se encontraban las miradas curiosas de los transeúntes, estaban sentados dos jóvenes: uno de ellos, de baja estatura, mediano, marcadamente moreno, era de un tipo de semita muy diferente; sus ojos, astutos y penetrantes, examinaban, interesados, la multitud, y, por un breve momento, se fijaron subrepticiamente en el rostro demacrado y descolorido de su amigo, quien, apático y silencioso, seguramente se estaba recuperando de alguna grave enfermedad.

Samuel Maier – era él– había triunfado de verdad sobre la terrible herida que le produjo su gesto desesperado; joven y fuerte, su naturaleza pudo resistir la muerte; sin embargo, la herida sangraba en su alma, como el primer día; el único orgullo del joven era que se había elevado y cubierto con un espeso velo su debilidad, de la que se avergonzaba. Incluso, en su corazón, abatido, no quiso dar a aquellos que tan cruelmente lo había insultado, el placer de ver su desgracia y, por eso, había recuperado, al menos en apariencia, toda la tranquilada.

Entre los israelitas, compañeros del Gran Rabino, y quienes, ante todo, encontraron a Samuel tendido en la alfombra después de su gesto desesperado, estaba un viejo amigo de su padre, corredor de bolsa, llamado Leib Silberstein, quien, bajo el disfraz de esta vieja amistad, rodeó al herido con todas sus atenciones, tratándolo con extrema dedicación.

Conociendo toda la verdad, de mediocre fortuna y numerosa familia, Silberstein había basado un plan bastante ventajoso: hacer que el millonario repelido por la Condesa de M. se casara con su hija mayor.

Con obstinada paciencia, analizara el temperamento de Samuel, y con maestría, excitara las pasiones que ardían en su corazón herido; había insinuado, poco a poco, que ante la afrenta que le había hecho Valéria, al convertirse en la esposa del Príncipe de O., no había mejor y más digna actitud que casarse con él también. Más tarde, le sugirió su hija y el banquero, en la ceguera a la que lo había arrojado la secreta desesperación, amargamente deseoso de hacer creer a Valéria que ya no existía para él, aceptó el consejo, ¡sin notar siquiera a quien recibió como esposa!

En cinco días se comprometió con Ruth Silberstein, y el joven, que ahora se sentaba a su lado era su futuro cuñado, Aaron, un joven inteligente y astuto, que sabía lo que estaba pasando, pero que no veía en la pasión de Samuel nada que le impidiese casarse con su hermana, unión de la que esperaba obtener extraordinarios beneficios.

En cierto punto, donde se cruzaban varias calles, la congestión del tráfico era tal que los vagones estuvieron detenidos durante mucho tiempo, esperando su turno, en filas.

Como los otros, el carruaje de Samuel se detuvo, y éste notó otro, cuando al costado, llevado por magníficos caballos grises, donde una anciana estaba sentada junto a un joven oficial de gran belleza, a quien incluso Samuel notó, con ojos de artista, mirando a esta magnífica criatura que daba la impresión de un modelo vivo de alguna estatua vieja.

Raúl – era, por tanto, él – había cambiado significativamente en el curso de su enfermedad y convalecencia; sus modales, que lo hacían parecer un adolescente, porque un tanto infantiles, habían cedido el paso a una expresión de dignidad viril; la calma de una felicidad garantizada prestaba a sus ojos aterciopelados una expresión de radiante serenidad, aunque algo arrogante.

– ¿Quién podría ser este joven extraordinariamente apuesto?

Nunca lo encontré – comentó Samuel, dirigiéndose a su futuro cuñado.

Aaron bajó los ojos.

– Sé quién es – respondió –. A pesar de mi temor que su nombre puede causarte una impresión desagradable, creo que sería preferible que lo supieras por mí. Se trata del Príncipe de O. Justo ahora vino del extranjero y su prometida, Valéria de M., llegó hace ocho días, y mañana se celebra su boda.

Samuel permaneció en silencio. Llama amarga y devoradora, parecía quemarle todo el corazón y el pecho, y los celos habían hundido sus garras ensangrentadas en su alma, causándole un dolor casi físico. Hasta ese momento había tratado de engañarse a sí mismo, buscando constantemente excusas por la traición de la mujer a la que adoraba; se persuadió a sí mismo que gracias a sus familiares, movidos por el orgullo y el prejuicio, le había dado la mano a Raúl.

## La Venganza del Judío

Pero ahora, conociendo al rival por el que lo había dejado, pensó que estaba en posesión de la verdad. Este Adonis era bastante capaz de excitar la pasión de una mujer y hacerla sacrificarlo todo por él. Ya no dudaba que lo habían olvidado, que el corazón de Valéria, no la interferencia de su propia voluntad, había decidido la elección. Pertenecería, al día siguiente, a ese Príncipe, en cuya mirada altiva y serena podía leer la insolente buena fortuna. Vino de un infierno que estalló en el alma de Samuel; sin embargo, en estas largas semanas, había avanzado muchos puntos en el arte del disimulo, de modo que solo una palidez más pronunciada delataba su emoción.

– Creo que es hora de volver. Me siento cansado y me gustaría descansar – dijo.

– ¿Qué dices, Samuel? Te están esperando en nuestra casa – exclamó Aarón de todo corazón –. Necesitas estar distraído, y la soledad no creo que pueda ser de utilidad para ti en estas circunstancias – continuó en voz baja –. Ahora te has encontrado con la estatua impía, despreciable e incapaz de amistad, por la cual fuiste traicionado de manera tan infame. Escúchame: echa fuera de tu corazón a esa pérfida criatura que te sacrificó por una pérdida indigna; desprecia tú mismo cualquier conexión con nuestros enemigos y serás feliz.

Samuel permaneció en silencio. Transcurrieron diez minutos, cuando el carruaje se detuvo frente a una casa de aspecto soberbio, una pálida sonrisa se abrió en sus labios.

– ¡Insistes en que entre a tu casa, pues bueno! Sin embargo, ¡te advierto que solo estaré allí unos minutos!

– Bueno, ciertamente; tómate el tiempo que quieras – replicó Aaron, saltando rápidamente y ayudándolo a bajar.

## La Venganza del Judío

Cuando ambos entraron al pasillo, una mujer joven, recostada contra el mirador de una gran ventana, frente a la cual estaba sentada, un rincón lleno de flores, se levantó y corrió a su encuentro.

Ruth, la prometida de Samuel, tenía diecisiete años. En tu clase, era tan expresivamente hermosa como Valéria; sin embargo, estaba en marcado contraste con ella. Alta, con un cuerpo hermoso, tez oscura, rechoncha, cabello negro, ojos húmedos y brillantes, era el tipo acabado de belleza oriental, ardiente y apasionada. No conocía el drama de Samuel – le explicaron que el intento de suicidio de Samuel nació de un ataque de fiebre delirante –, no pasó desapercibido el apuesto joven de buenos modales, en las raras visitas que hacía a sus parientes, mostrándose vivo interés por él; sin embargo, sin ilusiones. La propuesta de matrimonio del rico banquero había sido una sorpresa que la había deleitado hasta el extremo; se había abandonado a sí misma, con todo el afán de su carácter, hasta la sensación que el banquero había despertado en ella, llenándola de impaciencia ante la barrera de hielo con la que chocó.

En esta oportunidad, estaba exactamente lista para recibir al prometido; su elegante corte se perfilaba en un vestido de seda rojo oscuro, y, atada a su cabello ébano, una flor granate hacía más evidente su belleza natural. Presa de una agitación febril, dio unos pasos hacia Samuel y le ofreció su manita morena, que él besó, con frígida cortesía, sin demostrar que se había percatado de la mirada cálida y apasionada que puso en su rostro pálido e impasible.

Cuando Aaron se alejó, con el pretexto de advertir a sus padres, habló de diferentes cosas y miró un álbum colocado sobre la mesa.

## La Venganza del Judío

Mezclado en las mejillas de Ruth, palidez y rubor; ¿se acabaría ese momento de conversión solo, sin que él finalmente le dirigiera unas palabras de amor, sin dar a conocer, por ningún signo, el cariño que había decidido elegirla como su esposa? Aun, nada de eso sucedió y, minutos después, la presencia de su madre puso fin a la conversación íntima. Más vivo fue el rubor en las mejillas de la joven judía, y su mano tembló, como febrilmente, cuando Samuel, por segunda vez, le tocó las yemas de los dedos con su negro bigote y se despidió con frialdad.

Sin comprender nada de la indiferencia de su futuro marido, íntimamente contradicha en su amor, Ruth se encerró en su habitación y lloró de rabia, sintiendo esos profundos celos, cuya causa no conocía.

Con un suspiro de alivio, Samuel se alejó de la casa de la prometida, ordenando al cochero que lo llevara a su casa de campo, donde estaría más aislado que en la ciudad.

Sintió una urgente necesidad de estar solo: el infierno hirvió en su corazón y se reprochó, por primera vez, con amargura, de haber cedido a las insidiosas persuasiones de Silberstein y convertirse en el prometido de Ruth. Con esto, se había privado del poco descanso que le quedaba: pronto, en su propia casa, sería observado, y se vio obligado a ocultarlo, porque la naturaleza de los sentimientos de Ruth no había pasado desapercibida, despertando en él solo ira y repulsión. El fuego absorbente de sus ojos negros lo dejaba indiferente, ya que no tenían el poder de avasallar su alma, como otra mirada en los ojos de zafiro, que parecía reflejar la pureza del cielo y; sin embargo, lo traicionó.

Ante ese recuerdo la imagen de Ruth se desvaneció, y la seductora figura de Raúl, brillantemente iluminada, y los acontecimientos del día siguiente se alzaron ante su visión espiritual; los celos salvajes se tensaron. Su corazón se llenó de muda rebelión y amargura contra el destino, que le había dado a esta belleza predilecta, riquezas, nobleza, la mujer que amaba, mientras que a él le había arrebatado todo.

Aplastado por pensamientos e imágenes nacidas de su imaginación sobreexcitada, Samuel caminaba, sin tranquilidad ni descanso, en jardines y habitaciones desiertas, y el sol, el mismo sol que debería brillar en la boda de Valéria, ya se había alzado en el horizonte, cuando, por fin, el cansancio le cerró los párpados por unas horas de sueño inquieto y pesado.

✳ ✳ ✳

En la habitación que ocupaba Valéria, en el palacio del Conde de M., reinaba un desorden insólito; en el centro de la habitación, una gran caja de palisandro, admirablemente tallada e incrustada de aros de plata, y la parte interior tapizada de blanco satinado.

La ménsula nupcial que le envió el novio y el contenido que había sido examinado, hasta donde la novia y la cuñada podían ver, abarrotaban todos los muebles. Allí se encontraban tapizados soberbios, encajes recolectados por generaciones de damas nobles, cofres y mil diferentes cosas exquisitas y galantes, deleite de las mujeres, y que el Príncipe había reunido en abundancia para adornar a su ídolo.

Ausente de esta habitación estaba ella para quien tales tesoros fueron enviados; ella estaba frente al tocador, sentada, haciendo el maquillaje. Su doncella, Marta, la estaba peinando para la ceremonia.

Valéria había recuperado sus delicados colores, así como toda la frescura de su cutis; la palidez, la debilidad, el desaliento desesperado, desaparecieron; en sus ojos azules solo un observador atento podía percibir una quietud melancólica, inusual en una novia en el día en que se iba a unir con un hombre hermoso y apasionado.

Absorta en vagos sueños, Valéria, con indiferencia, había abandonado su cabello a la camarera, y solo despertó de sus íntimas ensoñaciones con la llegada de Antonieta.

– ¡Ah! ¿Ya te haces peinar? Pero recién son las cuatro – dijo.

– Sí, soy muy consciente que las solemnidades están fijadas para ocho; mi baño; sin embargo, tomará tiempo, y lo que quede de él, quiero gastarlo en soñar y orar en el recuerdo – respondió Valéria –. Como solo quiero que me ayudes a vestirme, mis damas de honor solo vendrán a buscarme cuando entre en el pasillo; así, cuando esté en orden, puedes arreglarme como desees.

Asintiendo, la Condesa se sentó junto al tocador, charlando alegremente sobre la belleza de los regalos y la dulzura del novio. Cuando el peinado estuvo listo, Antonieta comenzó a vestir a su amiga, solo con la ayuda de dos sirvientas: Marta y Elisa.

– Esta tela, bordada con plata, es más magnífica – comentó en italiano, maquillando los pliegues y la cola –. Sin embargo, yo prefiero la otra que te enviaron a ti primero, por el soberbio encaje que era de tu madre y con el que está adornado.

– A cada uno su fin – respondió Valéria, suspirando –. El primero, vaporoso y ligero, como los alegres sentimientos de felicidad; éste, actual, pesado y soberbio, como mi nuevo puesto.

Solo abrochando el velo de seda y la corona de naranjo Antonieta abrazó a su amiga contra su pecho, abrazándola innumerables veces, y exclamó con los ojos llorosos:

## La Venganza del Judío

– Te dejo ahora, querida; ruega a Dios el favor de olvidar totalmente el pasado y hacerte tan feliz como te hizo hermosa y amorosa.

Cuando Antonieta se fue, Valéria dirigió sus pasos hacia un pequeño oratorio y se arrodilló frente a un gran crucifijo de marfil. De él colgaba una magnífica guirnalda de rosas blancas y azahares; la había trenzado ella misma por la mañana y su suave perfume llenaba el oratorio. Durante unos minutos, la niña se sumergió en ardiente oración. Luego se levantó, y suspendiendo la cortina de raso que separaba el oratorio, miró a su alrededor con una mirada el dormitorio: Marta seguía allí, arreglando, sin ruido, algunos objetos esparcidos. Con voz algo indecisa, llamó a la camarera, quien respondió rápidamente.

Una hermosa jovencita de veinticinco años, alegre y encantadora, aunque algo ingenua, así era Marta. Sirvió a la Condesa desde que había dejado el internado y se estaba mostrando bastante entregada. Además, no se abstuvo de la curiosidad natural de los sirvientes, y mucho más que el propio novio, conocía los asuntos íntimos de su ama.

– Escucha, Marta, ¿puedo confiar en ti? ¿Puedes administrar, con toda discreción, un asunto que quiero encargarte y que no puedo hacer por nadie más? – Valéria preguntó con voz agitada.

– ¡Oh! ¡Mi excelente niña! ¿Podrías dudar de mí? – Exclamó la doncella –. Lo que tú decidas, lo haré y sabré ser tan muda como una tumba.

– Es así: ¿te acuerdas del joven banquero Maier, quién vino a nuestra casa un rato antes que nos fuéramos a ver la boda de mi hermano? Los sentimientos de amistad me conectaron con este infortunado muchacho, que se suicidó. Bueno, entonces: quiero que vayas al cementerio de los israelitas

## La Venganza del Judío

mientras estoy en la Iglesia y coloques esta corona de flores en la tumba del banquero. ¿Lo harás?

Con lágrimas en los ojos, Valéria le entregó la corona que tomó del crucifijo, pero vio, con indescriptible asombro, el rostro de la doncella tensarse, mostrando la confusión de los sentimientos más dispares.

– ¡Oh! – exclamó – ¡Daría mi propia vida por ti, de buena voluntad, para mostrar mi dedicación, pero... eso, si supieras! Si tuviera la audacia de... Virgen María y Jesucristo, ¡inspírame...!

– ¡Qué te pasa, Marta! ¿Estás enferma? – Preguntó Valéria, pensando que la desgraciada se había vuelto loca.

– ¡Oh! no, no me siento mal; sin embargo, no puedo permanecer en silencio por más tiempo.

Y ella se arrojó a sus pies, andando temblando:

– Es mi deber garantizarle algo que la consuele y le devuelva la felicidad: el Sr. Maier no está muerto.

– ¿Está vivo? – Preguntó Valéria, apoyándose en la cortina, para no caer de espaldas –. ¿Estás loco, o es verdad lo que dices?

– No te vuelvas loca: es la verdad. La herida que tenía el señor Samuel, además, era muy grave, no fue mortal, sin embargo; está completamente recuperado e incluso... – hizo un alto, iba a decir que está comprometido, pero temerosa de perturbar a su ama y despertando sus celos, descartó la idea –. Buena señora, disculpe – continuó –. Soy muy consciente que el señor Maier se iba a casar contigo y te amaba más que a su vida.

El fiel sirviente de este caballero, Esteban, es mi prometido; fue a través de él, que atendió al herido durante su delirio, que me enteré de todo... y... solo quería tranquilizarla con la certeza que no está muerto.

Conmovida, respirando con dificultad, Valéria se inclinó hacia la camarera:

– No te dijo tampoco, Esteban, ¿cómo ha podido soportar todos los sucesos posteriores?

Sin prever las consecuencias de sus revelaciones, Marta respondió emocionada:

– ¡Oh, niña! Mi prometido me dijo que es lamentable ver un hombre tan abatido; nunca podrá olvidar, al infortunado joven, que ha perdido su ídolo; al igual que un acusado de muerte, camina todo el día, mordisquea solo la comida que se le presenta y parece, en momentos, tan desesperado y sombrío, que uno llega a temer otro intento de suicidio. Esteban y el segundo sirviente de cámara lo cuidan, porque por eso, siempre en secreto. Sin embargo, no temas: no pasa ni un minuto sin vigilancia; Esteban, que es un muchacho digno, está siempre cerca de él, como su propia sombra. Solo hoy, estuvo aquí por un tiempo, después del almuerzo. Me confió que el señor Maier no había regresado a casa de su paseo ayer por la tarde, sino que había ido a la casa de campo, donde hay una gran piscina en el jardín.

Entonces, Esteban, se apresuró a correr allí, a tener los ojos puestos en él, ya que el señor Maier se encuentra nuevamente en un paroxismo de angustia y más como un fantasma, esto me dijo el devoto sirviente.

– Gracias Marta, ahora déjame – murmuró Valéria, dejándose caer en un sillón, en un estado de ánimo indescriptible.

No se dio cuenta de la partida de la criada. La idea que Samuel vivía llenaba todo su ser y, lo que fuera sombra, adquiría forma y color... El infortunado joven vagaba como un alma perdida, sangrando en su pasión, juzgando su perversa egoísta, tal vez deseando terminar con mejor éxito esta vez, una vida envenenada y destruida por ella. Quizás él sabría que ella se casaba ese día y, en el mismo momento en que, en la Iglesia, le juró amor y fidelidad a Raúl, él, carcomido por la desesperación...

Se puso de pie, con ambas manos en la cabeza; tenía la cara en fuego, el corazón roto, sacudido por temblores. Podría consentir la consumación de otro suicidio, sin hacer nada para evitarlo, ¿sin hacerle entender a Samuel que ella no era tan culpable como él suponía, sin rogarle y sin obtener de él la promesa de no volver a atentar contra su vida?

La sobreexcitación ciega, inherente a su carácter, que le robaba, en momentos de violenta emoción, su facultad de razonamiento, se apoderaba de ella, en un crescendo, y la conducía a los más locos emprendimientos. Raúl, el enlace que se suponía iba a tener lugar en dos horas, los riesgos que estaba tomando, todo desapareció de su cerebro. Solo había una dirección, un pensamiento la dominaba: volver a ver a Samuel, pedirle disculpas y obtén de él la promesa que seguiría viviendo.

Febril, pero resuelta, se levantó y caminó hacia el tocador, rodeando una mirada ansiosa; se equipó con una capucha y un espeso velo cubría su rostro, se envolvió en el manto que le caía a los pies, tomó una bolsa y bajó al jardín, sosteniendo con el brazo la larga cola de su vestido. Nadie se fijó en ella; los criados, ocupados con los preparativos de la fiesta, estaban en el salón o en varios menesteres, y de esta manera, sin acoso, llegó a la trampilla que daba a la calle. Llamó un carruaje y, dando al cochero la dirección de la finca de Samuel, añadió:

## La Venganza del Judío

– Dos monedas de oro, de ida y vuelta, si estás en diez minutos para llevarme y esperar unos minutos más. La granja le era familiar, Samuel la había descrito con tanta frecuencia.

Ordenó al cochero que no se detuviera frente a la carretera principal, sino un poco más adelante, junto a una puerta de baranda de bronce que conducía al jardín. Temblando, salió, abrió la puerta, que estaba apenas entreabierta, y salió corriendo al jardín. Sus diminutos pies vestidos de satén apenas tocaban la arena. llegado a su fin desde el primer callejón veía la tranquila superficie del estanque, que brillaba entre los árboles, y, más allá del follaje, un poco más lejos, el techo y la torre de la casa de campo.

Se apresuró a ese lugar, escudriñando el bosque silencioso con una mirada angustiada. ¿Cómo proceder, si el que buscaba estaba dentro de la casa? No me atrevería a penetrar allí. Sin embargo, acercándose a la piscina, se detuvo temblando y escondiéndose a la sombra de unos arbustos: había venido a descubrir, a unos pasos, en una calle lateral, un hombre que iba y venía con los brazos cruzados, completamente absorto en sus cavilaciones.

A primera vista, había reconocido a Samuel, demacrado, delgado, cambiado. En su rostro, ahora liberado de la máscara de impasibilidad forzada, vio la veracidad de las palabras de Marta: un aluvión de pasiones desordenadas, todos los sufrimientos que despiertan el amor y los celos en el corazón humano.

A un lado de la piscina, en la oscuridad de un enorme castaño, había una banca. Cansado, Samuel se cayó encima y echó la cabeza hacia atrás, como si anhelara respirar más libremente.

## La Venganza del Judío

Luego, con aire de gran sufrimiento, se escondió se llevó las manos a la cara y permaneció inmóvil. Sin esperar más, Valéria caminó hacia él; sin embargo, solo cuando le apretó suavemente el brazo y le susurró con voz oprimida:

— ¡Samuel! — En ese momento el joven se puso de pie y, con una mirada ardiente y asustada, miró a la mujer con velo que estaba frente a él.

¿Quién podría ser?

Bueno, había supuesto que un timbre amado u conocido de voz le había lastimado el oído; sin embargo, esto era una ilusión de su corazón amargado; ella estaba ocupada, en ese mismo momento, con el banquete de bodas. Quizás fue Ruth; la blancura nácar de la mano; sin embargo, de los delgados dedos rosados que sujetaban el manto, no podía confundirse con la mano gruesa y morena de la joven judía.

— ¿Quién eres? ¿Qué quieres? — Preguntó bruscamente, haciendo a un lado las tontas suposiciones que le vinieron a la mente.

No hubo respuesta. Samuel; sin embargo, no estaba dispuesto a tener paciencia, ni para coloquios; anhelaba saber y, sin importarle las consecuencias de su gesto indiscreto, extendió la mano hacia el cierre del manto y se lo quitó de los hombros al extraño de un solo golpe. Emitiendo un grito ahogado, se puso en pie de un salto, retrocediendo: había reconocido a Valéria, hermosa como nunca la había visto, en el maravilloso traje de novia, rodeada como por un halo por el largo velo de encaje.

Con los ojos llenos de lágrimas, la niña extendió las manos hacia él. El don de la voz le había vuelto.

## La Venganza del Judío

– ¡Oh, Samuel! No sabes cuánto he sufrido por haberte creído muerta. Hoy solo supe que estabas vivo. ¡Perdóname! Jadeando, con la cabeza ardiendo como una liebre, Samuel devoró con los ojos la inesperada aparición. Al pensamiento que tan hermosa criatura que le había sido robada y que, con estos mismos adornos, iba a unirse a otro, su pecho convulsionó dolorosamente y su visión se oscureció como por una nube.

– Entonces, ¿por qué me habla del perdón, Condesa? – Interrumpió con voz conmovida –. ¿Se puede olvidar la más vil traición, el perjurio que me rompió el corazón? Todo está roto entre nosotros, como lo deseaste, para que pudiera ser la Princesa de O. Todo le es agradable en este bello aristócrata, todo satisface su orgullo.

¡Pues así sea! Sea feliz con su elegido. ¿Qué me está buscando aquí? ¿Dar rienda suelta a su despiadada curiosidad, haciéndose consciente de cuánto sufro, hombre engreído que se atrevió a levantar la mano hacia una estrella y burlarse de su pretensión? O, ¿quién sabe, herir aun más su corazón enfermo a la vista de su engañosa belleza, mentirosa envoltura de un alma vil y viscos? ¿No fue suficiente para usted saber que casi me quito la vida? Y ahora que me ha visto regrese a su fiesta, a los brazos de su elegido, y cuéntele cuán deshonrada está su víctima.

– ¡Samuel! ¡Samuel! – Espetó Valéria –. La desesperación te ciega; eres despiadado e injusto, lanzándome palabras tan duras. No puedes suponer que soy tan frívola y mezquina como para venir a disfrutar de tus disgustos, de los que soy la causa. Escucha, antes de juzgarme. ¿Podrías imaginar cuánto he sufrido? No te alejarías; fue para rogarte que me perdonaras que me escapé de casa.

La voz de la mujer amada, llena de súplica, y sus lágrimas, y el dolor que se podía leer en los ojos de zafiro, cuyo

## La Venganza del Judío

poder aun era tan grande sobre él, actuó con fuerza sobre el banquero, que se tranquilizó.

– ¡Explícate tú misma! – Dijo, echando hacia atrás el escaso cabello que se le pegaba a la frente húmeda con la mano –. Dame la justificación de la sospecha legítima que no has venido aquí para regocijarte.

En voz baja, Valéria presentó, de manera sucinta, todos los hechos que habían pasado desde la separación: la enfermedad de Raúl; los pedidos que le había hecho su padre; la noticia de su muerte, que le había hecho derramar copiosas lágrimas.

– Soy una vil traidora al hombre con quien me caso... – concluyó la joven.

Entonces rodaron por sus mejillas, lágrimas calientes mientras agregaba:

– Eres tú, Samuel, a quien amo, aunque ya no pueda pertenecerte. Aquí estoy para rogarle que me perdones y obtener de ti la promesa que no volverás a atentar contra tu vida. ¡Oh! ¡No dejes que esta responsabilidad me pese casi me enloquece!

Mientras hablaba, la angustia de Samuel se derritió y se apagó, dando paso a una euforia sin razón. Conmovedoramente, inclinado, inhaló cada palabra que fluía de los labios de la chica. Estaba allí, lo amaba, a él no a este Príncipe tan guapo como un semidiós. Ante tal certeza, cualquier sentimiento se disipó. La felicidad había vuelto; ahora era necesario protegerla de otro golpe.

– ¡Valéria, vida de mi vida, ángel querido! – Exclamó, apretándola contra su pecho agitado.

## La Venganza del Judío

Y, cubriendo su bello rostro de ardientes besos, parecía querer suicidarse en ese abrazo cariñoso, que destrozaba todos los sufrimientos que había soportado.

Valéria, a su vez, fue derrotada. Olvidando el pasado y el futuro, olvidando que incluso estaba engalanada para jurar absoluta fidelidad a otro, ¡dio paso al sentimiento de completa felicidad!

Él la amaba; la perdonó; nada más le interesaba en ese momento.

– Sin embargo, lo que no sabía, es que diez minutos después que se fue del palacio, para trasmitir un mensaje del viejo Conde, que antes había olvidado, Antonieta regresó a sus habitaciones.

Al no encontrarla, ni en su dormitorio, ni en el oratorio, ni en las habitaciones contiguas, Antonieta se preocupó. Hizo venir a Marta y le preguntó dónde estaba Valéria. La camarera se puso pálida, angustiada, signos evidentes que le dijeron a la Condesa un malestar de conciencia y despertaron en su espíritu cruel un presentimiento. Con inusitada severidad, obligó a la criada a confesar, sin omitir nada, por qué le molestaba una pregunta tan trivial. Apenas conteniendo las lágrimas y temblando, Marta relató su conversación con Valéria y declaró que ignoraba los motivos de su ausencia. Sin siquiera darle una respuesta, Antonieta se dirigió al armario, seguida de su criada, y pudo constatar, de una vez, la desaparición de la capucha y el velo negro.

– Criatura tonta y bruta, ¿comprendes ahora las consecuencias de tu locuacidad? – dijo Antonieta, pálida de emoción –. Sin embargo, ¿a dónde pudo haber ido?

– Fue a la casa de campo. Le dije que el banquero estaba ahí – explicó Marta, toda nerviosa.

## La Venganza del Judío

– Tienes razón; quédate aquí, atenta a que nadie entre en esta habitación hasta que yo regrese.

Completamente desorientada, Antonieta caminó hacia la habitación del marido, que se sorprendió mucho al ver a su esposa, medio vestida para las ceremonias, invadir su dormitorio como un ciclón, pero consciente de lo ocurrido y pensando en el terrible escándalo, en la indignación inmerecida que se hacía a Raúl y su madre, Rodolfo palideció y no pudo reprimir enérgicas blasfemias.

– Es necesario que yo vuelva a ver a esa insensata, a esa rabiosa – exclamó, apresuradamente poniéndose el abrigo –. Voy a ese lugar de inmediato, y de allí la arrastraré, viva o muerta."

– Permíteme ir contigo, Rodolfo; la convenceré – pidió Antonieta.

– Te doy permiso, siempre y cuando me prometas no desmayarte y vestirte en minutos. Nos queda una hora para que lleguen las damas de honor; es exactamente el tiempo necesario; así que ponte una capa y únete a mí en el callejón. Corro a alquilar un carruaje.

Quince minutos después, ambos desembarcaron frente a la puerta del jardín de la cabaña, donde vieron otro carruaje.

– ¿A quién trajiste? – Le preguntó al cochero, Rodolfo, entregándole una moneda.

– A una dama encapuchada, vestida de satén blanco. Me pidió que la esperara – respondió el cochero.

Un suspiro de alivio escapó de los labios de Rodolfo y, diciéndoles a los cocheros de ambos carros que esperaran, entró en el jardín, seguido de Antonieta, avergonzada por no saber qué camino tomar.

## La Venganza del Judío

Dieron algunos pasos errantes, cuando un hombre, emergiendo de los arbustos, los saludó, acercándose:

– ¿Está buscando a la Condesa Valéria, señor Conde?

– Sí, ¿dónde está?

– Al lado del tanque, allá, hablando con el jefe. Puedo informarle, porque el Sr. Maier, desde que intentó suicidarse, se encuentra en un estado de ánimo deprimente, que es por eso que lo estamos vigilando constantemente, sin que él lo sepa; soy Esteban, su sirviente, y otro sirviente está colocado más allá.

– Así que llévanos allí, lo antes posible – dijo Rodolfo.

Y añadió, volviéndose hacia Antonieta, con voz susurrada y llena de rabia:

¡Ella, a merced de los lacayos...! ¡Oh, no, ¡Tal insulto va más allá de todos los límites!

Mientras sucedían estas cosas, Samuel se había recuperado de su embriaguez inicial, que solo le había permitido sentir que el tesoro había regresado a él, ahora que pensaba que se había perdido para siempre; su energía también se había despertado: quería por lo tanto vivir y proteger en la máxima medida el bien que había recuperado. Levantando el rostro de Valéria, que aun estaba apoyado en su pecho, llenó los ojos húmedos de la niña con su fascinación.

– Querida mía, es verdad que me quieres y te quedarás conmigo, ¿no? – susurró con una voz dulce y cariñosa que ya había experimentado su poder. Sigues siendo libre, la suerte nos pertenece, Valéria. Abandonemos esta ciudad, vivamos donde quieras. Raúl solo debe ser indiferente a tu corazón y no sería ningún sacrificio dejarlo. Además, después que finalmente te haya recuperado, debes saber que nunca toleraría que fueras la esposa de otro. ¡Búscame allá abajo!

## La Venganza del Judío

Estas palabras devolvieron a Valéria a la realidad. Como si fuera la razón, entendió las murmuraciones que atraía a su familia, la ofensa que le hizo a Raúl, quien, sinceramente, le había preguntado la verdad.

– Quieres que te prometa lo imposible, Samuel – dijo, soltándose de sus brazos –. Entiende: ya están reunidos en nuestra casa y en la Iglesia todos los invitados, y no hay motivo, ¡ni tengo derecho a dejar a Raúl una hora antes de la boda! ¡Oh, Samuel olvídame! Después de este momento de reconciliación, cuando me justifiqué y obtuve tu perdón. Me siento feliz; ninguna sombra oscurece nuestras almas; me amas y has jurado seguir viviendo.

– Sí, lo juré, pero vivir por ti – replicó, con una mirada. ¿Crees, de hecho, que renunciaría a ti, después de esta hora de felicidad, solo escuchando los dichos de una muchedumbre estúpida, que no entiende nada y no sabe el porqué de nuestras actitudes?

Una vez más, Valéria, eres débil y débil, pretendes traicionar al Príncipe que confía en ti, y perjurar ante el altar, tu corazón lleno de amor por mí. ¿Cómo armonizará esto con su religión? Tibia y loca niña, ¿tendrás el coraje de liberar tus labios calientes de mis besos a este hombre? No; todo se acabó: ¡me perteneces! La agarró por la cintura y la apretó contra su pecho.

– ¡Suéltame, no debo! – Exclamó Valéria, empujándolo y retorciéndose las manos –. Debo irme, no puedo empañar el honor de Raúl; no se lo merece.

La ira que ardía en el corazón de Samuel estalló de repente:

– El amor verdadero no se pelea, no busca vínculos con la maledicencia – subrayó Samuel, su voz hueca y sus ojos brillantes.

## La Venganza del Judío

– Solo llevas una palabra en tus labios: Raúl, ¡siempre Raúl! ¿Lo amas? ¿Entonces que buscas aquí? A menos que me quieras por amante, ¿te avergüenzas que sea tu marido?

Valéria se alejó, chamuscada hasta la frente.

– ¿Qué te atreves a decir? ¿Qué derecho tienes para atacarme así? ¡Adiós, Samuel! Recupera tu sentido común... ¡me retiro!

Ella se alejó, pero solo dio unos pasos, y la mano de hierro del banquero la agarró del brazo, inmovilizándola contra el suelo.

– No, no lo harás; me amas y te retendré. Eres mi prisionera hasta mañana – exclamó con voz alterada.

La resistencia inesperada, el miedo a perderla, sobre todo, le quitó toda la razón sólida y todo control sobre sí mismo.

– Ven – repitió, tratando de llevarla lejos.

Sin embargo, la joven retrocedió asustada. Comencé a temer a este hombre, mareado por el odio y la pasión, cuyo rostro perturbado y ojos destellaban chispas ardientes, le recordaba muy poco al Samuel recatado y apasionado que había conocido. Venía de comprender, demasiado tarde, la locura inexcusable que había cometido.

– Suéltame – dijo, luchando.

Atascado a la cadena del reloj del banquero, el velo se rompió

en este argumento, pero a pesar de toda la resistencia, Samuel la tomó en sus brazos para llevarla a casa.

En ese momento, seguido de su esposa, apareció Rodolfo al comienzo de la alameda. Al ver a su hermana forcejeando en los brazos del banquero, quien naturalmente la arrastró en contra de su voluntad, Rodolfo soltó un rugido de ira y sacó un revólver del bolsillo. El grito del Conde llegó a los oídos de Samuel, y él, volviéndose hacia atrás, cuando el Conde se acercaba, cortando el camino a casa, se detuvo, con inmensa furia. Concluyó que todo había terminado. Aprovechando el momento de detenerse, Valéria incluso se deslizó al suelo; sin embargo, con un rápido golpe, el banquero lo atrapó nuevamente. Y retrocedió, retrocedió aun más, exclamando con voz ronca:

– ¡Si no puedes vivir, entonces muere conmigo! Y se tiró al tanque.

– ¡Ah, infame, asesino! – Rugió Rodolfo, quitándose el abrigo y tirándose al agua tras ellos.

Los dos sirvientes también emergieron de la oscuridad de los árboles. Se arrojaron al agua, justo cuando Samuel y Valéria salían a la superficie.

El pesado vestido de brocado de la niña, demasiado grueso para mojarlo en agua de inmediato, ondeaba como un globo. Remontó, por unos momentos, y volvió a sumergirse. Nadador experto, el Conde ya la había sujetado y sostenido hasta la superficie. Se encontró con la ayuda de los sirvientes y a Samuel, a quien el baño frío había privado de los sentidos.

Luego de la fuerte sobreexcitación que sufrió, llevó a Valéria a tierra y la colocó en una banca, donde Antonieta, temblando como una hoja sacudida por el viento, le secó la cara y le dio los primeros cuidados.

– ¡Infame! – Replicó el Conde, volviendo a ponerse el abrigo en su camisa empapada, y volviendo una mirada de desprecio e ira en dirección a Samuel, a quien los sirvientes, extendiéndolo sobre la hierba, buscaban darle vida.

Luego tomó a Valéria en sus brazos, la envolvió en su capa negra y caminó hacia la salida.

## La Venganza del Judío

– ¡Ya no te necesitan, amigo! – Le dijo a uno de los cocheros, después de haber metido a su hermana en el otro carruaje –. Aquí está la moneda de oro que te prometí. En cuanto a ti, viejo, destroza tus animales, te lo reembolsaré, pero llévanos a casa en diez minutos. Escuchen ambos un buen consejo: ¡olvídense que estaban aquí!

Cuando, por fin, Rodolfo acostó a Valéria en su cama y las puertas se cerraron ante cualquier indiscreción, la joven pareja pudo respirar libremente.

Nadie los vio, ni en el jardín ni en las escaleras, y por suerte, la doncella acababa de abrir los ojos.

– ¡Caramba! – Se alivió el Conde –. La mayor parte de la tarea está completa; sin embargo, ¿cómo vestir a esta tonta? El vestido está inutilizable y en unos veinte minutos comenzará el cortejo.

– Que no sea eso lo que te preocupe; la haré vestirse con el vestido que nos llegó desde París para la boda con Maier – respondió Antonieta, que había recuperado toda su sangre fría –. Ve; sin embargo, a cambiarte de ropa, amado mío; me temo que podrías coger un resfriado. Luego haz los honores a los invitados. En una hora, la novia estará lista y aparecerá en el salón.

Tan pronto como Rodolfo salió de la habitación, Antonieta distribuyó las órdenes. Marta y Elisa, las dos sirvientas, fueron las únicas que admitió para ayudarla. Desnudaron a Valéria y frotaron su cuerpo helado con trozos de franela; sacaron una copa de vino añejo de la copa. Y Antonieta, mientras las mujeres abrían las cajas que traían el otro vestido de novia, se acercó a su amiga, todavía inerte, silenciosa y con la mirada fija, y le presentó el vino.

## La Venganza del Judío

— ¡Bebe! Y trata de recuperar tu presencia de ánimo, Valéria — dijo, con tono grave y ojos severos —. Increíble imprudencia la tuya, poniendo en juego tu honor y el de Raúl. Reúne todas tus energías, para ayudarnos a ocultar este asunto indecoroso, y poder presentarte ante tu prometido e invitados sin despertar su curiosidad.

Valéria se enderezó, tomó la copa y bebió todo el líquido.

— Estoy lista y lista para vestirme — exclamó mientras un rojo de fiebre subía a sus mejillas.

Se puso de pie y ayudó a las criadas a componer su ajuar. El cabello húmedo se planchaba en caliente entre dos telas y luego se trenzaba, ya que se acababa el tiempo para componer un peinado. El resto del atuendo se terminó rápidamente y el tiempo determinado por Antonieta aun no había pasado, cuando, del brazo de su padre, la novia entró en el salón. Más hermosa que nunca, el fuego que ardía en sus mejillas se atribuyó a la emoción.

Al ver a la novia instalada en su carruaje, y se sentó él mismo en otro, Rodolfo, junto a su esposa, exhaló un suspiro de alivio:

— Nunca olvidaré este día. Doy gracias a Dios porque todo sucedió de tal manera que terminó así.

— Está bien, pasaron horas terribles y no me equivoqué, como queda comprobado, cuando preví que la deshonestidad que usamos daría malos frutos. ¡Infeliz Samuel! estaba loco de desesperación.

— ¡Desgraciado furioso! — Susurró el Conde, retorciendo los mechones de su bigote —. ¡Peste! ¡Qué pasión! ¿Quién lo asumiría en un corazón judío?

## La Venganza del Judío

En el instante en que Raúl le ofreció la mano a Valéria para que la tomara en el altar, su enrojecimiento dio paso a una palidez cadavérica. La realidad de las afirmaciones de Samuel se le presentó a su mente bajo una luz aterradora: su corazón lleno de amor por él, arrancado de sus brazos en este momento, perjuraría, ¡prometiendo amor y fidelidad a otro!

– ¿Qué te pasa, querida? ¿Por qué esta repentina palidez? – preguntó Raúl, inquieto y lleno de asombro, inclinándose hacia ella.

La voz cariñosa del joven Príncipe, la mirada ansiosa y tierna que le dirigió, llamaron a Valéria para sí.

– Nada, nada; un dolor de cabeza nervioso me ha estado enfermando desde esta mañana – respondió Valéria, con una leve sonrisa –. No te preocupes, Raúl, esto no tardará en pasar.

Reuniendo todas sus fuerzas, se arrodilló frente al altar, y de su corazón enfermo surgió una ferviente oración al Creador. Le pidió suficiente energía para realizar bien sus deberes y no ser un perjuro en una hora tan solemne.

Después de la ceremonia nupcial, todos regresaron al castillo del Conde de M. Los recién casados deben irse antes de la cena, trasladarse a su propia residencia y cambiarse de vestuario; deberían tomar el tren de las seis de la mañana a España donde planeaban pasar su luna de miel.

Apoyándose en el brazo de su marido, la novel Princesa de O. recibió las felicitaciones de los invitados, alegre, afable y su graciosa sonrisa respondía a las miradas cariñosas de Raúl.

Antonieta notó el brillo febril y enfermizo en los ojos de Valéria y los temblores que la sacudieron por un momento.

– Querida – dijo, llevándola a un lado –, tienes las manos calientes, como si te quemaran, y estás temblando. Me temo que el horrible baño de hoy podría causarte una enfermedad. ¿Cómo soportarás el viaje?

– Tranquilízate, es solo una agitación nerviosa, que pronto pasará – respondió Valéria, controlando, con fuerza de voluntad, el malestar que la atenazaba cada vez con más fuerza.

El entusiasmo que provocó la despedida, en solitario, de su padre y Rodolfo, aun garantizaba la voluntad de la joven casada; cuando; sin embargo, al final, se encontró en el coche junto a su marido, sin fuerzas. Le daba vueltas la cabeza; escalofríos la sacudieron.

Raúl, absolutamente feliz de haberse librado ya de los intrusos, la abrazó, abrazándola contra su pecho; sintiéndola temblar; sin embargo, preguntó, lleno de susto:

– ¡Dios del cielo! ¿Estás realmente enferma?

– No, no; solo me molesta un poco la debilidad – susurró Valéria con dificultad, apoyando la cabeza en el hombro de su marido. No quedaba mucho camino por recorrer entre el castillo del Conde M. y el Príncipe de O. Un poco más tarde, el coche se detuvo y el lacayo abrió la portezuela.

Raúl saltó y quiso ayudar a su joven esposa a bajar él mismo; apenas puso los pies en el estribo; sin embargo, los ojos de Valéria se fue acercando poco a poco, perdiendo fuerzas, y sin duda se habría derrumbado sobre las losas del pavimento si Raúl no la hubiera sostenido en sus brazos.

Asustado, el Príncipe la levantó y ordenó a los criados que buscaran un médico y apresuradamente la transportó al dormitorio y la depositó en su cama.

Con la ayuda de Marta y Elisa, que ya se habían instalado en la nueva residencia, brindaron a la joven Princesa, siempre inconsciente, los cuidados más urgentes. Con las manos temblorosas, la llenó de perfumes, le masajeó los pies helados, y en su desesperación mandó un lacayo al palacio de M., con el objetivo que Antonieta se entere de lo sucedido.

Abatidos y preocupados, Antonieta y su esposo se apresuraron a la cabecera de la paciente, casi al mismo tiempo que el médico, quien declaró que era un resfriado, agravado por un ataque de nervios; sin embargo, nada todavía podía afirmar, claramente, de las consecuencias.

Raúl estaba desesperado; el Conde hizo esfuerzos para hacerlo entrar en razón y lo empujó fuera de la habitación, con la excusa de dejar a Antonieta la libertad necesaria para poner en práctica las prescripciones del médico; la verdad; sin embargo, era que Valéria, abriendo los ojos, suscitaba miedo, con su mirada loca y febril, de un delirio con palabras inoportunas capaces de aclarar al Príncipe la causa de la repentina enfermedad.

Sin embargo, todo salió mejor de lo que suponían. Debido al efecto beneficioso del medicamento recetado, el sueño profundo venció a Valéria y se produjo un sudor profuso; cuando se despertó, era tarde en la mañana y estaba en pleno uso de sus ideas, aunque agotada por el cansancio.

Al ver a Raúl inclinado y expectante sobre ella, porque él había velado junto a Antonieta, un vivo rubor se extendió por sus mejillas. Estaba avergonzada y se sentía culpable por su corazón honesto y confianza en el ser que la deseaba profundamente, puro y sublimado amor; ante el impulso de este remordimiento, envolvió sus brazos alrededor del cuello de su marido, llamando a sí, murmurando:

– Mi querido y bondadoso Raúl, perdona el susto que te di. Me siento casi del todo bien.

El esculapio se declaró satisfecho con el estado de la paciente y libre de peligro, añadiendo que quince días más de descanso y la tranquilidad restauraría por completo a la joven Princesa; sin embargo, prohibiendo cualquier viaje.

Valéria se sintió afortunada con esta receta; no tenía ganas de viajar. Tanto su alma como su cuerpo ansiaban descansar; trató honestamente de reparar el daño hecho a Raúl, y repelió, con toda la energía que fue capaz, la imagen de Samuel, ella apartó cualquier recuerdo de él, y se puso tierna y enamorada del Príncipe, que la trataba con extrema devoción, tratando de leer el más mínimo de los deseos en sus ojos... Valéria recuperó rápidamente la salud, y solo su palidez le recordó el terrible evento.

Antonieta y su esposo estaban felices porque todo terminó de manera auspiciosa. Hicieron frecuentes visitas a la enferma y pusieron al día al anciano Conde de los acontecimientos previos a la boda. Ilimitados fueron la ira y el asombro del anciano Conde; la insensatez de Samuel, que había llegado a intentar ahogar a Valéria, llenó el corazón del viejo aristócrata de un odio ciego hacia el banquero. Ni siquiera se le ocurrió reprender la loca imprudencia de Valéria.

Maier, el sinvergüenza judío, en su opinión era capaz de cualquier cosa, y cuando el Barón Maurício se atrevió a decir que Valéria era la que tenía el corazón, casi se enojó con él, más aun por haber agregado que todo hombre se deja llevar por la pasión y la juventud, en la misma situación, procedería como Samuel.

Dos semanas después de la boda de Valéria, Antonieta y Rodolfo decidieron pasar unas horas, después de cenar, en casa de un amigo, que vivía en las afueras del pueblo. Fue la ocasión para un agradable paseo, porque el tiempo era magnífico.

## La Venganza del Judío

Para llegar a su destino, fue necesario que transitaran por un barrio algo lejano, y algunas calles, generalmente desiertas y alejadas. Notaron con sorpresa que cualquier evento fuera de la órbita común había llamado a toda la población de las afueras de la casa ese día. Se observaron la gran mayoría de las características fisonómicas y ropa grasienta de la población judía; apretado, esto una masa ruidosa y curiosa, en una cuadra, alrededor de un enorme edificio, ventanas enrejadas y enlosadas, frente al cual estaba estacionada una hilera de carruajes aristocráticos. Tan concurrida estaba la calle que el carruaje del Conde tuvo que detenerse.

Vivamente admirados, los dos querían saber de qué se trataba y, habiendo visto a un agente de policía, Rodolfo se le acercó.

– ¿Por qué esta masa de judíos? ¿Cuánto tiempo estaremos aquí?

– Es una boda de gala celebrada en la Sinagoga, Monsieur Conde – respondió respetuosamente el agente – muy conocido era el joven Conde en Pesth –. El millonario Maier contrae matrimonio con la Sra. Silberstein, hija del corredor de divisas. En estas oportunidades, es costumbre repartir limosnas, y hay multitud en la puerta. Haré que se abra un pasaje para su carruaje, Erlauchtn1, ya que el ceremonial ya terminó. Ya se irán.

> (1) Erlaucht – palabra alemana, ahora en desuso, que significa augusto, el más ilustre, elegido. (N.T. Original).

Aturdidos, sin palabras, Antonieta y Rodolfo entrecerraron los ojos en los escalones de la sinagoga, donde ahora apareció un joven con bata blanca y corbata. A su lado caminaba una chica vestida de raso blanco, con el rostro oculto

## La Venganza del Judío

por un enorme velo de encaje. Ambos se sentaran en un carruaje tirado por magníficos caballos blancos. Un estrecho pasaje se abrió entre la multitud, e inmediatamente después, ambos carruajes, conduciendo sin prisa, se pusieron en marcha lado a lado.

De hecho, era Samuel. Su rostro, expresión oscura y dura, estaba demacrado, color de cera. Al encontrarse con Rodolfo, un rayo de odio mortal brilló en sus ojos. Sin embargo, fue el único signo de reconocimiento intercambiado. Cada uno de los vehículos tomó direcciones opuestas.

– ¡Es el! ¡Se está casando! ¡Imposible de creer! – Murmuró Antonieta, confundida.

Ahogado por un ataque de risa, Rodolfo se derrumbó sobre las almohadas.

– ¡Magnífico! Aquí hay un final que, creo, decepcionará a nuestra novel Princesa. Rápidamente se olvidó de ella y, como judío práctico, eligió el consuelo encantador, ¡tan oscura como rubia es nuestra joven loca! ¡Ah! ¡Ah! ¡Ah! positivamente, ¡este resultado no tiene precio!

Antonieta negó con la cabeza.

– Solo prestas atención a la superficie. Creo que el matrimonio de Maier, precipitadamente, fue un procedimiento inspirado en la desesperación, y demuestra, más que nada, lo mucho que todavía piensa en Valéria; en sus ojos hay un repique de sufrimiento moral, además que no ha mirado a la que se casó.

– En lo que a mí respecta, solo vi odio en tus ojos, pero a ustedes las mujeres les gusta rodearse de un aura de poesía incluso un usurero judío, que pretende entrometerse, con la insolencia característica de la raza, en todas partes.

## La Venganza del Judío

— Samuel no es un avaro, y no puedo compartir tu desprecio por él, ni a su padre — intervino Antonieta con desaprobación —. No se puede decir que los medios empleados por él para tomar la mano de Valéria fueron generosos; sin embargo, se redimió a sí mismo cuando le entregó todas las cuentas de la deuda, tan pronto como se encontró amado.

No olvides que vuestra palabra, la tuya y la del Hada, estaban como hipotecadas con él y que fue una falta grave, cometida por orgullo de casta, hacia este hombre, al que impusimos, sin ningún tipo de razón, sufrimientos morales de una magnitud inconcebible. De cualquier manera; es necesario que evites inmediatamente mencionar a Valéria este acontecimiento; podría llegar a saberlo, por casualidad, cuando en presencia de Raúl y una emoción repentina despertaría sospechas.

— Sí, es cierto, dígaselo mañana. Raul estará de guardia y tendrá mucho tiempo para calmarse. Bastará la noticia que Otelo, después de haber intentado ahogar a Desdémona, se ha casado para traerla a sus sentidos. Sin embargo; ¡no entiendo cómo se puede tener por marido a un hombre de lo más hermoso que se pueda imaginar, un aristócrata hasta la punta de las uñas, y lamentarse por ese judío recién desengrasado! Quien dijo que el corazón de una mujer es un abismo de inconsecuencias tenía mucha razón.

— No te corriges, Rodolfo. Un judío del quilate de Samuel se convierte en un hombre hermoso y espiritual, digno de ser amado. Además, el corazón no mira al origen, ni a lo externo, para enamorarse... Desde un punto de vista clásico, eres menos bello que Raul; por nada en el mundo; sin embargo, te cambiaría; te prefiero tal como eres, y ¿crees que te querría menos si fueras judío?

## La Venganza del Judío

– ¡Aye! Doy gracias a Dios porque no necesito experimentar tu amor de este lado; tus argumentos me obligan a rendirme. Me declaro derrotado.

La joven Condesa cambió su tono, vívidamente:

– Y lo haces bien; reírte de los prejuicios, del orgullo, esa fuerza del alma que se llama amor; casi lamento no haber nacido judía, solo para castigarte.

La conversación terminó con la parada del carruaje.

✳ ✳ ✳

Al día siguiente, por la mañana, cuando llegó al palacio del Príncipe, Antonieta lo encontró bajando las escaleras, vestido de militar.

– ¡Tenías razón en venir tan temprano! – Exclamó, saludando afectuosamente a su cuñada. Vas a distraer a mi pobre Hada, ya que el servicio requiere que la deje hoy.

– ¿Y cómo está Valéria?

– Muy bien; durmió toda la noche – explicó el Príncipe satisfecho –. Y cree que está tan preparada que ha aceptado ir a la Ópera el lunes a escuchar a Patti, que debuta con Lucía de Lammemoor. Me gustaría que se unieran a nosotros, tú y Rodolfo.

– Por su puesto con placer. Ahora vete, de lo contrario llegarás tarde y tu jefe hará que te detengan – concluyó Antonieta entre risas.

Y se separaron, habiendo intercambiado un último apretón de manos.

Valéria estaba en el encantador refugio, que era su estudio, forrado todo en raso blanco, bordado con plata y lleno de las flores más raras. Apoyándose en el sofá, pasó las hojas del gran álbum, un regalo de su marido esa misma mañana, trayendo retratos de todas las personalidades del sector artístico de la época.

Con el rostro todavía abatido, esbozó una sonrisa de felicidad al ver a Antonieta, y, tomándola de las manos, la llevó al sofá junto a ella.

– Muchas gracias por venir a compartir mi retiro. Mira que, curioso es este álbum que me regaló Raúl. ¿Vienes a verlo conmigo o prefieres hablar? Creo que leí en tus ojos que algo muy importante tienes que decirme.

Antonieta se puso en pie y, tras lanzar una mirada en la habitación contigua, volvió a sentarse con su amiga. Y murmuró, tomando sus manos:

– No te equivocaste, tengo algo que contarte y aproveché la ausencia de tu marido, porque es una noticia más desagradable que interesante. Tendrás tiempo para calmarte –. Valéria se sintió sacudida por un estremecimiento de nervios:

– No te entiendo; que vienes a decirme – exclamó levantando hacia la acompañante una mirada llena de preguntas.

– ¿Se refiere una vez más a... a... Samuel? Por piedad, Antonieta, no me preocupes. No podría decirte cuanto sufro, pensando en él... ¿Le pasó algo? ¿Tal vez enfermo?

– No, nada de eso; cálmate, pobre Valéria. Está bien y, al contrario, su acto te libera de cualquier remordimiento: ¡Samuel se casó! – respondió Antonieta, subrayando la palabra.

Valéria se puso de pie con un ímpetu y una vivacidad que no habrían podido soportar ni un instante antes.

– ¡Casado! ¡Casarse! ¡Samuel se atrevió a hacer esto! – Exclamó, sus ojos y sus mejillas ardiendo.

## La Venganza del Judío

Casi al mismo tiempo, pero volvió a caer, sentada, levantando la cabeza sobre las almohadas, sofocaban su ira y sus celos.

Sin demostrar que le importaba el caso, Antonieta contó en detalle cuánto había mirado el día anterior, sabiendo muy bien que estaba, volvió a hundir una daga en el corazón herido de Valéria; sin embargo, era necesario curarla y esperaba acelerar este restablecimiento, obligándola a tomar, gota a gota, la copa de la amargura.

– Es necesario que te haga saber este detalle, que nosotros no sabíamos, y que, si lo supiéramos, podría salvarnos de tu conducta humillante y de su indisposición – continuó la Condesa –. Ayer por la tarde, cuando volví, me encontré con Marta que me trajo tu nota. Todavía estoy completamente preocupado por este matrimonio, le pregunté a la niña – que está comprometida con el sirviente de cámara de Maier –, buscando averiguar con quién se había casado el banquero. Me hizo saber que el agente de cambio Silberstein y su hijo, durante el período de la enfermedad de Samuel, se hicieron cargo del herido, y que él, recién entrado en convalecencia, se convirtió en el prometido de Ruth, que es como se llama la hija de Silberstein, la boda, estaba programada ocho días antes que Marta te dijera que Maier estaba vivo. En su asombro, se olvidó de decírtelo.

Valéria gritó:

– Y yo, loca, me llené de reprimendas, y; sin embargo, ¡ya me había olvidado este traidor, que pretendía, sobre todo, erigirse en juez, exigir justificación, mancharme con sus besos, sabiendo que estaba unido a otra!

## La Venganza del Judío

Se puso de pie y se paseó por la habitación con una agitación febril. Luego, deteniéndose repentinamente frente a la Condesa, preguntó con voz insegura:

– ¿Y esta judía, por quien me dejó detrás, es hermosa?

– Sí, es hermosa, para ser admirado – respondió Antonieta, tan franco como para ser casi cruel –, Samuel ciertamente comprendió su locura y eligió por esposa a una hermosa hija de tu raza; incluso es posible que esta unión bien forjada termine por traerte felicidad. En cuanto a ti, Valéria, debes rasgarlo del corazón, esa página del pasado; este hombre, lleno de pasión, oscuro, apareció en tu vida como una pesadilla; tantas lágrimas, tantos males te costaron, que Dios se apiadó de ti. ¡Ahora que Maier ha recuperado la cordura y está casado, debes, sin remordimientos, olvidarlo y ofrece todo tu corazón a Raúl! ¡Mira! – Antonieta se levantó y junto al escritorio, señaló con la mano un gran retrato del Príncipe, clavado en la pared –. Tan hermoso, tan noble, este es el hombre que te pertenece; te adora apasionadamente, y miles de mujeres deben envidiar la fortuna que tienes. Recupera tu sentido común; recuerda el orgullo inherente a la antigua y noble raza de la que provienes, Princesa de O., toma el puesto que te pertenece y, por muy seductor que sea Samuel, no puedes preferirlo a Raúl.

Valéria había escuchado todo con las mejillas encendidas; le sacaron de los ojos lágrimas de celos e ira; secándolas; sin embargo, en un rápido gesto, se arrojó a los brazos de Antonieta.

– Tienes razón, es mi deseo y mi deber olvidar a este insolente hijo de la fortuna, que se metió en mi camino para envenenar mi vida. Redimiré mi afrenta moral a Raúl, ofreciéndole toda mi alma. No será una tarea difícil para mí, porque es tan bueno, tan generoso.

## La Venganza del Judío

— Aquí lo dices bien y lo piensas aun mejor – comentó Antonieta, besándola –. Descansa por ahora; Raúl me dijo que irás a la Ópera el lunes, y nos invitó a hacerte compañía. El teatro estará abarrotado con el debut de Patti, muchos ojos estarán puestos en ti, llenos de curiosidad, y me gustaría que reaparecieras en público en el apogeo de tu belleza. Estamos, gracias a Dios martes; todavía tienes cinco días para recuperarse por completo. ¿Qué vestido te pondrás?

— Me haces pensar con esto, que debo embellecerme y demostrarles a todos que soy feliz. ¿Qué opinas del vestido de terciopelo color zafiro, ribeteado de encaje plateado, que me enviaron con el ajuar? ¿Recuerdas? ¿Tan emocionada te mostraste en la ocasión que mandaste pedir uno similar, color rubí: úsalo también, ¡será maravilloso!

— Gran idea; estos vestidos son preciosos, y el azul oscuro hará que tu color nacarado y tu cabello rubio luzcan mejor. ¿Qué accesorios usarás?

— Las perlas, que son un regalo de mi suegra, y los broches de zafiro. ¡Gran Dios! – Añadió la Princesa, poniéndose nerviosa –. ¿Sabes si devolvieron los adornos que eran obsequios de Maier el día de nuestra partida para tu boda?

La Condesa se mordió el labio.

— No sé nada, ni siquiera dónde está mi adorno; cerré con llave tu cofre y luego, dados todos los inconvenientes, me olvidé de esas joyas.

— Si las pusiste en ese cofre, ciertamente están allí; sin embargo, asegúrate de inmediato – dijo Valéria, dirigiéndose al dormitorio.

En la alcoba, un gran mueble negro, como un baúl, tallado e incrustado con riquezas, estaba suspendido sobre cuatro pies cortos, fijos al suelo. Los muebles parecían de una sola pieza, sin ninguna apertura, pero Valéria accionó un complicado mecanismo que la abrió. En los receptáculos invisibles corría una especie de puerta, descubriendo innumerables estanterías, llenas de cajas fuertes y joyas. La parte del fondo de este cofre estaba ocupado por un inmenso cofre, que llevaba el emblema de los Condes de M. grabado en relieve en la parte superior.

Con cierta dificultad, ambas levantaron la caja fuerte y colocaron lo sobre la mesa. Como el armario, también estaba lleno de joyas y, tras un momento de búsqueda, Antonieta sacó dos cofres, abriéndolos mientras Valéria cerraba la caja fuerte.

– Sin duda, son magníficos adornos – murmuró Antonieta, haciendo que los diamantes de la corona brillen a la luz.

– Serán mucho mejores; sin embargo, en el cabello oscuro y el cuello castaño de la Sra. Maier, que en nuestra noble gente.

– Evidentemente, estarán mejor empleados, y es admirable que el banquero no nos haya pedido que devolvamos objetos de tan alto valor – espetó Valéria, sus labios temblando nerviosamente. A pesar de su gran determinación, el recordar a esa esposa de Samuel tenía un profundo dolor en su corazón.

– ¡No es tan judío...! Pero volvamos a tu habitación; Escribiré unas palabras a Maier.

Sentada frente al escritorio, Antonieta escribió las siguientes líneas:

*"Señor. Las innumerables emociones de estos tiempos son la causa de que hayamos olvidado por completo devolver los dos adornos aquí juntos, uno de los cuales me fue enviado para este propósito por la Princesa de O. antes de su matrimonio. Ahora me apresuro a*

*cumplir con este deber y le pido que me disculpe de la demora y la negligencia.*

*A. de M."*

– Esto está bien – comentó la Condesa, releyendo en voz alta la nota –. Así que hagamos un paquete de estos casos, y cuando me vaya, enviaré el pequeño paquete a su destino.

Esa misma tarde, después de haberse retirado a su oficina, con el pretexto de un trabajo urgente, pero solo para estar solo, ya que ni siquiera miró los papeles amontonados en su escritorio, el banquero estaba solo.

La llegada de un sirviente, presentándole en un saludo con una carta y un paquete, lo sacó de sus cavilaciones. Independientemente, tomó la nota perfumada y la abrió, al leerla; sin embargo, un fuerte rubor cubrió sus mejillas. Con un gesto violento, despidió al criado, que había dejado el paquete al final de la mesa.

– ¿Qué milagro hizo que estas orgullosas muchachas se demoraran en devolverle esto al judío? – Murmuró amargamente –. ¡Ah! seguro, Valéria sabía de mi matrimonio, y esta es una respuesta.

Claro, sin duda me odiará y buscará amar a su Príncipe; incluso es probable que esto suceda; ¡¡el monopolio de la traición, juzga a las mujeres que lo dirigen, y no perdona a nadie que paga con la misma moneda!!

Con una sonrisa de fiera ironía, sin siquiera abrirlo, tomó el paquete y lo guardó en un cajón de su escritorio.

## 7–. SAMUEL Y SU ESPOSA

El día de la función, Valéria se vistió con especial cuidado. Frente al gran espejo móvil, de pie, sometió a escrutinio el examen de cada detalle de su traje, retocado en la fase final por Marta y Elisa. La Princesa quería verse hermosa y al menos en el exterior, borrar cualquier rastro de su desafortunada debilidad.

En el transcurso de estos últimos días, diversos sentimientos conmovieron su corazón: la profunda desesperación reemplazó a la ira y los celos, pero también se transformó en una ternura apasionada por su esposo. Se convenciera que incluso el Príncipe superaba a Samuel en todo, no solo por su belleza física sino también por sus dones de corazón y por una distinción realzada, que es propia solo de los verdaderos aristócratas. El amor sincero e inmaculado de Raúl la indemnizaría del error cometido por su corazón. Lo envidiarían a él, a las hermosas y orgullosas mujeres nobles que ni siquiera podían soportar al judío converso en su salón.

Pensamientos de este tipo la ocuparon, contemplando su bella imagen, y mientras las doncellas se sujetaban a sus pies los hilos de perlas, y le pegaron en el pelo y alrededor de la cintura las trenzas de rosas en tono marchito.

Al levantar la cortina, en ese momento entró Raúl, presentando un lindo ramo. Se acercó a Valéria, sus ojos

## La Venganza del Judío

húmedos de admiración apasionada, y la joven, impulsada por sus íntimos sentimientos, lo besó, afectuosamente. Se permitió involucrarse, más tarde, envolverse en la capa y el tocado de encaje.

El preludio estaba llegando a su fin, cuando la joven pareja ingresó a su palco, donde ya estaban instalados Rodolfo y su esposa. El teatro repleto presentaba un aspecto brillante: lo mejor que Pesth podía presentar de mujeres hermosas y ricas, hombres de linaje, se reunían allí; sin embargo, incluso en esta reunión de la crema y nata, la aparición de Valéria causó sensación. Ojos curiosos, por centenares, admiradores, fijos en su rostro terso y bello. El paño bucal, levantándose, desvió la atención por un momento.

Justo cuando Patti acababa de aparecer en escena y su maravillosa voz, con acentos mágicos, concentraba en sí la atención de toda la asistencia, se abrió la puerta de un palco al lado del Príncipe, hasta ese momento vacío. En él entró una pareja que ocupó su lugar, sin hacer ruido, dirigiendo sus ojos a los recién llegados, Rodolfo se mordió el labio y en los oídos de su esposa susurró algo. La Condesa se asustó; sin embargo, no se dio la vuelta. En el siguiente instante, bajo cualquier excusa, se inclinó y tocó levemente la mano de Valéria, diciendo en voz baja:

– Controla tus nervios: ahora han entrado en el siguiente palco, Maier y su esposa.

Su atención completamente dominada por la voz de la incomparable artista, Valéria ni siquiera había notado la llegada de sus vecinos; al escuchar las palabras de su amiga, su corazón por un momento dejó de latir; sin embargo, llamando en su rescate toda su energía y orgullo, pudo dominar traicionero carmesí que subió a sus mejillas; ningún signo delataba la emoción oculta y, alzando los prismáticos, siguió con interés, al menos en apariencia, la representación de la cantante.

Menos afectada, Antonieta no pudo controlar su curiosidad y, subrepticiamente, se dedicó a examinar el palco del banquero, con mayor aptitud que el escenario. Su mirada astuta se posó, al principio, en Ruth y su atuendo: la joven judía estaba vestida con gusto impecable: vestido de raso dorado mate, con aplique de encaje negro y decorado con fucsias, destacando su piel morena. Estrellas de rubí y diamantes, que emitían destellos en su cabello negro, exaltaban vívidamente su belleza oriental; sencillo y elegante, como de costumbre, Samuel estaba enfermizo, pálido; sus rasgos inmutables; sin embargo, no reflejaban ninguna emoción ante la presencia de sus vecinos. apoyado en el borde del palco, estaba preocupado, al menos aparentemente, con la actuación, y no se dirigía ni una palabra ni miraba a la joven esposa, quien, al contrario, apenas parecía sostener una agitación febril.

Había abierto y cerrado, varias veces, y con un ruido, el abanico de encaje y sus labios y narices temblaban enfermizamente; fijó sus grandes ojos, negros como rayos devoradores, en el rostro inmutable del marido que aparentemente había olvidado su presencia.

Antonieta observó entonces que, a pesar de su fingida indiferencia, el banquero había fijado en varias ocasiones la mirada en los anillos del cabello dorado y en el hermoso perfil de Valéria, y que en cada una de esas ocasiones se le oscurecía la frente.

En lo que respecta a la Princesa, todo interés por el espectáculo se había desvanecido; sus pensamientos revolotearon en otra parte; el deseo de contemplar a Ruth la angustiaba; sin embargo, una vaga inquietud y el miedo de encontrarse con la mirada de Samuel impidieron su interacción.

## La Venganza del Judío

Incapaz de contenerse por más tiempo, finalmente lanzó una mirada furtiva al siguiente palco. El banquero estaba examinando el escenario con sus prismáticos. Aprovechando el momento, Valéria, ansiosa, examinó a la joven judía y su corazón se llenó de ira y celos.

Una joven tan hermosa, todo ardor y pasión, ¿cómo no ganar el corazón de un hombre, incluso el que se había casado con ella sin amor. La idea que Samuel se había atrevido a elegir esposa tan hermosa, su sangre ardía. Íntimamente ofendida, se volvió y su mirada se llenó de la figura de Raúl, quien estaba hablando con Rodolfo sobre un asunto relacionado con su servicio militar, ya que la tela vino de caer sobre el escenario escénico.

Un nuevo interés absoluto despertó en ella y examinó a la persona, la esbelta y elegante de su marido, cuyo porte era más prominente bajo el uniforme, y también el rostro de la belleza clásica y por lo mismo tan encantador.

– Es cierto – concluyó para sus adentros, satisfecha –. Raúl también es hermoso, Príncipe, perfecto caballero; tan superior es este… judío, que se hace diez veces más merecedor de mi cariño.

Despertó en el alma de Valéria toda la astuta crueldad del corazón de una mujer herido por el aguijón de los celos, sugiriéndole que Samuel todavía no podía haberla olvidado; que ella todavía estaba en posesión del poder de torturar su corazón y hacerle pagar la atrevida elección. Bajo el control de este nuevo sentimiento, tocó a la ligera con su pequeña mano el brazo de su marido, en su voz vibraba una indefinible expresión familiar y cariñosa, cuando llamó, en un tono lo suficientemente alto como para ser escuchada por el traidor:

– ¡Raúl! – El Príncipe se volteó:

## La Venganza del Judío

– ¿Qué quieres, querida?

– ¿Quieres dar un paseo por los pasillos? ¡Hace mucho calor, aquí!

– Inmediatamente; estoy a tu servicio – respondió Raúl, poniéndose de pie, aristocráticamente.

La modulación de la voz, llena de ternura, y la mirada de su esposa lo llenaron de alegría. Y mientras, en la parte posterior del palco, acurrucada y escondiendo un pequeño pañuelo de raso, adornado con armiño, aprovechó la oportunidad para apoyar los labios en su rubio cabello.

En ese mismo momento, los ojos de Samuel se encontraron con los de Valéria. Demasiado sobreexcitada, Valéria no parpadeaba, él se mostró inalcanzable, frío, y solo una palidez más profunda y el movimiento casi imperceptible de sus cejas mostraban a la novela Princesa que ella lo había golpeado en el punto sensible. Satisfecha, en su íntimo, tomó a Raúl del brazo y salió.

Durante el siguiente receso, Raúl obsequió a las damas una hermosa caja de dulces, Valéria no cesaba de reír y charlar, mostrando excesiva alegría; respondió con una gracia ideal a los homenajes de las personas que acudieron a saludarla, coqueteando con Raúl.

Finalmente, su vivacidad y alegría comunicativa fue tal que Antonieta no reconoció a su amiga, pero desconfió de la verdadera causa de tanta euforia.

Raúl disfrutaba de su alegría con bastante calma, sin adivinar, ni siquiera que su esposa lo estuviera usando como un adorno precioso, usándolo como un arma para lastimar al otro. Feliz, agradecido, miraba a Valéria con adoración, colmándola de mil insospechadas atenciones inspiradas en el amor.

## La Venganza del Judío

Todo salió bien hasta el tercer acto; sin embargo, en el momento en que terminó la escena en la que Edgard repele a la novia, que lo había traicionado al arrancarle el anillo del dedo, una angustia terrible llenó de dicha el corazón de la Princesa. Afligida y emocionada, recordó el día pasado en Rudenhof; era como si estuviera escuchando, no en la voz del artista, sino en la de Samuel, quien, con tales oleadas de rabia y desesperación, le arrojó la traición en la cara.

Miró hacia arriba, mirando a Samuel involuntariamente, y este también, la estaba mirando; sin embargo, ante la expresión de desmayado desprecio, ira y desaprobación que brilló en los ojos del banquero, Valéria se estremeció y bajó la cabeza; instintivamente, su mano buscó la de su marido, porque con él estaba la calma y el descanso: allí, el Averno, sufriendo.

Después del espectáculo, Valéria, del brazo de su marido, se dirigió a la salida.

Había una gran multitud y en un instante se vieron separados por Rodolfo. Al llegar al vestíbulo, se detuvieron, esperando el acercamiento del carruaje, pero justo cuando Raúl se volvía para hablar con un conocido, un viejo magnate, Valéria escuchó una voz que conocía bien, susurrando con ironía.

– La indiferencia desprecia las artimañas, así como un verdadero maestro no necesita demostración, que solo puede engañar a un... ingenuo.

La joven estaba petrificada; la sorpresa y la ira casi la privaron del aliento. ¿Con qué descaro desmedido este hombre osara insinuar que estaba representando una farsa, para encubrir el amor que todavía sentía por él? ¡Se atrevió a hablarle así, a llamar ingenuo al amable y comprensivo Raúl! Pudiese golpear a Samuel, ahora mismo, y no lo pensaría dos veces. Se alborotaban en su cabeza mil planes de venganza, y tal era su agitación interior, que tan pronto entró en la casa, se dejó caer en una silla y empezó a llorar de buena gana.

Sorprendido, asustado, Raúl al principio no entendió nada de la extraña desesperación de su esposa; conjeturó que quizás el calor, el ruido y la magnífica actuación de Patti habían atormentado enérgicamente a los nervios aun enfermos de Valéria; lanzado contra sí mismo grandes recriminaciones por haberla llevado a la Ópera, y sentado a su lado, trató de calmarla con caricias. Llena de vergüenza, se secó las lágrimas y murmuró, abrazando el cuello de su marido:

– Así es, mis nervios todavía están irritados; esto; sin embargo, pasará. Quiero estar completamente sana para que no tengas que preocuparte. Porque te amo tanto, Raúl, ni siquiera tú sabes cuánto te amo, cariño...

– Ángel mío, no me lo creo, y soy tan feliz como puede serlo un hombre en la tierra.

Samuel y Ruth, cada uno de su lado en el carruaje, tomaron el camino a casa. Durante todo el camino, no intercambiaron una palabra entre ellos, y después de un saludo inexpresivo, cada uno se dirigió a su habitación.

Al encontrarse por fin solo, el banquero bajó el rostro y dio libre expansión a los celos y la pasión que lo consumían. La proximidad de Valéria, su trato afectuoso con su marido, exacerbaba sus sentimientos; bañado en sudor frío, apenas capaz de respirar, caminaba por la habitación, totalmente ajeno a su pobre esposa quien, con la cabeza enterrada en las almohadas, lloraba profusamente.

Samuel se había casado en contra de su voluntad, solo para cumplir un compromiso, hecho sin pensarlo; él había deseado; sin embargo, y pretendía entablar amistad con la joven esposa, tratándola con afecto. Así, los primeros días de su matrimonio transcurrieron con bastante tranquilidad.

Por su parte, estaba aburrido y lleno de vergüenza; Ruth, triste, desilusionada; la franca falta de inteligencia y la abierta aversión eran recientes, nacidas el día anterior a esto, como un epílogo de una escena bastante dolorosa, que había interpuesto un abismo entre ellos.

Para que se entiendan bien estas circunstancias, es necesario retroceder un poco en el tiempo y continuar la narración desde el momento en que Samuel, después de su baño en la piscina, volvió en sí.

Fingiendo todas las predicciones, este loco baño no resultó, en lo que a su salud se refiere, sino en una debilidad extrema, que duró ocho días; por otro lado, se había producido una transformación profunda y perniciosa en su alma.

Samuel había recibido una educación de una cristiana, la hija de un comerciante arruinado, que había sido invitada por Abraham Maier, que quería darse importancia, además de recordar vieja amistad con su padre, para manejar el negocio de su casa y cuidar a su hijo, entonces de dos años. Esta dama, de naturaleza agradable y devota, se había entregado por completo al hermoso niño, gracioso y lleno de bondad, y, respetando las convicciones religiosas heredadas por su discípulo, sabiamente le había inculcado la fe absoluta en el Creador del Universo y una devoción abstraída de cualquier prejuicio dogmático.

Varias influencias, así como la muerte de la institutriz, poco a poco debilitaron estas impresiones infantiles, y los brillantes sofismas científicos de las doctrinas materialistas atrajeron al adolescente, tendencia que se había incrementado mucho por la íntima repugnancia que sentía por el pueblo de donde procedía. De la Universidad, Samuel había regresado casi incrédulo y negativista. El amor que Valéria despertó en él lo había llevado de repente a las creencias de la infancia. Bajo el influjo reposado de la pasión que lo abrumaba por completo, había dejado a un lado ese materialismo rígido y desnudo, que nada da al corazón. Anhelaba creer y rezar, haciéndose igual a la mujer a la que adoraba; había resuelto volver, de buena fe, a la fe en Dios y a estudiar las bases de la religión cristiana; sin embargo, después de la destrucción total y repentina de su fortuna, y la fe en el futuro, hizo en su alma una noche profunda.

Los sofismas ateos y materialistas recuperaron todo su prestigio sobre él; con el ardor apasionado que ponía en todas sus acciones, se convenció que la fe en una providencia justa y llena de misericordia era insensata y sin sentido, y que, de hecho, el hombre estaba constituido por una aglomeración de materia, reunida por el azar y destruido por una ley ciega.

Mientras el alma de Samuel experimentaba esta nueva transformación, Silberstein y su hijo lo visitaban con frecuencia. Temían que este marido muy rico se les escapara por Ruth. No se le preguntó ni se le censuró sobre su segundo intento de suicidio; Sin embargo, en una buena oportunidad, el agente de bienes raíces hizo sentir que el matrimonio debía concretarse, ya que Samuel estaba ostensiblemente comprometido con su hija y no se debía comprometerla. El banquero no dio respuesta; al día siguiente; sin embargo, envió una nota a su futuro suegro, fijando la fecha del compromiso.

En el transcurso de una noche de insomnio, luego de luchar casi con odio contra el recuerdo de Valéria, Samuel había terminado por convencerse que le sería útil un cambio absoluto de vida; era necesaria la presencia de una mujer en su casa y que, para esta función, Ruth le sentaba bastante bien; había recibido una educación esmerada, tenía excelentes modales y, habiendo sido criada pobremente, diciéndolo correctamente, tendría que compensar su desamor, con el lujo del que ser vería rodeada en la casa de su marido. La intensa pasión que la joven mostraba sentir por él, poco lo perturbaba. Tales ilusiones de romance pronto se desvanecerían.

Se celebró el matrimonio y ambos sintieron un repentino desencanto.

Ruth, que amaba apasionadamente a su marido, pensó que estaba ofendido y temeroso de su gélida indiferencia; no entendía nada de esa reserva, del expresado deseo que mostraba el hombre que la había elegido como esposa, de aislarse y evitar su presencia, y cuando por primera vez, probó una caricia y unas palabras de amor, la mirada sombría y asombrada con la que Samuel la había medido, era un cubo de hielo en su corazón. De esta manera, repelida, se calló; sin embargo, excesivamente impetuosa y apasionada, torturó su espíritu para encontrar la clave del misterio.

En lo que respecta al banquero, lamentaba amargamente haberse dejado atrapar por las ataduras del hábil Silberstein. Se sintió limitado en su libertad; constreñía la mirada de fuego de Ruth; la manifiesta pasión que ella albergaba por él le repugnaba; instintivamente, comparaba a la ardiente y satánica belleza de la joven judía, sus apasionados sentimientos, con la frágil y dulce Valéria, con su suave belleza y ojos claros.

Tras la comparación, estaba convencido que su pasión incurable había sobrevivido a todo. Sentía desprecio por sí mismo, por esta debilidad, pero dejó de luchar contra ella, buscando un amargo consuelo en los recuerdos de tu falaz felicidad. De esta forma – antes de la boda – había cerrado, sin tocar nada, tres habitaciones que tenía preparadas para Valéria. En la habitación que los precedió, había hecho su despacho y, como centinela, vigilaba allí, absorto el cuadro de Valéria que él mismo había pintado, confesando que una palabra, una tierna sonrisa, de la seductora, bastaría para devolverlo a sus pies.

Las cosas estaban en este punto, cuando, cuatro días después de su matrimonio, Samuel recibió una carta del padre Rothey, quien le informaba que, al caer gravemente enfermo en Roma, había estado preso durante mucho tiempo; De regreso a Pesth, hacía una semana, se había enterado, con gran angustia, de los hechos ocurridos durante su ausencia. Deseaba ardientemente una entrevista con el banquero, pidiéndole que fijara fecha y hora, por si encontraba inconveniente su visita.

Samuel se apresuró a responder que recibiría con mucho gusto a Vuestra Reverendísima al día siguiente por la mañana, expresando a su vez un gran deseo de hablar con él.

A la hora señalada, el anciano sacerdote se presentó y Samuel lo recibió en el mismo pequeño salón, donde ambos habían estudiado la religión cristiana y donde había tenido lugar la espantosa escena con el Gran Rabino de Pesth. Conmovidos profundamente, se dieron la mano.

– Estoy muy feliz de volver a verte, Reverendísimo Padre – dijo Samuel, acercando un sillón al venerable visitante – Le agradezco esta visita, que no será la última, espero, aunque su intención secreta, la esperanza de hacerme volver, después de todo, al cristianismo, no tiene garantía de llegar a una conclusión exitosa – agregó, con una sonrisa triste.

– ¡Y ¿como lo sabes? – Preguntó el sacerdote –. Es verdad, lo confieso; fuiste mi discípulo más devoto, y estabas tan bien en el camino de la gracia que no puedo entender cómo

## La Venganza del Judío

el hecho que hayas perdido a una sola mujer te alejará permanentemente del camino de la salvación.

– Dices, que me cuesta creer que una doctrina de tan poco poder sobre sus creyentes, por ferviente que sea, que ni la palabra dada sabe inspirarles en el más mínimo respeto, sea la única que asegure la salvación del alma. ¿No es falso tener fe en la humildad, la caridad y el amor al prójimo, y practicar el orgullo ostentoso, falsa fe, desprecio por el prójimo? Sin embargo, tenga la seguridad, padre Martincito: no solo rechazo la fe de los católicos; de la misma manera, niego cualquier otra fe que comience por la mía. La traición que me hizo sufrir la Condesa de M. me desintoxicó, devolviéndome a ideas saludables. Durante mucho tiempo, la luz de la ciencia se ha basado en leyendas abstrusas y llenas de errores que nos legaron la simple fe y la ignorancia de nuestros abuelos. Tengo respeto por sus ideas, Padre mío, pero también debo ceder a la evidencia cada día confirmada por maravillosos descubrimientos. Por tanto, creo firmemente que no hay ni Dios ni la Providencia, ni el cielo ni el infierno, castigo o recompensa. Tanto Jesús como Moisés fueron filósofos llenos de ideales, que tuvieron su época. Lo cierto es que no hay nada más que materia, guiada por leyes inmutables; creadas para nosotros, por casualidad, una sucesión de átomos; la muerte nos desintegra en medio de la materia primitiva, aquello que sirvió para nuestra creación. Eso, lo que llamas alma, que en nosotros razona y actúa, es un movimiento puramente físico; el pensamiento es una secreción del cerebro, como las lágrimas proceden de la glándula lagrimal.

– ¡Cállate! – Intervino el padre Martincito, que, cada vez más agitado, lo había oído todo –. ¿Son la caridad, la devoción, el amor, por tanto, solo secreciones, producto de una función similar a la del estómago? Tal teoría es ilógica.

## La Venganza del Judío

— En absoluto, padre mío; la pasión fatal que me quema es, por el contrario, prueba de lo que le digo. Si se hubiera originado en el alma, y tantos ultrajes y mi voluntad lo hubieran destruido. No puedo darle muerte, porque es una enfermedad de mi propio organismo, de la que la Ciencia aun no ha logrado encontrar sus raíces, y que solo con la renovación de los átomos que componen mi cuerpo se irán alejando gradualmente.

El anciano sacerdote levantó los brazos horrorizado.

— ¡No proceda, señor! Este tema es insidioso y me enferma. Durante toda mi existencia creí en Dios, y no sucederá ahora que lo niegue, en el *senectus*, ante concepciones tan banales. ¡Oh! los sabios y su maldita ciencia! Convierte a los hombres en criminales, matando cualquier ideal bueno y nuevo, haciéndolos olvidar de la justicia divina, hasta que les alcanza. Y como viene del diablo, me abstendré de dudar de su existencia, viendo lo lejos que estás en las manos — el sacerdote hizo la señal de la cruz, santiguándose al escuchar la risa de Samuel puntuar estas últimas palabras —. Tratemos algo diferente, mi joven amigo; permítame felicitarlo por obtener el título de Barón. ¿Qué? ¿No te trae eso más alegría? Pues bien, sus hijos estarán orgullosos de ello. Por cierto; sin embargo, dime una cosa — si no encuentras indiscreta la pregunta: ¿por qué, todavía lleno de amor por Valéria, contrajiste matrimonio, te uniste a una mujer, a la que debes mostrar un cariño poco sincero?

Samuel apoyó los codos en la mesa.

— En efecto, padre Martincito — dijo, después de un momento de silencio —. Este matrimonio es una tontería de la que me arrepiento amargamente. ¡Ah! si se hubiera encontrado en Pesth, después de mi intento de matarme, la caridad sin duda lo hubiera llevado junto a mi cama, y eso no habría sucedido. Me encontré solo, sin nadie, y en este momento de debilidad dos hombres astutos me engañaron sagazmente. Finalmente, lo hecho, hecho está, y es necesario que aguante a esta mujer a la que nunca podré amar... Mi corazón está seco. Vivirá en mi casa, me dará innumerables hijos, que multiplicarán por cien mis millones; no habremos vivido, ambos, inútilmente, entonces.

El sonido de un cuerpo pesado cayendo en silencio junto a la puerta hizo que ambos hombres volvieran la cabeza.

– ¿Qué pasa? ¡Creo que nos espían! – Exclamó Samuel, poniéndose de pie, sonrojado hasta lo más profundo.

De un salto estaba en la puerta, levantando la cortina. Al encontrar a Ruth, derrumbada, desmayada, sobre la alfombra, se detuvo asombrado Luego, volviéndose hacia el padre Martincito, que había seguido sus pasos, dijo irónicamente:

– No es un sirviente, espiando: es mi esposa.

Ciertamente escuchó mis palabras, lo cual es lamentable; sin embargo, puede suceder que esta confesión involuntaria le aclare la conducta que le incumbe.

El anciano sacerdote se arregló las gafas y examinó con atención y curiosidad el rostro pálido de la mujer desmayada

– Muy hermosa, y diré, joven amigo, que no se debe usar la crueldad – Tocó al banquero en el hombro y agregó:

– ¿Cuál es su culpa por las intrigas de sus familiares y la insidia de Valéria, y tus palabras la habrán lastimado muy profundamente, tanto que se desmayó? Debes transportarla a sus habitaciones, lo que cortará los comentarios y los chismes de las criadas, que no necesitan conocer tus desacuerdos.

Sin decir palabra, el banquero se inclinó, tomó a Ruth en sus brazos y la condujo a su habitación.

## La Venganza del Judío

En su camino de regreso, encontró al padre Martincito de pie junto a la ventana, sus dedos en la ventana, su rostro preocupado.

– ¿Entonces ella se despertó? – Preguntó, dándose la vuelta.

– No; sin embargo, la criada la está cuidando. Siéntate; volvamos a nuestra charla. Este evento inusual me interrumpió justo cuando iba a hacerle una solicitud.

– Estaré atento, hijo mío.

– Vengo a explicarles que no soy ni judío ni cristiano; que ni siquiera creo en Dios, mucho menos en el diablo, y que él no movería ni un dedo para ser amable con cualquiera de ellos; sin embargo, lamento a las desafortunadas criaturas que la desgracia de la cuna lleva a la miseria. Acepta, pues, te lo ruego, mensualmente, una cantidad que asigno a los pobres, a los lisiados y a los huérfanos, a los que conoces en número infinito.

Si el oro de un judío incrédulo te repugna, puedes lavarlo con agua bendita – concluyó Samuel, con cierta malicia.

El sacerdote negó con la cabeza.

– Tus palabras, inspiradas por el Espíritu del maligno, me hicieron temblar; tus actos; sin embargo, testifican que Dios todavía no te ha dejado del todo, y me sentiría totalmente culpable si no aceptó lo que pudiera enjugar las lágrimas de muchos miserables. Por lo tanto, acepto, joven amigo, y tu oro lo recibiré sin lavar en mi fuente, ya que el trabajo mismo lavará a todos los que estén mal relacionados con ese oro. Sin embargo, es hora de irse; sin embargo, permíteme decirte que lamento haber perdido a un cristiano tan ejemplar en ti, una alegría para mis días de senectud.

## La Venganza del Judío

Samuel bajó la cabeza, extrañamente conmovido. Simpatizaba con este anciano sacerdote, meditó en el pasado y sintió consolando el corazón.

– Bueno, Padre, puedes visitarme y convertirme; dicen que, con paciencia todo se logra. Sin embargo, no es conveniente que usted acepte muy fácilmente, porque así disfrutaré del placer de seguir viéndote.

El padre se rio.

– Cierto; cada mes vendré por la limosna; sin embargo, querido Samuel, dame tu palabra que, si el diablo te deja, y sientes la necesidad de orar y hacerte cristiano, me buscarás para bautizarte. Una voz dentro de mi me dice que esto todavía sucederá.

– Seguramente, por supuesto; te lo prometo – respondió el banquero sonriendo.

Y, después de un apretón de manos amistoso, los dos hombres se separaron.

Solo, Samuel se dirigió a su oficina y tomó un libro; sin embargo, en lugar de leer recordó su conversación con el sacerdote, meditando sobre la explicación que, sin falta, le esperaba a la esposa. Un golpe, que se repitió, en la puerta, detuvo, por fin, su atención.

– ¿Quién toca? – Preguntó, irritado por haber sido interrumpido.

– ¡Soy yo, abre! – La voz de Ruth hizo eco.

Pálida como un cadáver, en el rostro de la joven solo los ojos mantenían su expresión, llameantes y llenos de rabia, se fijó en su marido, que la miraba de arriba abajo impasible.

– Me doy cuenta que ya te has recuperado – dijo fríamente el banquero, acercándole una silla y sentándose frente a su escritorio –. Es de esperar que esta primera experiencia cure tus hábitos gentilicios. Solo a los lacayos se les perdona el acto de espiar detrás de las puertas.

Ruth se puso de pie, apoyándose ligeramente en su escritorio, y con voz ronca y agitada por demasiada emoción dijo:

– Esta experiencia fue necesaria para enseñarme que soy más despreciable bajo tu techo que cualquiera de los sirvientes a los que te refieres. No estaba al tanto de las tramas de Aarón y mi padre. Con toda mi pasión, te amaba. Ni siquiera sabía cuánto desprecias y te burlas de tu propia raza, incluso si un cristiano te repugnara con disgusto. Sin embargo, porque me enteré de todo, al final no me quedaré más aquí y vengo a hacerte saber que te libero por completo de la mujer que, con sacrificio, suportas junto a ti. Regresaré a la casa de mi padre. Haz saber a todos que me expulsaste, acúsame de todos los crímenes, los llevaré en mi espalda, siempre que me libere de tu presencia y no te vea. ¡Permíteme... irme!

Samuel se sonrojó de repente y el asombro cubrió su boca. ¡Su esposa tuvo la osadía de hacerle una escena, de reprender sus palabras, de amenazarlo con un escándalo...! Y dijo, mordaz:

– ¡En efecto! ¡Pretendes marcharte cargado de todos los crímenes! ¿Apenas eso?

– ¡Sí lo deseo! – Explotó la joven, fuera de sí, presionando su cabeza entre sus manos –. ¿No me he oído yo misma, con mis propios oídos, que me rebajas al nivel de un animal, solo necesario para la reproducción de una descendencia que será detestada por el propio padre? No quieras desafiarme pues te acusa te acusaré ante mi padre y el rabino. Veremos si te atreves a repetir, frente a ellos, las confesiones que le hiciste a ese sacerdote católico – El banquero palideció, lleno de ira; se levantó y dio un paso hacia la mujer. Una dureza, helada y despiadada, brillaba con en sus ojos y resonó en su voz mientras hablaba, inclinándose hacia ella:

– ¿Terminaste? Escúchame ahora y presta atención a mis determinaciones y te advierto: no irás a ninguna parte; porque te prohíbo salir de esta casa. Me será indiferente lo que le digas a tu padre; en lo que respecta al rabino, ni siquiera te escuchará, porque teme que yo me bautice. Creo que no sabías nada sobre las tramas de los miembros de tu familia; sin embargo, en cuanto a confiar en mi amor es una mentira. Ves bien cuán reservado y frío fui, hasta el límite mismo de la delicadeza. Piensa bien, antes de dirigirte a la Sinagoga: nunca soportaría un escándalo que comenta toda la sociedad. Te olvidas que soy yo quien tiene derecho a repudiarle, no tú. No somos dos posaderos judíos, en un oscuro pueblo de campo, cuya vida matrimonial no le importa a nadie: tú eres la esposa del banquero Maier, Barón de Válden, y lo seguirás siendo, porque este es mi deseo. Lo que dije de mis sucesores te ha ofendido; por lo tanto, debo recordarte que la Ley mosaica otorga a las mujeres, una misión especial, la de ser madre...

– No quiero a tus hijos; ¡Los odiaría! – Ruth interrumpió, toda nerviosa.

Sin señales de haberla escuchado, Samuel alargó la entrevista.

– De ti depende crear una vida soportable. Cuando no quieras escuchar cosas que te lastimen, ¡no pongas tu oído en las puertas! Y más: esta es la primera y última vez que te atreves a pedir cuenta de mis acciones y palabras. Ahora, regresa a tus aposentos, ya que necesito trabajar, ¡la escena es suficiente por hoy!

## La Venganza del Judío

– ¡Y para nunca más, eso lo sé muy bien! – Susurró la joven en silencio.

Tan pronto como se cerró la puerta, Samuel volvió a sentarse y, frunciendo el ceño, apoyó los codos en el escritorio. Lo que le sucedió a él resultó en un nuevo dolor.

Pensó que Ruth era más tímida y ruda, y estaba satisfecha con todo lo que él le dio. De repente; sin embargo, ella se rebelaba, levantando el dedo, amenazadora. En su ciego egoísmo, ni siquiera se le habían ocurrido los derechos que su joven esposa había adquirido sobre él, la repelía con cruel brutalidad, que nunca se habría atrevido con respecto a Valéria, a pesar de las ofensas que ella le había hecho.

– ¡Ah, esa maldita mujer todavía me dará mucho trabajo! – Fue la conclusión a la que llegó.

Sin embargo, estaba equivocado. Ruth había diseñado, por lo que mostró, una regla de conducta, de la que no se apartó: permaneció tan inflexiblemente silenciosa que ni siquiera le respondió cuando en la tarde de ese mismo día, en la cena, Samuel le informó que iban a ir juntos a la Ópera, ella solo asintió.

Con el paso de los días, la situación no cambió, Ruth permaneció callada y tranquila, evitando deliberadamente la presencia de su marido; se conformó, sin decir palabra, a sus órdenes relativas a la vida familiar; y si la invitara a unirse a él a alguna fiesta o al teatro, la encontraba lista a la hora, vestida apropiadamente, pero muda como una muñeca mecánica.

Al principio, Samuel estaba asombrado; sin embargo, muy rápidamente se acostumbró a esta forma de vida e incluso se sintió bastante contento. No quería la conversación de su esposa y ya no se sentía limitado por su presencia. De esta forma, se dirigió, uno a uno, a sus costumbres de soltero, yendo solo a las casas de sus conocidos, pasando noches enteras en el club y llevándose a Ruth con él solo cuando no podía prescindir de ella.

Pasaron casi dos meses en esta situación, cuando Samuel aceptó la invitación del Barón Richard de Kirchberg, para asistir a un magnífico baile que ofreció como ocasión para que se cumpliera el vigésimo quinto aniversario de su matrimonio.

Aristócrata fabulosamente rico de la línea tradicional, el Barón tenía un palacio que ocupaba una posición singular en la alta sociedad de Pesth. Para que todos comprendan lo que solía llamarse "las rarezas del anciano" es necesario decir algo sobre el pasado de su familia.

Sin embargo, el padre del Barón Richard, brillante caballero, se había mostrado muy disipador, y, después de un período en Viena en un regimiento aristocrático, había dilapidado casi por completo sus inmensas propiedades.

Tuvo que abandonar el servicio de armas y retirarse de la sociedad; sin embargo, este escándalo acababa de ser olvidado, cuando otro acontecimiento dio algo que hacer a las lenguas Pesth: el Barón de Kirchberg se había casado con una joven judía, nacida de un oscuro comerciante, que llevaba una vida modesta en el barrio judío, pero que resultó lo suficientemente rico como para darle a su hija un millón de dote.

Los familiares del Barón se enfurecieron y auguraron todas las desgracias para su vida matrimonial. Ellos estaban equivocados. La unión fue muy afortunada; dotada de espíritu y discreción, la joven baronesa supo atraer a ella muchas simpatías y, lo que era tarea más ingrata, preservar la buena voluntad de su marido. En lugar de alienarse, despreciarlos, con los hijos de su pueblo, los protegió, incluso abriendo su casa a quienes quisieran mostrarles un digno favor a través de la educación. El único hijo de esta feliz pareja fue criado en el más amplio espíritu liberal, muy educado e ingenioso, el joven Barón no podía admitir ningún prejuicio de linaje o creencia; él mismo se casó con una hija de aristócratas, por amor, y convirtió a una de sus hijas en la esposa de un magnate conocido, bendiciendo inquebrantablemente el matrimonio de otra con un joven arquitecto de la más humilde condición.

Su casa siempre estuvo abierta a gente de clase, sin duda de procedencia, y por eso Samuel fue recibido allí sin dificultad.

Como sus festividades eran magníficas y su hospitalidad era bien conocida, la alta sociedad acudió en masa a ellas, a pesar de tener de codearse con una clase que miraban por encima de su hombro.

Perteneciente a la familia de los señores de M. la Baronesa de Kirchberg, el Conde Egon y sus hijos visitaron la casa muchas veces.

Raúl solo apareció allí contra su voluntad. Criado por la Princesa Odila en los horizontes de la aristocracia exclusivista, era aun más rígido a este respecto que su madre: aborrecía todas las reuniones mixtas y tenía, con especialidad, una aversión innata por los judíos. De mala gana, y para no herir abiertamente la hospitalidad de un pariente de su esposa, en tan solemne ocasión, había aceptado la invitación.

Llegada la noche del baile monumental, luminoso y decorado, una multitud llenaba todos los salones, donde se reunía la más pura nobleza. Jóvenes magnates con sus ricas vestimentas militares en sus filas, dignatarios con el pecho lleno de condecoraciones; entre esos peces gordos; sin embargo,

## La Venganza del Judío

había más que un simple artista, periodistas y otras personas de clases bajas, así como algunos financieros israelíes con sus esposas, abundantes en piedras preciosas.

El Príncipe de O. y su esposa llegaron bastante tarde. Cuando entraron al salón, todos los ojos estaban fijos en ellos. Quizás nunca, como esa noche, la deslumbrante belleza de Valéria había causado un encanto tan absoluto, y su vestido despertó tanta envidia a todas las señoras. Un vestido de raso blanco, cola larga, totalmente forrado en tejido brabantino antiguo, encaje que también adornaba el cuerpecito, alrededor del cual se veía una hilera de diamantes formando un plastrón sobre el pecho; la cintura también estaba rodeada por una cadena de las mismas piedras, sujetando el abanico; en su cuello, el adorno con un collar ancho, y en su cabello rubio una pequeña corona principesca, reluciente. Para que el peinado resaltara mejor, la peluquera lo hizo colgar de la espalda, en la nuca, mechones finos, gruesos, sedosos, en la espalda, y una sola rosa roja, aplicada en un hombro, chocaba con la inmaculada blancura de la prenda.

¡El hada de la nieve! ¡La diosa Ondina! – eran exclamaciones que se podían escuchar al pasar la Princesa, y entusiasmadas, y llenas de admiración lo miró a la cara. Feliz, con una sonrisa de orgullo satisfecho en los labios, Raúl la condujo a una silla; Valéria; sin embargo, pronto se vio rodeada por un enjambre de caballeros, y la agitación del baile la excitó.

Valéria, con signos de fatiga, se dirigió al baño de señoras. Descansado, habiendo solucionado algunos ligeros desórdenes en su atuendo, luego caminó hacia el salón de baile, que era bastante grande; sin embargo, en una habitación vacía que anticipaba el salón, donde en ese momento estaban bailando, vio al Barón caminando, hablando con un hombre vestido de civil.

## La Venganza del Judío

El anfitrión la vio de inmediato.

— ¡Entonces! ¿No participa la reina del baile en las danzas, huyendo de sus vasallos? — Dijo, en un tono galante —. Permita, señora. Princesa — continuó, sin siquiera prestar atención al cambio que se estaba produciendo en las mejillas de Valéria, inmediatamente había reconocido a Samuel —, que les presente a mi amigo particular, el señor Barón de Válden, un excelente bailarín que se ve favorecido por la fortuna, como él lo favorece a él la oportunidad de acercarse a la reina de la fiesta. ¿Podría, a petición mía, concederle un vals?

La joven Princesa respondió con un leve asentimiento a la profunda reverencia del banquero. No podía excusarse de bailar con un invitado presentado por el anfitrión; el corazón; sin embargo, latía con violencia, y al mismo tiempo, un sudor frío brotó de su frente. Vio entrar a Raúl, buscándola.

— ¡Ah! Aquí te encuentro, pero ¿no bailas? — Preguntó, acercándose.

— La Princesa viene de conceder un vals al señor Barón de Válden — dijo Kirchberg —. Aun no te he presentado, creo: el Barón de Válden, el Príncipe de O.

Ambos se saludaron con ceremonia. Luego, Samuel, cuya mirada investigadora había comprendido la indisposición de Valéria, la condujo al salón de baile y, poniendo su brazo alrededor de su cintura, la condujo en un vals precipitado.

Al parecer, el banquero estaba absolutamente tranquilo; Aun, Valéria fue consciente de los movimientos agitados de su corazón. Como si soñara, se dejaba llevar en el tumulto del baile, sin atreverse a mirar a su compañero, quien, por instinto secreto, sintió la mirada ardiente sobre ella.

Samuel se detuvo al girar por todo el pasillo. Se ubicaba a la entrada de un gran invernadero, que invitaba al descanso por su agradable frescor y penumbra. Dándole a su dama su brazo, la tomó allí, y su confusión fue extrema: la palidez y el rubor reemplazaron su rostro, y su mano, colocada suavemente sobre el brazo del banquero, tembló como una hoja al viento. Ella bien sabía que tal emoción era imperdonable y vergonzosa debilidad, en lo que a este hombre respecta, tan perfectamente sereno, y cuya apariencia no revelaba más que una cortesía fría y respetuosa.

Pasó un criado con una gran bandeja cargada de refrescos.

Para darse un aire de valor, la Princesa lo acercó y tomó un vaso de limonada fría. En el momento en que las tomas Samuel se llevó la mano a los labios y, arrebatándole la taza, que le devolvió la bandeja, dijo en tono cortés:

– ¡Ah! Señora, ¿qué diría el Príncipe, viéndola tan ruborizada por los bailes, ingerir esa bebida fría?

Valéria se quedó callada, llena de admiración y rabia.

– ¿Cómo te atreves? – Murmuró –. ¡Eres bastante insolente! – El banquero la miró con expresión sarcástica:

– Soy un hombre que no guarda rencor, señora Princesa; no te permití contraer alguna enfermedad fatal, porque eso no vale la pena, ni el vals que tanto significó para ti, porque lo bailaste con un judío. Mientras tanto, alteza, me apresuraré a traerle una taza de té.

Con una leve reverencia, se fue.

La joven Princesa, asfixiada por la emoción, buscó refugio en el lugar más oscuro del invernadero y se postró en una banca de terciopelo que los arbustos en flor disfrazaban. ¿Cómo se atrevía a ofenderla? ¿Ironizarla? ¿Ya no la amaba? Pero, ¿por qué este miedo por su salud entonces?

## La Venganza del Judío

Lágrimas amargas rodaban por su rostro, todo en ella estaba revuelto, hasta un grado inexpresable.

En ese momento, una voz que conocía bien dijo:

– Está aquí.

Y vio a Samuel, que iba delante de un sirviente, llevando la taza de té.

La mirada escrutadora del banquero había encontrado su refugio de inmediato.

La joven, en un instante, se secó las mejillas húmedas con su pañuelo, y se levantaron; sus hermosos rasgos adquirieron una expresión fría y desdeñosa.

Levantando, ciertamente, con expresión orgullosa, la cabeza coronada de diamantes, pasó cerca del banquero, sin dignarse a mirarlo ni una sola vez.

Cuando el asombrado mayordomo se alejó, Samuel se sentó en la banca que ella había dejado y encontró el pañuelo en el suelo.

Valéria lo había dejado caer cuando se levantó. Lo levantó, sintiendo que la fina tela, bordada con delicados encajes, estaba toda mojada por las lágrimas.

– ¡Valéria, Valéria! ¡Todavía me quieres porque derramaste lágrimas por nuestro encuentro! – Murmuró, llevándose el pañuelo a los labios.

Luego se lo metió en el pecho y, apoyado en el respaldo de la banca, soñó con el pasado.

Mientras se desarrollaba esta escena, Raúl, atacado por un dolor de cabeza nervioso, no bailaba; apartándose del Barón de Kirchberg, buscando un momento de descanso, se había refugiado en el profundo recoveco de una escalera, donde el mullido sillón invitaba al descanso. Gruesas cortinas lo aislaron de la habitación contigua. Había pasado unos minutos en este retiro, cuando escuchó pasos y, al otro lado del telón, una voz dijo:

— Sentémonos aquí, Henry, para tomar un sorbo de té y descansar un poco.

— De acuerdo, pero continuaré con lo que vengo diciendo: ¿has notado, Carlos, que la Princesa de O. se ha permitido bailar con el recién surgido banquero Maier, el Barón de Válden? Es casi una obsesión, entre los descendientes de Israel, a vestirse con títulos de nobleza. Sin embargo, ¿quién se atrevió a presentarle a la Princesa? Es bastante molesto que Kirchberg tenga la costumbre de invitar a tales personas; y más, imponer a este judío como un caballero de una dama de alto nivel.

La jerarquía, como la bella Valéria, es una gran impertinencia, en mi concepto.

El que respondió al nombre de Carlos rio burlonamente.

— Escucha: te confiaré algo más picante. Nadie ignora que los bienes de la familia de M. estaban en mal estado, y muy cerca estaba la ruina total, cuando el banquero Maier se enamoró, quién sabe cómo, de la Condesa Valéria prediciendo la repugnancia de la familia, que no lo aceptaba, acaparó el total de las deudas de los dos Condes y se apoyaba en estos papeles sellados que hizo su pedido. Se supone, por tanto, que fue aceptado, ya que asiduamente se presentó en la casa de los M. durante algún tiempo e incluso estos lo visitaron en su finca Rudenhof. Además, fue visitado por un sacerdote, que lo bautizaría; en el intermedio.

Con el tiempo; sin embargo, apareció el Príncipe de O. y todo cambió, pagaron y despidieron al judío.

## La Venganza del Judío

— Espera: ¿de qué fuente recibiste esa información? Oficialmente, no se dijo nada sobre estos esponsales.

— No es motivo de sorpresa, ni hubo motivo para presumir de ello. En lo que respecta a mi información, proviene de una fuente valiosa. Mi padre conoció a un corredor que vendió letras de cambio del Conde a Levi, el principal agente de Casa Maier, quien ha estado buscando por todas partes. Además, esta esposa de Levi que te hablo es dueña de una casa de modas, y una de sus sirvientas hace unos años que presta servicios a mi madre y hermanas, y esta niña es tan curiosa como indiscreta, conociéndose la noticia a través de una sobrina de la señora Levi, con quien mantiene una amistad.

Es por su curiosidad que nos enteramos de las visitas de Maier, su bautismo premeditado y su intento de suicidarse, que tuvo lugar con motivo del compromiso del Príncipe con la entonces Condesa. Fue un placer para mí ver a la hermosa Princesa bailar con el novio resignado. Ella estaba muy agitada. Quizás, quién sabe, estaba contenta... ¡No le va mal, ese judío!

— ¡Aquí hay una fábula! Pero escucha: es la música que comienza de nuevo: es hora de conseguir a nuestras damas.

Raúl lo había escuchado todo, y su interés e ira siempre crecían; al darse cuenta que los dos conversadores se habían alejado, trató de analizarlos a través de una rendija en los pliegues de la cortina: uno de ellos era un oficial de infantería; el otro, a quien no conocía, un chico vestido de civil. Extremadamente agitado, el Príncipe volvió a sentarse; La desconfianza acre se había apoderado de su corazón.

¡Este, por tanto, era el hombre al que estaba destinada Valéria! Sin lugar a dudas, era guapo y su apariencia y modales no mostraban nada de la bajeza de su raza. Y si, de hecho, a pesar de todo, ¿él pudiese ser de su agrado? En un frenesí de sospecha, Raúl recordó y relacionó todas las circunstancias, incomprensibles para él, que habían sucedido desde su compromiso: la profunda y extraña tristeza de la niña, el viaje inesperado a Nápoles, los nervios siempre tensos de Valéria, la indisposición del día de la boda. La sangre le hervía en la cabeza. Habría pasado por un idiota, ¿pasado por un... judío?

Entonces empezó a recordar la bondad de Valéria, la amistad que ella le mostró, desde su mirada cristalina y pura, y apartó cualquier sospecha de traición. Su ira era toda contra Samuel y Kirchberg: contra el primero, porque se había atrevido a entrar en una sociedad por encima de su clase; contra el segundo, porque se había atrevido a presentar a su esposa a un hombre así.

– Esto es lo que obtienes por violar los preceptos tradicionales – murmuró, poniéndose de pie –. Si no hubiera llevado a Valéria a una reunión en la que siempre te amenazan con codearte con la gentuza, se habrían evitado todos esos cancanos venenosos.

Preso de una intensa rabia, salió en busca del dueño de la casa, porque quería representarle a ser más escrupuloso en la selección de los invitados que le presentaría a Valéria. Habiéndolo encontrado, pidió unos momentos de atención y, para estar completamente a gusto, lo llevó al invernadero.

Junto a un pequeño bosque, se detuvieron sin sospechar ambos, que del otro lado seguía sentado Samuel, y que tan cerca, tenían un testigo tan interesado.

– ¿Qué es lo que te conmueve, Príncipe? Estas muy nervioso – preguntó el Barón, aturdido por esta conferencia secreta.

## La Venganza del Judío

– Mi querido Barón, ahora sé quién es la persona que hace poco me impusiste como el nombre de Barón de Válden, y escuché los comentarios de conocidos míos que se sorprendieron al verlo bailar con la Princesa. Acepto sus opiniones; sin embargo, no puedo despreciar aquellos en los que me crie. Así que me conformo con encontrarme con judíos en sus pasillos, pero le ruego encarecidamente la necesidad de evitar su contacto con mi esposa. Siento una aversión invencible por una raza de avaros que se apoderan de títulos nobiliarios para mancharlos.

Vergüenza y descontento se mezclaron en la expresión del Barón, pero no tuvo oportunidad de responder. Llegó a surgir de la oscuridad una aparición inesperada. Fue el banquero quien, pálido, pero no, se detuvo frente a Raúl.

– ¡No creo que sea un usurero, Príncipe! – Exclamó con voz agitada, pero conteniéndose –. ¡Exijo que me des satisfacción por este insulto! ¡Te dejo la elección de las armas!

Raúl lo miró de arriba abajo, su mirada inexpresable; demostró, aparentemente, que había recuperado toda la calma. Su bello semblante reflejaba un aire de orgullo, y sus ojos tan gentiles y normalmente tan tiernos, que ardían con desprecio e infinito orgullo.

– Lo siento, Sr. Maier, no es posible satisfacerlo – dijo, midiendo sus palabras con frialdad –, pero no peleo excepto con los de mi condición; es decir, con los aristócratas de nacimiento. Lo que has oído de mí; sin embargo, no puede ofenderte: eres israelita y la opinión de esta raza es bien conocida e indiscutible. Escuché de un hombre de tu pueblo que, perdido en la pasión por una doncella de casta noble, se ocupó de la ruina de sus parientes, convirtiéndose en el único poseedor de todas sus acciones, y emitió la citación a la joven a elegir entre su persona y la deshonra de los suyos. Tal procedimiento me parece incluso peor que la usura, como piensan todos los nobles.

Mirando a Samuel con una última mirada de frío desprecio, el Príncipe se volvió y se fue.

Un intenso rubor cubrió las mejillas de Samuel, quien, lívido, se tambaleó, como si le hubieran dado una bofetada.

– Valor, mi joven amigo, recupera el ánimo – dijo el Barón, tomando sus manos –. Haré que este loco vuelva a sus sentidos, y pronto todo se reconciliará, lo prometo. ¡No podré permitir eso, que uno de mis invitados sea insultado, bajo mi techo!

– Yo también siento que se me ha cometido una pequeña ofensa en tu hospitalaria morada – replicó Samuel, tratando de calmarse –. Sin embargo, le pido, señor Barón, que no prolongue este incidente de ninguna manera. todos tus parientes tendrían que estar de acuerdo con el Príncipe; como un escándalo, lo que ha pasado hasta ahora es suficiente. Concédeme; sin embargo, que me retire; bien puede comprender que ya no me siento capaz de seguir disfrutando del placer de este baile.

Conmovido y furioso, el Barón condujo al banquero al vestíbulo, jurándose a sí mismo mostrar, con frecuentes visitas, la estima que le inspiraba el joven israelita.

## 8.- LA VENGANZA DEL JUDÍO

No se puede describir el estado emocional de Samuel en el momento en que volvió a entrar a su casa. En su cerebro inflamado se agitaba la ira, la desesperación, el orgullo herido y el deseo de tomar venganza. Como un tigre herido, rodó en su cama, y solo cuando amaneció un sueño denso y febril trajo algo de paz a sus tensos nervios.

Unos días después, aparentemente se calmó; sin embargo, en su pecho se había arraigado un odio inmenso contra el Príncipe, un odio tan absoluto que a veces también abrazaba a Valéria. Para vengarse del hombre maldito que le había robado a la mujer que amaba; quien le disparó la culpa de la usura; que lo había tratado con tanto desprecio y rechazado la satisfacción de sus agravios, se atrevería a sacrificar incluso la propia vida. Ese pensamiento no lo dejó solo por un momento, y dominaba su alma tanto como le parecía difícil llevar a cabo su propósito.

Caminó por la oficina durante horas, torturando su cerebro para encontrar una manera de herir, en el corazón mismo, a ese hombre que se consideraba a sí mismo invulnerable, bajo la triple armadura que formaba su nacimiento superior, inmensa fortuna y vida irreprochable.

## La Venganza del Judío

Samuel se puso pálido y delgado bajo la influencia de ese pensamiento que no lo abandonaba. Desanimado, a veces, sin esperanza de llevar a cabo victoriosamente su venganza; otros, con redoblado vigor, intentaron idear un plan para llegar a su fin.

Se entiende que, agitado por tal estado de ánimo, la noticia que Ruth pronto sería madre no significó nada para él; sin embargo, este hecho provocó un cierto acercamiento entre los cónyuges. Samuel consideró parte de su obligación dirigirse a su esposa con unas frases de cariño, lo que provocó que la infortunada Ruth, cuyo corazón, herido, anhelaba la reconciliación, renunciara a su obstinado silencio, rompiendo su voto y estableciendo relaciones más estrechas entre ellos...

Una mera casualidad tuvo el poder de reavivar la ira de la venganza en el corazón del banquero y llevarlo a un camino decisivo.

En una mañana determinada, el padre Martincito, que cumplió su promesa de visitar a su antiguo discípulo todos los meses, después de saludarlo, le preguntó:

– ¿Está enfermo, señor de Válden? Me encontré con el médico que salía de su casa.

– Se trata de mi esposa, que está indispuesta, porque el embarazo para ella es realmente doloroso.

– ¡Ah, serás padre! Permíteme saludarte, mi joven amigo, y debemos esperar que este feliz evento haga que los últimos rastros de un pasado infeliz. La Princesa Valéria también espera el nacimiento de su heredero.

– ¿Y para cuándo? – Preguntó el banquero, disimulando la emoción de su alma con aire de indiferencia.

– Para los últimos días de junio.

## La Venganza del Judío

Samuel se estremeció: una idea diabólica, quizás impulsada por algún espíritu oscuro, de repente pasó por su cerebro. Esperó con impaciencia a que el sacerdote se fuera. Luego se encerró en su habitación, para pensar mejor en su nueva intención. Ruth también esperaba el nacimiento de su hijo a finales de junio; si le fuera posible intercambiar a los dos hijos – dos hijos, preferiblemente –, se convertiría en poseedor de un arma que, más tarde, podría infligir la muerte al hombre al que tenía un odio que le salía de las entrañas del alma.

De hecho, este orgulloso aristócrata, que solo admitía tener relaciones con los de su clase, educaría, dispensaría sus afectos y tendría como heredero a un hijo de la despreciable raza, mientras que el verdadero Príncipe se haría judío.

Imprimiría en su mente, desde los primeros años, el odio a todo lo que concierne a los cristianos; no lo convertiría en un nuevo Samuel, sino en un judío aborrecible y fanático, un verdadero avaro; y, en el momento oportuno, revelaría la verdad, riéndose de la vergüenza, de la impotente ira del Príncipe, porque él, Samuel, se retiraría a la justicia humana con un disparo de revólver.

Calcularía, esta vez con más cuidado, su objetivo, y terminaría sus días con alegría, sabiendo que su muerte sería doble venganza contra su enemigo. Tal proyecto lo emborrachó y, ante el mero pensamiento que la mala suerte podría poner todos sus planes por el agua, al dar a luz las madres hijos de diferente sexo, o con muy gran diferencia en la fecha del nacimiento de ambos, una rabia ilimitada se apoderó de él.

El tiempo de espera, que no pudo acortar, lo utilizó para madurar su proyecto, para ajustar todos los detalles y todas las eventualidades. En la ceguera de su odio vengativo, no consideró cuán atroz era el plan premeditado que jugaba criminalmente con el destino de su propio hijo.

## La Venganza del Judío

Un hecho inesperado, que tuvo lugar en la primavera, reforzó su odio y su determinación.

Su corredor, Joshua Levi, vino con abundantes lágrimas en los ojos, pídele un permiso de unos días, porque necesitaba enterrar a su segundo hijo a la edad de nueve años.

– ¿Cuál fue la causa de la muerte del niño? – Preguntó Samuel interesado.

– Murió, miserablemente, ahogado. ¡Oh, estos *goys* del infierno!

Levi rugió, levantando los brazos al cielo.

– ¿Qué tienen que ver los *goys* con la muerte de su hijo?

– ¡Uno de ellos podría haberlo salvado, pero no se molestó porque era un judío moribundo! ¡Que Jehová hiera y destruya a este Príncipe de O., bestia desarraigada!

El banquero agudizó su atención, lleno de asombro.

– Toma asiento en este sillón, Levi, y cuéntame, lentamente, todo lo que ha sucedido.

– Mi chico se había ido, ayer, en compañía de nuestra vieja criada Noemia, visitando a un pariente que vive al otro lado del río – comenzó Levi, secándose las lágrimas –. La distancia era larga, cerca de la isla Margarita. Hacia las siete, Noemia y el niño regresaban en una pequeña lancha y, ya cerca de la playa, vieron innumerables damas y dos oficiales esperando la llegada del bote para pasar a Ofen. El Príncipe de O. era uno de los oficiales, y el otro era un ex oficial, coronel de croatas, a quien no conocemos. Justo antes que se acercara el bote, Baruch, lleno de vivacidad como estaba, tenía la intención de saltar al pequeño puente; sin embargo, falló el salto y se sumergió en el agua. Al darse cuenta que el niño se estaba ahogando, el Príncipe de O., rápidamente, comenzó a desvestirse, y Noemia, que estaba emitiendo gritos angustiosos

## La Venganza del Judío

y agudos concibió alguna esperanza al ver este gesto, cuando, inesperadamente, el Príncipe se detuvo:

– ¡En efecto! ¡Parece que eres judía!

– ¡Ah! ¡Ah! ¡Ah! Exactamente, y me asombra que te des al riesgo de un baño frío por tal gentuza – exclamó el croata –. El Príncipe estaba muy pálido; su mirada se volvió rencorosa, se abrochó el uniforme y se alejó. Poco después, un barquero sacó al niño del agua... ¡pero ya estaba sin vida!

Después de prodigarlo con algo de consuelo lo mejor que pudo, Samuel despidió a su desventurado padre. Todos sus sentimientos estaban nerviosos y enojados.

– ¡Bastardo! – Murmuró con los dientes apretados, que se ahogue un ser humano, porque es parte del pueblo al que persigue con odio ciego; espera, sin embargo; la Némesis está muy cerca, ¿quién sabe?

En la noche de ese mismo día, Samuel le dijo a su ayuda de cámara, que lo estaba ayudando a desvestirse:

– Esteban eres muy consciente de lo profundo que fue el interés que sentí por la que ahora es la Princesa de O. No debo, por tanto, ser absolutamente indiferente a las cosas que le conciernen, y quiero saber a qué hora dará a luz y cuál es su estado de salud. Creo que tienes amistades en el palacio de O.

Te recompensaré regiamente, si me informas de lo que allí está pasando, y pronto, sobre todo, del citado suceso.

– Será muy fácil, ya que la doncella de la Princesa, llamada Marta, es mi novia; puede el señor Barón estar seguro de todo mi celo por servirte – fue la respuesta del criado, cuyo rostro terso se iluminó con un destello de gozo codicioso.

Eran los últimos días de junio, una tarde espléndida. En la terraza que comunicaba con el jardín, Samuel Maier estaba solo.

## La Venganza del Judío

Apoyado en medio de un sillón de caña, miraba distraídamente el reflejo de la fuente, cuyo chorro de agua, disolviéndose en aerosoles, tenía, en los tenues rayos del sol, destellos de miles de diamantes.

En esa circunstancia; sin embargo, ni la belleza ni la tranquilidad de la naturaleza ejercía alguna influencia sobre el alma inquieta del banquero, cuyos rasgos expresivos mostraban íntima preocupación, desesperación casi febril.

Hacía dos días, Ruth le había dado un hijo; sin embargo, no le habían llegado noticias de Valéria. La preocupación de traer una chica al mundo, haciendo volar todos sus planes de venganza en el humo, fue tal que le quitó todo el descanso.

Un discreto chirrido de su garganta, que se podía escuchar detrás de él, cortó la trayectoria de sus pensamientos. Al volverse, encontró a Esteban.

– ¿Qué quieres?

– Señor Barón – el criado se acercó con una expresión de misterio –, acabo de enterarme que Mme. la Princesa Valéria, anoche, dio a luz a un hijo. Marta no pudo hacerme consciente del hecho, porque su ama se siente muy mal y toda la casa está alborotada.

Samuel se puso de pie, como si moviera un resorte invisible. Un rubor de fuego tomó el lugar de la palidez que repentinamente lo había invadido en su rostro. Los ojos brillaron con una alegría casi inhumana.

– Ven conmigo, Esteban. Necesito hablar contigo.

Llegó a la oficina, y después de haber cerrado las puertas con meticuloso cuidado, Samuel dijo sin rodeos:

– ¿Quieres hacerte rico, independizarte y casarte rápidamente con tu novia? En resumen: ¿quieres ganarte una fortuna, como pago por un servicio que tú y Marta pueden prestarme? – El rostro calculador del sirviente se iluminó.

– ¡Oh! Barón, por supuesto. Ejecutaremos todas las cosas que nos pidas, que sabemos cuánto sabes recompensar... Menos muerte – finalizó, bajo la mirada, vacilante.

– ¡Idiota! ¿Crees que te pediría un crimen de asesinato? Es solo un intercambio; Quiero que el hijo de la Princesa de O. sea mío., mientras que mi hijo debe ocupar el pesebre del principito.

Tonta admiración se reflejó en el rostro del sirviente.

– Yo... no entiendo, ¡porque deseas alejarte de tu hijo! – Dijo, balbuceando.

– Los motivos que me mueven no deben formar parte de tus preocupaciones; basta con que sepas que deseo consumar el intercambio de los dos chicos y que, si convences a Marta para que te ayude en esta empresa, serás rico.

– Le ruego al Barón que me perdone mi estúpida exclamación – pidió Esteban, que había recuperado la frialdad –. Pienso que Marta tendrá su sabiduría en su lugar para no dejar pasar esta oportunidad, sacrificando su propia fortuna, y yo la buscaré de inmediato para acordar los medios para lograr nuestro fin.

– Vete, pero vuelve lo antes posible, porque el intercambio tiene que realizarse esta noche.

Estando solo, el banquero paseó por la oficina, con pasos impacientes. Le parecía el espacio de un siglo cada momento de esta febril espera. Había pasado casi una hora y media, cuando Esteban finalmente regresó. Había un aire de animación en su rostro y sus ojos astutos brillaron de satisfacción.

– Todo está preparado, señor Barón; no fue sin dificultad, sin embargo – aclaró, secándose el sudor de la frente

## La Venganza del Judío

–. En verdad, al principio, la estúpida Martha no quería unirse, pero usé todos los medios para convencerla, y ahora ella está completamente de acuerdo; la ocasión también es muy propicia: el Príncipe y la Condesa, que estuvieron con el paciente toda la noche y todo el día, simplemente se retiraron a descansar unas horas. El niño y la enfermera están en una de las habitaciones cercanas, pero esta campesina no nos enfrentará a obstáculos. Lo que preocupa a Marta es el camino cómo ahuyentar a la comadrona, que vigila la cama de la Princesa como un Argus, y en todo momento entra también en la habitación donde está el chico.

Samuel, que había escuchado todo en silencio, se acercó a un armario junto a la pared, lo abrió y sacó un jarrón diminuto, lleno de un líquido incoloro.

– Dale a Marta esta botellita; con cinco o seis gotas de su contenido vertido en la bebida de la nodriza y la partera permanecerá inactiva durante aproximadamente tres horas. Date prisa y luego vete.

Esperarás a que se tomen estas medidas y vendrás a avisarme.

Por supuesto, irás en coche, pero lo harás de tal forma que el cochero no pueda sospechar de dónde vienes ni hacia dónde te diriges.

– Así lo he hecho, señor Barón. Puede estar seguro de mi prudencia.

El criado ya había llegado a la puerta, cuando Samuel lo llamó:

– Un momento, todavía no me has explicado dónde y cómo se llevará a cabo el intercambio.

– Cosa muy fácil: la habitación de la Princesa está en la primera de las ventanas del dormitorio y la habitación contigua dan al jardín; del despacho desciende una escalera de caracol que llega a una terraza, pequeña, decorada con arbustos, formando una arboleda. Marta ya ha abierto la trampilla de atrás, para mí, por la que pasan los jardineros. Entraré por este pasaje, deslizándome hacia la terraza.

Ella esperará en lo alto de las escaleras y, a una señal que ya conoce, traerá al principito.

– Está bien. ¡Date prisa, vete!

Después que Esteban se fue, Samuel sacó del armario, que aun estaba abierto, otro frasco idéntico al primero, se lo guardó en el bolsillo del chaleco y se dirigió a las habitaciones de Ruth.

En un compartimento que precedía al dormitorio, tropezó con la enfermera gorda y de apariencia sencilla, que, colocada frente a una cafetera y una canasta de pasteles, ya había llenado su taza de café y estaba lista para probarlo. En presencia del dueño de la casa, se levantó avergonzada y explicó, como para disculparse:

– La señora Baronesa y el pequeño están durmiendo, así que no los molesto con ruido y estoy cerca para recibir llamadas, vengo aquí a tomar mi café.

– Bebe, bebe, mi buena señora Saurer; debes reunir todas tus fuerzas para mantener una buena vigilancia – dijo Samuel con benevolencia.

– Busco una billetera pequeña, que esta mañana olvidé en el tocador; sin embargo, para no molestar al resto de mi esposa que está descansando, no entraré: tenga la bondad de entrar y traérmela. Es el de marroquín rojo, los ángulos en plateado.

## La Venganza del Judío

La mujer se fue, rápidamente, y apenas pasó detrás de la cortina, Samuel abrió la botella y, en un instante, echó unas gotas del sedante en la taza de café.

– Disculpe, Sr. Barón, pero no pude encontrar esa billetera – aclaró la enfermera, regresando algo perpleja.

– Bueno, bueno, tengo que ocuparme de eso yo mismo; tengo en ella algunos papeles de los que no puedo separarme – respondió Samuel, entrando de puntillas en el dormitorio, tenuemente iluminado por una lámpara.

Tan pronto como sus ojos pudieron acostumbrarse a la penumbra, caminó con cuidado hacia la cama, junto a la cual se colocó una cuna, rodeada de cortinas de seda. Ruth roncaba, pálida y visiblemente agotada, y sobre la mesa puesta a la cabeza una taza llena de té de hierbas. Samuel lo suspendió y también vertió en él unas gotas de la pastilla para dormir. Tuvo el tiempo justo para dejarlo sobre la mesa y esconder el frasquito en su puño cerrado, porque Ruth se despertó, y sus grandes ojos de terciopelo negro, sorprendidos, se posaron sobre él.

El banquero se inclinó ante ella, pareciendo tranquilo, y preguntó:

– ¿Cómo estás, Ruth? Estabas tan exhausto esta mañana, que yo estaba angustiado.

Un destello de alegría deslumbró el rostro de la joven judía.

– Yo... ¡Oh! ¡Samuel! Si hubiera sinceridad en lo que dices, esto sería suficiente para devolverme la salud – tomó la mano de su esposo y la tapó de besos –; si pudieras amarme, ¡cómo dedicaría toda mi vida a hacerte feliz!

La penumbra reinante le impedía a Ruth discernir la sonrisa forzada que se dibujaba en los labios del banquero;

entre tanto, se inclinó, besó a su esposa y, sentándose después, en el borde de la cama, dijo cariñosamente:

– Cálmate, Ruth: estás muy nerviosa. ¿Quieres que te dé de beber?

Con un gesto de consentimiento, levantó a la joven y la hizo tomar unos sorbos del líquido.

– Ahora, duerme – dijo, pasando su mano por su frente en un gesto amoroso.

– Agradecida. Me siento bien – susurró Ruth, con una sonrisa de agradecimiento y entrecerrar los ojos, lentamente. En su camino de regreso, pasando por la oficina, Samuel vio a la enfermera tomar una segunda taza de café.

"Durante unas horas estaré libre de su vigilancia" – murmuró satisfecho, volviendo a entrar en su oficina.

Veinte veces el banquero había consultado su reloj, con impaciencia, casi delirando, cuando Esteban finalmente reapareció.

– Rápido, señor Barón, deme al niño, que todo está listo y no podemos perder ni un momento. ¡Mire! – Sacó un paquete de debajo de su abrigo, que abrió, esparciendo su contenido sobre el escritorio –. Camisa, gorra y pañales con el escudo del Príncipe, cosas que envió Marta, porque es necesario vestir al niño con esta ropa; sin embargo, me temo que la Condesa Antonieta entrará por casualidad en la habitación.

Bueno, iré yo mismo; pero búscame una capa mientras voy a buscar al chico.

En la oficina, Samuel vio a la enfermera, sentada a horcajadas en su silla, completamente dormida; Ruth también dormía. Luego, pasando la llave por la puerta que daba acceso al dormitorio, Samuel se acercó a la cuna y sacó al niño con cuidado. Ayudó a Esteban, vistió al niño inocente con las ropas que le traía el sirviente, lo cubrió con una manta liviana y, escondiéndolo bajo su manto, se fue con Esteban, saliendo por la puerta secreta del jardín.

Tal fue la ceguera de venganza del banquero que su conciencia no se rebeló; ninguna fibra de su corazón fue tocada, en el mismo instante de concluir el complot criminal, y arrojar al infortunio de un futuro incierto al pequeño ser que le debía la vida.

Cuando llegó a la primera esquina, tomó un coche y, sin ningún problema, los dos hombres entraron al jardín del Príncipe.

Oscura era la noche sin luna. Llenos de infinitas precauciones, caminaron por callejuelas desiertas y, llegando a la terraza, Esteban tosió discretamente. Después de unos momentos de espera, se escuchó un paso cauteloso y suave en la escalera de caracol, y luego salió Marta, pálida, temblorosa, y trayendo al niño en brazos. En silencio, prosiguió el intercambio; inmediatamente, la doncella desapareció, como una sombra, en las escaleras, y los dos hombres, corriendo llegaron a la puerta de salida del jardín.

De regreso a su oficina, Samuel se preparó para vestir al niño con la ropa de su hijo; sin embargo, cuando levantó la tapa, y vio, por primera vez, al hijo del que había traicionado y execrado a su rival, un sentimiento desconocido, a la par que celos, desesperación y odio, se apoderó de su corazón, que había estado tan frío al separarse de su propio hijo. El delicado rostro del niño no se parecía en nada a Valéria, pero era su hijo quien, en ese preciso momento, se despertaba y lloraba débilmente.

## La Venganza del Judío

Al escuchar el llanto débil, la ira vengativa del banquero se mezcló con un sentimiento doloroso, una mezcla de amor y piedad; comenzó a apreciar al niño, que pronto se durmió.

– Espérame aquí y te daré la recompensa que te prometí – le dijo a Esteban.

Ruth y la enfermera aun dormían, y poco después, el Principito desheredado roncaba en su cuna donde despertaría como un judío millonario.

De regreso a su oficina, Samuel abrió su escritorio, separó dos hojas de una chequera y, después de escribir algunas líneas en ellas, se la entregó a Esteban.

– De estos cheques, uno es para ti, otro para Marta. Tan pronto como presente estos cheques en el State Bank en Viena, les pagarán la cantidad que figura en ellos. Solo haré una observación: una fortuna tan repentina despertará sospechas contra ustedes, y procede con prudencia a abandonar el país.

Echando un vistazo a los papeles, el sirviente palideció asombrado por la considerable suma.

– ¡Oh! ¡Sr. Barón! Eres tan generoso como un rey – balbuceó, tratando de agarrar la mano del banquero y besarla – . En lo que se refiere a salir del país, ya lo habíamos deliberado. ¿Qué placer tendríamos de disfrutar de nuestra riqueza, viviendo en una tierra donde se nos conoce como sirvientes? Marta tiene un tío que vive en Norteamérica e iremos allí en cuanto nos casemos.

Finalmente solo, Samuel se retiró a la cama, aturdido por varios sentimientos. Terminado fue el paso inicial hacia su venganza, y el futuro le proporcionaría un triunfo aun más brillante: el aristócrata desdeñoso, que no reconocía ningún derecho de la humanidad excepto los de su rango, acariciaba y criaba a un niño de la raza odiada, que llevaría el orgulloso

## La Venganza del Judío

nombre de los Príncipes de O., mientras que el heredero real de la antigua e ilustre jerarquía se convertiría en un judío usurero, un enemigo intransigente de todo lo cristiano, y se volvería incapaz de ocupar la posición que un día se vería obligado a retomar.

"De hecho, si el diablo tiene una existencia real, se aliará conmigo en esta empresa" – pensó el banquero con malévola satisfacción –. ¡Aun así, la gente, mis únicos cómplices, cuya presencia bien podría molestarme, abandonarán Europa por tiempo indefinido!

Ahora tendremos que saltar sobre una pausa de veinticuatro meses avanzando hacia el pasado con una mirada que recuerda los eventos que tuvieron lugar durante ese período de tiempo en ambas familias.

Después que Ruth se recuperó, Samuel se sintió avergonzado, todavía que, en contra de su voluntad, seguir interpretando el papel al que se había sometido cuando su joven esposa, abriendo los ojos, lo había agarrado junto a su cama, segundos después que él hubiera derramado el narcótico. Había dado señales, entonces, de ternura, afecto e indulgencia; sin embargo, Ruth, que lo amaba apasionadamente, había aprendido rápidamente que cualquier expansión abierta de ese amor era desagradable hacia su marido y que su amabilidad amistosa solo cubría la total indiferencia. Desesperada, la joven lloró; sin embargo, convencida que sus ataques de llanto solo ayudarían a alejar a Samuel de casa, se había vuelto introspectiva, buscando refugio y consuelo con el hijo al que idolatraba.

Sin embargo, el temperamento de la joven judía era muy apasionado y no era de esperar que se sometiera pasivamente; indignada en todos sus sentimientos, dejó que su amor tomara otros caminos, a medida que pasaban los días, involucrándose por celos enfermizos, sospechosos.

Asaltada por la sospecha, llena de rabia, veló por las constantes salidas de su marido, y terminó por convencerse que las incontables tardes que él pasaba fuera eran consagradas a alguna rival favorita, mientras dejaba a su esposa en degradante abandono, confiándole, en todo caso, la función de una buena ama de casa.

La unión de Raúl con Valéria, igualmente, estuvo lejos de ser afortunada. Las imprudentes palabras que había escuchado, el día del magnífico baile en la residencia del Barón de Kirchberg, cayeron como capa de hielo en su corazón joven e ingenuo. Concibió sospechas que muchas de las extravagancias en la forma de proceder de Valéria se explicaban por un amor oculto por el banquero judío y, con solo pensar en tal cosa, todo se agitó, como un volcán, dentro de él.

Raúl era generoso, cariñoso y amable por naturaleza. Sin embargo, la inmoderada adulación en la que su madre lo había criado; los cumplidos y favores de todos los que se acercaron al apuesto y rico Príncipe, le causaron graves daños. Se había acostumbrado a ver todos sus deseos, juzgarlos como un tributo al que tenía derecho a la admiración general; la preferencia que mostraba por alguien, la tenía en cuenta de favor excepcional.

Por supuesto, tales pretensiones y exigencias estaban bien escondidas bajo modales delicados, revestidos de un encanto irresistible por su bondad natural. Sin embargo, temeroso que el corazón de su esposa no le perteneciera total y exclusivamente; que ella fuese capaz, aunque sea por un momento, de poner al Príncipe de O. en la misma línea, que ese rico avaro, se produjo una revolución en su corazón. Todo el orgullo de su linaje, el exclusivismo aristocrático que le había impuesto su crianza, se desarrolló en su ser con insospechada firmeza.

Sin duda, la Princesa Odila fue especialmente exclusiva, ya que aborrecía y rechazaba los encuentros mixtos; Raúl, más aun, excediéndola, afirmó categóricamente que solo iría a las casas donde podía asegurarse de no emparejarse con advenedizos enriquecidos.

Su mayor ira cayó sobre la raza de los judíos, a quienes personificó en Samuel Maier, el descarado que se había atrevido a ofrecer su mano a Valéria. Él provocó una sorda persecución de los israelitas dondequiera que los encontrara y de todos los que ocupaban algún cargo en sus propiedades fueron arrojadas a la calle sin piedad. Prestando atención a ese mismo sentimiento, dejó morir al inocente Baruch, él, que ayudaría a un perro ahogándose.

Sin embargo, el remordimiento por esa acción lo perseguía inexorablemente. Estaba incómodo consigo mismo, y su condición se reflejaba en todos, incluso en su esposa, que la hacían sentir.

Valéria sufrió mucho por esta situación; en su corazón sentía que algunos vestigios del pasado habían entrado en los oídos de su marido, lo que lo mantenía alejado de ella; sin embargo, la deslumbrante belleza de la joven Princesa aun dominaba el corazón del Príncipe y, en ocasiones, parecía que todo su amor revivía.

Con el nacimiento del primogénito, pareció producirse un cambio feliz en él; padre, a los veintidós años, se embriagó de alegría y orgullo, cuando Antonieta puso en sus brazos a un hijo, heredero de su nombre; rodeó a su esposa de atención y amor; toda su pasión parecía renacer, y la paz habría reinado para siempre, si un episodio inesperado no hubiera llegado a confundirlo todo y reavivar la desconfianza de Raúl.

Casi dos meses después del nacimiento de su primogénito, Valéria estaba refinando su tocador y el Príncipe se acercó a ella para preguntarle algo. Conversando, absolutamente a gusto, tomó de la mesa un medallón que su esposa siempre llevaba y que traía su retrato, estaba seguro. La abrió y miró la miniatura; Aun, al mirar a su esposa, tuvo la impresión que la emoción íntima se agitaba en ella.

– Dame ese relicario, quiero ponértelo alrededor del cuello – exclamó Valéria, extendiendo la mano enérgicamente.

La adormecida sospecha de Raúl despertó de nuevo con violencia. Se alejó y habló, analizando minuciosamente la joya:

– Te lo devolveré en una hora.

– ¡Qué absurdo! Siempre tengo este medallón conmigo; ¡Estoy acostumbrada y no quiero apartarme de él!

– A pesar de esa buena razón, se queda conmigo. Mandé prepara mi miniatura y quiero ponerla aquí – replicó Raúl, mirando el rostro muy sonrojado de Valéria con una mirada oscura y sospechosa.

Un rubor ardiente cubrió el rostro de la joven en un destello, quien, avanzando hacia su esposo, agarró la fina cadena de oro del medallón, tratando de arrebatársela de las manos del Príncipe.

– El retrato que me ofreciste, cuando nos prometimos, es sagrado; no te permito que lo toques – exclamó, su voz cambió.

– Si lo consideras sagrado – respondió Raúl con una sonrisa acre e irónica –, quiero estar seguro que el miedo a perder algo así tesoro fue la razón principal por la que tanto, y visiblemente, te avergonzó, cuando me viste tocando esta joya; o, quien sabe, averiguar si ella contiene algo aun más valioso. Si mi desconfianza no está justificada, estoy dispuesto a suplicar tu perdón de rodillas.

La entrada de una doncella puso fin a la discusión.

– Su Alteza, un ordenanza acaba de llegar con un informe urgente – anunció la joven, inclinándose.

Sin dignarse mirar a su esposa, Raúl se fue de inmediato, llevándose el relicario.

Blanqueada y débil, Valéria se dejó caer en un sillón. El disgusto y el pavor le robaron el aliento. Con motivo de su viaje a Nápoles, sin el conocimiento de Antonieta, y creyendo muerto a Samuel, había hecho insertar el retrato del banquero bajo el retrato del Príncipe, queriendo guardar ese recuerdo, mirar, de vez en cuando, los rasgos de quien, por ella, se dejaba arrastrar al acto extremo, suicidándome.

A pesar de todos los eventos posteriores, Valéria había mantenido esta miniatura; en ese momento; sin embargo, se reprochó amargamente por cometer tal inconveniente, que podría traerle consecuencias fatales. Al pensar que Raúl encontraría la miniatura de Samuel, y la consideraría como una mujer sin honor, se levantó, febrilmente vivaz, corrió al tocador y, bajó la escalera de caracol, bajó al jardín.

En la planta baja, que también se comunicaba por un balcón al jardín, se ubicaba la oficina de trabajo del Príncipe; fue por esta parte Valéria se introdujo.

Todas las ventanas estaban abiertas y pudo saber que Raúl no estaba en su oficina. En la habitación contigua, tomando el lugar de cada sala de recepción, se podía escuchar su voz sonora, perfectamente, hablando con el ordenanza.

Valéria saltó desde el balcón. Una mirada al interior la hizo descubrir el maldito medallón sobre el escritorio. Lo agarró

## La Venganza del Judío

y desapareciendo como una sombra, fue un acto de solo unos segundos. Luego, corriendo, tomó el camino hacia la terraza, pero pasando cerca de un gran tanque con incrustaciones de pequeñas conchas, en el que, en el centro, un tritón, parado sobre rocas amontonadas, arrojó un chorro de agua de su trompeta, arrojó el medallón en medio de las rocas, donde desapareció.

"Nadie lo buscará allí" – pensó aliviada. Y se coló en su habitación.

La ira ilimitada se apoderó de Raúl, cuando notó la misteriosa desaparición del medallón, y aunque no se tuviese ninguna prueba positiva de la culpabilidad de su esposa, este inexplicable evento dejó en su corazón un sentimiento casi de odio contra Valéria. Se estableció una reserva fría en sus relaciones; el Príncipe se volvió indiferente y comenzó a buscar fuera de su casa los placeres que se le ofrecían fácilmente. Su belleza y fortuna lo hicieron deseado en cualquier lugar; las mujeres lo adoraban, llenándolo de atención. No tardó mucho en establecer rumores, que el Príncipe de O. logró rotundos éxitos.

Rodolfo y Antonieta, cuya unión fue la más afortunada, con profunda tristeza contemplaba la vida, cada vez más disipada, de Raúl. La Condesa visitaba con frecuencia a su amiga y soportaba, con infinita paciencia, en silencio, el alejamiento de su marido, entregándose con exclusividad en el cuidado del hijo, a quien amaba mucho, un cariño, en cambio, compartido por el Príncipe, embellecido por el heredero.

Esta es la situación que se nos presenta cuando retomamos el hilo de nuestra narrativa.

## 9.- EL BAILE DE MÁSCARAS Y SUS CONSECUENCIAS

Principios de enero. En su elegante tocador, Ruth, sentada frente a la ventana jugaba con su pequeño hijo, que estaba arrodillado. La luz brillante se escapaba de la chimenea, dando a los muebles tapizados en reflejos rojos dorados satinados, que también comunicaban las innumerables chucherías abarrotaban las mesas y aparadores, de la joven madre y su hijo.

Los ojos negros de Ruth brillaron de maternal orgullo y amor, posándose en el pequeño Samuel, que reía con esa risa ingenua y clara de su primera edad, tratando de apoderarse de los anillos negros del cabello de su madre, que siempre se los quitaba, contrario a él. Este orgullo de la joven madre estaba visiblemente justificado por la belleza del niño que se parecía más a un querubín, de piel escarlata, cabello largo y rubio y ojos de terciopelo negro.

La vista de un cachorro español llegó de repente a llamar la atención del pequeño; quería bajarse del regazo de su madre y empezó a jugar en la alfombra. Mirándolo atentamente, la joven se sumergió en sus pensamientos, seguramente acres y tormentosos, por sus rasgos se llenaron de una tristeza cada vez mayor y, levantándose, comenzó a pasear inquieto por la habitación. Aunque la primera pasión ardiente de Ruth se apagó en el ambiente helado que la rodeaba, mantenía celos de su marido, con todo el ímpetu de su naturaleza, y se consideraba traicionada.

Las frecuentes salidas de Samuel, las innumerables tardes que pasaba fuera de casa, le parecían sospechosas y, con bastante error, sospechaba alguna relación clandestina.

De hecho, Samuel no estaba contemplando nada parecido. Desde el famoso baile y los acontecimientos que siguieron. Samuel se había llenado de calma, volviéndose taciturno y distante del bello sexo; ya no frecuentaba los salones aristocráticos – hacía casi dos años que no podía encontrar a Valéria – dedicándose por completo a su negocio, tan próspero como en los tiempos de la gestión del viejo Abraham.

Solo que no se sentía libre, en su corazón, viviendo en una posición falsa y avergonzada en relación con su esposa; prefería pasar sus noches en el club o en los teatros, en cualquier ambiente, en fin, pero no en casa. Ese mismo día le había dicho a su esposa que iba a salir a cenar y que no regresaría temprano. Tal resolución encendió una tormenta de desconfianza e ira celosa en Ruth.

De repente, la joven pareció tomar una decisión. Tocó el timbre y envió a la criada a llevarse al niño.

"Esta situación no puede durar" – Murmuró, sola –. Es más que patente que me traiciona. Sin embargo, ¿con quién? Evidentemente, no será con esta altiva Princesa de O., que lo desprecia, como me dijo Aaron. Si me permitieran entrar en su oficina, podría encontrar alguna indicación allí. Estará fuera de casa todo el día; intentaré abrir la cerradura con una llave.

## La Venganza del Judío

Si no hubiera tenido nada que esconderme, no habría traído esta habitación tan bien cerrada.

En posesión de un juego de llaves, apiladas con las de otras puertas, que había reunido, Ruth caminó rápidamente a la habitación de Samuel y de allí bajó a la oficina. Inicialmente, sus esfuerzos resultaron inútiles; sin embargo, finalmente, una de las llaves pareció encajar, la cerradura cedió y la puerta se abrió. Sin embargo, Ruth la cerró con cuidado y lanzó una mirada ávida a este santuario de su marido, donde rara vez había penetrado. Nada que despertara sus sospechas cayó bajo sus ojos. Junto a la ventana estaba el gran escritorio de ébano tallado, con su tintero de plata maciza, que presentaba a Rebeca en el pozo, una pieza que ella misma le había regalado el año anterior.

Inútilmente levantó todas las pesas que unían los papeles, hojeó cada hoja suelta, incluso rebuscó en los papeles arrugados, arrojó en la canasta colocada debajo del escritorio. No encontró nada que le interesara.

Era imposible abrir los cajones; un secreto es que los cerró, eso lo sabía. Desalentada, cada vez más aprensiva, Ruth se dedicó a examinar las innumerables cajitas. Entonces vio una pequeña caja de laca, colocada junto al escritorio. La caja no estaba cerrada: mostraba, en abundancia, tickets abiertos, tarjetas de visita, sobres con direcciones y notas, y en medio de tanta confusión un sobre rosa, con bordes dorados, sin dirección.

La joven, de ojos brillantes, la tomó y la giró: encima del sello, incorrupto, sobresalía un cupido que llevaba en la mano izquierda un corazón y en la derecha una flecha, en evidente disposición de, con ella, atravesarlo. Intensamente sonrojada, Ruth sacó una nota rosada del sobre, que apestaba a dulce perfume, y leyó, escrito con rasgos femeninos, las siguientes líneas:

"*Amado,*

"*Recibí tu nota y no dejaré de asistir al baile de máscaras de esta noche en la Ópera; solo pon una rosa roja en tu prenda, para que no me equivoque si encuentro más de un Mefistófeles en el salón, dominó negro, con un ramo de rosas de té, atado al hombro izquierdo por un lazo de color cereza. Te espero a la derecha, junto a la quinta casilla, como me preguntas. GEMA.*"

– ¡Ah! – dijo Ruth, casi colapsando en un sillón –. ¿Entonces esta miserable actriz italiana es mi rival? Su nombre es Gema, lo sé; y entre sus arrendatarios, ¿elige el Barón a sus amantes? Esta medida es muy práctica, pero esta vez, mi querido Samuel, hiciste los cálculos sin contar al invitado.

Temblando, nerviosamente sobreexcitada, cerró la caja y se fue del gabinete. Descubrió con impaciencia que la llave no encajaba ahora.

– De todos modos, pensará que se olvidó de cerrar la puerta al sacar y guardar la llave – se dijo, tomando, casi corriendo, la dirección de sus habitaciones.

Después de un cuarto de hora de reflexiones bastante agitadas, pareció tomar una decisión.

– Está decidido. Hoy, la *signora* Gema no asistirá a la entrevista – ella susurró –. ¡Enviaré esta amable nota a su decrépito esposo, y si el *signore* Giacomo, como dicen, está celoso como un turco, tomará medidas para prepararle un hermoso coloquio en casa, mientras yo hago su parte en el baile! ¡Ah! ¡Traidor! ¡Al fin, podré atraparte en el acto, echaré una mirada detrás de tu máscara de impasibilidad de hielo y escucharé cómo vibran tus palabras de amor!

## La Venganza del Judío

Con la cara ardiendo, Ruth se sentó en su escritorio y escribió con una letra diferente a la suya:

*"Si te preocupas por tu esposa, no la dejes ir al baile de la Ópera esta noche. La nota adjunta te mostrará que el consejo viene de un amigo."*

Cerrando todo en un sobre y escribiendo la dirección en él para el *signore* Giacomo Torelli, Ruth entró en su dormitorio y cogió sobre el tocador un bonito broche engastado en turquesa y, al tocar el timbre, llamó a la criada.

— Lisete, ¿quieres serme fiel y jurar silencio eterno por lo que te ordene esta noche? No te arrepentirás.

El rostro elegante e inteligente de la camarera se iluminó de alegría; sus ojos astutos habían captado el broche en la mano de su ama.

— ¡Ah! Señora Baronesa, ¿dudará de mi celo por servirla? ¡Naturalmente, quedaré muda como una tumba!

— Bueno, toma esta joya por tu buena voluntad y escucha de lo que se trata. En primer lugar, debe llevar hábilmente esta carta a manos del *signore* Torelli; ¿eres capaz?

— Fácilmente, porque su ayuda de cámara y otro de sus sirvientes son mis amigos.

Entonces buscarás un dominó negro muy elegante más tarde y una buena máscara. Alrededor de las once me vestiré y tú me conducirás hasta un carruaje. Estarás vigilante para que la puerta del jardín se abra por la noche, por la cual saldré, para que también haya despejado el camino cuando regrese. Si arreglas todo como te pido, mañana tendrás una nueva recompensa.

Con viva impaciencia, Ruth esperó la noche; ya disfrutaba, en su imaginación, de la decepción que experimentaría su marido cuando descubriera que estaba saliendo con su propia esposa. Su corazón resplandecía de satisfacción con la esperanza de acabar por fin con aquel cuyo desprecio la ofendía todos los días.

¡Infeliz Ruth! ¿Podría haber sabido que Samuel, al regresar de un viaje matutino, solo había encontrado la nota comprometedora en las escaleras, perdida por el que se suponía que lo llevaría a su destino? Si hubiera visto la burla y la indiferencia con que el banquero se enteró de esos términos y arrojó la carta al buzón – ¡ciertamente! – habría abandonado ese propósito, lo que debió de acarrear las más graves consecuencias.

Sin embargo, sin nada que predecir el futuro, Ruth hizo todo lo posible para los preparativos: quería aparecer en toda su belleza, cuando se quitó la máscara. Con una última mirada al espejo, se dio cuenta que, con ese vestido de raso negro, decorado con encaje de Chantilly, cordones de perlas alrededor del cuello y en su cabello negro, se veía maravillosa. Se puso las fichas de dominó y se bajó la capucha hasta la cara, enmascarado; Lisete se sujetó el ramo al hombro con un lazo de cereza.

Luego se cubrió con *pelisses* y, seguida por la criada, entró al jardín.

El camino que conducía al portón siempre estaba bien cuidado, incluso en invierno, porque los jardineros lo usaban para el servicio de los invernaderos. De esta forma, las dos mujeres llegaron al callejón sin encontrar ningún obstáculo. En la esquina aguardaba un carruaje al que Lisete la ayudó a subir, y al cabo de unos minutos el vehículo se detuvo frente a la luminosa fachada de la ópera. Medianoche: siguieron carruajes, trayendo recién llegados.

## La Venganza del Judío

Con el corazón latiendo con fuerza, Ruth entró en la habitación inundada de luz: por primera vez se encontró, y más aun, sola, en medio de tanta confusión. El rugido ahogado de una multitud refinada y alegre, que acallaba en torno a la risa, la burla que cruzaba algunos chistes directos dirigidos a los graciosos dominós, le provocó en un instante un mareo, pero recuperando toda su energía, se dirigió a la posición acordada y se apoyó en una columna.

No hubo necesidad de esperar demasiado. Entonces notó la alta y elegante figura de un Mefistófeles que se abría paso entre la multitud, caminando hacia ella. Vestida con el traje tradicional, confeccionada en terciopelo rojo, manto con capucha y, en la frente, una especie de cuero, con agujeros que encajan perfectamente en los ángulos del rostro, cubriéndolo por completo. En la cintura, donde una guarnición, un verdadero trabajo de joyería, sostenía la espada del Rey de Averno, una rosa púrpura se balanceaba.

Ruth se sintió sacudida por un escalofrío nervioso, suponiendo reconocer a Samuel. Evidentemente, la ropa ajustada, que mostraba las formas perfectas del joven, cambió en gran medida el aspecto exterior, haciéndolo aparecer más alto; sin embargo, la mano esbelta y de dedos largos dibujada por el guante blanco era sin duda la suya; y tampoco podía equivocarse sobre la identidad de esos ojos negros que relucían en los agujeros de la máscara. En el instante en que Mephisto, resbalándose ligeramente, pasó junto a ella, Ruth se dio cuenta que estaba entregando en su mano un papel y, sin volverse, se zambulló entre la multitud. Ruth buscó un rincón apartado, abrió la nota y, bastante asombrada, leyó estas apresuradas líneas, esbozadas a lápiz:

## La Venganza del Judío

*"Rodolfo sospecha de nuestro encuentro y nos vigila. Conviene que nos retiremos; espérame abajo, junto a la gran escalera; allí me reuniré contigo muy pronto."*

– Ciertamente algún otro amante, del que el señor Maier teme los celos – razonó Ruth, arrugando el papel que tenía en la mano y dirigiéndose a la salida.

A mitad de las escaleras, Mephisto se reunió con ella.

En silencio, la joven aceptó su brazo, le permitió ponerse la capa y se fue con su acompañante, quien la condujo a un carruaje estacionado cerca. Ayudándola a tomar asiento y sentándose junto, Mephisto asomaba la cabeza por la escotilla y le daba al conductor una dirección.

Ruth se sorprendió: esta voz sonaba con un timbre que le pareció extraño.

– La disimula, por prudencia – se explicó, tratando de mantener la calma.

En ese momento, el compañero la abrazó y le susurró en tono cariñoso:

– ¡Gema, mi amor!

Un sentimiento desagradable, despecho y malestar al mismo tiempo, se apoderó de la joven; ¡Tan diferente era este Samuel del que ella conocía! Sin embargo, no se le dio mucho tiempo para reflexionar; conducida al galope, el carruaje se detuvo en un pequeño banco, al lado de una enorme casa, la parte delantera de la cual estaba brillantemente iluminada.

Mephisto bajó y, antes que siquiera tocara el timbre, la puerta se abrió, revelando una escalera cubierta con alfombra y adornada con flores: un criado, con una corbata nevada, se había apresurándose a ayudar a Ruth a salir del coche.

## La Venganza del Judío

En voz baja dando algunas órdenes al lacayo, Mephisto le dio el brazo a la joven y la condujo a una habitación diminuta, dividida en salón y despacho, pero ambos amueblados con gran lujo.

Mientras se desembarazaban de sus máscaras, el sirviente les presentó una comida fría; luego, todavía sirviendo fruta, pasteles y vino, se alejó discretamente.

– "Ahora ha llegado el momento de la revelación" – pensó Ruth, sentándose y estudiando con curiosidad a Mephisto, quien, de pie frente al espejo, se había quitado la espada y retrocedía la máscara.

Para ello, se quitó la visera de cuero que le protegía el rostro, y en los ojos sorprendidos de Ruth apareció un rostro absolutamente extraño, coronado por una espesa y rizada cabellera rubia.

Con un grito ronco, Ruth se levantó: el que ella creía que era Samuel era un hombre al que no conocía, con quien se había mezclado en una casa de prostitución.

Al escuchar tal exclamación de sorpresa, Raúl – era él, entonces – se dio la vuelta sorprendido.

– Mi querida Gema, hoy estás bastante sensible; ¿porque estas asustada? – Preguntó sonriendo –. ¿Te asusté?

– ¡Señor! – Gritó Ruth desesperada –. Se lo ruego, déjeme ir; fui víctima de un repugnante error; ¡me equivoqué y pensé en fueses otra persona!

Cada vez más sorprendido, el Príncipe miró el rostro de su acompañante, todavía cubierto por la máscara.

– Bueno, esto es un error que me hace feliz – dijo, medio riendo y medio molesto –. No calcula lo que me exige, señora. Me seguiste por tu propia voluntad, has atendido el nombre de Gema, llevas una señal combinada; imposible, por tanto, que sea un error. De todos modos, hermosa mía, acaba con estos chistes malos, y vamos a cenar.

Tomó las manos de la niña y comenzó a quitarle los guantes.

– Señor, llénense de generosidad y no intente detenerme – suplicó la joven, tratando de huir de él –. Le juro que no soy Gema Torelli, y asumí que acompañaría a otra persona, no a usted.

– Señora, ¡un muy idiota me mostraría despreciando la suerte que el azar me manda! – Dijo Raúl, en cortejo –. Estoy seguro que eres más hermosa que Gema Torelli. Soy discreto, y me conformaré con amarte sin identificarte antes que terminemos de cenar este puerto no se abrirá.

– No tenéis piedad, señor – balbuceó Ruth con voz ahogada.

Sin embargo, si finalmente me prometes que no intentaréis ver mi cara y no me detendrás después, cenaré contigo.

– Gracias por esta primera concesión, bella desconocida. ¿Cómo debería llamarte? – Preguntó Raúl, evitando una respuesta franca.

– Llámame Gema, ya que ese fue el desafortunado nombre que nos unió aquí.

Mientras servía a su dama, conquistándola poco a poco con una de esas agradables y ligeras charlas, en las que era eximio, Raúl la miraba, cada vez más curioso. El enorme valor de perlas que adornaban su cuello y cabello, le dio a conocer que estaba en presencia de una mujer rica; sus modales y conversación le mostraron una persona de alto nivel; todo lo que indicaba su figura era juventud y belleza. ¿Quién podría ser?

## La Venganza del Judío

Por su parte, a pesar de la desagradable emoción, Ruth quedó atrapada en el encanto de la conversación; esa galantería caballeresca, los halagos finos, la mirada cálida y fascinante, buscando ansiosamente la suya, eran nuevos placeres para la reclusa y mezquina, que se veía a sí misma, en la casa de su marido, apenas tolerada. Cada vez más condescendiente, miró al apuesto chico sentado a su lado, estableciendo sin querer un paralelo entre el reservado y frío Samuel y este caballero fascinante, de quien, en cada palabra o gesto, parecía recibir un homenaje a su belleza, por medio escondida que fuera. Tomando estos sentimientos, sus respuestas fueron alentadas cada vez más, y los ojos se volvieron más brillantes. En este punto; sin embargo, la impaciencia y la curiosidad de Raúl llegaron al límite extremo: ya sin poder contenerse, de repente se inclinó hacia adelante y, con un gesto audaz, le quitó la máscara.

Un intenso rubor, como sangre, se extendió por el rostro de Ruth.

– El procedimiento que acaba de tener, señor, es de lo más indigno – exclamó, sus ojos disparando chispas.

Aturdido y embelesado por la encantadora y provocativa belleza de la joven judía, Raúl guardó silencio un momento. Entonces, arrodillándose, tomó su mano y se la llevó a los labios.

– Señora, estoy de rodillas suplicándole que me perdone. Sin embargo, no debo lamentar mi atrevimiento, ya que a él le debo el supremo placer de admirar tu divina belleza. Está claro que eres patricia de Gema Torelli; sin embargo, ¡ella es solo una pequeña sombra comparada contigo, maravillosa encarnación de la Armida soñada por Tasso!

## La Venganza del Judío

A estas alturas, el Príncipe se había olvidado por completo de la rubia Valéria; todos sus sentidos estaban abrumados por esa estupenda y voluptuosa belleza, que el nerviosismo hacía aun más atractiva. Ni siquiera podía entender la tierna y dulce inflexión de su voz, la ardiente súplica en sus ojos, en ese momento donde él insistió, llenándole las manos de besos, rogándole que no se fuera y dándole otra hora de conversación.

– Puedo perdonarlo, mi señor, y me quedaré un poco más; sin embargo, hazme el favor de levantarte y júrame que no buscarás identificarme – dijo Ruth, sentándose con cansancio en el sillón.

Una nueva y especial disposición mental dominaba a la joven. Bajo el aguijón de la mirada de admiración de Raúl, se despertó violentamente su vanidad femenina, la certeza de atrevimiento que le daba su belleza.

Vio que era capaz de inspirar amor; sus favores fueron solicitados como gracias; este hombre, tan apuesto, amable, que acunaba la suprema fortuna de estar a su lado una hora más, era prueba indiscutible.

Una oleada de orgullosa satisfacción recorrió su cerebro, mareándola; El desconocimiento de los peligros de la vida, alimentado por el exilio al que la había relegado Samuel, la embriagaba con esta victoria que, en verdad, era mezquina y degradante.

Con franqueza, un sentimiento perverso, plagado de resentimiento y dolor, se alzó contra su marido y, en ese mismo momento, que Raúl todavía le susurraba palabras apasionadas al oído, frente a su visión espiritual se desplegaban, caleidoscópicamente, los tres años transcurridos de su existencia marital, vida insípida, desamparada de cariño, al lado del hombre frío y hosco, que la abandonó y despreció su amor.

Unas cuantas lágrimas calientes brotaron de sus ojos y corrieron por sus pálidas mejillas.

– ¡Dios del cielo! ¿Por qué lloras, señora? – Exclamó Raúl, fijando sus ojos de admiración en el rostro cambiado de la joven –. ¡Sed sincera! Explícame la intención que te trajo a este baile y te llevó a tal situación, que al parecer te provoca sufrimiento.

– Es cierto, la fatalidad me ha traído hasta aquí; sin embargo, señor, confío en su promesa: nunca busque saber quién soy, ya que estoy casada y aunque a mi marido le encanta la otra y vivo miserable e infeliz, no quiero ningún consuelo más que la presencia de mi hijo.

Una nube de tristeza ensombreció el rostro de Raúl, con el ceño fruncido.

– ¡Tan hermosa y despreciada! – Él susurró. Luego agregó, con pesar:

– Usted sabe muy bien, señora, que solo una fatalidad me unió hoy en esta sala. También amé con toda la energía de mi alma, y fui traicionado; me preferían, sobre todo, por... ¡un miserable! – Raúl apretó los puños –. Sin embargo, creo que entiendo la suerte que nos envió el uno al otro de una manera diferente. Ambos estamos abandonados; nuestros corazones despreciados encontrarán consuelo, apoyándose unos a otros; déjame que te encienda con mi amor; nunca lo repito, intentaré averiguar quién eres; sin embargo, para demostrarle lo sincero que soy, no ocultaré mi nombre: mi nombre es Raúl, Príncipe de O. ¡Dame un poco de tu amor, y olvidemos, amándonos, las heridas que sangran en nuestro corazón!

## La Venganza del Judío

Ruth había escuchado con la cabeza gacha. La caricia de esa voz, la mirada atractiva que sintió en ella, actuó en su sistema como un sedante. Samuel, su hijo, su familia, todo se oscureció por el deseo incontenible de probar esta aventura de sentirse amada, de olvidar todo lo demás para vibrar en el ambiente de pasión que nunca había conocido y que la retenía, como el abismo atrae a los tontos que se inclina hacia él.

Al escuchar el nombre del Príncipe, tuvo un sobresalto, y nacieron en su cerebro, en torbellino, mil pensamientos nuevos. En verdad, la suerte fue más irónica de lo que Raúl había supuesto, pues arrastró a los pies de Ruth al marido de su rival, esa rubia traidora que le había robado el corazón a Samuel. El destino puso en sus manos una exquisita venganza, y qué tonta sería dejar escapar esa oportunidad.

Entonces, cuando Raúl la abrazó, no opuso resistencia y aceptó sin quejarse el ardiente beso que depositó en sus labios.

Una hora después, cuando dejó a Raúl, le había prometido noticias sobre una dirección secreta que él le había dado. Pareciendo incluso borracha, se dejó subir a un automóvil y entró en la casa, donde nadie había notado su ausencia.

El día siguiente, cuando se despertó, había recuperado el uso de la razón y todo lo ocurrido la noche anterior le vino a la mente como un sueño fabuloso; un extraño sentimiento, a la vez vergüenza, disgusto y orgullosa satisfacción, nació dentro de ella.

Llamó a la camarera, quien le informó que era muy tarde. Samuel había almorzado solo, bajando a su oficina, con la advertencia que no volvería hasta la noche, con algunas personas para cenar.

Con la cabeza pesada, Ruth se levantó y ordenó que le trajeran al niño; sin embargo, cuando lo vio, con esfuerzo

## La Venganza del Judío

contuvo un grito: ¡era la figura viva del Príncipe quien extendía sus bracitos! ¿Por qué era extraño que el hijo de Samuel tuviera los rasgos de su rival? ¡Y qué horrible tentación para Ruth ver, en todo momento, el negro aterciopelado de esos ojos, la cabellera rubia y la sonrisa llena de seducción que traía ante ella la viva imagen de quien se había prometido a sí misma borrar el recuerdo! Con el corazón hundido, Ruth apretó al niño contra su pecho.

Vivió ese día en una angustia agonizante, y al anochecer, al ver de nuevo a Samuel, distante y helado, como siempre se había mostrado, su corazón se retorció más dolorosamente que nunca. Sin embargo, sus buenos propósitos no cambiaron y, tras ardiente oración, se acostó, dispuesta, a huir de la tentación y permanecer siempre fiel a sus obligaciones.

Dos días después del baile de máscaras, al final del almuerzo, Samuel colocó el periódico sobre la mesa, en el que pasó levemente por sus ojos, y dijo, volteándose hacia su esposa:

– Mi querida Ruth, noticias que acabo de recibir de París, me obligan a ir allí de inmediato; tomaré el tren de las cuatro; tiene, por tanto, la gracia de hacer las maletas y de poner la cena a las tres y media exactamente.

– ¿Y cuándo volverás? – Preguntó Ruth.

– Es algo que no puedo marcar. Estaré de vuelta tal vez dentro seis semanas; sin embargo, me pueden retener allí dos meses o más.

Ruth palideció; durante largos meses, ¿quién sabe ?, me entregaría al aburrimiento y a los pensamientos tentadores.

## La Venganza del Judío

– Samuel – murmuró en voz baja y temblorosa –, llévame contigo en este viaje; tengo tantas ganas de visitar París, ¡y aquí todo es tan inexpresivo sin ti!

Samuel la miró con sorpresa y disgusto.

– ¡Qué idea más absurda! No voy a París con la intención de divertirme, sino que me llaman por asuntos urgentes, que me ocuparán todo el tiempo. Como puedes ver, no puedo sentirme avergonzado por la carga de la familia, los sirvientes, etc. Además, no creo que quieras dejar al niño aquí bajo la guía de los sirvientes. Además, te estás olvidando que una casa como la que tenemos no se puede dejar desatendida. En lo que respecta a los gastos, Levi ya tiene las instrucciones y pondrá a su disposición todo el dinero que necesites.

Después de la cena, abrazó tiernamente a su hijo, por quien mostró signos de amar con locura; con un beso indiferente en la frente de Ruth, se fue.

Con el pequeño Samuel en sus brazos, la joven se acercó a la ventana, y vio a su marido entrar en el carruaje. No se dio la vuelta y, un momento después, el elegante carruaje desapareció por la esquina.

Ruth devolvió al niño a la enfermera y se encerró en su dormitorio.

Rompió a llorar; una rabia sorda, en la que la ira, el dolor y el orgullo se mezclaban, hervía dentro de ella.

– ¡Ah! – dijo – para ti, Samuel, realmente no paso de una despensa más que las otras elegantes; pieza de mueble en tu palacio; no necesitas nada de mi cariño. Quería ser honesto; tú eres el que me obliga forzosamente a buscar en otra parte el amor que me niegas, y debe ser con el hombre que arrebató a la que amas que te traicionaré.

## La Venganza del Judío

Con las mejillas en llamas, se sentó en su escritorio y dibujó, con mano temblorosa:

*"Si estás dispuesto a volver a ver a Gema, te encontrarás con ella mañana a las once en la English Rink."*

Le dio a la nota la dirección que le había dado Raúl. Luego llamó a Lisete y le ordenó que la acompañara a la casa de una pobre anciana, a la que ayudaba de vez en cuando. Diez minutos más tarde, los dos se fueron a pie y Ruth tuvo la oportunidad de arrojar la carta a un buzón sin que nadie se diera cuenta.

Al día siguiente fue al lugar de reunión. Debido a la hora de la mañana, había pocos transeúntes; sin embargo, al primer vistazo, pudo distinguir entre ellos al Príncipe que, luciendo brillante y resplandeciente, la saludó tan pronto como apareció.

– Bruja – susurró Raúl acercándose –, ¿cómo estaré agradecido por esta entrevista? Ante tantos ojos curiosos, no puedo hablar contigo. He escrito una nota en la que presento un plan que nos permitirá hablar sin testigos. Gema idolatrada, suelta tu guante y, cuando lo levante, colocaré la nota en su interior y, si consientes, mañana estaré a tus pies.

De regreso a la casa, Ruth abrió con entusiasmo la nota que encontró en su guante y leyó:

*"Mi amada,*

*Por nuestra seguridad, pero sobre todo para mantener tu incógnito, que, una vez más, juro respetar, siempre, es fundamental que nuestras relaciones se resguarden en un misterio impenetrable. Te ruego, por tanto, está de acuerdo con lo siguiente: tengo, en un barrio lejano, una casa, habitada solo por dos hombres totalmente devotos de mí, mudos como tumbas. Uno de estos hombres, Nicolás Netosu, pasado mañana, te estará esperando con un carruaje, a las dos, en la esquina de la Cúpula, donde también tomará una de las salidas de la gran tienda "Economía Racional." Entrarás por en el lado opuesto de esta tienda y allí dejarás a quien te acompañe y, cruzando el gran bazar, saldrás a la calle indicada. Pronto te darás cuenta de Nicolás con librea negra, con un top azul en su sombrero. Al pasar junto a él, te dirá: "Señora Gema" a lo que tú responderás: "Rosa roja." Entonces toma el cochero con absoluta confianza, y rápidamente estarás con el que solo quiere estar a tus pies y espera ansioso ese momento."*

Meticulosamente, Ruth quemó esta carta, dispuesta a continuar, punto por punto, las indicaciones de Raúl. El día señalado, fue a la tienda, donde también compraba regularmente, cruzó la calle y llegó a la calle decidida; nadie llamó la atención de la joven que, precariamente, se había vestido con un vestido negro bastante sencillo y, al salir de los grandes almacenes, se había cubierto la cabeza con un espeso velo. Momentos después entró en un carruaje cerrado, que lo llevó a toda prisa.

Un sentimiento extraño, una esperanza apasionada y un remordimiento al mismo tiempo, atormentaron el corazón de Ruth; con mirada interrogante y sobresaltada, observó el camino por el que la llevaron.

Abandonando las calles más transitadas, el carruaje llegó a una periferia, bajó por una avenida bordeada de árboles, hizo que la curva hacia otra avenida aun más desértica, después de haber cerrado un muro alto, detrás del cual se veían los árboles desnudos de un jardín y el frente estrecho de una casa pequeña y antigua con las contraventanas cerradas, el coche atravesó una gran puerta y se detuvo en un enorme patio pavimentado, en cuyo borde ya estaba aparcado otro coche.

El conductor saltó del asiento y abrió la portezuela para Ruth; en ese momento se abrió la puerta de la casa y un hombre de mediana edad, con aire de elegancia y dignidad, la tomó de la mano y la ayudó a subir una estrecha escalera, aunque alfombrada y adornada con flores.

Lleno de alegría, con ojos chispeantes, Raúl salió a su encuentro. Le desenredó el velo y, haciendo un gesto con la mano, dijo:

– Muy agradecido por haber venido; ¡Oh! Amada mía, estás toda congelado; en primer lugar, es bueno consolarte un poco. Y, volviéndose hacia el sirviente:

– Gilberto, ¿estará listo el chocolate?

– Yo le serviré, Alteza – respondió el sirviente, alejándose. Interesada y llena de admiración, Ruth contempló el encantador cuartito donde el Príncipe la había presentado. Todo, desde tapices y raso hasta muebles y cuadros, resaltaba un gusto chillón y voluptuoso; el salón comunicaba, por un lado, con el refectorio; por otro lado, se abría a un tocador y un dormitorio, del que solo se veía un mueble, cubierto por una toalla con puntillas y coronado por un gran espejo sostenido por dos Cupidos. Gruesos cenefas ocultaban todas las ventanas; los candelabros estaban sobrecargados con innumerables velas que vertían cascadas de luz por todas partes.

La señal que se había servido chocolate interrumpió la charla de los dos amantes. Ni el Príncipe ni su acompañante notaron el extraño brillo que asomó a los ardientes ojos amarillentos de Gilberto cuando los fijó en Ruth.

– ¿Estás absolutamente seguro de la circunspección de estos dos hombres, Raúl? – Preguntó Ruth, sentándose a la mesa.

– Por mi propia discreción – dijo el Príncipe, sirviéndole pasteles –. Gilberto y Nicolás Netosu son personas con un alto nivel educativo; los contratiempos de la vida les quitaron la fortuna y, viendo cómo les ayudo a rehacerla, se entregan ciegamente a mis intereses.

A la primera entrevista le siguieron otras, custodiadas con la misma prudencia y siempre más esperadas por los amantes. Raúl fue arrastrado por su bella desconocida, y Ruth, totalmente ebria, solo existía por este amor, al que fluían, en fin, todos los impulsos de su ardiente y apasionada constitución están tan comprimidos en la fría atmósfera de su vida matrimonial.

Esto se prolongó durante casi dos meses. Samuel todavía estaba ausente y afirmó, en sus raras cartas, que aun no podía determinar la fecha de su regreso. Ruth, que solo recordaba airadamente y disgustada a su marido, deseaba que la ausencia se prolongara aun más. En presencia de su marido, restringiendo su libertad, se llenó de miedo, porque vivir sin su amante, lejos de la cálida atmósfera de su amor, era peor como la muerte.

¡Infeliz Ruth! No sabía que una tormenta aun más peligrosa que el regreso de Samuel se estaba formando sobre su cabeza, y que un enemigo ya se había apoderado de su secreto.

Una vez, cuando la joven subía al auto, se le cayó una pequeña bolsa que llevaba en la mano. Le dijo a Netosu, antes que terminara de cerrar la puerta, pidiéndole que la levantara. En este momento, cuando el muchacho se inclinó, un hombre que pasaba, escondido en una gruesa bufanda, se detuvo asombrado y lanzó una mirada curiosa y sorprendida al interior del auto. Ruth y su chófer no lo sabían; sin embargo, Joshua Levi – porque el hombre era el corredor del banquero – susurró, moviendo la cabeza:

## La Venganza del Judío

— Aquí hay una damisela que se parece, extrañamente, tanto en voz como en porte, como la esposa de mi jefe. ¡Hum! ¡Hum!

Es necesario que la vigile un poco, ya que me parece que sale demasiado.

A partir de ese día, se llevó a cabo una vigilancia invisible, pero rigurosa alrededor de la joven. Con el ingenio natural y la constancia del israelita, Levi siguió el rastro y comprobó que Ruth, abandonaba abiertamente su carruaje en la puerta de algún pasaje o tienda.

Con doble salida, se alojó en una calle desconocida y entró en una casa misteriosa y reservada, donde permaneció una o dos horas.

El azar lo puso en el camino de la verdad, y llegó a apoderarse de su ardor: una mañana había ido al teatro a comprar entradas para su esposa e hija, y por qué tanta gente esperando frente a la taquilla, Levi se paró junto a la pared, esperando el momento en que se abriera una brecha, dándose la vuelta con una mirada vivaz, notó, a unos pasos de distancia, al joven que había acompañado a Ruth en sus misteriosas visitas, en ese mismo momento, estaba conversando en voz baja con un oficial que le estaba dando la espalda parcialmente. Lleno de curiosidad se acercó el judío y pudo escuchar las palabras:

— Dile a...

Su asombro; sin embargo, no conoció límites cuando, en el oficial, reconoció al Príncipe de O., a quien había dedicado un odio mortal desde la pérdida de su hijo, Baruch, de quien sabía que era responsable.

Agitado por la venganza y con la esperanza de encender la ira de Samuel contra el odioso caballero israelita aumentó su celo. Al poco tiempo, estaba atrapado en todas las redes de intriga y esperaba, con febril impaciencia, el regreso de su amo. Sin embargo, pasó un mes más y Samuel no volvió; el judío vengativo ya temía que el capricho del Príncipe con Ruth se desvaneciera y que su propia represalia no se llevara a cabo, por falta de pruebas. La novedad, traída por Lisete a los criados, era que la Baronesa había quedado embarazada, entonces decidió hacerlo y, sin más demora, partió hacia París.

Samuel vivía, en uno de los hoteles más distinguidos, en un magnífico apartamento, donde daba audiencia a un reducido número de elegidos financieros y literatos, postergando día a día la hora del regreso.

En esta atmósfera diferente, alejado de la angustiosa vergüenza que estaba dentro de él, respiró más libremente, y la única razón por la que a veces le hacía desear volver era – cosa extraña de concebir – era el niño, por cuyas venas ni siquiera corría una gota de su sangre, que tenía el rostro de su rival y a quien, a pesar de todo, amaba con un afecto arraigado, una mezcla de resentimiento y celos, que muchas veces le hacían desagradar las caricias que su esposa prodigaba al niño.

Una tarde, leyendo junto a la ventana, terminando un cigarro, el mayordomo anunció que su agente comercial llegaba de Pesth y deseaba hablar con él sin demora. Sorprendido e incómodo, Samuel le ordenó que entrara.

– ¿Qué te trae por aquí, Levi? ¿Le ha pasado algo grave a mi pequeño, alguna interrupción del negocio? – Preguntó, asignándole una silla al empleado.

– No se trata de eso, señor Barón, todo va bien; sin embargo, mi fidelidad, mi obligación con un jefe de vuestra altura, me obligaron a venir y decirte eso… finalmente, para darle cuenta de un hecho…

## La Venganza del Judío

Hizo una pausa, dudando, sin saber por dónde empezar la exposición.

– ¿Qué significan estas reticencias? – Gritó Samuel, lleno de impaciencia –. Veamos, Levi, deja de torturar esa silla y dime claramente de qué se trata.

– Es una traición, y tú eres la víctima, por eso mi conciencia no quiere que me calle más – explicó resuelta el corredor.

– ¿Y quién me traicionó? ¿Has pensado bien las consecuencias de tal acusación? – Preguntó el banquero, poniéndose pálido.

– Estoy en posesión de todas las pruebas, de lo contrario no habría venido – dijo Levi, con los ojos encendidos –. Su esposa lo traiciona, señor Maier; mantiene relaciones escandalosas con el Príncipe de O., con quien se encuentra a escondidas en una mansión remota y, encima, ¡está embarazada!

El banquero se levantó de un salto de su silla, terriblemente pálido.

– ¡Ah! Esto es lo que cruza todos los límites – murmuró entre dientes –. ¿Las pruebas? ¿Qué pasa con la evidencia, Levi? Cuéntamelo todo: ¿el bastardo se atreve a penetrar en mi palacio?

– No, todo es muy secreto y tengo motivos para creer que el Príncipe no conoce el verdadero nombre de su amante. Permíteme explicarte todos los hechos en orden...

Y Levi narró, sucintamente, pero sin omitir nada, toda la historia de su descubrimiento.

– Ahora, señor Maier, es asunto suyo pillar en el acto a los traidores: sé en qué casa están, y podré llevarlo allí, solamente su llegada a Pesth debe mantenerse en secreto. ¡Oh!

## La Venganza del Judío

¡Conviene ser prudente con estas cosas! Los hermanos Netosu, que custodian el refugio del Príncipe, son unos sinvergüenzas insobornables; sin embargo, logré meterle la lengua entre los dientes, al cochero y me enteré que la baronesa se hace pasar por Gema, una italiana.

Apoyado en su codo, su cabeza en su mano, Samuel había escuchado, en silencio, la narración de Levi y, en un violento esfuerzo sobre sí mismo, recuperó la calma necesaria. Cuando el viejo judío terminó, se levantó con su calma habitual. Solo lividez fúnebre de su rostro mostraba que una tormenta estaba arrasando en su interior.

– Agradezco, Levi, tu fidelidad y no la olvidaré, para mostrarte mi gratitud. Estoy decidido a partir en el primer tren; estarás conmigo y me llevarás a la casa aislada en cuanto hayas concebido el desafortunado momento. Mi mujer no podrá sospechar nada, porque apenas ayer le escribí una carta en la que establezco irrevocablemente el regreso al 10 de junio y todavía estamos a 18 de mayo. Por supuesto, puede estar segura que no me presentaré antes. Ahora ya no te retengo más, puedes ir a los tuyos. Nos veremos en la estación. Compra boletos y alquila un coche.

Una vez que Levi se fue, Samuel llamó al ayuda de cámara y le ordenó que empacara algunos artículos más necesarios en su bolso de mano, ya que viajaría solo en unas pocas horas. El criado estaría en París a cargo de pagar las facturas, arreglar la ropa y seguir al jefe en veinticuatro horas. Es más: le ordenó expresamente que se fuera directamente a su finca, con todas sus maletas, y no se moviera de allí hasta nuevo aviso.

Había caído la noche cuando el banquero llegó a Pesth, alojado en un modesto hotel, bastante apartado de su palacio. Solo, se acostó y se puso a pensar, como había hecho sin cesar desde que salió de París. Sus pensamientos estaban cada vez más envenenados, duros y agresivos contra Ruth. Demostró que no le importaba la chica que; sin embargo, lo había amado con toda su pasión. Que solo cuatro meses y medio bastaron para hacerle olvidar, poco lo impresionaba; sin embargo, que ella se había atrevido a traicionarlo con el enemigo mortal, a quien odiaba, ese pensamiento agitaba algo dentro de él, arrebatándole el sueño y el descanso. No es que estuviera celoso de Ruth, sino el hijo bastardo del que le había lanzado el insulto de usurero, despreciando batirse en duelo con él, después de haberlo insultado gratuitamente, evidentemente no lo soportaría bajo su techo.

Hacia las dos de la tarde, Levi tenía prisa por avisarle que Ruth venía de tomar asiento en el sospechoso coche. Samuel rápidamente entró en un carruaje y se dirigió a su habitación. Sin importarle el asombro estupefacto del portero, el banquero dio órdenes a un sirviente que, asombrado, se acercó a él para que le engancharan un carruaje. Luego fue a las habitaciones de su esposa. A una orden de ella, apareció Lisete, llena de miedo.

Samuel cerró la puerta con llave y, apretando con rudeza el brazo de la camarera, dijo con una mirada que la hizo temblar:

– Ahora mismo debes confesar todo lo que sabes sobre los asuntos de tu ama. Agradeceré tu franqueza, pero no perdonaré ni una sola reticencia.

Lisete, lívida de terror, contó la historia de la carta enviada al señor Giacomo, el viaje al baile de máscaras y, finalmente, confesó que su ama salía a menudo, pero sin confiar en ella donde pasaba tantas horas, y también que recibió cartas, que se quemaron con mucho cuidado.

## La Venganza del Judío

– Muy bien; ve, y haz que la enfermera y el niño vengan aquí – dijo Samuel, quien había escuchado con atención.

Después de abrazar tiernamente al niño, que emitía gritos de entusiasmo por su presencia, ordenó a la camarera y a la enfermera que se equiparan con los objetos más necesarios para el niño, y partiesen rápidamente para su casa en el suburbio. Luego entró en la oficina, redactó una carta y, seguido por Levi, salió de la casa y fue, en un coche alquilado, al lugar de la entrevista amorosa. Con el vehículo detenido, el banquero observó, con mirada turbia, el arruinado y silencioso edificio; luego le dio sus determinaciones a Levi, quien bajó las escaleras y llamó varias veces a la puerta principal herméticamente cerrada.

Después de un período de tiempo bastante largo, se abrió una pequeña escotilla enrejada y emergió la astuta cabeza de Nicolás Netosu.

– ¿Quién eres y cómo te atreves a hacer tal ruido en mi puerta? – Preguntó.

– He aquí una carta de gran importancia, que le ruego que entregue al Príncipe de O. sin demora.

– El Príncipe no está aquí y no puedo entender tu solicitud de ninguna manera – respondió Netosu desconfiado.

– Llamas sobre ti, entonces, toda la responsabilidad, privando a tu amo de una gravísima advertencia.

La descarada firmeza del judío pareció convencer al muchacho; aceptó la carta y volvió a cerrar la puerta.

Sin saber qué estaba pasando, Ruth y el Príncipe se encontraron en el tocador. Felices y tranquilos, hablaron de su amor. Apoyándose en el hombro de su amante, la joven lo miró apasionadamente, sorbiendo con avidez cada una de sus palabras. Raúl se mostró, aunque jovial y galante, porque, aunque en gran medida disminuida, su fantasía no se extinguió por completo.

Un ligero golpe en la puerta sobresaltó a los dos amantes.

Con el rostro pálido y preocupado, Gilberto apareció entre los pliegues de la cortina.

– Perdóneme, alteza, pero sucede algo incomprensible; un hombre que no conocemos le trajo esta carta y afirma que es un asunto muy serio.

Ruborizándose hasta la raíz del cabello, Raúl tomó la misiva.

– ¿Quién hubiera sabido que estaba aquí? – Exclamó, abriendo el sobre con rencor.

De repente, una palidez mortal se apoderó de su rostro y sus ojos, desorbitados, leyeron las siguientes líneas:

*"Señor Príncipe:*

*Pensé que eras consistente en la antipatía que le dedicas a todo lo que es judío y usurero, y tan cuidadoso en la elección de sus amantes como usted en la elección de sus ladrones. Ahora me doy cuenta que sabes cómo despreciar a un judío en el campo del honor, y; sin embargo, la detendrás para ser la amante de su esposa, y tampoco te repugna recibir bajo ese maldito nombre a tu hijo bastardo... Considerarás justo, espero, protestar contra esta afrenta y que darás esta entrevista como culminada.*

SAMUEL MAIER."

– ¡Santo Dios! Raúl, ¿cómo se enteró? – Exclamó Ruth, que había observado, con creciente ansiedad, la inusual postración del Príncipe.

## La Venganza del Judío

Para su gran asombro, el muchacho giró sobre sus talones y tenía ojos llameantes; una expresión inexpresable de ira, desprecio y amargura desfiguró su rostro.

– ¡Confiesa! ¿Es usted o no es la esposa del judío Samuel Maier? – Preguntó, su voz temblorosa y ronca por la emoción.

– Sí, lo soy..., pero ¿quién te lo dijo...? ¡Raúl! ¡Raúl! Así me das miedo – se quejó ella, tratando de tomar sus manos, pero él la apartó violentamente.

– ¡Falsa, traidora, me hiciste creer que eras italiana! Bueno, sabes, detestable mujer, que me angustia la idea de haberme contaminado con el toque de tu despreciable raza, a la que dedico odio... ¡Ah! ¡Destino diabólico, que me hiciste amar a una judía, la esposa del desgraciado que me robó la felicidad!

Sintiéndose más muerta que viva, Ruth había escuchado este arrebato de ira para el que, en su relación con Raúl, nada la había preparado.

Cayendo de rodillas, ella levantó sus manos juntas hacia él:

– ¡Raúl! ¡Oh, Raúl! ¡No me condenes por el amor arraigado que me inspiraste, y al que fui conducida por el destino! Estaba buscando a mi esposo en el baile de disfraces, y cuando me di cuenta de mi error, te rogué que me dejaras ir. Vilipendiada y siempre despreciada por Samuel, me he unido a ti; el miedo a perder tu amor, que es toda mi vida, es lo que me impidió revelarte la verdad; sin embargo, ¿tengo la culpa de haber nacido judía? Por un delito semejante, ¿merezco ser expulsada sin una palabra de despedida?

Su voz murió en sollozos ahogados. Como recuperándose de su aturdimiento, Raúl se pasó una mano por la frente empapada de sudor. Lleno de vergüenza y disgusto, se acercó apresuradamente a la joven y la hizo levantarse.

## La Venganza del Judío

– Tienes razón, desgraciada mujer. Soy tan culpable como tú. Poniéndote en mi camino, Dios quiso castigarme tremendamente por mi odio profundamente arraigado contra tu pueblo y por mi frívola disipación.

No nos volveremos a encontrar; recuerda; sin embargo, que, si la venganza de tu marido te deja necesitada de ayuda material, encontrarás en mí un amigo que proveerá tanto para tu futuro como para el de tu hijo. ¡Adiós!

Él le estrechó la mano y se fue. Devastada, Ruth se derrumbó en una silla. Después de unos momentos de consternación; sin embargo, se levantó, tomó nerviosamente el sombrero y la capa de seda que había sido arrojada a una silla y se fue, con pasos inseguros.

Con el rostro amordazado y silencioso, el Príncipe se había metido en su cupé, pero al atravesar la verja, encontró al banquero, que caminaba a grandes zancadas junto a su carruaje, por la acera. Moviéndose rápidamente, Raúl hizo una señal al cochero y, saltando del carruaje al suelo, caminó pálido y con el ceño fruncido hacia Samuel, que se había detenido al verlo.

Por un instante, los labios de Raúl temblaron, nerviosos, como si se negara a moverse; sin embargo, recuperando toda su energía, dijo, en voz baja, ronca, pero audible:

– Señor Maier, estoy dispuesto a darle una satisfacción. Le dejo la elección de las armas y esperaré a sus testigos.

La mirada, temblorosa de odio y desprecio que le dirigió Samuel, pareció ajustarse a los rasgos alterados de su enemigo.

– Sr. Príncipe – respondió, con una expresión de amarga ironía – tu semblante, el esfuerzo que tu afrenta debe al orgullo, me muestra bastante bien que ya estoy vengado; tu pasión por una judía es para mí como una completa satisfacción, y ahora soy yo quien desdeña batirme contigo. No deseo – añadió –

comprometer su nombre en un escándalo público, cuyo aspecto más insoportable pesaría sobre su inocente esposa, ¡de la que se muestran muy poco dignos!

Le dio la espalda y, siguiendo sus pasos en el carruaje, se dirigió hacia Ruth, que acababa de salir del umbral de la puerta principal; con un gesto, la instó a que se sentara en el coche, y él se sentó a su lado.

Hicieron todo el viaje en silencio. Había algo en la apariencia del marido y en la expresión de sus ojos que le heló el corazón de miedo a Ruth. Con gestos mecánicos, como usando la cerradura, se dejó llevar a sus habitaciones, y solo cuando Samuel se retiró y escuchó que la cerradura giraba dos veces, cayó pesadamente en un sillón, tapándose el rostro con las manos.

La realidad se le presentó a la razón, en toda su angustiosa desnudez, y se acabó el sueño extático de esos cuatro meses, en los que se emborrachó en los brazos de Raúl, y fue cruel despertar. ¿Qué decisión la tomaría el juez implacable, cuyo honor había empañado, doblemente ofensivo, al entregarse al rival que odiaba, por haber conquistado a su novia?

Concluyó que Samuel de ninguna manera toleraría en su casa al hijo del Príncipe y nunca le daría su nombre. Si él la repudiaba, con escándalo, ¿qué sería de ella? ¿Cómo la recibirían en casa de sus padres, la mujer sin honor, que había repudiado las leyes de su pueblo al cometer adulterio con un cristiano? Angustiada, pensó en su padre, intransigente y fanático enemigo feroz de los *goys*.

La angustia y el miedo se apoderaron de su corazón como un torniquete.

## La Venganza del Judío

¡Oh! cuán ansiosamente maldijo sus fatídicos celos, que la habían llevado a buscar en el despacho de Samuel las pruebas de su traición, ¡y la irónica casualidad que había puesto en sus manos la nota desdichada, que la había llevado al camino de la vergüenza y la infelicidad!

Una sensación física de íntimo malestar, seguida de una sed ardiente, finalmente sacó a la joven de esas descorazonadoras cavilaciones. Miró a su alrededor luciendo cansada e inquieta. Caía la noche; había estado allí durante muchas horas, por lo que había estado allí, sin que Samuel volviera. Se levantó, entró en el dormitorio y llamó a la puerta del vestidor, que estaba cerrada. Llamó, pero nadie respondió; todo a su alrededor estaba vacío y tranquilo. No se atrevió a tocar el timbre; sin embargo, estaba asustada en esa oscuridad y abandono; el aire parecía ahogarla, y se arrojó a la puerta de un balcón, amplia apertura que daba al jardín. El aire fresco y el aroma de las flores lilas penetraron en la habitación, tranquilizándola. Luego recogió las cerillas de la mesita de noche y encendió las lámparas y velas; luego, acercándose a un pequeño armario tallado, sacó una pequeña botella de vino y una copa y bebió con avidez.

Se sintió renovada y logró calmarse por un momento.

Pronto; sin embargo, la inquietud volvió a golpear su alma: ¿qué significaba ese confinamiento? ¡Oh! Si solo pudiese tener consigo al hijo, todo sufriría; esta imagen fiel del hombre a quien, a pesar de todo, idolatraba, le infundiría fuerza y resignación.

El vuelco de un objeto arrojado a través de la ventana abierta del balcón, y que cayó a sus pies, cortó el transitado camino; agachándose, se levantó una piedra del suelo donde se atascó una pieza de papel. Con un sobresalto, desdobló el papel y leyó:

*"Señora,*

*Estoy debajo del balcón, y en caso que necesites alguna ayuda contra las actitudes excesivamente duras de su esposo, estoy dispuesto a servirle.*

GILBERTO NETOSU."

Con un grito de alegría, Ruth regresó al porche:

– ¿Nos vemos allí, Sr. Netosu? – Ella susurró.

– Sí, con todo mi corazón a sus órdenes. Solo explícame cómo, y si es necesario, podré llegar a ti – respondió la voz, proveniente de una arboleda.

– No sé cuáles son las decisiones de Samuel en este momento; él me hizo callar. En cuanto a llegar tan lejos, no es fácil; el vestuario está cerrado con llave; sin embargo, a la derecha, en la parte ocupada por los inquilinos, suele haber una escalera; puedes...

El ruido de la cerradura de la puerta del vestuario interrumpió y, temblando, regresó al dormitorio. Atacada por una repentina debilidad, se sentó a la mesa.

Para entender la presencia del inesperado aliado, que ofreció sus servicios a Ruth, conviene decir unas palabras sobre Gilberto Netosu.

Hombre habilidoso, inescrupuloso y atrevido, ambicioso de placer y de oro, había malgastado en tratos aventureros el dinero restringido que le había llegado en herencia a él y a su hermano menor, Nicolás, a la edad de diez años.

Obligado a vivir con limitados recursos, había pasado por todas las ocupaciones deshonestas; la suerte lo había puesto

## La Venganza del Judío

en el camino de Raúl, a quien exploró, y la casita periférica – un buen retiro, que él había ideado – y los visitantes que lo frecuentaban le proporcionaban cuantiosas sumas.

Gilberto conocía desde hacía tiempo la identidad de la supuesta Gema; sin embargo, conociendo la aversión del Príncipe hacia los judíos, se había abstenido de herirlo, diciéndole la verdad. Sin embargo, fue compensado mediante la recopilación de información detallada sobre el banquero y su esposa, relacionada con un sirviente que había sido despedido de la casa, y a través de él había dispuesto un plano topográfico bien detallado de la residencia e información precisa sobre los hábitos de la pareja. Bien podría ser que todo esto vendría a servirle algún día...

El imprevisto escándalo de la mañana lo había pillado algo desprevenido.

Sin embargo, Gilberto fue un hombre de grandes propósitos; después habiendo intercambiado ideas con su hermano, decidió ponerse en contacto con la joven acusada, para hacerla escapar para evitar la represalia de su marido y cargarla con sus diamantes, que, él sabía, representaban una fortuna.

Con este proyecto en mente, los dos hermanos conocieron el jardín del palacio; sin embargo, el tener que esperar a la noche, la dificultad de comunicarse con Ruth, sin ser vistos, contribuyó a la pérdida de horas inestimables y los intentos fueron concretados muy tarde. Al ver la apresurada huida de la joven, Gilberto indujo que su esposo había llegado y ella lo había escuchado, y, sin perder un segundo, ordenó a Nicolás para estacionarse abajo, entre la vegetación, mientras trepaba, con agilidad felina, a un gran árbol plantado frente a la veranda. Totalmente escondido entre el espeso follaje, se colocó con ventaja para ver y escuchar todo lo que sucedía.

Al encontrar el camerino vacío, Samuel caminó con paso firme hacia el dormitorio. Estaba blanco como un espectro, sus grandes ojos melancólicos rodeados por un círculo oscuro. Una línea lúgubre, sombría tiró de sus labios.

A poca distancia de la mujer, se detuvo y, con voz apagada, dijo:

– Aquí estoy para escuchar de tu propia boca la razón por la que te convertiste en el amante del Príncipe de O.

Ruth se levantó y, tratando de tomar su mano, susurró con una mirada suplicante:

– ¡Oh! ¡Samuel! Ten compasión; evita que me acuerde de lo sucedido, ¡dame tu palabra de perdón!

Dio un paso atrás, en un gesto de molestia:

– Basta de comedias. Vine a hablarte sobre el tema, y no a presenciar escenas; mujer innoble, confiesa los más pequeños pasos de tu vergonzosa conexión.

Golpeada por ese gesto expresivo y esas palabras frías e incisivas, un rubor intenso tiñó inmediatamente el rostro pálido de Ruth: algo en ella se rebeló contra este hombre que, sin haberla amado nunca, la juzgó sin piedad.

– ¡Pues bien! – Exclamó, sus ojos brillando –. Expondré la verdad, pero primero diré algo sobre ti, culpable y motivo de mi humillación. ¿Por qué, si amabas a otra, te casaste conmigo?

Cuando pude entender, ocho días después de la boda, que en tu casa estaba destinado al papel de animal reproductivo, te pedí que me permitieras irme y que me dieras mi libertad. Me negabas, manteniéndome a tu lado, dándome, a cambio del inmenso amor que te di; abandono y desprecio, repeliéndome con dureza cada vez que buscaba acercarme a ti. Siempre sola, relegada al aburrimiento, loca los celos nacieron en mi corazón.

Tu constante abandono de casa me hizo sospechar que te ibas con otra mujer y, angustiado por esta sospecha, busqué en tu oficina, las pruebas de esa conexión y la fatal casualidad me hicieron encontrar la nota perdida por Gema Torelli. Pensé sorprenderte, y fui a ese baile de disfraces; la similar estatura, los ojos negros del Mephisto, me desviaron y, pensando que, por fin, te iba a desenmascarar, le acompañé a un reservado en un restaurante.

Al descubrir que estaba equivocada, le rogué al Príncipe, sin darme a conocer, para permitirme irme y volver a tu palacio, porque el Príncipe es un buen hombre y estaba satisfecho con la promesa que lo llamaría si yo me sentía muy infeliz. Juré íntimamente que nunca lo haría; era mi deseo salvarme.

Sinceramente, y cuando me dijiste que te ibas a París, te rogué que me llevaras, temiendo ese período de soledad y los pensamientos tentadores.

Te negaste sin piedad a mi solicitud, como si fuera casi una ofensa. Tu esposa siempre fue algo de lo más mínimo en tu la vida. Nunca se te ocurrió que esta miserable criatura pudiera desear otra cosa que no fuera el papel de mayordomo; que sintió un corazón latiendo y tuvo sentimientos que tú le diste a luz, pero que nunca satisficiste; que tenías los deberes de un marido para con ella, y como rechazas su amor, al menos podrías concederle amistad.

Vencida por el despecho, ofendido en mi orgullo, volví a ver al Príncipe; su amor me infló y me dominó y todos estos sentimientos de los que no podía escapar, me unían a él. Deshonrada y perdida, estoy, lo sé; sin embargo, no estaría tan bajo, si el que, ante Dios, había jurado amarme y protegerme, me guio y protegió, en lugar de abandonarme y despreciarme.

No tengo nada más que añadir, tu propia conciencia te dirá si tienes derecho a ser un juez implacable.

Casi sin voz por la conmoción, Ruth guardó silencio y se dejó caer en su silla; a medida que avanzaba, una palidez cada vez mayor coloreaba las mejillas de Samuel; cada acusación suya la sentía como una puñalada; una voz desenfrenada le dijo: "¡Todo esto es verdad!" Sin embargo, ¿cómo se atrevía a vengarse, eligiendo como amante al hombre al que él expresaba un odio mortal?

Tan fuerte era la ira interior del banquero que lo cegó, matando todo sentido de justicia y compasión. Una mueca de piadosa ironía curvó sus labios.

– Es admirable la astuta táctica femenina que me sale por la culata del cañón del revólver, y eso convierte al acusado en acusador. Sin duda, para absolverlo de culpa, debo considerarme culpable; Yo fui quien te hizo caer tan vilmente; fui yo quien te inculcó la idea de tomar un amante y dotarme de un bastardo. Desafortunadamente, no puedo considerarme tan culpable; te di todas las cosas que anhelabas, excepto mi amor; sin embargo, hay muchas mujeres que en toda su vida nunca lo encuentran. ¡Tantas son las esposas las que buscan y ven, en sus deberes de madre y de ama de casa, el único objetivo para sus vidas! Tuviste un hijo y podrías tener otro; educarlo en una atmósfera de tranquilidad y riqueza, creo, había sido un equivalente a tus fantasías románticas. Ahora, basta del pasado, porque estoy aquí para contarles sobre el futuro. Reconoces tu adulterio con un cristiano; estás embarazada y Levi puede testificar que te atrapé en la escena de tu crimen. Podría repudiarte y para devolverte con tu padre, pero en cuanto a ti, el escándalo sería desastroso para mí también, y estoy

## La Venganza del Judío

absolutamente dispuesta a no ser el hazmerreír de todo el país. La vergüenza no debe cruzar el límite de estos muros. Le presento un camino más digno, que utilizará, si aun no ha muerto en usted, todo sentimiento de dignidad y modestia.

Al ir al camerino, regresó con una hoja de papel, pluma y tinta; luego volvió a llenar la copa con vino que acababa de vaciar su esposa, derramó un polvo blanco en ella, que estaba guardado en un papel que sacó de su billetera, y lo volvió a poner sobre la mesa.

Aterrada y llena de angustia, Ruth observó las acciones de su esposo.

– Ahora, toma tu bolígrafo y escribe lo que te digo.

– No puedo, no te entiendo – exclamó Ruth, alejándose.

– Escribe, te lo ordeno – dijo Samuel, y sus labios temblaron cuando tomó a Ruth del brazo, hasta el punto de hacerle daño.

Mecánicamente, como hipnotizada, escribió las siguientes líneas, dictadas por él:

*"Por diferentes motivos, ya no deseo vivir; Dios y mis familiares sepan perdonar mi resolución, sin acusar a nadie de mi muerte, porque voluntariamente abandono mi vida."*

*Ruth Maier.*

El banquero leyó lo escrito, se lo metió en el bolsillo de la chaqueta y, alzando su copa hacia la mujer, desolada y silenciosa, dijo glacialmente:

– Ahora, señora, bébalo, con el mismo coraje que usó para traicionarme y degradarme.

Con un grito ahogado, Ruth se levantó y se llevó las manos a la cabeza:

## La Venganza del Judío

— Tu quieres matarme, pero... no es posible, solo quieres asustarme. ¡Incluso si yo fuera el peor criminal, no tienes ese derecho...!

De repente, cayendo de rodillas, se aferró a las piernas de su marido:

— ¡Samuel! ¡Samuel! ¡Piedad! ¡Repúdiame, expulsarme! Me iré de la ciudad, nunca más apareceré ante tus ojos, no reclamaré nada de ti; ¡solo concédeme la vida!

— ¡Con efecto! Me dejarás para que corras hacia el Príncipe, pidiendo su ayuda y protección – respondió Samuel con voz ronca.

Por un momento, fue como si la tormenta interior pudiera romper los tranquilos diques que él había propuesto; arrodillándose, la instó a seguir, arrastrándola a la mesa:

— Bebe, criatura despreciable, qué asquerosa, ¿no entendiste que no puedes salir con vida de esta habitación?" ¿Y que el bastardo debe desaparecer contigo?

— ¡No, oh! ¡No! ¡No quiero morir! ¡Tengo horror a la muerte! – Ruth sollozó, agitándose y retrocediendo, con los brazos extendidos a los costados del tocador.

— Eres un gran ejemplo tanto de heroísmo como de virtud.

Samuel enfatizó con feroz sarcasmo; sin embargo, es necesario que se muestre valiente esta vez, en contra de su voluntad; solo necesitas un poco de descanso; por tanto, te concedo media hora para encomendar tu alma a Dios.

Se sentó, se quitó el reloj y lo puso sobre la mesa. Ruth nada replicó. En la mirada brillante de su marido, había leído una condena inquebrantable.

## La Venganza del Judío

Cansada, enloquecida por el terror, miró con ojos feroces ese vaso que contenía la muerte. Este final la aterrorizó, y en su cuerpo joven, lleno de vida, todo se rebeló contra la destrucción y en su frente mostraba, como perlas, gotas de sudor glacial.

Lleno de asombro y piedad, Gilberto Netosu había seguido todos los matices de esta tremenda escena; la determinación en el rostro pálido e insensible del banquero eliminó cualquier duda que pudiera haber albergado sobre el resultado, que estaba paralizando sus planes de ganancias.

– ¡Ah! ¡Maldito perro, judío bastardo! susurró enojado – Si no tengo recurso, acabará asesinando a la mujercita, y con eso, ¡adiós diamantes! Sin embargo, ¿qué hacer? ¡Los minutos están fijados!

Pasó unos momentos meditando profundamente; luego, descendiendo del árbol, desapareció en las sombras, deslizándose por la habitación.

Para que el lector comprenda el atrevido plan del aventurero, es necesario decir aquí algunas palabras sobre la ubicación de las habitaciones.

En la enorme casa del banquero, la mitad delantera, desde la planta baja hasta el primer piso, estaba ocupada por el propietario; el último, así como el tercer y cuarto piso, a los que se llegaba por entradas independientes – salvo una gran sala en el primero que daba al rellano de las escaleras, que las conectaba con las del banquero –, fueron ocupadas por inquilinos.

El viejo Abraham había vivido en el primer piso; sin embargo, había instalado al hijo cuyas costumbres se diferenciaban mucho de las suyas y que vivía una vida doméstica en la planta baja. Con motivo de su proyectada boda

## La Venganza del Judío

con Valéria, Samuel había ampliado y adaptado a nuevas contingencias su casa de soltero, que privilegiaba sobre las lujosas habitaciones del piso superior; sin embargo, cuando el destino anuló todos sus planes y le dio al joven banquero otra novia, se llevó a cabo una tercera reforma.

La antigua residencia del padre había sido remodelada para los jóvenes esposos; estaban los dormitorios, los guardarropas, los salones de recepción, y en la planta baja Samuel había hecho un taller, poniéndolo frente a él, como fiel centinela, a tres habitaciones cerradas a las miradas indiscretas, en las que guardaba todos los recuerdos de su desgraciado amor; es decir, los muebles y regalos que alguna vez fueron destinados a la amada mujer. Una pequeña sala de lectura estaba ubicada al lado de la oficina, y estaba conectada al dormitorio del banquero por una escalera en caracol. Lo que quedaba del apartamento estaba ocupado por una biblioteca, una sala para la colección de pinturas y piezas chinas, un enorme invernadero con vistas a la famosa terraza, el "atelier", etc. Éste, en el que se encontró más alejado de la mujer y más cercano a sus recuerdos, era el retiro favorito de Samuel, especialmente en el verano.

Gilberto conocía perfectamente todos estos detalles; así, caminando, paso a paso, cerca de la pared de la casa, sus ojos buscaban ansiosamente alguna ventana iluminada.

Pronto llegó a una franja de luz, que se filtraba a través de las cortinas bajas y se proyectaba sobre un matorral; un poco más allá de una amplia ventana; sin embargo, se derramaron rayos de luz.

Con infinito cuidado, Gilberto se subió al alféizar de esa ventana y echó un rápido vistazo al interior: era la pequeña habitación anexa al estudio, cuya puerta estaba cerrada.

## La Venganza del Judío

Esta sala estaba desierta, sobre una mesita iluminada, un candelabro con cinco velas, en las que destacaba el gorro y los guantes del banquero, así como un montón de periódicos y papeles varios.

Ágil como un gato, sin hacer ruido, Gilberto saltó adentro; tomando el candelabro, prendió fuego a los papeles, al mantel que cubría la mesa ya las cortinas; colocando el candelabro en el suelo, luego saltó al jardín.

Uniéndose a su hermano, siempre escondido entre la maleza, dijo en pocas palabras, en voz baja:

– Ven conmigo, ayúdame a traer una escalera que está escondida cerca de aquí; la pondré contra el balcón y tú la mantendrás firme, mientras yo bajo con la judía y sus tesoros.

Minutos después, Gilberto se había apostado en su observatorio y se había asegurado que no hubiera pasado nada durante su ausencia: Ruth, inclinada en el brazo de la silla parecían no ver ni oír nada; Samuel, lívido, leve frente, firme resolución estampada en su rostro, se apoyó contra la mesa, siguiendo mecánicamente los pasos de las manos de tu reloj.

Todavía pasaron unos minutos en silencio, hasta que un gran ruido pareció resonar en la casa; se escucharon gritos distantes y un olor característico a fuego y humo entró en la habitación.

Samuel miró hacia arriba, sorprendido; en ese momento, hubo como si un tumulto y se oyeran varias voces, gritando claramente:

– ¡Fuego! ¡Fuego! ¡La oficina del Barón está en llamas!

El banquero dio un salto, como por una descarga eléctrica. ¡Fuego en su oficina...! y el retrato de Valéria, los tesoros de sus recuerdos, estaban allí, junto con papeles y documentos de gran importancia, encerrados en su escritorio.

## La Venganza del Judío

Olvidando todo, se lanzó fuera de la habitación.

Segundos después, Gilberto apareció en el balcón. Corriendo hacia Ruth, que había permanecido inmóvil, la sacudió brutalmente:

– Despierta, señora – dijo –, si deseas salvar tu vida. No hay un solo momento que perder. Rápidamente, reúna sus diamantes, todo lo que es precioso para usted. Cerraré el pestillo de la puerta.

Como si despertara de un mal sueño, Ruth se levantó, respirando con dificultad. Instintivamente, tomó la copa y vertió el contenido; luego, dirigiéndose a su secretaria, sacó varios fajos de billetes y, de un compartimento secreto, la llave de su joyero. Gilberto, que seguía cada uno de sus gestos, había sacado una funda de la almohada de la cama y en ella, como en una bolsa improvisada, ambos custodiaban los cofres y otras joyas más pequeñas. Más tarde, el aventurero arrojó el mantel que había estado usando esa mañana sobre los hombros de Ruth y, levantándola por el alféizar de la ventana, la colocó en las escaleras.

– Señora, baje – dijo –. Un momento más y te seguiré. Se apresuró a regresar a su oficina y, tomando una pequeña lámpara de porcelana de su escritorio, la arrojó al otro lado de la habitación. La gruesa alfombra ahogó el ruido del depósito al romperse, pero el aceite se incendió y se esparció como una mecha de fuego.

Un minuto más y Gilberto se unió a sus compinches, los tres corriendo hacia la salida. Fueron forzados a pasar por callejones lejanos, porque todos los criados estaban ocupados, y el jardín estaba lleno de gente asustada y lívida, que corría sin saber qué camino tomar. Momentos después, escucharon la voz fuerte de Samuel, calmando el tumulto, dando instrucciones a

## La Venganza del Judío

los criados. Asustada, Ruth estiró los pasos. En poco tiempo llegaron al callejón, en cuya esquina les esperaba un vehículo, y quince minutos después se encontraron resguardados en la casa de las afueras del Príncipe de O.

¡Con cuántas emociones se encontró Ruth de nuevo en este paraíso de sus amores con Raúl, donde los recuerdos vivían en cada objeto!

Un nuevo pensamiento, el miedo a que algo haya sucedió con el hijo, llegó a sobrecargar sus torturas morales; había notado el fuego que inundaba el jardín con su resplandor ensangrentado.

Si el niño murió en las llamas, ¿a qué precio se había salvado la vida?

Con un gemido, se dejó caer sobre el diván y hundió la cabeza en las almohadas.

Gilberto no le permitió ceder a su angustia por mucho tiempo.

– Señora – dijo, tocándola ligeramente en el hombro –, siento no poder permitirle disfrutar del descanso que tanto necesitas; sin embargo, el peligro que nos amenaza a nosotros, así como a usted, está muy cerca de nosotros, que ningún momento se puede perder. Es necesario que salga de Pesth en el tren de medianoche. Es las once. Coma algo; he preparado una comida ligera y ya he instalado sus diamantes y las cosas más necesarias en esta maleta que ve. Irá, junto con Nicolás, a París, donde la encontraré, porque iré mañana, porque es urgente tomar, todavía en nuestro interés común, algunas medidas.

Agotada por la fatiga, incapaz de razonar y tomar deliberaciones, Ruth aceptó en silencio todas las disposiciones de Gilberto y, una hora más tarde, un tren la condujo rápidamente hacia un futuro desconocido, a pesar de ser tan desolador que, si hubiera podido adivinarlo, habría preferido el veneno que su marido le había destinado.

El sol naciente iluminaba, con sus rayos, en toda su crudeza, la horrible desolación que recorría el interior y el exterior de la casa del banquero; el techo destruido, las paredes ennegrecidas, las ventanas rotas, mostraron los daños del fuego.

La calle estaba atestada de muebles, montones de cosas y ocupada por curiosos, que rodeaban a diversos grupos de infelices que, molestos, desesperados, contemplaron los restos de sus pertenencias.

El voraz fuego, encendido por Gilberto en dos lugares distintos, había causado tremendos daños, y había sido necesario que todos los bomberos unieran sus esfuerzos para circunscribir el fuego y terminar sofocándolo.

Una circunstancia feliz y tan incomprensible: las habitaciones antes destinadas a Valéria quedaron ilesas; en cambio, el incendio había alcanzado los pisos superiores, los de los inquilinos, donde había causado enormes daños.

Tres personas murieron inmediatamente; un niño que intentaba bajar por la ventana había muerto cayéndose; el criado de Samuel había sido herido de muerte cuando una escalera se soltó; por fin, en las habitaciones del primer piso, un cadáver de mujer, carbonizada e irreconocible, que pronto se conjeturó que era la de la Baronesa.

Sin embargo, la voz del pueblo, que siempre alarga los hechos, no se conformó con estas víctimas y, apenas amaneció, los rumores más dispares se esparcieron por la ciudad.

Samuel había luchado como cualquiera de los bomberos; lo vieron, sin miedo a los peligros, en los lugares más riesgosos, y sin importarle su persona, para usar todas sus fuerzas para salvar a sus inquilinos.

Una vez extinguido el peligro, finalmente reemplazado por una relativa tranquilidad, el comisionado de policía del barrio invitó al banquero a realizar, junto a él, una inspección de la casa devastada, con el propósito de verificar los daños, y luego realizar la verificación. de la ocurrencia.

Con pasos lentos, deteniéndose a cada momento para tomar notas, ambos caminaron por las habitaciones, tan suntuosas y pacíficas incluso el día anterior y que ahora, con las paredes desnudas y ennegrecidas, inundadas de agua y hollín, el piso atascado con escombros de jarrones. y estatuas astilladas, parecían ruinas sin forma.

En el dormitorio de Ruth, más maltrecho que el resto de la casa, el banquero encontró el joyero, que, a prueba de fuego y pegado al suelo, había podido resistir las llamas; sin embargo, para su profunda admiración, la llave (que sabía que debía encontrarse en un cajón secreto del escritorio) estaba en la cerradura. Con un movimiento rápido, abrió el pequeño mueble y encontró, pálido, una nueva prueba a sus sospechas: todos los joyeros habían desaparecido. ¡Ruth se había escapado, por tanto, llevando sus joyas! Sus compinches, quien quiera que fueran, habían protegido la fuga iniciando el fuego.

– ¿Tiene algún robo que informar, señor Barón? – Preguntó el comisario –. La cosa es bastante probable, ya que confirma, aun más, mi convicción que una mano criminal inició este incendio.

– No, no – respondió Samuel, con la voz apagada. Solo mi esposa pudo abrir esta bóveda secreta, y seguramente la demora causada por su afán por salvar sus joyas causó su muerte. En cuanto a mí, no tengo ninguna sospecha sobre el motivo del accidente, y estoy demasiado absorto por la infelicidad que me golpea como para poder pensar en otra cosa; tanto, Sr. Notario, que le rogaré que proceda solo en su inspección, o que seáis apresados por Leví. Necesito urgentemente unas horas de descanso.

– "Hum, pobre chico; estoy a punto de pensar que es una tragedia familiar la que se esconde debajo de estos escombros" –, pensó el comisario cuando estaba solo.

Dejando sus instrucciones a Levi, el banquero tomó su carruaje y llamó la quinta. De hecho, estaba agotado y, con la cabeza vacía y el corazón oprimido, se reclinó contra los cojines del carruaje.

Al entrar al huerto del pueblo, vio al pequeño Samuel que, montado en un caballo de madera, jugaba en la terraza; descubriendo al padre, el niño abandonó el juguete y corrió a su encuentro tan rápido como se lo permitían sus pequeñas piernas. Una sonrisa de satisfacción se extendió por su rostro infantil, su cabello rubio al viento, como un halo dorado.

Con un sentimiento indefinido, una mezcla de amor y profundo dolor, Samuel lo levantó en sus brazos y lo abrazó contra su pecho.

– ¡Qué sucio y desordenado estás hoy, papá! – dijo el niño, alborotando el cabello del banquero con ambas manos, con el pretexto de alisarlo –. Tus manos están negras y arañadas. ¿Sientes algún dolor? – Añadió, presionando su mejilla sonrosada contra el rostro pálido de Samuel.

– ¡Santo Dios! Sr. Barón, ¿qué pasó? – Preguntó la criada, que se había acercado y miraba con lástima la ropa arrugada y el aire sombrío de su jefe.

– Tuvimos que apagar un incendio en la casa. Confío en que, a partir de hoy, Bárbara, velarás más para el chico, porque su madre murió en las llamas – respondió el banquero en voz baja. Después de su baño, Samuel se acostó y su cansancio fue tal que durmió como un sueño de plomo durante muchas horas.

Al despertar, se sintió físicamente renovado; la tremenda sobreexcitación de los nervios que había trabajado en su mente desde que dejó París había dado paso a un razonamiento más ordenado. Como si saliera de una pesadilla, se pasó la mano por la frente. La condena de Ruth, y el intermediario despiadado que le había salvado la vida, le vinieron a la mente bajo una nueva luz y, angustiado por la tribulación íntima, se levantó y entró en el estudio.

La mirada del banquero se fijó primero en un maletín abierto, de donde su criado particular, procedente de París, sacó varios objetos y los colocó sobre el escritorio. La visión de dos cofres enjoyados de una caja destinada a Ruth exacerbó la desagradable sensación que lo carcomía.

No, no era demasiado severo: ¡la infiel, la ladrona, la pirómano solo era digna de la muerte! Este cambio repentino en sus sentimientos resonó en su voz cuando exclamó abruptamente:

– ¡Saca esos cofres, esa caja y esa tarjeta llena de baratijas, y que nunca los vuelvas a ver!

El criado, nervioso, obedeció y, notando el mal humor del señor, se alejó prudentemente.

Samuel se sentó frente a su escritorio, examinando y ordenando sus papeles.

Finalmente, desató un paquete de libros y los hojeó: *El Libro de Los Espíritus*, de Allan Kardec – leyó en un gran volumen, en una encuadernación verde.

– ¡Ah! ¡Es el libro de ese sectario original, de quien tanto me ha hablado el señor Valdez! – Murmuró él, ya no me acordaba quien me lo envió. Sin embargo, veamos: hoy soy capaz de distraerme, a pesar de todo.

Leyó con atención algunas páginas del libro y, gradualmente, una expresión de feroz burla y desprecio curvó sus labios.

– ¡La inmortalidad del alma! El objetivo final de la existencia: ¡la perfección!

¡Reencarnación! – es decir, metempsicosis – ¡Intercambio entre vivos y muertos! – Murmuró irónicamente –. Todos estos son mitos de antiguos, adaptado al gusto de hoy... ¡Ah! ¡Oh! La realidad deshace tales visiones y sería necesario que, con su propia mano, mi padre fallecido vendría y escribiría que todo esto es real, para que yo estuviera convencido. ¡Echemos esas fantasías!

Cerró el volumen y tocó el timbre.

– Busque a Bárbara y dígale que traiga al niño aquí – le ordenó al criado.

# SEGUNDA PARTE

# EL HOMBRE PROPONE Y DIOS DISPONE

# 1.– TRIBUNAL FAMILIAR

Raúl había regresado a su casa en el estado de ánimo más deplorable:

La vergüenza, la humillación, la ira consigo mismo y el disgusto por la conexión irreflexiva en la que se había visto envuelto, todo se refería a él por dentro. Solo con dificultad pudo contenerse lo suficiente para aparecer a cenar. Inmediatamente después, se retiró a sus habitaciones privadas, disculpándose por una indisposición, y prohibió que lo molestaran, por cualquier motivo.

La noche le dio suficiente calma para que pudiera presentarse a almorzar con su expresión cotidiana, y como la mañana había resultado espléndida, la Princesa había ordenado que la comida fuese servida en una terraza cubierta de flores a la sombra de árboles viejos que se levantaban en el jardín.

Escaneando el periódico, Raúl miró subrepticiamente a su esposa, que meditada y distraída mordía, más que comía, una galleta.

Valéria estaba más hermosa que nunca; sin embargo, una profunda melancolía, consternada resignación dibujaba una sombra visible en el encantador rostro.

– "¿En quién estará pensando? En mí ciertamente no será; ni siquiera se dio cuenta que estaba agitado ayer, o que la

## La Venganza del Judío

admiro hoy" – pensó Raúl, con amargura y despecho, arrugando el periódico que tenía en la mano.

La presencia de la enfermera, trayendo al niño, dio una dirección diferente al coloquio silencioso de los jóvenes esposos.

_ – ¡Buenos días hijo mío! – Exclamó el Príncipe, llamando hacia sí mismo al niño y poniéndolo de rodillas antes que incluso se acercara a la madre –. Puedes irte, Henriqueta – agregó, hablando con la enfermera –, porque enseguida te llevaré a Amadeo.

Valéria estaba más animada y miró con ternura a su hijo, quien, con seriedad infantil, mojó una galleta en la taza de su padre y compartía generosamente con el gran Terranova de Raúl. Extraordinariamente guapo era el principito Amadeo; sin embargo, ni rastro en su rostro se parecía al de sus padres; la tez pálida, trigueña, abundante cabello rizado, de un negro casi azulado, enmarcaba su frente ancha y convexa; ojos grandes y negros, melancólico y brillante, que nada ocultaba el encanto y la suavidad de los ojos de Raúl.

Este último, que lo miraba sonriendo, se estremeció de repente. Acababa de pasarle por su cerebro un pensamiento diabólico, los rasgos que distinguía en su hijo, ¿no los había contemplado el día anterior, en otro rostro?

¿No eran esa frente y esos ojos los de Samuel Maier? Es esa boca pequeña, roja y sensual, la nariz algo aguileña, con fosas nasales ensanchadas, ¿no se parecían dolorosamente a las de Gema, su amante judía?

Raúl sintió que el corazón se le encogía como un tornillo de banco; ¿qué podrían significar semejantes extrañas similitudes? Y la sonrisa irónica del judío, rechazando el duelo, su afectuosa solicitud por la paz de la Princesa, ¿no escondería una causa secreta, más verdadera que la generosidad? Si Valéria lo había relegado al olvido, tanto como Gema lo había hecho por su parte, desde que ella suponía que había amado al judío, el destino sardónico había llevado a los dos hombres a hacer trueque de bastardos, ¡y Raúl recibiera su venganza!

Una nube oscura oscureció la vista de Raúl; toda su ira, apenas dormida, renació y subió a su cerebro. Con un gesto inoportuno, apartó al niño, que se cayó y empezó a gritar.

Valéria corrió hacia él y lo levantó:

– ¿Estás completamente en tu sano juicio, Raúl, para tratar a un niño así? – Dijo, tratando de calmar a Amadeo y cubriéndolo de caricias.

Toda la ira, apenas disimulada por el noble, estalló en ese instante.

– Me repugna – dijo con dureza –, acariciar a un niño que, siendo mi hijo; sin embargo, no tiene mis rasgos, ni los tuyos, sino los del judío Maier. ¡Puede ser que usted esté más informada que yo del motivo de esta insolente casualidad, que da lugar a suposiciones muy erróneas!

Por un momento, la joven se quedó petrificada. Salió de perfil, tan blanco como la túnica bautista que vestía, y sus grandes ojos azules se nublaron y tomaron un tono de acero.

– ¡Evidencias! – Espetó, su voz tensa –. ¿Qué pruebas traes para tirarme este insulto inconcebible...?

Ante esta terrible conmoción, reapareció la natural y generosa bondad de Raúl; lamentó el insulto, quizás inmerecido.

– Perdóname, Valéria – se disculpó, acercándose rápidamente. No pudo continuar, porque la voz de Antonieta se escuchó en la habitación contigua y, casi al mismo tiempo,

## La Venganza del Judío

trayendo a su hijo mayor y seguida de una niñera, entró al porche.

– Buenos días, Antonieta. ¿Qué te trae tan temprano? – dijo Raúl saludando a su cuñada, mientras Valéria no se movía conteniendo las lágrimas.

La Condesa comprendió, con una rápida mirada, que había sucedido algo desagradable; sin embargo, sin mostrar nada, respondió cordialmente.

– Busco un pequeño consejo con Valéria, y para este motivo, la robo por media hora, Raúl. En cuanto a usted, señorita, cuide, se lo ruego, de los dos muchachos y llévelos al jardín.

Las dos jóvenes estaban a punto de irse cuando entró un sirviente y dijo, entregándole a Raúl unas cartas:

– Su Alteza, un hombre desconocido apareció en el palacio, que le ruega a Su Alteza que le de unos momentos de atención para asuntos urgentes.

– ¿Quién puede ser este hombre y qué quiere de mí? – murmuró Raúl con impaciencia.

– Me declaró su nombre Gilberto; sin embargo, creo que es uno de los desafortunados heridos en el incendio de esta noche, que tiene la intención de obtener una limosna de ayuda de la conocida organización benéfica de Su Alteza.

Al oír pronunciar el nombre de Gilberto, un fugaz rubor tiñó las mejillas del Príncipe.

– Lleva al hombre a mi oficina; estaré allí en un momento. ¿De qué se trata el fuego?

– Esta noche, alteza, se produjo un incendio en el palacio del rico banquero Maier, Barón de Válden. El siniestro, por lo que escuché, fue espantoso: casi toda la casa fue destruida, y el dueño y su esposa perecieron en las llamas.

Aturdido, Raúl despidió abruptamente al sirviente; por, un pequeño grito emitido por Antonieta desvió el curso de sus pensamientos y corriendo hacia el tocador, encontró a su esposa postrada en un sillón, inconsciente.

– Sin duda fue la muerte del señor Maier lo que reaccionó contra Valéria de manera tan fulminante – dijo Raúl, ruborizado hasta la frente –. Hazle saber, Antonieta, cuando vuelva en sí, que su desmayo ante la noticia del accidente sufrido por ese digno banquero, su ex prometido, es una de las pruebas que me exigió hace un momento.

La Condesa, que intentaba revivir a su amiga, se levantó resueltamente:

– Raúl, tus palabras por fin me brindan la oportunidad que he estado esperando durante mucho tiempo, para hablarte con el corazón abierto. No te conozco desde hace mucho tiempo. Tú, que siempre fuiste amable y generoso, eres cruel con Valéria; tuviste, esta mañana, alguna riña que bien podría ser la causa absoluta del desmayo. Veamos: dime francamente qué te irrita contra la que tanto amabas.

– Ojalá tuvieras razón – respondió Raúl, mordisqueando su labio y tratando de contener las lágrimas que brotaron de sus ojos.

– Ella no es como tú, que enamorada de tu marido, te mantuvo tranquila con la noticia que, tanto como tú, debería impresionarla. Debes confesar que cualquier marido, descubriendo en los rasgos de su hijo la imagen fiel del hombre que jugó un papel misterioso en la vida de su esposa, y al verla desmayarse ante la noticia de la muerte de este hombre, tiene derecho a albergar sospechas.

## La Venganza del Judío

— Raúl, ¿a qué abismo te arrastrarán aun los celos? — Regañó Antonieta severamente —. ¿Puedes suponer seriamente que esta criatura piadosa y más noble fuera capaz de una traición tan vergonzosa hacia ti? ¡Debería darte vergüenza! Valéria estaba molesta cuando entré y si fue algo parecido a lo que le dijiste, creo que ella tenía muchas razones para desmayarse.

La certeza profunda que vibraba en la voz y brillaba en los ojos de Antonieta, actuó como tranquilizante en el alma herida de Raúl. Sin responder, hizo un gesto con la mano de su cuñada y se fue.

— ¡Infeliz Valéria! — susurró Antonieta, arrodillándose al lado de su amiga y frotándose esencias en su frente —. ¿Qué miserable casualidad que hizo descubrir a Raúl este fatal parecido, que Valéria ha negado con repugnancia, y que tanto alboroto ha traído a la mente de Rodolfo?

La conversación mantenida con Gilberto no fue como para calmar a Raúl. La crueldad de Samuel hacia su esposa lo llenó de terror y asombro. Sabiendo que el judío se había salvado, le entregó al aventurero una gran suma de dinero, exigiéndole que cuidara de Ruth y su hijo y se dirigiera a él cuando fuera necesario.

Solo, se sintió triste, abandonado e infeliz; necesidad urgente de desahogarse, de confiar sus desgracias a un corazón dedicado, le hizo decidir ir a la casa de su madre, esa amiga correcta, de la que conocía el afecto ilimitado y la devoción total.

La Princesa Odila vivía en uno de los suburbios, en un pequeño palacio, rodeado de jardines. El aire denso y cargado de la ciudad le era prohibitivo, ya que su salud había empeorado en los últimos cuatro años.

## La Venganza del Judío

Con el movimiento de sus piernas completamente extinguido, una tenaz enfermedad de melancolía minó su existencia.

Algo reconfortada por la belleza de la mañana, la Sra. de O. hizo colocar el sillón en un pequeño bosque donde las sombras se desvanecían de lilas, y sorbiendo con deleite los perfumes balsámicos, escuchó la lectura de la fiel vieja camarera.

Cuando llegó Raúl, dejó de leer y, a pesar de la alegría que la presencia del Príncipe siempre traía a la Princesa, su mirada maternal pronto se dio cuenta que su hijo estaba bastante confundido y agitado.

– Mi buena amiga, trata de descansar mientras hablo aquí con Raúl; ya has leído suficiente hoy – dijo amablemente la Princesa. La anciana aya se puso de pie de inmediato, y tan pronto como su figura alta y delgada desapareció al final del callejón, Madame de O., tomando la mano de su hijo y llamándolo, dijo tiernamente:

– Siéntate aquí en el taburete a mis pies, Raúl, y hablemos, con el corazón abierto, como solías hacer cuando eras un niño, o un adolescente, y llegaste a confiar tus penas y alegrías a tu único confidente.

Raúl se sentó a los pies de la vieja Princesa y tocó las manos delgadas y traslúcidas de su madre con sus labios febriles.

– Es verdad, querida madre, vine a abrirte mi corazón, y a confesarte mis problemas y mis errores, porque he cambiado mucho desde que me casé; ya no soy el buen chico ingenuo que educaste; he cometido actos viles y soy tan infeliz...

Su voz se volvió insegura y apoyó la cabeza en las rodillas de la Princesa.

## La Venganza del Judío

Ésta, con un gesto cariñoso, separando la sedosa cabellera que le taparon las manos y, colocando un beso en la frente de Raúl, dijo, con un suspiro:

– Me he dado cuenta desde hace mucho tiempo que algo te atormenta, y no es la felicidad lo que leo en tus ojos. Habla, por tanto, mi querido hijo; no debes sonrojarte ante mí; tu confianza es la última felicidad que me queda en este mundo; y mucho me temo que, en mi ciego afecto, deseando de alguna manera hacerte feliz, haya equivocado mis medios y que, evitando el dolor de un niño, haya impedido la madurez de la felicidad del hombre.

– Mamá, mamá, no te culpes por nada. Lo que hiciste, fue, lo sé, para mi felicidad – dijo Raúl, embelesado.

– Ahora cuéntame todo: ¿sabías, antes de la boda, que Valéria no me amaba, que su corazón ya pertenecía a otra persona? Además de saber la verdad, necesito tus consejos para poner orden en el caos de sentimientos que me roban el descanso.

– Sí; siento, dolorosamente, en este momento, cómo la criatura humana, ciega y relativa, es presuntuosa, creyendo que puede someter los eventos de acuerdo a sus deseos egoístas. Tu enfermedad, en esa ocasión, el miedo a perderte, me quitaron toda la razón. El médico había declarado que solo una reacción producida por una gran alegría podía curarte, y yo quería y conseguí traer a tu cabecera a la novia de tu elección.

El Conde de M. me había confesado que sus finanzas estaban en un lío, y que un joven israelita, enamorado de su hija, había reclamado todos sus títulos y exigido la mano de Valéria, poniendo precio al honor de la familia, en lo que concierne a tu vida, me pareció insignificante, y que toda mujer te adorara era un axioma para mí, por lo que actué en consecuencia.

## La Venganza del Judío

De forma sintética, pero sin ocultar nada, desfilaba ante su hijo todos los hechos que precedieron al matrimonio. Y cuando, en su narrativa, llegó a la aventura del día de la boda, en la que Rodolfo llegó justo a tiempo para salvar a su hermana de la muerte en el lago – sorprendido por la aparición de la novia y el repentino mal, la Princesa Odila había interrogado a Antonieta, quien no se atrevió a negar nada y le dijo la verdad –, una ola de sangre inundó el rostro del Príncipe.

– ¡Ah, madre! – Exclamó temblorosamente –, si hubiera sabido que era de los brazos del amante que llegó al altar, ¡habría rechazado su mano! No me retractaría del escándalo que ella temía, ¡incluso si tuviera el valor de traicionar mi confianza y empañar mi honor!

– Te dejas llevar, hijo mío. La naturaleza exaltada de Valéria la volvía imprudente. Trató de disculparse frente al hombre que había abandonado y que pensaba que había muerto por ella. Valéria; sin embargo, nunca caería tan bajo por una pasión mezquina; la considero incapaz de agacharse hasta el punto de haber tenido un amante.

– Si tú lo crees, madre, estás equivocada – dijo Raúl, y lágrimas de rabia brillaron en sus ojos –. Correr en traje de novia, y sola, a la residencia de un novio que ya ha había renunciado, era necesario que tuviera mucha intimidad con él. No pude atraparla en el acto, en el acto criminal; sin embargo, estoy seguro que mi honor está contaminado, porque hay prueba irrefutable de su adulterio. Escúchame y comprenderás.

Con gestos febriles, le contó a su ávida oyente la narración de su vida matrimonial. Luego, le contó sus variados amores, hasta que la trágica aventura, que había arrojado a la esposa del banquero en sus brazos. Luego relató el encuentro con Samuel, su negativa a pelear, considerando la tranquilidad de Valéria y, finalmente, la escena de la mañana, cuando, por primera vez, había caído ante él como un rayo a sus ojos el notable parecido de su hijo con el judío, el desmayo de Valéria había contribuido en gran medida a abrirle los ojos.

– Porque – agregó –, no es costumbre conmoverse ante la noticia de la muerte de un hombre que era un simple novio y al que no ha vuelto a ver desde hace decenas de meses.

Luego comenzó a relatar, en forma resumida, su charla con Gilberto y sus órdenes para asegurar, en la medida de lo posible, el futuro de Ruth y el niño.

– Como ves, madre, este judío la repudió, expulsándola de su casa como mujer adúltera – agregó con los dientes apretados–. Y más: pensó que tenía derecho a matarla, que su vida eliminara la de su hijo espurio. ¿Qué hay de mí? ¿Puedo callar tranquilamente y transmitir mi nombre, un escudo de armas intachable, al bastardo del judío?
¿No habrá castigo para este miserable traidor?

Afligida y llena de ternura, la Princesa acarició el rostro perturbado de su hijo:

– Raúl, amado mío, estás exagerando: ¡una certeza íntima me habla de la inocencia de Valéria! Su constitución, delicada, impresionable, podría haber llevado sus pensamientos muchas veces al ex prometido, y esto le habría transmitido al hijo algún parecido ocasional con el banquero. ¿Tienes derecho, con tan vaga sospecha, de acusar y condenar a tu esposa? El judío, después de cinco meses de ausencia, pudo convencerse de la infidelidad de la mujer. Si tu presentaras igual evidencia contra Valéria, primero te diría: sepárate de ella. Entonces es mi deber pedirte que dejes ir estas sospechas y no expulses de tu corazón a la hermosa criaturita que; sin embargo, es tu hijo. Amadeo siente por ti un amor aun mayor que el que ama su madre; tan pronto como oye el sonido de tus pasos, su rostro se regocija; solo la voz de la sangre puede conducir instintivamente al hijo hacia el padre.

– ¡Sí, cuánto quiero creer en ti, Madre! – Añadió Raúl, con un largo suspiro –. Seguiré tu consejo y nada diré. Mi fortuna está arruinada. Algo invencible se entrometió entre esta esposa y yo, siempre triste y melancólico, porque, sabiendo en quién está pensando, huyo de ella, busco el amor fuera del matrimonio y me siento más a gusto en otra parte, pero no en mi casa.

– No, así no, Raúl; debes prometer abandonar estas insensatas aventuras, que desgarran el corazón y aplastan la mente. Primero que nada, trata de hacer las paces con tu esposa, llámala otra vez hacia ti, y encuentra la paz, en una vida tranquila y honesta. Cumpliendo con tu deber, o al menos con el amor satisfecho, puedes estar contento. Visítame a menudo, más a menudo. Verte y encontrarte junto a mí es la última felicidad que me queda, y bien siento que no la disfrutaré por mucho tiempo. Tu padre me llama, y mi fuerza, cada día se desvanece; Siento que mis días están contados.

– No hables en dejarme, mamá. ¿Qué puedo hacer yo, completamente solo, abandonado y sin el cariño de alguien? – Exclamó, aturdido –. ¡Oh! No, no puedes ni debes morir, ¡no puedo soportar la pérdida de todo de una vez!

Aturdida por la exaltación angustiada de su hijo, la señora de O., palideciendo, se recostó sobre las almohadas que la sostenían. Nervioso, temblando, Raúl se inclinó hacia ella:

– ¿Te sientes mal?"

– No, hijo mío, el exceso de tu dolor ante la idea de nuestra separación me provocó un choque inusual. ¡Oh! ¿Podría elegir entre la vida y la muerte, dejándote? Sin embargo, es necesario aceptar, sometiéndose a ellas, resignado, las leyes del Creador, cuya bondad, espero, me concederá, ¿quién sabe unos meses de prórroga? Escucha lo que te digo, hijo: la muerte no es una separación eterna; el alma renace a una nueva vida, y el amor que me une a ti sobrevivirá más allá de este cuerpo que perecerá para siempre. Te veré y estaré contigo, y quizás puedas conocer y sentir mi presencia – Raúl escuchó, en silencio, ya regresado a su lugar en el taburete, apoyando la cabeza en las rodillas de su madre. Al escuchar las últimas palabras, se levantó y dijo, lleno de dolor:

– Tal es tu disposición a consolarme que quieres que crea y esperas lo imposible; nunca, de los que murieron, ninguno regresó del mundo desconocido, diciéndole al sobreviviente afligido cualquier palabra de afecto o consejo de un amigo.

La Princesa se levantó abruptamente, y un aura de solemne gravedad iluminó su rostro.

– Lo que vengo a decir es mi indestructible convicción. Creo que ha llegado el momento de darte a conocer un evento que me dio la prueba que nuestros seres queridos, los desaparecidos, están con nosotros y tienen la facultad, incluso, en ocasiones, de estar en comunicación con nosotros.

Ella se concentró por un momento, luego continuó, con voz ardiente:

– Sabes cuánto amaba a tu padre; su muerte casi me pone demente. Aturdida por mi desesperación, no tenía oídos para ningún consuelo, estaba muerta a todas las obligaciones e incluso a ti, hijo de mi alma, descuidé y olvidé en mi dolor egoísta. En un oratorio magro, rayado en negro, pasé días enteros, desplomada en un sillón, contemplando el retrato de tu padre, el mismo, de pie, que ahora está en mi tocador. Una noche me senté al frente del retrato. Una lámpara, colgada del

## La Venganza del Judío

techo, iluminaba el oratorio. Más de lo habitual, me sentía exiliado e infeliz. Las lágrimas me ahogaron y escondí mi rostro entre mis manos. Un rumor seco, aunque bastante claro, me hizo temblar y levantar la cabeza, y entonces pude ver, asustada, una nube blanca y brillante, que parecía tomar forma y alargarse frente al retrato.

Un poco más, y ese vapor se rompió y vi a tu padre, como si desde el marco, se dirigiese hacia mí. Yo estaba, al parecer, petrificada, imposibilitada de moverme; sin embargo, no podía dejar de creer el testimonio de mis ojos; vi bien a Amadeo, vivo; se movió, y sus hermosos ojos, llenos de vida, me miraron con amor y compasión, y extendiendo la mano e inclinándose, dijo:

– "Querida Odila, la muerte no es más que un pasaje a otra vida; destruyó el cuerpo, pero el amor, inmaterial, sobrevive con el alma, aunque tus ojos no me vean estoy contigo, y sufro al ver tus lágrimas y tu angustia desmedida. Te dejé a Raúl dedícate a él, y vivirás con él, sino en buena fortuna, al menos con tranquilidad y en el desempeño de tus deberes."

– Vibrando de felicidad, sentí cada sonido de esta querida voz, de la que había estado privado durante tantos largos meses; sin embargo, en un destello, la visión se desvaneció, se ensombreció a sí misma, como si desapareciera en la imagen. Como loca, con un grito de desesperación, corrí hacia tu padre para guárdalo; sin embargo, mis manos solo podían tocar el cuadro. Aturdida, pensando que había perdido la cabeza, me arrastré hasta el reclinatorio y caí de rodillas; pero, juzga tú mis sentimientos, cuando me encontré con un papel abierto al pie del crucifijo, donde se encontraron escritas, con la propia letra de su padre y firmadas con su nombre, exactamente las palabras que acababa de escuchar. No podía dudar: la bondad divina me había levantado la piedra sepulcral; había visto y oído uno que nuestros ojos toscos no ven, pero viven.

## La Venganza del Judío

Arrodillándome, le di las gracias a Dios. Nunca le conté a nadie sobre este evento; temí que una duda, una risa burlona e incredulidad empañaran este santo y grave misterio. Y ahora te mostraré este escrito que, durante casi veinte años, llevo colgando de mi cuello.

Sacó un medallón de su pecho, que estaba sujeto a una cadena de oro, y habiéndolo abierto, sacó un papel doblado y amarillento por los años, en el que, a lápiz, estaban escritas las palabras a las que había aludido.

Raúl, profundamente conmovido, miró la extraña escritura; luego apretó la mano de la Princesa de O. contra sus labios.

– Creo lo que dices, mamá, y trataré de ponerme al día con eso. Creo en el alivio de la amargura que me espera. También intentaré, ahora que tú lo quieres, creer en la ignorancia de Valéria y reconciliarme con ella; le perdono el daño que le hizo a mi amor tan sincero, jurando en falso ante el altar.

El Príncipe regresó al palacio con fines íntimos de reconciliación; sin embargo, una vez cumplido, el mal es muy difícil de repararlo.

La primera intención de Valéria, cuando recobró el sentido de su desmayo, había sido abandonar a Raúl. Solo el consejo de Antonieta, que la convenció de evitarle a su familia semejante escándalo, pudo hacerla abandonar su proyecto. Sin embargo, profundamente ofendida, trataba a su marido con glacial indiferencia, no buscaba a su hijo e, inmersa en sus cavilaciones, solo parecía interesada en el mundo exterior. Su suegra, solo, mostró una ternura filial constante, colmándola de cariño y afecto, y, en varias ocasiones, la Princesa se preguntaba a sí misma, mirando ese rostro pálido, si ese rostro tan puro, esos ojos límpidos, verdaderos espejos de ingenio, se escondía un alma vil y mentirosa.

No aceptando en sus primeros esfuerzos por reconciliarse, Raúl se satisfacía con ver a su esposa y, a menudo, la deslumbrante belleza de Valéria recuperaba su dominio sobre él. En tales circunstancias, maldijo sus sospechas. Sin embargo, la presencia de Amadeo reavivó la desconfianza y el enfado, y la falta de atención que Valéria mostró hacia su hijo fue, a sus ojos, una prueba de vergüenza y conciencia culpable. Estos sentimientos; sin embargo, se suavizaron en contraste con el dolor que ya sentía ante la idea que pronto perdería a su madre: pasaba sus días a su lado, intentando con infinitos cuidados, alargar sus días.

Una angustiosa aprensión del futuro torturaba al paciente. ¿Qué le pasaría a Raúl, sin la ayuda de su madre, si un cambio favorable, ¿no poner fin a la insoportable tensión de su relación con su esposa? ¿Y cuál sería el destino de Amadeo si el desprecio y la indiferencia se apoderaran del corazón de su padre? ¿A qué exageraciones lo arrastraría el genio sensible y violento del Príncipe, cuando ella ya no existía para guiarlo y consolarlo?

Con la esperanza de evitar hechos tan tristes, la Princesa hizo todo lo posible por reconciliar a la joven pareja, manteniendo a Valéria y Amadeo con ella, mostrándoles a ambos una mayor dedicación que nunca; deseaba con esta actitud afectuosa, sentida y pública, evitar al niño en el futuro abandono y hacerlo querido por Raúl, para quien todo lo que amaba su madre adquiría un carácter sagrado.

Así pasó el verano; sin embargo, las energías de la Princesa estaban disminuyendo tan rápidamente que uno no podía esperar el próximo desenlace.

## La Venganza del Judío

En una hermosa mañana de agosto, Raúl, con aspecto triste y concentrado, caminaba por el jardín, esperando que el carruaje estuviera listo para ir a la casa de su madre. Instintivamente, se acomodó en un pequeño banco cerca de la piscina, en el centro del cual un tritón, sentado en una roca, arrojaba chorros de agua de su cuerno de la abundancia.

Estaba mirando la fuente con ojos distraídos, cuando su atención fue captada por un objeto brillante, que brillaba al sol con reflejos dorados entre las rendijas de las conchas. Lleno de curiosidad y admiración, se levantó y, con la punta de una rama, intentó golpear el misterioso objeto; Sin embargo, al no hacerlo, llamó a un jardinero, quien, decidido, se arrojó al tanque y rebuscó en el lugar designado.

– Su Alteza, esta es una cadena de oro, que tiene al final algo que está clavado en una grieta en la piedra – le informó el joven, algo sobresaltado.

Luego, metiendo los dedos por la abertura, sacó un medallón, atado a una cadena, y fue a mostrárselo a Raúl.

En su indescriptible sorpresa, el Príncipe vio que se trataba del medallón de Valéria, que, tiempo atrás, había desaparecido de manera tan inexplicable.

Por qué esta joya, que pensó que había sido robada por uno de los criado – la única persona que entró en su oficina, fue fatal y a quien había despedido a causa de esta sospecha –, ¿se le podría encontrar allí?

Lleno de alegría con el descubrimiento inesperado, entró en su despacho y se encerró allí. Si de hecho el medallón no podía guardar nada sospechoso, resolvió creer en la inocencia de su esposa y hacer de hacer para redimir sus injusticias y reconciliarse con ellos. Le gustaría creer, entonces, que solo una inexplicable coincidencia había dado para su hijo las características del judío despreciado. Mientras estaba sentado en su escritorio, sus ojos vieron el gran retrato de Amadeo, hecho hace poco tiempo: ningún rastro de esa hermosa cabeza le recordaba a la suya, pero ¿importaba?

Ardiendo de impaciencia, miró el relicario, completamente ennegrecido por haber estado en el aire durante mucho tiempo; presionó el resorte y apareció su retrato, descolorido. Luego palpó alrededor, apretando todos los lados del medallón, y el fondo, que le pareció demasiado grueso, sin encontrar nada; la joya parecía sólidamente soldada.

Sin embargo, toda su desconfianza se afinara. Tomando una navaja, golpeó con fuerza el reverso de la joya, y sin duda golpeó algún resorte disfrazado, porque con un ruido seco la parte inferior se abrió, revelando, en una cara, un mechón de cabello negro, y el otro una miniatura.

Un grito, como un gemido, escapó del pecho de Raúl: había reconocido los rasgos duros y los grandes ojos melancólicos de Samuel.

Ya no podía dudarlo: fue lamentablemente traicionado y deshonrado.

Un paralelo entre el retrato de Amadeo y la miniatura desmoronaba cualquier ilusión: al menor rastro, se identificaron las dos cabezas. El que llamó su hijo era el bastardo del judío, y no podía repudiarlo ni despojarlo del nombre robado.

Tal tormenta se desató en el alma de Raúl que, por un momento, pensó que se estaba volviendo loco; en su desesperado afán de venganza.

Se le ocurrió la idea de exigir, en los tribunales, haciendo uso de esta similitud física incriminatoria, el derecho a repudiar a madre e hijo.

## La Venganza del Judío

Nerviosos golpes en la puerta desviaron sus pensamientos.

– ¿Qué quieres de mí? – Preguntó con brusquedad.

– Acaba de llegar un mensajero de la Sra. Princesa. Sintiéndose muy mal, le ruega a Su Alteza que venga a verla de inmediato –. Con mano temblorosa, guardó el medallón en el bolsillo de su abrigo y, como intoxicado, tomó el carruaje, ordenando la máxima velocidad.

La Princesa Odila estaba extremadamente débil: la inquietud indistinta y el deseo de ver a su hijo le bastaban. Sin embargo, a pesar de su estado de debilidad, mostró un espíritu lúcido y tranquilo, así que tan pronto entró Raúl, se dio cuenta que había pasado algo grave y que, a pesar de sus esfuerzos por controlarse, una tormenta como ninguna otra, aturdió el alma del hijo. La solicitud de una madre alentó rápidamente las energías de la Princesa; con un gesto ordenó a los sirvientes que salieran de la habitación y, tomando la mano de Raúl, murmuró:

– Querido hijo, leo en tu expresión que estás sufriendo una emoción trágica; mientras pueda escucharte y darte consejos, dime todo lo que hiere tu corazón.

Al escuchar estas palabras, la calma fingida de Raúl cedió: apretó el rostro contra el borde de la cama y estalló en sollozos opresivos. Luego de unos momentos de este arrebato de angustia, se levantó, por fuerza de su voluntad, y con voz apagada, con los labios temblorosos, narró todo lo sucedido, mostrándole luego a su madre el comprometedor medallón.

Con lágrimas en los ojos, la Princesa recordó esta prueba evidente de la traición de Valéria.

– Entonces, ¿qué planeas hacer? – Preguntó después de un momento de silencio.

## La Venganza del Judío

— Eso es cosa mía, si aun quiero conservar algo de respeto por mí mismo; es decir, llevar el caso ante los tribunales – respondió con amargura –. Citaré a esta despreciable mujer y, en base a este medallón y al parecido inusual del niño, ¡la privaré del derecho a usar mi nombre y obtendré el divorcio!

La Sra. de O. se puso derecha, como electrificada.

— Raúl, si es verdad que me quieres, si no quieres envenenar mis últimos momentos, no causarás tanto escándalo – dijo ella, convulsivamente agitada –. Nunca dejaría que mi alma descanse en su tumba, viéndola caer sobre nuestro limpio nombre, todo ese lodo. Y, además: ¿quieres deshonrar al viejo conde de M., Antonieta, Rodolfo? Sí, no puedes vivir con Valéria; sin embargo, sepárate de ella no ostentosamente, sin deshonrarla ante la gente, y también a la desgraciada criatura, que es inocente del crimen. ¡Oh, mi querido hijo! Entiendo todo tu dolor y; sin embargo, te ruego que dejes la venganza en manos de Dios. Perdona, como a sus verdugos, nuestro salvador crucificado, y la bondad divina te recompensará con tranquilidad y olvido.

La cara delgada y pálida de la paciente estaba algo sonrojada; sus grandes ojos, que brillaban con una luz extraña, penetraron los de Raúl, con ardiente súplica. Tomando la cadena de oro de su regazo, de la que colgaba una cruz y el medallón que contenía la misteriosa escritura, agregó, con voz suave, pero débil:

— ¿Le jurarás, por esta cruz, a tu madre moribunda que nunca harás tal escándalo?

Conmovido, vencido por esa mirada y ese tono de voz, el joven cayó de rodillas y apretó la cruz y las manos heladas que la sostenían contra sus labios.

## La Venganza del Judío

– Me exiges algo muy difícil – murmuró –, pero no voy a ignorar tu última petición: por tu amor, lo juro en esta cruz y por el recuerdo de mi padre, que sostendré, en silencio, mi vergüenza; que nunca me divorciaré de Valéria, ni renunciaré a mi hijo.

Un destello de alegría sobrehumana cruzó por el rostro de la Princesa.

– Dios te dé su bendición, como yo la mía, hijo mío, por tu amor por mí y tu obediencia. Y, además, una voz interior me dice que todo se aclarará y volverás a ser feliz. Ahora...

Se interrumpió y, desmayándose inesperadamente, se derrumbó sobre las almohadas.

Con el grito del Príncipe, la vieja camarera y la enfermera entraron en la habitación, seguidas del sacerdote confesor, a quien la enfermera había mandado llamar y que llegara hacía poco. Habiendo dirigido una mirada a la enferma, el sacerdote se arrodilló y recitó en voz alta la oración de los moribundos; cerca de la cama, entristecido, Raúl pareció oír y no ver nada. Sintiendo una mano colocada en su hombro, finalmente salió de su abatimiento.

– Levántate, hijo mío: tu madre se despidió de las miserias terrenales, y su alma virtuosa alcanzó la paz eterna en el seno del Padre.

Por orden del sacerdote, el Príncipe se levantó; estaba tan pálido como un muerto, pero no había lágrimas en sus ojos. Encorvado por un momento al rostro frío de quien lo había amado incondicionalmente; entonces sus ojos miraron fijamente a la cruz que aun brillaba entre los dedos rígidos del cadáver. Se la quitó con cuidado, abrió la cadena y se la colgó del cuello.

## La Venganza del Judío

— Me recordarás mi juramento — Dijo en voz baja, colocando un beso piadoso en los labios de su madre.

Con una calma desconocida para él, Raúl tomó todas las medidas necesarias. Todos conocían el afecto arraigado que sentía por su madre y esperaban una explosión de dolor. De modo que esa calma ficticia, el rostro pálido y sereno del Príncipe, sus ojos secos y las convulsiones eran motivo de asombro y miedo. También se constató que trató de evitar el contacto con su esposa y que no le dirigió una palabra durante toda la ceremonia fúnebre.

Desde el momento en que murió la Princesa, Raúl no pusiera un pie en su propio palacio. Todo su tiempo disponible lo pasó junto al féretro e, incluso en las horas en que amigos y espectadores venían a visitar el cuerpo expuesto, se había aislado en la cámara funeraria. Solo después del entierro, habiéndose alejado de la tumba familiar, se acercó a Antonieta y le suplicó que se lo dijera al Conde de M., y también a Rodolfo y Valéria que necesitaba hablar con ellos de un asunto importante, les pidió que se reunieran a la una de la tarde siguiente en su oficina, donde los encontraría, porque todavía quería pasar el día y la noche en la habitación de la difunta.

Al día siguiente, Valéria y su cuñada se encontraron primero en la oficina programada para la reunión. La Princesa estaba desanimada y abatida. Su prenda de luto acentuaba su lividez.

— Preveo alguna desgracia — dijo, luciendo cansada —. ¡Raúl está tan raro, tan diferente!

Antonieta no se opuso; la abrazó contra su pecho, con el cariño de una hermana; el corazón de la Princesa estaba aprensivo, pero tenía miedo de dar forma real a sus sentimientos.

## La Venganza del Judío

Rodolfo y su padre, al llegar, interrumpieron sus ensoñaciones. El joven estaba lívido y se apoyó en silencio contra la ventana, mirando a su hermana con una expresión de dolorosa sospecha. Solo el viejo Conde mantuvo la calma, como siempre lo había hecho, y dijo sentándose:

– No sé qué avispa mordió a Raúl, sus extrañas actitudes y su rostro trágico son un enigma para mí. La angustia es natural, quería mucho a su madre; sin embargo, despreciar, por eso, la casa, la esposa y el niño, es una exageración y entiendo todo esto, así como el motivo de este solemne encuentro por el que nos citó.

– Bueno, sepamos de qué se trata; su carruaje está parando frente a la entrada – dijo Rodolfo, quien había prestado atención. Momentos después, Raúl entró en la habitación, pero tan pálido y desapasionado que todos se sintieron emocionados y arrepentidos.

– Vamos, cálmate, pobre muchacho – dijo el viejo Conde, tomándole la mano amablemente –. No podemos hacer nada contra la ley de la naturaleza; sin embargo, dinos ¿cuál es la razón por la que nos has reunido aquí?

El Príncipe se inclinó sobre su escritorio y aclaró, tras un momento de silencio:

– Aquí los reuní para que fueran los jueces de la lesión que me ha hecho Valéria. La coloco frente a la corte de su familia, en virtud de un juramento que hice a mi difunta madre, que me impide repudiar, en público, a la mujer adúltera que, bajo mi honrado nombre, ¡encubrió al bastardo del judío!

Un grito ahogado escapó de la garganta de Valéria; Rodolfo dio un paso atrás, temblando, pálido; el viejo Conde se puso de puntillas, rojo de rabia.

## La Venganza del Judío

– ¡Es una infamia! ¿Aporta pruebas de esta insolente calumnia?

– Apunta a tu hija, ¿la prueba de su crimen no se expresa en su cara? – Dijo Raúl, soltando una risa ronca, señalando a Valéria, quien, pálida como una muerta, con los ojos bien abiertos, sostenía temblorosa el respaldo de una silla.

– Cálmate; por ahora, no he llegado al final de mis argumentos. Muchos hechos que precedieron a mi matrimonio quedaron en silencio; sin embargo, padre mío, no te reprocho, te entiendo y creo que es apropiado que un aristócrata de la vieja clase, como usted, haya dado preferencia, no a un judío, sino a un caballero por su yerno. Valéria; sin embargo, no tiene excusa; ella se casó conmigo solo para traicionarme. Antes que se fuera a Italia, le pregunté, con lealtad hacia ella, si no se lastimaba a su primer prometido. Ella respondió: "¡No!" Sin embargo, ella no se sonrojó por venir, tan pronto como la sacaron del lago y de los brazos del amante, puso su mano sobre la mía, recostándose ante el altar, y aceptando al hijo del banquero como mío.

– Raúl – exclamó Valéria, fuera de sí –, ¡te juro, por mi eterna salvación, que soy pura, que nunca pertenecí al banquero!

Una nota tan veraz vibró en esa exclamación angustiada, que Raúl, por un momento, se conmovió; sin embargo, recomponiéndose rápidamente a sí mismo, continuó, irónicamente:

– ¿Inocente tú, que olvidaste el honor y la dignidad y, en traje de novia, corriste a la casa de un hombre que no era más que un extraño? ¡Inocente, tú que, un año después de nuestro matrimonio, seguías conservando este medallón que contiene, por un lado, el retrato del marido, y por el otro, el cabello y la miniatura del amante...!

Sacó de su bolsillo la desafortunada joya, la abrió y, colocando esta miniatura junto a la fotografía del pequeño Amadeo, añadió:

— Juzga esta actitud, y traza un paralelo entre estas dos caras: no podrás mantener ninguna duda sobre el origen exacto del joven Príncipe de O.

Dada esta prueba final y convincente de culpa, un color púrpura–violáceo coloreó el rostro del anciano Conde, cuyos ojos estaban manchados de sangre, se arrojó sobre su hija, la sujetó de un brazo, con tal impulso que cayó de rodillas.

— Confiesa que tu deshonra es verdadera, infeliz, mancha de nuestro nombre! — Rugió, fuera de sí, sacudiéndola brutalmente. En un instante, Raúl se encontró con su esposa.

— Nada de brutalidad, padre mío — dijo, apartando la mano del Conde y haciendo que Valéria volviera a ponerse de pie. Solo yo tendría el derecho de venganza, pero renuncio a ella, porque mi querida madre, en la hora de su agonía, se declaró a favor de la esposa y del hijo. Respecto a esta última petición, y en consideración al honor de mi nombre y el suyo, guardaré un eterno silencio. Sin embargo, me separo de Valéria, ya no me es posible vivir con ella; entre los dos se abrió un abismo; y la concordia y la confianza han muerto para siempre. Esta mañana estuve en la casa de mi comandante y le hice entrega de mi renuncia. Espero poder partir dentro de una semana, con el pretexto de viajar urgentemente; el chico tendrá a su madre...

Valéria, silenciosa y más parecida a un cadáver, escuchaba todo.

## La Venganza del Judío

Ante estas últimas palabras; sin embargo, agarró al Príncipe del brazo y dijo, con un acento intraducible:

– ¡Oh, Raúl! Si supieras lo injusto que eres conmigo...

Mi única falla es que usé este relicario; Sin embargo, pensé que el banquero estaba muerto cuando, en Nápoles, envié a poner tu miniatura en la joya que me diste, y luego ya no sabía cómo sacarlo de allí. Ha pasado mucho tiempo que mi corazón de hecho ya no pertenece a Maier; su recuerdo simplemente persiste en mi como el de una pesadilla. Qué terrible fatalidad prestó a Amadeo esta semejanza, no puedo explicar; te he sido fiel por siempre jamás; puede haber una justicia de Dios, y habrá un día en que mi inocencia se juzgará y luego te arrepentirás de tu delito de negar que el niño que es tanto mío como tuyo, te lo juro más...

Valéria guardó silencio, se llevó la mano al corazón con desesperación; Su cabeza colgaba hacia atrás y hubiese caído si Raúl no la hubiera sostenido en sus brazos.

Ayudado por Antonieta, Rodolfo llevó a la joven a su dormitorio. Raúl se acercó entonces al Conde, quien, con el rostro alterado, se había hundido en un sillón.

– Refrésquese, padre mío – dijo en voz baja y cansada.

– Me esforzaré por evitar el escándalo de nuestra separación. Valéria se quedará aquí como una dama; retendrá el privilegio de todos los ingresos de los que ahora disfruta, y tanto mi notario como los sirvientes recibirán la orden de poner a su disposición las sumas necesarias para mantener la casa en su estado de rutina.

Viajaré solo, para relajarme, distraerme de mi dolor, y las malas lenguas no tendrán un sujeto que las alimente.

## La Venganza del Judío

— ¡Ah! sería más feliz si hubiera muerto — susurró el anciano Conde, sosteniendo la mano de su yerno mientras una lágrima de desesperación y pesar corría por su mejilla.

Valéria se recuperó del síncope y sufrió una fiebre ardiente y el médico le diagnosticó de inmediato una enfermedad nerviosa de las más graves. Durante ocho días su vida estuvo suspendida de un hilo; sin embargo, el ardor de la juventud venció al mal.

Respetando su decisión de evitar cualquier cosa que pudiera llamar la atención, el Príncipe se quedó en Palacio y solo quince días después, cuando el médico declaró a Valéria convaleciente, decidió irse. Lo que sufrió durante este período no es fácil de narrar. Algo en el tono y las palabras de Valéria le había tocado el corazón. El recuerdo del maravilloso semblante de la esposa, perturbada por el sufrimiento, continuó, reviviendo el amor extremo que él la cuidó. El recuerdo; sin embargo, de las pruebas irrefutables de su culpa hizo que el temporal estallara y le confirmara su decisión de separarse de ella para siempre. Sin embargo, en vísperas de su partida, un sentimiento incoercible lo llevó a visitar por última vez a la enferma: dejarla, sin siquiera despedirse, parecía imposible.

Con pasos vacilantes, caminó hacia la habitación de Valéria, y, descorriendo la cortina, miró adentro: a unos pasos de la cama, Antonieta estaba sentada junto a una mesita, en la que brillaba una lámpara en una pantalla. Comprometida y cansada, la Condesa estaba inclinada sobre un libro de oraciones, abierto ante ella, y parecía estar rezando.

— ¡Antonieta! — Llamó Raúl, en un susurro.

La joven levantó la cabeza, estremeciéndose, al ver a su cuñado. Ella se arrojó sobre él y, sin decir una palabra, lo llevó a su cama.

## La Venganza del Judío

En la oscuridad causada por las cortinas de raso y encaje, el rostro pálido y sereno de Valéria se distinguía de la tela de las fundas de almohada. Durmió el pesado sueño del agotamiento físico y, en sus facciones, demacradas y decaídas, le dolían tanto que el joven temblaba. Después de unos momentos de contemplación silenciosa, tragó saliva y apretó los labios contra la pequeña mano helada que descansaba sobre la colcha.

Antonieta notó que Raúl estaba llorando, y en cuanto se dio la vuelta, ella le dijo, en una súplica:

"¡Oh, Raúl! Escucha la voz de tu corazón; quédate y todo irá bien. No obstante, la evidencia en contrario, estoy firmemente convencida que Valéria es inocente; ¡Quédate y la felicidad volverá!

– Me pides lo imposible, Antonieta; hasta que se destruya la horrible sospecha de la procedencia de Amadeo, nada podrá llenar el abismo que me separa de Valéria. ¡Oh! ¿Podría presentar justificaciones? Sin embargo, no puede. nunca le digas que vine aquí y, cuando esté curada, dale este medallón, no me importa que lo posea de ahora en adelante, porque mi felicidad se destruyó para siempre. ¡Ahora, hermana fiel y constante, adiós! ¡No olvides, en tus oraciones, este abandonado que, solo por completo, correrá por todo el mundo, buscando la calma y el olvido!

Ahogando con dificultad sus sollozos, Antonieta lo abrazó:

– ¡Evidentemente! Le pediré a Dios que aclare este misterio y te devuelva a nuestros brazos. Sin embargo, Raúl, quieres irte entonces, quién sabe por cuánto tiempo, y ¿ni siquiera le darás un último beso a Amadeo?

– ¡No! ¡No! – Exclamó Raúl –. ¡No puedo volver a verlo, esta prueba viviente de mi desgracia, la imagen real del maldito hombre!

– Y; sin embargo, es tu hijo; tu madre lo bendijo y lo abrazó antes de morir, y la bendición de la abuela santificó al angelito; ¡no podrás irte sin apretarlo una vez más contra tu pecho!

Aturdido y lleno de emoción, Raúl se dejó llevar a la habitación de su hijo.

En la puerta, Antonieta y él se detuvieron en la oscuridad de la cortina.

Amadeo se estaba preparando para irse a la cama y, arrodillado sobre la pequeña cama, dijo con voz clara e infantil su oración por la noche: "Padre Nuestro Celestial, da vida y salud al padre y a la madre, dame el valor para ser un buen hijo y crecer para ser su alegría.

– Déjanos a solas, Margot – dijo Antonieta, entrando al frente. Tan pronto como Amadeo vio a su padre, a quien amaba profundamente, se levantó con un grito de alegría y extendió sus manitas.

Se veía hermoso en su camisón de encaje, sus ojos brillantes y su sonrisa satisfecha.

Raúl lo levantó, abrazándolo contra su pecho; su pecho se hinchó, angustiado, ahogado por las lágrimas.

– No debes llorar, papá; Amadeo tendrá mucho sentido común – dijo el niño, envolviendo sus brazos alrededor del cuello de Raúl y apoyando tiernamente su cabecita sobre el cabello rizado de su padre.

Al instante, el Príncipe se olvidó de todo y cubrió de besos al niño; luego, liberándose del abrazo, estuvo a punto de arrojar al niño en brazos de Antonieta y salió corriendo.

## La Venganza del Judío

Lenta fue la convalecencia de Valéria; su estado de ánimo concurrió a dilatar su agotamiento físico. Una lasitud apática – que a veces se transformaba en irritación nerviosa – se había apoderado de la joven, y solo Antonieta podía tolerarla cerca. Con violencia, cerca de la cólera, había prohibido a su padre y a su hermano entrar en su palacio.

En su tribunal íntimo, la Condesa se preguntaba ansiosa si este choque moral no fuera excesivo para esa delicada naturaleza, y si no traería resultados desastrosos.

Una mañana, casi un mes después de la partida del Príncipe, las dos amigas estaban juntas en el tocador de Valéria. El médico las acababa de dejar. Él había dicho que estaba satisfecho con el estado de la paciente y le había dado permiso para un paseo en carruaje para tomar aire. Reclinada en su sillón, con la mirada fija en el vacío, Valéria parecía estar inmersa en una triste cavilación. Antonieta, que la examinaba en silencio, fue la primera en romper el molesto silencio.

– Tenía muchas ganas de hablar contigo en serio, hada. A veces no te conozco y; sin embargo, ahora que vas a empezar a salir, es necesario evitar cualquier motivo de extrañeza que podría prevenir a todos. Dime francamente: ¿por qué te niegas a recibir a papá y Rodolfo?

El enrojecimiento de la fiebre tiñó las delgadas y lívidas mejillas de la niña.

– ¡Porque ambos creyeron en mi culpabilidad! – Respondió con voz agitada –. ¡Suponían que yo era capaz de tal infamia! Mi padre, siempre amable, hasta me maltrató, con tal rabia, que Raúl tuvo que defenderme de eso, y mientras tanto era una locura y un libertinaje de mi hermano y padre que tuve que rescatar con mi vieja suerte y con mi honor, ¡ya! Ellos fueron los que me empujaron a los brazos de Samuel, para salvar su honor con las finanzas, y luego en los brazos de Raúl, para salvaguardar la nobleza del linaje. Mi padre me dejó la elección entre romper el compromiso y matarme, sin pensar que el alma no es un objeto que se pueda vender o que se pueda manipular a los caprichos del momento.

¡Oh! – Continuó, presionando su cabeza entre sus manos –, ni siquiera me reconozco fácilmente y muchas veces pienso que me vuelvo loca cuando pienso en esta inexplicable similitud entre Amadeo y el banquero. Antonieta, solo tú crees en mi inocencia, ¡y yo soy inocente! Sin embargo, puede ser que Dios quisiera castigar mi amor por un infiel, del pueblo que crucificó a Nuestro Señor, pisoteando a mi único hijo con las huellas de la raza maldita.

¡Y por ese cariño criminal me ha entregado a la burla de todos, que me señalarán con el dedo!

– ¡Oh! No, exageras – cortó la Condesa, con lágrimas en los ojos –. Nadie te despreciará ni sospechará lo que pasó entre tú y Raúl.

– No me entretengo con esta ilusión; conozco el mundo, desconfío bastante de los motivos de los casos escandalosos, y aquí los hechos saltan a la vista; ¿por qué un marido abandona a su esposa enferma si no es para huir de ella? No, Antonieta; no puedo ni deseo verme frente a estas personas, cuyas miradas me serían como una acusación. Ahora que estoy curada, voy a poner en marcha una medida tomada hace un tiempo: me voy de Pesth y definitivamente me voy a Felsenhort, que también me pertenece.

– ¿Quieres pasar el invierno solo en ese nido anticuado perdido en las montañas, entonces? No te puedo creer, Valéria, ¡ese pequeño castillo no sirve de morada! – Exclamó la Condesa asustada.

## La Venganza del Judío

– Te equivocas: el castillo, lo hice renovar y está en muy buen estado. Su ubicación es privilegiada; la soledad y la tranquilidad que encontraré en esta hermosa naturaleza devolverán el equilibrio a mi alma; leeré y me iré a trabajar; reanudaré mis estudios de música y pintura. No intentes cambiar de opinión, porque mi decisión inamovible: no ignores; sin embargo, la petición que te voy a hacer: ¡deja que Amadeo se quede contigo, aquí!

– ¿Quieres separarte del niño? – Preguntó Antonieta palideciendo.

– Sí, no puedo tenerlo a mi alrededor. En cada una de las líneas en su rostro hay una acusación de un error que yo no cometí y, a menudo, apenas tolero su presencia. Entonces una terrible duda asalta mi espíritu: pregunto, en mi corazón, si este niño es realmente mío, si siempre me ha pertenecido y, aunque no tengo pruebas, una certeza instintiva me dice que un misterio que está vinculado a este parecido degradante. Eres buena, Antonieta; estoy segura que tratará al niño como si fuera tuyo; podrás reemplazarme como madre para él.

Todas las persuasivas palabras de la Condesa fallaron en sacudir la determinación de Valéria y, un día, desapareció de la capital, sin estridencias. El principito emigró a la residencia de su tía; el magnífico palacio de Raúl cerró sus puertas de bienvenida, dejando en quienes lo visitaron hace poco, motivo de asombro por las causas de estos inesperados hechos.

El día antes de partir, Valéria había tenido una larga conversación con el padre Rothey y luego le había abierto su corazón. Cuando se despidió, el digno eclesiástico había derramado su bendición sobre la niña, y con lágrimas en sus ojos, agregó con lástima:

## La Venganza del Judío

– Humíllate, hija mía, y aguanta la dura prueba con resignación y fe. Creo que eres inocente y no puedo encontrar ninguna explicación para el parecido entre su hijo y el banquero israelí; Sin embargo, Dios protege la inocencia, y donde no encontramos nada más que oscuridad, hará fluir su luz.

## 2 – LA VOZ DE MÁS ALLÁ DE LA TUMBA

Alejándose de Pesth, el primer deseo de Raúl había sido viajar.

Su agotamiento moral fue tal; sin embargo, que abandonó este proyecto. Se fue a Nápoles, alquiló una granja en las afueras de la ciudad y se aisló en un retiro absoluto.

Al poco tiempo, la naturaleza admirable que lo rodeaba actuó de manera benéfica sobre el alma herida del noble; sin embargo, a medida que su irritación disminuyó, tomando su lugar la sensación de un gran vacío. De carácter apasionado y soñador, el Príncipe había estado acostumbrado, desde niño, a las demostraciones cariñosas de su madre, el éxtasis del corazón; era para él una necesidad y un hábito compartir con alguien sus impresiones.

Casarse, aun joven, con la mujer a la que adoraba, padre a los veintidós años, estaba más arraigado en la vida familiar. Inesperadamente, fue despojado de todo de una vez: una sospecha infame había caído sobre la esposa a la que veneraba como santa; la presencia de su hijo lo angustiaba, y su madre, un ángel bueno en cuyos brazos siempre encontraba un remanso de paz y amor, lo había abandonado para siempre.

## La Venganza del Judío

A pesar de la sensación de vacío y soledad que lo aquejaba, Raúl evitaba cualquier convivencia: las alegrías mundanas le daban repugnancia, y su aventura con Ruth lo había alejado por completo de cualquier relación amorosa. Se distraía únicamente con caminatas interminables a pie o en barco. Y, tumbado en la hierba, o de espaldas en el fondo del barco, pasaba horas enteras contemplando el golfo y soñando con el pasado.

En estos ensueños se le aparecía a menudo la bella figura de Valéria; expulsaba; sin embargo, con tristeza, todo recuerdo de quien le había hecho sufrir tan cruelmente; quería olvidarla y, para ello, no tenía correspondencia con Pesth.

Por lo tanto, desconocía absolutamente todo lo que estaba pasando o lo que estaban haciendo su esposa e hijo. Sin embargo, a pesar de todos estos cuidados, su corazón, rebelde, se negó a olvidarla.

Raúl pensaba constantemente en su madre desaparecida; recreó, sin cesar, en su memoria, los últimos días de su vida.

Repitió las palabras que había escuchado de ella, y su corazón se apretó con un ardiente deseo de volver a verla, de escuchar una vez más su amada voz y sus buenos consejos. A menudo se preguntaba ansiosamente por qué, si su padre – fallecido – había podido dar una prueba segura de su presencia, ella, su madre, que lo había amado profundamente, ¿no aparecía también para consolarlo en su aflicción?

Fervientemente suplicó a Dios que le concediera esta gracia; había celebrado muchas misas por el resto del alma de la vieja Princesa, rogándole que se le apareciera, si es que seguía viviendo más allá de la tumba. Sin embargo, todo fue en vano.

## La Venganza del Judío

En ese relevo de dolor, esperanza, consternación, había transcurrido casi un año, cuando, en una noche, vio en sus sueños a su madre, la que, de pie junto a la cama, se inclinó, lo besó en la frente y le repitió una y otra vez, con autoridad:

– Vete a París, allí encontrarás descanso.

Tan impactante fue la impresión de este sueño que el Príncipe sintió que tenía que seguir el consejo que recibió.

– "Quizás..." pensó –. ¡Puede ser que en el tumulto de esta inmensa ciudad se calme la desesperación que me atormenta!

En el tren que lo sacó de Nápoles, Raúl entabló relaciones con un anciano, cuya simpática apariencia y la charla agradable actuó favorablemente sobre el Príncipe, tantos meses aislado.

Al final del viaje, ambos se habían hecho buenos amigos.

Raúl había llegado a saber que su compañero, el señor de B. era un coronel retirado, que regresaba de Palermo, donde había estado visitando a un familiar que se había enfermado, y también se dirigía a París, donde vivía. El Príncipe solo había dicho su nombre, y había dicho que se iba a la capital francesa solo por placer.

Estaba cerca el punto final de la travesía, cuando el Coronel, cuyo interés por su nuevo conocido crecía cada vez más, y que había podido notar la viva melancolía que a veces lo asaltaba, le decía con franqueza:

– No me llamarás, espero, anciano indiscreto, Príncipe, pero veo mucha tristeza en tu rostro, alguna amarga misantropía, que no puedo explicar; joven como eres, poseedor de todos los requisitos físicos y materiales, es de suponer que solo encontrarías fiestas en la vida, y me pregunto qué sufrimiento puede oprimir tu corazón juvenil.

La mirada sincera y llena de interés que siguió a esas palabras, llegó a Raúl favorablemente.

– Agradezco su interés, Sr. de B., y, con toda sinceridad, le confieso que enormes desengaños familiares me impiden disfrutar de mi juventud con toda su buena fortuna. ¡Además, perdí a mi madre, a la que adoraba, y esta carencia que nada puede suplir, el exilio absoluto al que me relega la desaparición del ángel bueno de mi vida, que estuvo ausente de mí para siempre, me roba toda alegría! y esperanza!

El coronel miró críticamente el rostro melancólico del Príncipe y asintió, moviendo la cabeza;

– ¿De verdad crees que el cariño de una madre desaparece con la destrucción del cuerpo? De hecho, tus ojos carnales son los que ya no la ven; sin embargo, el alma, liberada, permanece contigo y sufre con tus dolores. Dime si crees que la comunicación entre vivos y muertos es imposible.

– No, porque mi madre me aseguró que mi padre se le había aparecido, para consolarla; para mí, solo, tal gracia fue rechazada.

– No te preocupes, mi joven amigo; Casi voy a creer que fue Dios quien me interpuso en tu camino y que puedo restaurarte la paz para que descanses. No sé si conoces la existencia en París de una sociedad de hombres, culta y seria, cuyo objetivo es demostrar, de manera científica, la inmortalidad del alma y la viabilidad de las comunicaciones con el mundo invisible, a través de las personas con poderes especiales, que se llaman médiums. Esta nueva ciencia, cuyo futuro es grandioso, se llama *ESPIRITISMO*; sus seguidores se cuentan por miles y se reclutan, todos los días, entre los hombres de buena voluntad. Si lo deseas, entonces, puedo iniciarlo en esta nueva Doctrina. Espero que te comuniques con tu madre, y que ella te proporcionará una prueba irrefutable de su identidad, que no debe dudar.

– ¡Si deseo! – Exclamó Raúl maravillado –. ¿Acaso lo dudarás? ¡Oh! ¡Para romper las brumas de la tumba que esconden a mi madre, conocer su actividad, recibir sus consejos! ¡Ah! Si esto me fuera sido concedido, ¡reviviría! Coronel, ya me tiene como discípulo. No me harás impaciente, haciéndome perder un tiempo precioso, ¿no? ¡Me iniciarás en estos días!

– Tómatelo con calma, mi joven amigo – dijo el coronel con una sonrisa.

Tu entusiasmo me llena de alegría; sin embargo, en un asunto tan serio no se puede entrar desprevenido. Esta nueva ciencia es una Doctrina, filosofía de vida, consoladora y maravillosa, cuyas enseñanzas es necesario comprender y profundizar. Antes de todo lo demás, es fundamental que leas los tres libros básicos del *Espiritismo*: – *"El Libro de los Espíritus", "El Libro de los Médiums"* y *"El Evangelio según el Espiritismo."* Siempre que hayas asimilado las leyes y la sublime moral de la enseñanza de los espíritus, intentaremos, con la gracia de Dios, evocar a tu madre. Ven a verme en mi casa. Vivo solo con mi esposa, y si no te alejas de nuestro pequeño círculo, estudiaremos con tiempo.

Raúl agradeció efusivamente al señor de B. su amable invitación y, en cuanto las comodidades sociales lo dejaron libre, se presentó en la hermosa finca donde vivía el Coronel, en uno de los distritos de París.

La dueña de la casa lo recibió con tanta amabilidad y cariño, como una madre, que pronto el Príncipe se sintió tan bien en su relación con los nuevos amigos, se convirtió en un invitado casi a diario.

El sueño profético que lo llevó a emprender este viaje fue como manifestación directa de su madre. Se dedicó con amor al estudio de la Filosofía Espírita y su alma, ardiente y sensible, asimilaba más y mejor esas sublimes verdades.

Una vez, acercándose a la finca, el Coronel le dijo, con alegre expresión de misterio:

– Príncipe, hoy te sorprenderá gratamente: te presentaré a mi hija, Rosalia Bertin, que viene aquí con su esposo pasar un mes o dos. Ella es uno de esos seres excepcionalmente dotados que transmiten voces del más allá de la tumba, un médium de gran fuerza. De esta forma, después del té, comenzaremos una sesión de *Espiritismo* y bien puede ser que tu madre se comunique.

Momentos después, la joven pareja se presentó, y los ojos de Raúl miraron, vivamente interesados, a la señora Bertin: era una mujer joven y hermosa, esbelta, pálida, sus ojos grandes y brillantes con un brillo extraño, y manos con dedos delgados. La impaciencia ansiosa del Príncipe era tal que no quería tocar nada que le sirvieran. Después del té, el coronel se puso de pie y dijo, con una sonrisa:

– Tenemos que sentir lástima por nuestro joven amigo. Ven, mi querida Rosalía; hagamos una invocación a nuestros amigos de lo invisible.

Con el corazón palpitante, Raúl siguió al grupo hasta el dormitorio íntimo de la señora de B. El coronel dispuso la mesa en el centro de la habitación, y colocó sobre ella unas hojas de papel en blanco, trajo, también, un tablero de madera, provisto de pies a uno de los cuales estaba atado un lápiz.

## La Venganza del Judío

La señora Bertin se sentó, al igual que los demás, cerca de la mesita y colocó las manos en el portapapeles.

– Ahora, amigos míos, tomémonos de la mano y levantemos una oración íntima. Esto le dará más fuerza al espíritu – explicó el Coronel.

Luego de unos minutos de silencio, el portapapeles comenzó a moverse y el lápiz escribió un nombre: Gustavo.

– Es mi hijo desencarnado, espíritu familiar de la médium – dijo el dueño de la casa –. Déjanos claro, querido Gustavo, si el espíritu de la Princesa de O. está presente y si desea comunicarse.

Con increíble rapidez, estas palabras fueron escritas en el papel:

*"De nada sirve formar la cadena magnética: el Príncipe debe poner su mano junto a la de Rosalía, por espacio de cinco minutos."*

Raúl respondió y, pasado el tiempo indicado, el lápiz empezó a escribir:

*"El espíritu de la señora de O. está entre nosotros y está listo para responder a su hijo."*

Un escalofrío de nervios se apoderó de Raúl y una avalancha de pensamientos tumultuosos llenó su cerebro. No le fue posible hacer preguntas.

Inmediatamente, el portapapeles escribió con una letra completamente diferente:

*"Que todos recen para que Raúl se calme; el caos de sus pensamientos me impide escribir."*

Apelando a toda su voluntad, el Príncipe se concentró en ardiente oración. Luego susurró, se movió:

La Venganza del Judío

— Querida Madre, si de verdad eres tú quien me habla, demuéstralo dándome algún detalle que solo conocemos nosotros dos.

— Escuche — dijo el coronel, después de un momento, quitando la sábana. Esto es lo que escribió el espíritu:

— *"Raúl, hijo mío, soy yo: recuerda la confesión que me hiciste la mañana en que te narré la aparición de tu padre. Para probarte mi identidad, transcribiré aquí las palabras contenidas en ese escrito que sabes."*

Luego vino el contenido de la misteriosa carta.

Raúl nunca le había confiado la historia de su madre a nadie; habló, en una ocasión, al coronel, de una visión de la Princesa, sin que por ello se le diera detalle alguno. Completamente aturdido, con las manos temblorosas, se quitó la cadena del cuello y abrió el relicario. Conocía muy bien el texto descrito, pero nunca había prestado atención a la construcción y encadenamiento de oraciones. Sin embargo, cuando los dos escritos se colocaron en paralelo, se encontró que eran absolutamente idénticos.

Las lágrimas brotaron de los ojos de Raúl. Inclinándose sobre el portapapeles, presionó el lápiz con fervor contra sus labios.

— Mamá, perdóname porque te probé una vez más; mi espíritu; sin embargo, se niega a comprender este milagro que aniquila la muerte. Bien, ¿quieres darme una respuesta a una pregunta mental?

Tan pronto como terminó esta pregunta, el lápiz ya estaba escribiendo:

— *"Valéria es inocente del crimen que le imputas, y te agradezco por haber cumplido la promesa que juraste en el momento de mi partida. Dios me concede la gracia de hablarte, guiarte y aconsejarte, como antes, y este es el máximo de mi felicidad."*

Una palidez mortal cubrió el rostro de Raúl. El nombre de Valéria nunca había salido de sus labios y, en lo que respecta a su juramento, Dios y la desencarnada eran los únicos que lo habían escuchado. Con los ojos bien abiertos, miró las líneas que acababa de leer y que, si eran ciertas, estaban demostrando que había sacrificado su felicidad por una sombra fugaz y mentirosa.

– ¡Oh! – dijo con voz hueca – si me tienes amor, madre, contesta la última pregunta y seré feliz, porque, además de recuperarte, habré adquirido una certeza inquebrantable. Dime el nombre del niño, tu nombre, antes de casarte y la fecha de mi nacimiento.

– *"Amadeo, Odila, Condesa de Eberstein, 22 de julio..."* – respondió el lápiz de inmediato.

El resultado de esa respuesta fue casi mortal: soltando ahogado suspiro, Raúl se desplomó en su silla, medio desmayado. Todos se levantaron con miedo; trajeron agua y el joven se recuperó de inmediato.

Sin embargo, el Coronel dijo que la emoción era suficiente para este tiempo, y declaró clausurada la sesión.

A partir de ese día, comenzó una nueva vida para Raúl. Los problemas de la existencia terrenal y extraterrestre le fueron claros, iluminados con una nueva luz, y las palabras de consejo de su madre, llenas de paz y sabiduría, refrescaron su alma herida y angustiada. Quería hablar con ella durante todo el espacio de un día, y le rogó a la señora Bertin que lo ayudara tan pronto como hubiera una ocasión propicia. De paciencia incansable, la encantadora joven se sintió feliz, también, de facilitar estas efusiones entre madre e hijo.

## La Venganza del Judío

Un solo pensamiento atormentaba al Príncipe, como un remordimiento: el recuerdo de Valéria.

– ¿Debería hacer las paces con ella? – Preguntó un día.

– *"Debes; sin embargo, aun no ha llegado el momento. Primero, estudia el Espiritismo, hazte fuerte para siempre."*

– Sin embargo, ¿puedo al menos escribirle?" Siento que el remordimiento de haber cometido una injusticia pesa en mi conciencia.

– *"Indudablemente* – respondió el Espíritu –. *Envíale una carta. Aun es temprano, te lo vuelvo a decir; sin embargo, estoy encantado que tu fe en mis palabras sea más fuerte que tus sospechas, y, primero, extiende una mano comprensiva a Valéria."*

Raúl era demasiado joven y estaba demasiado impaciente para retrasar la realización de su proyecto. Hay que confesar, además, que la figura de la joven esposa recuperaría, con el tiempo, su dominio en el corazón del Príncipe. Al día siguiente, le escribió a Valéria, rogándole que lo perdonara, con las expresiones más conciliadoras, por haberla contagiado de sospecha, agregando que, a pesar de todas las apariencias que pudieran incriminarla, deseaba creer sus palabras y le pidió que vuelva a estar bien con él, por el amor de su hijo y por la felicidad futura.

Con la inquietud siempre creciendo en el punto, esperó la respuesta y no llegó nada.

– ¿Valéria ha muerto? – Le preguntó a su madre.

– *"No; sin embargo, está profundamente ofendida"* – respondió el espíritu.

Después de cinco semanas, no pudo contenerse más y envió una nueva misiva, que requería una respuesta casi rápida. Incluso esta vez, habían pasado más de dos semanas en inútil espera, y en su irritación Raúl estaba deliberando para viajar a Pesth, cuando, una mañana, finalmente en medio de su correspondencia encontró una carta sobrescrita con una letra tan familiar para él que toda su sangre parecía fluir de regreso al corazón. Abriendo el sobre, con manos temblorosas, leyó las siguientes líneas:

*"Después de todo lo que ha pasado entre nosotros, Príncipe, tus misivas solo podrían sorprenderme. Por ti, mi honor ha sufrido una mancha imposible de erradicar, y no tienes poder para borrar la injusta vergüenza que me arrojaste al dejarme. Las razones a partir de este abandono, la sociedad habrá explicado su camino; sin embargo, mientras no pueda probar completamente mi inocencia, no puedo ni quiero verte. Nuestra reunión no puede tener lugar, porque entre nosotros, como dijiste, se ha abierto un abismo. Su amabilidad y sus lamentos los escuché demasiado tarde. Ningún evento, además, vino a redimirme, desde el momento en que, jurando por mi inocencia, te negaste a creerme. Por tanto, hoy estaré ante tus ojos, tan llenos de culpa como lo había estado hace quince meses.*

*Valéria."*

Esta lectura dio lugar a sentimientos contradictorios en Raúl; la dureza de esa respuesta, tan amarga y contraria al temperamento tímido, gentil y fraterno de Valéria, le demostró que había sufrido mucho.

Así, entendió que su deseo de reconciliarse tropezaría con barreras extraordinarias. ¿Por qué no dijo nada sobre su hijo? ¿Le estaba insinuando al Príncipe que no reconocía ningún derecho sobre su hijo, que había rechazado?

Atacado por un repentino despecho, inmediatamente le escribió a Antonieta pidiéndole noticias sobre Amadeo.

La respuesta no fue larga, esta vez. La Condesa lo puso al día, de manera lacónica, de la que Valéria, un mes después de su partida, se había aislado en su propiedad en Telsenhort, donde permanecía, aun, en absoluto retiro, lejos de su hijo – cuya presencia no pudo soportar, porque le dolía –, que estaba a su cuidado, Antonieta, que lo educaba junto a sus propios hijos.

Esa información cayó sobre el Príncipe como una chispa eléctrica. No podía aceptar la idea que Valéria se separara de su único hijo, culpándolo por la sospecha que manchaba su honor.

De esta manera, se adquirieron tantas evidencias que confirmaban la revolución que se había producido en el alma de la joven, y ella creía más en su inocencia. Solo la virtud ofendida podía sentir la injusticia tan profundamente lesionada.

Junto a esto, un vivo sentimiento de afecto y arrepentimiento desató en su alma con respecto al niño, repudiado por el padre y la madre.

Sin dudarlo, volvió a escribirle a Antonieta, diciéndole que era su deber quedarse con el niño que su madre había despreciado, y por eso le pidió que enviara cuanto antes, a Amadeo y su niñera.

En respuesta, recibió una carta de la Condesa, ahora detallada y cordial, en la que le mostró su alegría al verlo volver a sentir mejores sentimientos por su hijo, y hacerle saber que ella misma deseaba la satisfacción de devolver a Amadeo a sus brazos.

El viejo Conde, enfermo desde hace mucho tiempo, expresando deseos para consultar a los médicos en París, tenía la intención de aprovechar esta oportunidad y, con toda su familia, pasar unas semanas en la capital francesa.

## La Venganza del Judío

Un frenesí de impaciencia se apoderó del Príncipe mientras leía esta misiva; anhelaba volver a ver a sus parientes y dio los mejores pasos para recibirlos en su palacio. Mucho antes de la llegada del tren, se dirigió al punto de embarque, y su corazón se aceleró en un ritmo febril cuando descubrió, entre la multitud de pasajeros, a Antonieta, que llevaba de la mano a Amadeo.

Para asombro de todos, el niño lo reconoció y, cuando se arrojó en sus brazos, con el grito de "¡Papá, papá querido!", Raúl olvidó toda sospecha y, tomándolo en sus brazos, lo colmó de besos.

El contacto con el suegro y el cuñado fue de lo más amistoso, y todos penetraron los umbrales del palacio en la mejor de las armonías.

Sin embargo, solo el viejo Conde se retiró a descansar, y Rodolfo mostró ganas de relajarse en las plazas, Raúl suspiró, sintiéndose aliviado y, llevando a su cuñada a una habitación privada, se sentó a su lado.

– ¡Podemos hablar, tengo muchas cosas que contarte y otras tantos para preguntarte! Primero que nada: ¿has visto a Valéria? ¿Cómo está?

– La he visitado muchas veces en su retiro; goza de buena salud y se ha puesto maravillosamente bella, por inaudito que parezca. En el alma; sin embargo, está muy enferma.

Luego, el Príncipe le hizo consciente de su intento de reconciliarse y le mostró la respuesta que había recibido.

– No puede causar asombro un rechazo de su parte – dijo Antonieta, con dolor –. No conozco a Valéria; ella, siempre cariñosa, comprensiva, dispuesta a perdonar todo, se volvió amarga, irritable, de rencores hirientes; su rostro, hermoso, parece petrificado, tal es la inmovilidad glacial. Permanece horas y horas tumbada en la tumbona, con los ojos fijos en el vacío, embelesada en lúgubres cavilaciones. Ningún esfuerzo persuasivo de mi parte podría hacerla querer volver a ver al padre o a Rodolfo; no puede olvidar que creyeron en su culpabilidad.

A veces intenta averiguar si Amadeo vive. Nada más. Tu nombre me prohibió pronunciarlo en su presencia.

Raúl se pasó una mano por la cara, triste.

– Entiendo el daño que he causado por ser imprudente; sin embargo, soy un hombre, y los signos más evidentes la acusaban, y todavía lo hago, yo de manera irrefutable. Solo un milagro, del que te hablaré pues, logró superar mi convicción.

Con la llegada de Rodolfo y sus hijos, la curiosidad de Antonieta no pudo estar satisfecha y continuó otra conversación.

Las tres semanas que pasó la familia de M. en París pasaron como un sueño.

Raúl había llevado a sus familiares a hacerse amigos del Sr. de B. y familia, y le confió a Antonieta su fe en el *Espiritismo*.

A pesar de ser admirada y absorta por los maravillosos fenómenos que convencieron a Raúl, la joven Condesa era muy católica, feroz para admitir y aceptar verdades que la Iglesia condenaba. Además, aunque la señora Bertin le inspiraba simpatía, ella no quiso asistir a una sesión, al igual que Rodolfo quien, bajo la influencia de su esposa, trató la fe de su cuñado con cordial ironía.

Las opiniones discordantes no impidieron que la nueva amistad se consolidase entre los miembros de la familia, y el deseo de llamar a Valéria a su compañía estaba en todos los corazones. Amargamente arrepentido y dispuesto a reparar el mal practicado contra su joven esposa, Raúl, se destacó en amor y afecto por el pequeño Amadeo, causa inocente de todos los sufrimientos. El día antes de su regreso a Pesth, Antonieta sostuvo una conversación seria y definitiva con Raúl, prometiéndole que lo ayudaría en todo.

– No te preocupes, amigo mío – agregó, dándole la mano –. Dios me ayudará en tu reconciliación, ya que este es el único camino, sin duda, para garantizar la salud y el equilibrio mental de Valéria. La pobre Hada ha sufrido mucho; sin embargo, bajo los efectos de tu amor, ella se elevará a la felicidad. Usaré la enfermedad de papá como un medio para determinarla a hacer las paces con él. Después de este paso inicial, todo estará arreglado.

## 3.- LA CONVERSIÓN DEL ATEO

Después del devastador incendio que destruyó su residencia y que había escondido la fuga de su esposa en su espeso humo, Samuel Maier se había instalado en su finca de las afueras, y había tratado de sofocar, en la creatividad y en el trabajo, los pensamientos irritantes y confusos que le daban los últimos incidentes.

Estaba decidido a olvidarse de Ruth y dejar que todos entendieran que ella había muerto en las llamas. El pueblo; sin embargo, para esta forma de misterio, tiene un poder sobrenatural de adivinación: rumores vagos, que luego se vuelven cada vez más definidos, se apoderaron de la ciudad, y la esencia de estos susurros, casi verdaderos, se encarnó en que la bella judía se había escapado con un amante que llevaba las joyas.

Solo no se acordó el nombre del secuestro, algunos pensaron que era uno de los empleados de Samuel; otros un oficial retirado que se había arruinado a sí mismo en el juego, y la mayoría nombraron a un artista de circo que había dejado Pesth, inesperadamente, en la misma ocasión.

## La Venganza del Judío

Uno puede conjeturar cuánto disgustaba al banquero tales chismes. Así que fue con dificultad que se dispuso a escuchar a Levi. Cuando se adelantó para decirle que sin duda Ruth se había fugado con Netosu, porque un judío, que era su amigo, supuso que reconoció a la joven en la estación de ferrocarril la noche del accidente y a un joven de la edad de Nicolás Netosu. Para colmo de pruebas, la famosa casa de citas fue vendida.

El formidable orgullo de Samuel sufrió dolorosamente, y toda su ira interior se centró en el Príncipe que había causado este escándalo, además de causar su angustia.

Con mayor afinamiento de técnica, reanudó sus pensamientos de venganza: dar al hijo del maldito la educación de un verdadero tipo de la raza que el vanidoso noble despreciaba con tanta sinceridad; convertirlo en el usurero perfecto, un vampiro de sangre cristiana, un fanático creyente de la ley mosaica, esto le pareció una satisfacción suprema; sin embargo, para lograr este objetivo, necesitaba, en cierto modo, reeducarse a sí mismo.

Con la constancia que lo caracterizaba, se dedicó a los negocios, haciendo a un lado con vigor todos los escrúpulos de conciencia, todo disgusto por las ganancias mal habidas y toda compasión por los cristianos que podrían ser oprimidos. Y cuando, a pesar de todos sus esfuerzos, surgió algo para reprenderlo, en su corazón sofocó el malestar moral con el amargo pensamiento que, habiendo sido honesto y amable, también le habían sido arrojados al frente el alias de usura; que, en un mundo miserable como el que vivió, donde un prejuicio de raza puede destruir todo el futuro de un hombre, donde el valor moral del individuo era menos considerado, pero el valor moral del individuo se tenía en cuenta la casualidad de su

## La Venganza del Judío

nacimiento, el oro era el único poder y hacerse cada vez más rico el único objetivo de la vida.

El escándalo de la ruptura entre Raúl y Valéria, en el que todos en la ciudad se entretuvieron, sin encontrar el motivo, trajo una revolución a los pensamientos de Samuel: sintió, al principio, una enorme satisfacción, y eso fue como un bálsamo para su herida oculta. Cualesquiera que sean las razones de esta ruptura, el hecho que el rival se alejara de la mujer que amaba calmó prodigiosamente los inauditos celos del banquero, con renovada pasión volvió a contemplar el retrato de Valéria, que había pintado en otras épocas, sin darse cuenta, ahora, de cuanta angustia, humillación y desprecio infundado había acumulado sobre la cabeza rubia que admiraba.

Habiendo agotado esta primera alegría; sin embargo, una fase moral absolutamente nueva comenzó para él. Sentimientos de aislamiento, exilio tenebroso, se apoderaron de él; su vida parecía sin rumbo, ningún afecto sincero y profundo la alegraba con su luz; su venganza se desvaneció de repente, perdiendo todo interés.

En cambio, un remordimiento que hasta ese momento no le había molestado le carcomía el corazón. Había llegado a saber, de vez en cuando, que el principito vivía con su abuelo, y se le ocurrió que sus padres aristocráticos tenían muy poco afecto por su único descendiente.

¿Qué pasaría si un día llegaran a saber que se trataba de un pequeño judío, usurpador de un título al que ningún derecho podía arrogarse? ¡Con qué desprecio tan dañino lo echarían fuera y lo olvidarían!

Un sentimiento afligido de vergüenza y arrepentimiento restringió su corazón de banquero. ¿Cómo enfrentaría a este hijo, sacrificado por él en su venganza, indiferente al futuro que le tenía preparado?

Seguramente lo odiaría; huiría de él y Samuel estaría totalmente solo porque ese niño robado, al que dedicó un amor que él mismo admiraba, le sería confiscado.

Sin embargo, su amor por el pequeño Samuel crecía día a día; era el único ser feliz con su presencia, y vívidamente satisfecho esperaba su llegada y lo colmaba de caricias.

– "Sin embargo, tú también me odiarás algún día" – a veces se decía a sí mismo, pasando los dedos por el cabello castaño del chico. No me perdonarás por haberte privado, pues de tu linaje. Te avergonzarás de haber amado, en la casa del padre, a un judío despreciado.

Muchas veces; sin embargo, cuando el niño, según su costumbre, "cansado de jugar, se echaba en el sofá y se dormía con la cabeza en sus rodillas, Samuel deseaba con vehemencia que la verdad nunca fuese patente.

Tenían, como resultado, tantos sentimientos y reflejos amargos.

Expresiones pesimistas, que Samuel sintió, en su patio interior, profundamente infeliz. Varias veces tuvo la tentación de usar un revólver y volarle los sesos, el centro de pensamientos tan diabólicos, para adelantar el momento en que todo terminaría, cuando el cuerpo y la mente se disolverían en polvo. El pensamiento de la nada, después de la muerte, fue para él su consuelo y su esperanza, y, para estar completamente seguro de su veracidad, comenzó a estudiar todas las obras en las que los sabios demostraron, usando todos los argumentos científicos, que solo existe la materia.

Este escrutinio íntimo de su alma se mostró exteriormente, solo por un marcado gusto por la soledad.

Samuel había roto todas las relaciones, excepto las de negocios, con las casas aristocráticas que había visitado en el pasado; incluso con su propia clase, los financieros, no iba más allá de las visitas y reuniones esenciales.

El Barón de Kirchberg, excepcionalmente, no estaba en la lista de ostracismo del banquero. A pesar de negarse a las grandes fiestas y veladas, Samuel seguía visitando al amable caballero, que siempre le había mostrado un cariño especial. Por su parte, el Barón de Kirchberg visitaba asiduamente al joven israelita, frustrando sus propósitos ermitaños y buscando distanciarlo de sus ideas materialistas.

Una tarde, casi a la misma hora que Raúl, en París, dedicado al estudio del *Espiritismo*, el Barón de Kirchberg apareció repentinamente en la casa del banquero.

El anciano hidalgo, aun conservando la juventud de cuerpo y de espíritu, se dio a sí mismo un aire muy ocupado. Tan pronto como pudo sentarse, dijo, frotándose las manos.

— Estoy seguro, querido Válden, en vísperas de mi victoria y que derribaré hasta los cimientos tus detestables ideas materialistas y paganas; espero llevarte a la conclusión que no todo termina con la muerte del cuerpo; que en nuestro organismo no es el cerebro, el agente principal, el que piensa y actúa. También es necesario renunciar a muchos absurdos que suponen verdades indiscutibles.

Samuel le entregó un cigarro al visitante y preguntó sonriendo:

— ¿Puedo saber el tipo de arma irresistible con la que está armado, capaz de decapitar de manera segura todas mis creencias arraigadas en los más grandes sabios?

— ¡Pues no hay ningún sabio que pueda seguir siendo así, dados los hechos que espero que encuentres mañana! Me

## La Venganza del Judío

informaron que el prestigioso señor... está de paso en Pesth. Ante este hombre, de extraordinaria fuerza, los espíritus se presentan y dan prueba concreta de su existencia en el más allá. Le hice la invitación para pasar la noche de mañana en mi casa, que él ha aceptado. En vista de esto, te ruego que asistas a nuestra sesión. El grupo será absolutamente íntimo; mi esposa, mi hija, su esposo, tú, yo y los dos Condes de X. que también ya sabes, son buenos jóvenes. Y dado que todos estamos inclinados a creer en los fenómenos, usted desempeñará el papel de elemento escéptico y positivo en nuestra reunión.

Una expresión de mordaz incredulidad curvó los labios del banquero.

– ¿Es, por tanto, con un hombre así con el que piensas convencerme, Barón? Estoy tranquilo sobre esto, porque estoy seguro que no es más que un hábil charlatán, que lo engañará para que tome su dinero en efectivo. A través de él no me convertiré en un creyente, incluso si veo maravillas.

Individuos de este tipo saben, astutamente, obtener informes sobre familias notables, hechos y detalles casi desconocidos, que comienzan a desvelar en el momento oportuno y, cuando nos dan la espalda, se ríen de la credulidad de sus víctimas.

– Estáis en un gran error. El señor es un perfecto noble, persona de la mejor sociedad, y no nos da derecho a ponerlo en el plan de los charlatanes.

– ¡Eres incorregible! – Exclamó el Barón, que se escandalizó –. Déjame decirte, Samuel, que la negación sistemática, como tú, es indigna de un librepensador; las manifestaciones espíritas se difundieron por todo el mundo con una velocidad prodigiosa; pensadores serios, los mismos sabios se rindieron a los hechos consumados. De hecho, la semana pasada conocí al hermano menor de mi yerno, que trabaja en

## La Venganza del Judío

nuestra embajada en la capital francesa. Fue testigo de hechos maravillosos, escuchó que, en cierto círculo, la mesita, debido al fenómeno de la tiptología, da, no solo respuestas asombrosas, incluso dictado. Créeme; tengo una copia de uno de estos poemas conmigo, que puedo leer.2

> (2) N.A.E. Se alude al conocido médium Daniel Douglas Home, con gran evidencia, por sus obras en París y Londres, en el momento de esta narración. Rochester.

– ¿Y puedes creer seriamente que una mesa humilde puede dictar poesía?

– No se trata de la mesita, sino del espíritu que la mueve y la utiliza como instrumento. Escucha.

El Barón abrió una página de papel y leyó:

LA RONDA DE LOS ESPÍRITUS[3]

"¿Qué estás haciendo con este cráneo partido, espíritu irónico?

¿Por qué romper ese hueso tierno, espectro satánico?

– ¡Lo rompí en mil pedacitos para hacer de un hueso, pequeños huesos, Ole!

En sí guardo tal cráneo, otrora, el cerebro de un sabio

El cual, burlándose de las leyes divinas, la barrera traspuso.

¡Sus huesos ahora se entregan al curso de los vientos helados, Olé!

---

[3] N.A.E. Poesía publicada en francés en la revista Le Spiritisme, París, noviembre de 1888, en una interesante serie titulada: las Memorias de un Salón Espírita de Mme. de Huet.

## La Venganza del Judío

Cuando termina el día, ¿ves las ruinas de huesos debajo de la hierba?

He aquí una hija de los amores

Muy hermosa y soberbia.
En el suelo su cuerpo cayó
Y de él gozó el cuervo malvado. ¡Jajá!
¿Ves esa fétida osamenta?
¿Ahora se rompe, ahora tiembla?
Era un orgulloso hombre rico, a quien el oro deslumbró.
¡La tumba rica donde me siento,
tiene, de los pobres, la longitud!

¡Olé!
Cuando el tifón, sonríe vibrante,
Repeliéndonos, duele,
¿Qué dicen los muertos negligentes? Su voz de difuntos
Gime y dice: ¡si lo hubiera sabido, habría vivido mucho mejor!

¡Huhu!
Cuando la luz divina brilla
En sonora vibración
De Josafat, todos los muertos se volverán a ver.
¡Todos, los del Cristo coronado, todos los paganos castigados!
¡Olé!

– Muy original, sin duda – dijo Samuel, riendo entre dientes –. Aunque el futuro más allá de la tumba no es tan fascinante para un banquero o para una mujer bonita, confieso que acaba de despertar interés en mí, y como amablemente quieres admitirme en tu reunión, haré lo que pueda a preguntar si mi impuro esqueleto definitivamente debería cantar algún

## La Venganza del Judío

día: "¡Si lo hubiera sabido, habría vivido mucho mejor...! ¡hu... hu... hu..."

En la noche inmediata, los invitados se presentaron, puntualmente, en la casa del Barón de Kirchberg, y estaban todos reunidos, cuando llegó el médium, el Sr. H...

Después de servido el té, los presentes entraron en una sala y se sentaron alrededor de una mesa redonda, sobre la que ya se había colocado un cuaderno de papel en blanco, un lápiz y una campana, una pandereta y una guitarra.

Se cerraran las cortinas de las ventanas y se bajó la luz de la lámpara, colocada en una habitación cercana y cubierta con una pantalla especial. Aun así, la claridad en el espacio era suficiente para distinguir las manos de los asistentes, así como los objetos colocados sobre la mesa.

A ambos lados del médium se sentaron el Barón de Kirchberg y Samuel, que le sujetaron las manos con fuerza. Se formó la cadena; hubo un profundo silencio.

Después de unos diez minutos, la mesa se agitó; luego se escucharon algunos golpes, a veces débiles, a veces fuertes, en el tablero de la mesa, en la pared y en varios muebles; después de eso, la campana y los instrumentos musicales estaban suspendidos en el aire y, con la velocidad de los pájaros, se elevaban sobre las cabezas de los asistentes. La luz bastaba para acompañar con la mirada el vuelo caprichoso de los objetos levitados.

La guitarra finalmente se detuvo a una distancia de aproximadamente un metro sobre la mesa, y una mano desconocida interpretó, a la perfección, como un artista, una canción popular.

— ¡Increíble! ¡Increíble! ¡Magnífico! — Fueron exclamaciones de los asistentes.

## La Venganza del Judío

– "Mistificador hábil – Pensó Samuel –, "el que es capaz de tales artes, aunque retengamos sus manos; ¡porque, por supuesto, los espíritus no pueden ser admitidos! Quién sabe si nuestra imaginación, absorta en la expectativa de lo sobrenatural, nos está jugando una mala pasada."

– ¿Se dignarían los espíritus a decirnos – preguntó uno de los Condes de X – si, a excepción del Sr. hay entre nosotros algún poseedor de facultades mediúmnicas?

El cuaderno de papel empezó a moverse, con el rayado de un lápiz sobre él; luego se desprendió una hoja y llegó a manos del dueño de la casa. Hubo tres golpes.

– Los espíritus piden que se encienda la luz – dijo la médium. Se encendió la vela y el Barón de Kirchberg leyó:

– *"Samuel es un médium poderoso; su fuerza contribuirá hoy a la producción de demostraciones notables; el espíritu de Abraham desea ponerse en comunicación con él."*

– "¡Ah! ¡El insolente sabelotodo! – Pensó Samuel –. ¡El nombre de mi padre facilitará la derrota de mi incredulidad y proporcionará una invitación al Sr. conjurador! ¡Mejoremos nuestra vigilancia!"

En voz alta, respondió irónicamente:

– Pido a los espíritus que no se cansen de representar a mi padre; no creo en la supervivencia del alma y no puedo admitir que lo destruido pueda dar comunicaciones. Sería mejor que los desencarnados se dirigieran a los presentes que disfrutarían más decentemente de sus mensajes.

Dichas palabras, la mesa se movió enérgicamente y, dando un cierto número de golpes, dados con violencia, los Espíritus pidieron una pizarra. Ellos la presentaron; la luz se apagó.

## La Venganza del Judío

En el mismo momento, Samuel sintió que la mano de la médium se congeló y se puso rígido en el de ella; luego el inglés se reclinó en su silla, con un largo suspiro, y no volvió a moverse.

Los asistentes pudieron percibir haces de chispas que recorrieron el cuerpo del médium, yendo a concentrarse en el pecho, formando una nube ardiente. Indecisa, estirándose, esta nube se elevó hacia el centro de la mesa y luego se encontró, en el centro de ella, una mano reluciente que sobresale bruscamente de una neblina más oscura; al mismo tiempo, la pizarra se elevó sobre la mesa y se detuvo en la cara del banquero; la mano, acercándose, con el dedo y levantado, trazó signos fosforescentes que el banquero pronto advirtió que eran caracteres hebreos.

– "Aquí hay una cosa extraña" – murmuró Samuel, sin saberlo, después de haber descifrado el nombre de Abraham.

Estaba seguro que ninguno de los presentes, a excepción del médium, a quien no conocía, conocía el idioma hebreo.

Sin embargo, mientras continuaba leyendo la insólita misiva, en complicadas letras que se desvanecían en cuanto terminaban de leerlas, una angustia, mezclada con asombro, lo asaltaba, provocando que un sudor helado apareciera en su frente.

– "*Presuntuoso* – había escrito el dedo fosforescente –. *¡Crees que lo que en ti piensa y sufre sea destruido por la muerte del cuerpo! ¡Lo sé todo y tengo pena de ti! Soy verdaderamente Abraham, tu padre, y para darte prueba que el espíritu, libre, sigue viendo y oyendo, te aclaro. Me informan del intercambio de niños.*"

Con un grito ahogado, Samuel saltó de su silla, dejando la mano del médium. Inmediatamente la pizarra cayó sobre la

## La Venganza del Judío

mesa, con estrépito, y la mano de fósforo regresó, como una flecha, al Sr. H. que se retorció, con un gemido ahogado.

– ¿Qué le pasa, señor de Válden, que no puede mantener la calma? – Exclamó el Conde de X con aspereza, muy disgustado –. ¿Es posible un proceder así en una sesión como esta? Puedes matar al médium; rápido, siéntate quieto y déjanos retomar la cadena.

Tan pronto como la calma se recuperó de alguna manera, el médium, dormido, ordenó, en voz baja, al Conde de X. que le diera unos pases magnéticos; y luego todo quedó en silencio hasta que se despertó y terminó la sesión.

Cuando el Sr. H. se recuperó, y la reunión ya se había trasladado al salón principal, todos pudieron ver la extrema palidez del banquero y su semblante cambiado.

– Hubo una prueba contundente para él – susurró la baronesa de Kirchberg al oído de su yerno mientras los demás discutían con fervor las sensaciones de esta formidable sesión.

– Tienes razón, madre; noté caracteres en la pizarra que me parecieron como letras hebreas, y sin duda la evidencia fue tal que el banquero se vio obligado a convencerse a sí mismo.

Todos estaban equivocados. Samuel acababa de estar convencido de que su tremendo secreto, por un miserable azar, estaba en posesión de un charlatán, que lo explotaría, cargando su silencio con un peso de oro. La brillante escritura, para él, no fue más que una introducción al chantaje, tal vez forjado por Marta y Esteban, quienes, no teniendo el valor de intentarlo ellos mismos, habían sumado a este socio.

Con la ira carcomiéndolo por dentro, sus ojos secos, Samuel se acercó al Sr. H. y le preguntó de improviso:

– ¿Puedo preguntarle si nunca ha visitado Nueva York y Washington?

## La Venganza del Judío

– Ambas ciudades – fue la tranquila respuesta del médium.

– "No más dudas" – pensó Samuel. Y, fijando los ojos en su interlocutor, con mirada expresiva, agregó:

– Siempre estaré listo para recibirlo, Sr. H. si tiene algo de importancia que exponerme, puede encontrarme en mi casa, todos los días, desde las nueve a once en punto.

El Sr. H. abrió los ojos, con asombro inexpresable, pero al ver el aire sombrío y pensativo del banquero, se inclinó en señal de asentimiento.

No queriendo esperar la cena, Samuel se excusó con una repentina indisposición y se despidió.

Totalmente absorto por sus impresiones, el Barón de Kirchberg lo condujo a la antecámara, donde le preguntó, con mirada de triunfo.

– Entonces, ¿todavía lo dudas?

– ¡Como nunca antes! – Respondió Samuel, con una sonrisa forzada –. Solo que, lo confieso, no me fue posible descubrir los trucos del experto mistificador.

Al llegar a su casa, el banquero despidió al criado y se encerró. Afligido por una inquietud mortal, caminó a lo largo de la habitación. Se volvió loco casi al pensar que estaba, en cuerpo y alma, a merced de este charlatán y que, en cualquier momento, él podría sacar a la luz el descubrimiento que le quitaría la venganza y la vida. Agotado por esta lucha íntima, finalmente se arrojó sobre su cama y apagó la luz. Quería dormir; sin embargo, no se lo permitieron los pensamientos turbulentos.

## La Venganza del Judío

No sabría decir cuánto tiempo permaneció acostado así, cuando se escucharon golpes, bastante distintos, en la cabecera de su cama. Alarmado, prestó atención: era un ruido como el que se había escuchado en la sala donde se había realizado la sesión.

Después de un breve intervalo, el ruido comenzó de nuevo, esta vez a los pies de la cama, luego en la mesita de noche; un objeto pesado cayó al suelo, la cadena y los adornos del reloj del banquero sonaron, como si alguien los agitara, y casi en ese mismo momento, fuertes pasos resonaron en la habitación contigua, cuya única salida también estaba cerrada.

Samuel se sentó en la cama, empapado de sudor. El primer pensamiento que se le ocurrió fue que algún ladrón, irrumpiendo en el dormitorio y pensando que estaba durmiendo, empezó a robar. Buscó los fósforos; sin embargo, aunque los busqué mucho, la caja ya no estaba allí. Recordó muy bien que había usado la caja de fósforos, cuando se acostaba, cuando había encendido un puro; ya no sabía qué pensar, cuando se dio cuenta que algo había aterrizado sobre él, sobre su cabeza; rápidamente levantó la mano allí, y entre sus dedos sostuvo las cerillas faltantes.

Abrumado, rascó uno e inmediatamente vio el enorme candelabro de plata, que había estado cerca de él antes y ahora había sido transportado al sillón junto a la puerta. Se apresuró a cogerlo y encendió una vela, examinando la habitación y la oficina de cerca: todo estaba desierto y en silencio. Sacudiendo la cabeza, tomó un revólver del escritorio y se volvió a acostar.

– "Si ese señor ladrón vuelve a aparecer, le pondré una bala y limpiaremos esa, perorata espiritista" – pensó, poniendo el arma a su alcance.

## La Venganza del Judío

Sin embargo, solo regresó la oscuridad, los ruidos comenzaron de nuevo, con mayor violencia, los golpes en el suelo hicieron saltar los muebles, los frisos crujieron y muchos objetos se movieron ruidosamente.

A pesar de su valor probado, el banquero sintió que el terror se apoderó de él, y justo cuando los pasos pesados y arrastrados se dirigían a la cama, agarró el revólver con mano temblorosa.

– ¿Quién está ahí? – Tenía la intención de gritar; sin embargo, la voz se atascó en su garganta y su corazón dejó de latir; una corriente de aire húmedo y helado acababa de azotar su rostro y un ser vivo se inclinaba hacia él, que podía oír perfectamente su respiración aguda y sibilante.

El roce de una barba en su rostro, arrancó a Samuel de su inacción; levantó el revólver y disparó. Muy asustado, no pudo distinguir ningún grito, ni la caída de un cuerpo pesado.

El silencio reinó de nuevo. Con temblores en sus manos, sacudió el cordón de la campana, y tomó las cerillas. La vela había sido arrancada del candelabro y estaba sobre la mesita de noche.

Samuel se levantó para abrir la puerta, golpeado por el criado, pero a mitad de camino encontró que toda su ropa estaba desparramada por la habitación y el candelabro colgaba de la cadena de la lámpara suspendida del techo.

– ¡Dios misericordioso! Señor Barón, ¡pensé que lo estaban matando por esos ruidos y la detonación! – Dijo el sirviente, mirando con sorpresa el rostro alterado de su jefe y el desorden de la habitación.

– Creo que aquí se escondió un ladrón, cuando lo sentí acercarse a la cama, y mientras me veía dormir, la barba de ese bribón me rozó la cara – aclaró Samuel.

## La Venganza del Judío

Ambos examinaron la habitación; sin embargo, después de un examen riguroso y no se encontró nada.

– ¡Ahí está el milagro! ¡Todo está en desorden, y el bastardo se ha escapado! – Exclamó el sirviente, levantando la vela para correr las cortinas. De repente exclamó:

– Mire, señor Barón, la bala, al atravesar el retrato de su difunto padre, le hizo ese agujero redondo en la barba; el proyectil debe estar incrustado en la pared.

Samuel no agregó nada. Su razón se negó a entender por qué la bala había tomado ese rumbo, diametralmente opuesto al que se suponía que debía tomar. Entonces se reclinó y ordenó al criado que dejara la lámpara encendida toda la noche y se fuera.

No podía dormir ni un guiño. Sobreexcitado, recordó los extraordinarios incidentes de la noche; en su casa no se podían producir por medio de artimañas: ¿podría ser cierto que los muertos se manifiestan a los vivos? Con piel de gallina, recordó que el hombre, que no pudo ser encontrado, y cuya barba le había rozado la mejilla, impregnaba la habitación con el olor fuerte y penetrante de un perfume que su padre se había acostumbrado a usar.

Durante tres días, otros hechos extraños siguieron al banquero, incluso a la luz del día.

Ya incapaz de controlarse, le escribió al Barón Kirchberg, rogándole que viniera, con la médium H., para que pudieran realizar una sesión, esa misma noche, en su residencia, donde tuvieron lugar hechos extraordinarios. El Barón, en respuesta, lamentó mucho no poder llevar al Sr. H. esa misma noche... porque habían sido invitados, desde antes, a otro lugar; aun comprendiendo la impaciencia del banquero, todo estaba arreglado para el día siguiente, y ambos se presentarían, algo más tarde de lo habitual.

Esperarlos fue una prueba muy dura para el banquero impaciente. Contó las horas, y cuando llegó la noche, él mismo preparó, en su oficina, una mesita redonda, pizarra y hojas de papel, que había marcado y enumerado rigurosamente.

Estaba mirando, por centésima vez, su reloj cuando, por fin, llegó la gente tan ansiosamente esperada. Samuel les dio el tiempo suficiente para un breve descanso y no respondió a las curiosas preguntas del Barón. Los llevó a su oficina, repitiendo:

– Después de eso, te lo diré.

Sentados alrededor de la mesa, establecieron la cadena.

Tan pronto como se notó un movimiento, se preguntó si la reunión era eficiente, y si los espíritus estaban dispuestos a manifestarse. Hubo una respuesta afirmativa.

– ¿Puedo saber quién disparó el retrato y a quién apuntó la bala? – Preguntó Samuel.

– *"Tú fuiste quien disparó, y contra mí, soy tu padre"* – respondió la mesa.

– ¿A qué pertenecía la barba que me tocó la cara?

– *"¡Mi barba!"*

– ¿Puede decirme lo que quiere de mí, padre, y, si está realmente presente, volver a producir el olor que captó mi nariz en esa ocasión? – Preguntó el banquero, apenas respirando.

Después de un breve silencio, un fuerte olor personal invadió la habitación.

– ¡Ah! – Exclamó el Barón de Kirchberg –, ahí tenemos el perfume indio que su padre usaba con preferencia. Lo reconozco bien. En cuanto a ti, Samuel, ¿aun puedes dudar?

## La Venganza del Judío

Por encima de estas últimas palabras se elevó un doble ruido, las puertas de una gran librería reforzada, unida a la pared, se abrieron tan abruptamente que las ventanas tintinearon. Al instante, un pesado y grueso volumen cayó sobre la mesa. Tres golpes sonoros y algo alegres, en la pared, daban a conocer que los desencarnados querían luz.

Entonces, se notó un grueso volumen encuadernado en cuero, que Samuel, con gran sorpresa, reconoció ser el Evangelio que el padre Rothey le había dado una vez, y tal vez Esteban lo había guardado en la parte trasera de la estantería.

En la hoja de papel, colocada en el centro de la mesa, estaba escrito en caracteres gruesos:

– *"Sacudid el volumen."*

Samuel tomó el volumen por sus dos tapas y lo agitó: dos hojas de papel, que resultaron ser dos mitades de una hoja que habían sido rasgadas, cayeron sobre la mesa. El banquero los tomó; sin embargo, con una sola mirada sobre la escritura que tenían sobre ellos, palideció mortalmente; había reconocido los caracteres escritos por su padre hasta la muerte, con los que lo amenazaba con su maldición, si se hacía cristiano, un papel que Samuel había rasgado por completo, minutos antes de su intento de suicidio. Cuando, ya restaurado, recordó este escrito y lo había estado buscando, no lo pudo encontrar. Luego concluyó que el rabino lo había recogido y se lo había llevado.

– ¿Será que los espíritus te han traído algún misterioso jeroglífico, y por eso estás tan molesto, Válden? – Preguntó Kirchberg, que observaba el expresivo rostro del banquero entre curioso e interesado.

– Todo lo que pasa ante mis ojos es perfecto para expulsar al incrédulo que pensaba que estaba en tierra firme, y finalmente darse cuenta que solo había arena movediza bajo sus pies – fue la respuesta de Samuel, mientras se secaba la frente empapada de sudor.

Sin embargo, ¿se me permitirá pedirle a mi padre que diga lo que quiere de mí, y si está satisfecho que he cumplido con sus deseos expresados en este escrito?

Sonaron tres golpes afirmativos; después que se solicitó la oscuridad.

Los asistentes presenciaron entonces un espectáculo magnífico, en medio de la mesa se formó un globo nublado, que aumentó, luego se elevó un poco, brillando como una luz fosforescente, una antorcha viviente que se encendía, como un rayo de luna, el cuaderno y el lápiz colocados encima. Y, bajo esta luz, el lápiz trabajaba con rapidez; cuando la página estaba llena, el papel giraba solo y el lápiz continuaba escribiendo. Después de un tiempo, el lápiz cayó, la nube luminosa desapareció y un fuerte golpe hizo saber que la respuesta había terminado.

Con manos temblorosas, Samuel sacó a la luz esta comunicación del más allá, y con creciente emoción leyó:

– *"Hijo mío. Después de muchas y ardientes oraciones, llegué a la gracia de poder ponerme en contacto contigo, de desilusionarte de la errónea y mala praxis de creer que no existe nada después de la muerte, error fatal, que angustiado, me doy cuenta que te arrastra a un camino que conduce a enormes dolores en la Tierra y sufrimientos horribles en el mundo espiritual.*

*Cegado por las tentaciones de la carne, durante la vida terrena, el hombre olvida la realidad del mundo espiritual, su patria real y eterna. Yo también, ignorante durante mi vida, cegándome a los pequeños daños que impone la educación y el medio ambiente, acentuado aun más por el odio y el desprecio con que se trata a la gente judía, me había vuelto fanático, encarcelado, obstinado en las prácticas externas, y te*

## La Venganza del Judío

*condenaba por tu deseo de convertirte en cristiano. Morí; entonces pronto el yo indestructible se desprendió del cuerpo inerte, se me dio a conocer mi nuevo estado, y a asomarme al pasado, con la mirada desilusionada del espíritu.*

*¡Qué vasto y maravilloso horizonte se abrió ante mi pensamiento deslumbrado! ¡Cuántos recuerdos me asaltaron!*

*Pude entender lo mezquino y falaz es todo lo que, en la tierra, nos parece importante y serio. En la pluralidad de existencias que Dios nos concede, para poner a prueba nuestras aptitudes, tenemos, con alternancias, amamos lo que habíamos despreciado y odiamos lo que una vez adoramos.*

*Y pude entender que, en su justicia irrevocable, el Magnífico y Único Señor del Universo creó todas las almas iguales, y todas destinadas a alcanzar la perfección con mayor o menor celeridad, según su celo y buena voluntad. En el mundo de los espíritus, no hay judíos, ni paganos despreciados, ni privilegios para los cristianos; en este mundo solo existen los virtuosos y los criminales. Al no conocer la ley del amor y la armonía, los hombres crearon, por su orgullo, la codicia y los celos recíprocos, el odio racial, los crímenes y la persecución, que por hace brotar en el corazón de los oprimidos todos los malos instintos dieron nacimiento a estas odiosas individualizaciones, animadas por el deseo de venganza, son vilipendiadas bajo el nombre de judío, independientemente de si – están representadas en todas las sectas y nacionalidades.*

*A lo largo de mi vida, Samuel, te he escuchado lamentarte amargamente de tu condición de judío, pero en ese momento estabas tan lejos de la realidad como lo estás hoy; te volviste inflexible, despiadado, codicioso por principios; serviste la desgracia ajena, por amor a la venganza, sin comprender que el perdón de las ofensas ennoblece y descansa; que la caridad y la oración te acercarán a Dios y traerán calma a tu alma, mientras el odio y la venganza te arrojan al furor de las luchas y los dolores. Esta condición moral puede*

## La Venganza del Judío

*extenderse por muchos siglos, porque innumerables veces regresamos a un cuerpo mortal, presos a olvido del pasado, ignoramos que los dolores del presente soy recompensa merecida por crímenes pasados, y que Dios nos da este cuerpo para luchar, mejorar nuestras facultades, elevarnos en el bien, y no permitirse los placeres materiales. Yo también sufro y juzgo, con acre repugnancia, cuánto he desperdiciado mi última existencia y prueba.*

*En otra vida he estado en una posición destacada, rica, pero derrochadora, orgullosa, teniendo poca consideración por el trabajo de mis semejantes y, además, intrigante. Venciendo luchas interminables, cuya descripción sería demasiado larga, decidieron, para probarme que naciera pobre, en una raza despreciada, y que obtuve, con mi trabajo, un ingreso modesto, que no debería usar egoístamente, sino en ayuda de mis semejantes.*

*Logré un buen éxito. En un trabajo constante y paciente, obtuve la riqueza; sin embargo, no podía estar satisfecho con eso. Mi espíritu, agudo y astuto, siempre quiso poseer más, persuadiéndome gentilmente que estos cristianos, que nos despreciaban y maltrataban, merecían ser despojados y que los de mi raza, cuyo espíritu era más estrecho que el mío, solo pagaba la tarifa de un aprendizaje obligatorio. Así acumulé esta formidable fortuna, sobre la que caen muchas lágrimas y muchas maldiciones, y a la que tú también, hijo, has servido como fuente de tentaciones y desgracias, porque te llenas de orgullo, que es una herida horrible del alma, en la que toda buena intención decae y muere.*

*Así es, Samuel; haciéndote orgulloso de una riqueza que le debes a la fortuna de tu feliz nacimiento, no te importa quién sea más pobre que tú, aunque sea un judío miserable sin posesiones o un cristiano casi arruinado. Piensa en el futuro, hijo; medita que ser pobre y mendigar en la casa de un rico es quizás la prueba más terrible para el alma orgullosa de lo que pide, que, con esta humillación, rescata su pasado. Ponte en el lugar del miserable y que, en lugar de ser rico, eres pobre y súplicas, con el corazón oprimido, a ese millonario – judío o cristiano, lo que sea –, cuya despiadada negativa te desgarrará el corazón y te arrojará a la miseria que crees que no mereces. Yo insisto; medita en esto, y tu corazón se ablandará, el odio y el instinto de venganza se retirarán, y comprenderás el valor insignificante que se le debe dar al oro salvado por nuestras manos mortales para la satisfacción de nuestra vanidad e incitando a la envidia ajena contra nosotros, oro que debemos estar dispuestos a abandonar en cualquier momento, para volver al polvo.*

*Tenía la intención de decirte muchas otras cosas, hijo mío, pero en esta ocasión me lo prohíben. Llegas a adquirir la convicción que el alma sobrevive a la muerte del cuerpo y estás seguro que es severa.*

*Rendirás cuentas de cada uno de tus actos. Fortalece y profundiza esta creencia. Por el esfuerzo de tu propia voluntad debes expulsar del alma toda la escoria que te hizo hundirte.*

*En constante oración, velaré por ti fervientemente, para que venzas en la dura y penosa batalla moral que te espera, porque tu alma, vanidosa y rebelde, debe arrodillarse en la fe y en la humildad, ante su Creador, y el espíritu de venganza debe dar paso a la misericordia y al perdón."*

Inusualmente emocionado, Samuel dobló la nota y se la guardó en el bolsillo de la chaqueta.

– ¿Está permitido que le dirija a mi padre una pregunta mental sobre un asunto de gran importancia? – Preguntó vacilante –. Obteniendo una respuesta afirmativa, en cuanto se apagó la luz, reapareció la mano "fosforescente" y tomó el lápiz.

Mentalmente, Samuel preguntó si se descubriría el intercambio de niños, incluso si renunciaba a su venganza y educaba al principito como su propio hijo.

Respondió el Espíritu:

– *"Una fatalidad, que no podrás evitar, o, mejor dicho, la voluntad de Dios hará que todo se descubra, en una fecha muy próxima, pero que no puedo determinar. Por voluntad propia y con conocimiento de los hechos, cometiste el crimen; ten el coraje de aceptar, también voluntariamente, tu castigo, que estará dependiendo, además, y en gran parte, del resultado de tu lucha actual. La humildad, la caridad y el perdón pueden aliviar el castigo; sin embargo, no prestes atención a tu existencia, por un terrible remordimiento, pues un severo castigo sería todo lo que ganarías con ello. Prepárate con fe y valor para el instante venidero.*

*Me pondré en comunicación contigo una vez más; tu propia mediumnidad me servirá entonces como intermediario. ¡Nos vemos pronto y anímate!*

Abraham."

El sudor helado perlaba la frente de Samuel al leer estas líneas; Sin embargo, se contuvo violentamente y levantándose extendió ambas manos al médium:

– No tengo expresiones con las que agradecerle, querido señor, me ha prestado un servicio así, para el cual no hay pago – dijo –. ¡Y a usted también, señor Barón de Kirchberg, muy agradecido!

Me declaro derrotado, estaba ciego cuando creía que solo existía la materia; la certeza; sin embargo, de la existencia del más allá, me duele como, bueno, el golpe de mazo.

– Te creo, mi joven amigo; tal transformación en las creencias no es fácil de operar – respondió el Barón, mirando fraternalmente la cara angustiada y sufrida del banquero –. El Sr. H. y yo vamos a despedirnos; es tarde y necesitas soledad, para releer tus comunicaciones y ajustar tus pensamientos. Así que; sin embargo, si estás más tranquilo, ven a buscarme y hablaremos.

## La Venganza del Judío

Después de haber acompañado a los visitantes, Samuel volvió al gabinete y se dejó caer pesadamente en el sillón frente al escritorio.

Desplegando las comunicaciones que acababa de recibir, las releyó varias veces, y una convicción, cada vez más tenaz, se arraigó en su alma. Este hombre, a quien no conocía, que había venido por casualidad a su casa, no podía conocer sus secretos, imitar la letra de su padre, reproducir el perfume de su elección, producir todos estos maravillosos fenómenos. ¡No nunca! Era verdaderamente el espíritu de su padre el que le había hablado. Ansioso, como aplastado por estas nuevas sensaciones, Samuel descansaba sobre sus codos, sus manos enterradas en su cabello. Su corazón estaba trabajando frenéticamente, su pecho estaba oprimido, y esto, algo que estaba pensando, sufría, se angustiaba, se rebeló dentro de él: el alma, el yo inmortal, que sobrevive a la muerte. Como saliendo de la borrachera, examinó el revólver que estaba encima del escritorio. ¿Cómo, entonces, la bala contenida en el cañón de acción solo destruiría el cuerpo?

De los escombros de la materia, su yo indestructible escaparía para dar cuenta de sus acciones; no podía llenarse de culpa tanto como quisiera y luego disolverse silenciosamente en... la nada; una muerte, vista por él como libertadora, para escapar de la justicia de los hombres, ¡se arrojaba a las garras de una justicia a su forma de ver más suspicaz y terrible! Y allí, en el papel, estaba grabado, en todas las letras: "Prepárate para el momento del próximo descubrimiento."

Un gemido ahogado escapó de los labios de Samuel; ¡una oportunidad fatal lo llevaría al castigo, a la vergüenza! Él, orgulloso millonario, sería arrastrado ante los tribunales, condenado, señalado por desacato, ante el sarcasmo de todos los que lo envidiaban y lo odiaban. Ahogado, incapaz de controlarse, el banquero se puso de pie.

– No, no – se gritó a sí mismo –, antes una bala en el pecho, y luego castigo, ¡preferible a ese abismo de deshonra, desprecio y vergüenza!

A partir de ese día, una batalla verdaderamente infernal se encendió en su alma, absorbiendo todos sus pensamientos, haciéndose sordo y ciego al mundo exterior.

En Raúl, piadoso, confiado e idealista, la nueva fe había operado como efecto calmante, sin dominar todo su ser; en el alma dura, orgullosa y apasionada de Samuel, esta severa y magnífica filosofía despertó una tormenta, la idea de rebajarse, de lanzar al tacho, como inútiles, todas las creencias sobre las que había construido, hasta ahora, el edificio de su futuro, lo que le costaba a su alma enérgica una lucha mortal. A veces se reprochaba haber asistido a esta sesión, la que le había robado el sueño y el descanso.

Con angustiado afán, se sumergió en la lectura de los libros que se ocupaban de la doctrina espiritista: en cada página se encontraba con los preceptos de humildad, perdón, justicia inamovible, que había expresado su padre; sin embargo, su orgullo y ceguera eran tales que permaneció firmemente dispuesto a recurrir al suicidio para escapar de la vergüenza del castigo terrenal.

A cambio, buscaba ardientemente, en las obras espiritistas, todo lo que concernía al estado del alma después de la separación del cuerpo y en esta lectura también encontraba la condena al suicidio; los mismos espíritus confesaron a sus hermanos encarnados que el cuerpo, violentamente destruido por la muerte, en pleno vigor de juventud, estaba adherido al cuerpo diáfano – envoltura del alma –, por sólidos lazos eléctricos, por el fluido vital que la materia está intrínsecamente impregnada. El alma del suicida, unida por este vínculo fluídico al cuerpo en putrefacción, se inmovilizaba de alguna manera en las sensaciones vividas en ese instante criminal, devolviendo incesantemente las ansiedades de las torturas morales y sufrimientos físicos que habían precedido, y causado la destrucción de la materia.

Abrumado por la impresionante chocante de estas comunicaciones tan vivas, tan reales, Samuel presionaba la cabeza entre sus manos, preguntándose a sí mismo, por centésima vez, si no fuera mejor sufrir unos cuantos meses de prisión en la Tierra, a sufrir las infinitas agonías de una paralización junto a un cuerpo en deterioro, para luego reencarnar en condición miserable, cubierto de vergüenza.

Bajo las garras de esta lucha absorbente, Samuel había perdido peso sensiblemente; no comía, no bebía, se olvidaba de los negocios, que relegaba totalmente a sus subordinados. Los empleados del Banco, sin entender nada de las razones de tal negligencia, murmuraban que el jefe se había vuelto loco como resultado de dos sesiones espiritistas, lo que reafirmaba la idea que era peligroso entregarse a estas prácticas infernales, que Moisés había prohibido, así como también la Iglesia.

Una noche, Samuel estaba en su dormitorio, solo, más abatido y torturado que nunca por sus pensamientos contradictorios. Cansado de haber deambulado de un lado a otro, se sentó en una tumbona y meditó en cierto artículo que había leído esa mañana en la *Revista Espírita*. El escrito se refería a la fuerza benéfica de la oración, de la calma y la paz que se derramaba en el corazón más herido.

– ¿Cómo rezas? – Pensó Samuel –. Nunca volví a rezar, desde que era un niño, y; sin embargo, tendría una gran necesidad de consuelo, de una aclaración desde Arriba; puede ser que el momento del descubrimiento esté cerca, y yo siempre titubeo, incapaz de decidir entre la elección de la muerte o la deshonra.

Por primera vez en mucho tiempo, juntó las manos y, apretándolas contra su frente ardiente, susurró:

– ¡Oh, mi padre! – Dijiste que estarías velando junto a mí y en constante oración; por tanto, debes estar percibiendo mi sufrimiento. Inspírame, ¿cómo tendré que orar para encontrar la paz?

Como exhausto por esta invocación, se recostó contra su espalda, contra el sofá y se quedó quieto; sus pensamientos ya no se renovaron, un fuerte entumecimiento se apoderó de sus miembros, haciéndolo incapaz de moverse o hablar, mientras un extraño calor recorría su cuerpo.

Era el crepúsculo y la habitación estaba sumergida en una oscuridad casi completa. Ninguna de las criadas se atrevió a traer luz, porque, diera la orden que en parte el banquero no permitiría ser molestado, sin importar quien lo llamase.

De repente, la mirada del joven se dirigió irresistiblemente al centro de la habitación, donde vio una luz que se elevaba desde la penumbra de la habitación.

Este simulacro de estrella creció rápidamente, transformándose en un amplio rayo de luz azulada, en cuyo resplandor Samuel vio la forma de un hombre, de rodillas, envuelto en un manto gris nublado. Tal aparición, un poco distante del banquero, levantó las manos a un centro brillante concentrado en la parte superior del haz de luz. En ese perfil prominente y larga barba blanca, Samuel pudo reconocer a su padre. Entonces le llegaron palabras tan diluidas en la distancia, pero aun inteligibles para su oído:

## La Venganza del Judío

— *"Fuerzas del Bien* — dijo este misterioso sonido — *hagan que mi hijo comprenda que mientras no haya elegido su ruta, la lucha continuará; de allí que tan rápidamente se olvida de la creencia que perturbó su alma; si no es capaz de distinguir lo verdadero de lo falso; si le falta valor para reconocer lo bueno, para entender que la victoria lo hace descansar... ¡Oh, hijo mío! Así como esa venganza, que te pareció tan importante, se desmoronó entre tus manos, así también, un día, te parecerá insignificante y mezquina la opinión de los hombres, que tanto aprecias. Es deshonrado el criminal que cuenta con la impunidad, y se retira ante el castigo y la justa recriminación de los hombres.*

*Si quieres rezar, hazlo con actos; arrepiéntete, llénate de humillación, y ese consolador divino, la oración, llenará tu alma; el terco, el orgulloso, no necesita el consuelo de los pobres desheredados."*

La cabeza de la aparición se volvió hacia Samuel y una mirada llena de la inexpresable expresión de amor, sufrimiento y aflicción, se deslizó en el suyo. En ese momento, sobre el anciano, se recortó un rostro profusamente iluminado por un halo dorado; dos grandes ojos, tranquilos y severos, miraron a Samuel y una voz fuerte y armoniosa exclamó:

— *"Mientras pienses en encontrar la salvación en el suicidio, no tendrás descanso."*

Como si despertara de un sueño, sobresaltado, el banquero se levantó:

— "¿Que era esto? ¿Estaba soñando o era una visión?"

Sacó las cerillas del bolsillo y encendió una vela, que estaba cerca, sobre la mesa. Su primera mirada fue en una hoja blanca, colocada debajo del candelabro. Lo tomó y leyó, con el corazón latiendo con fuerza, las mismas palabras que acababa de escuchar.

## La Venganza del Judío

Bajó la cabeza; una resolución repentina se había apoderado de ella; la idea de suicidarse había sido relegada para siempre, y la oración ardiente se levantó de su alma atribulada, al Autor de todas las cosas.

# 4 – LA CONFESIÓN

A partir de ese día, la calma volvió, poco a poco, al espíritu de Samuel.

Con su característica fuerza de voluntad, encaraba el futuro, dispuesto a afrontar lo que le deparara y preparándose íntimamente para ello.

Más ensimismado y silencioso que nunca, Samuel dedicó todo su tiempo a los negocios, trabajando con más ahínco que cualquier empleado. Sin embargo, su forma de actuar había cambiado tan radicalmente que Levi seguía negando con la cabeza y concluyó de la misma manera que Silberstein igualmente descontento, que, decididamente, el cerebro del banquero estaba dañado y casi en debacle.

En el transcurso de la crisis moral que había venido a sufrir, Samuel había descuidado al muchacho, cuya presencia le molestaba; sin embargo, a medida que la calma volvía a él, el cariño que el niño le inspiraba renacía, extraño y absorbente, y casi todo el tiempo cuando estaba libre, lo gastaba jugando con él, desarrollándolo y educándolo.

Un incidente aparentemente insignificante que tuvo lugar en este momento hizo que sus pensamientos tomaran una dirección totalmente diferente. Un día, cuando estaba hablando con el rabino, que lo visitaba por negocios, le informaron que la educación religiosa del pequeño Samuel, que estaba a punto de

## La Venganza del Judío

cumplir cinco años, de la que siempre el banquero había descuidado – agregó él, enfatizando bien la palabra –, y también había descuidado llevarlo a la Sinagoga. Al final de la conversación, recomendó a un joven levita, su amigo, al banquero, que era muy capaz para inculcar en el niño, casi en broma, los preceptos de la religión mosaica.

Samuel respondió evasivamente; sin embargo, el problema planteado en esta conferencia le preocupaba mucho. Se preguntó si, abandonando su venganza, tenía derecho a obligar al niño a adherirse a esa religión, que lo separaba aun más de las personas de las que lo había secuestrado y a los que tendría que renunciar tan pronto como sus padres lo hubieran recuperado. ¿Podría agregar honestamente este conflicto a los otros que conmoverían el corazón del niño? Y una segunda pregunta, no menos inquietante, se encendió en su mente: cuando se descubriera la verdad, ¿le devolverían el hijo renegado? ¿Con qué sentimientos está este hijo, criado en la fe cristiana, ya capaz de comprender cuánto tenía que perder, vendría a la compañía de su padre, qué lo separó de una religión que habría aprendido a despreciar?

Y Samuel estaba destinado a vivir con este hijo, porque, aunque fuera condenado a un largo tiempo de prisión, ambos tendrían que reunirse al final de la sentencia.

– "No – pensó el banquero –, puesto que ya no deseo vengarme, debo, en la medida de mis fuerzas, reparar el mal que he cometido; educar al niño cristiano en la fe de sus padres, y llenar, en la medida de sus posibilidades, el abismo que me aleja de mi hijo renegado. Lo que deseaba hacer por el amor de una mujer infiel, ahora puedo hacerlo como un primer acto de arrepentimiento. Iré a la casa del padre Rothey, pedirle para bautizarnos a mí y al niño.

## La Venganza del Judío

Como primera consecuencia de esta decisión, Samuel llegó a un acuerdo con la niñera del pequeño y le ordenó que le enseñara las oraciones cristianas y también las nociones de la vida de Jesús.

No había vuelto a ver al padre Rothey últimamente, excepto a intervalos prolongados, pero se mantenía al día con regularidad con la pensión que había establecido para los pobres, y sus relaciones continuaban siendo amistosas.

El anciano sacerdote recibió así al banquero con amabilidad. Conociendo su deseo de convertirse, la alegría sin fin brilló en su rostro.

– ¡Oh, hijo mío! ¡Tenía la sensación que Dios me había reservado esta gracia! – Exclamó, con los ojos llenos de lágrimas.

Una expresión de profundo dolor oscureció el rostro de Samuel.

– No se conforme con mi conversión, padre, sin antes escuchar mi confesión. Aunque debes hacerlo antes del bautismo, estoy seguro que mantendrás el secreto inviolable que se impone a tu ministerio. Además, ciertamente reprocharás el motivo de mi fe en Dios y en la eternidad del alma. Juzgarás todo.

Así que Samuel expuso en detalle los fenómenos extraordinarios, las pruebas irrefutables que habían superado su incredulidad.

– Estás en un error, hijo mío – dijo el anciano sacerdote con gravedad –. No echo mi condena a esta creencia, dicen que es nuevo, pero es tan vieja como el mundo: la Biblia y el Evangelio han guardado sucesos similares a los que has visto, como la aparición de Samuel a Saúl, la mano de fuego que trazó, en el muro del palacio mismo, durante la fiesta, la condenación de Baltasar. Y las visiones de los profetas, la aparición de ángeles y santos, ¿no demuestran la existencia de seres invisibles buenos y malos? También yo, hijo mío, he tenido pruebas de relaciones extraterrestres y, aunque no puedo hacer que todos sientan mi opinión al respecto, les digo lo que pienso y no puedo condenar la creencia que los llevó a la perdición.

Tres semanas después de esta conferencia, el padre Martincito declaró que su discípulo estaba lo suficientemente en forma y programó su bautismo para el domingo siguiente. Samuel, en esta ocasión, volvió a manifestar su deseo de abrirle su corazón, antes de la ceremonia solemne, y le rogó al sacerdote que fijara un día en el que pudiera tener unas horas libres para esta conferencia secreta.

– Hoy, hijo mío, tendré toda la tarde libre y te escucharé. Habrá que repetirte que, sea cual sea tu revelación, la secreta úlcera de tu alma que me enseñas, el secreto morirá conmigo.

Por la noche, Samuel fue a la habitación que antes estaba destinada a Valéria, y sobrenaturalmente se salvó del fuego. Las huellas de ese desastre habían desaparecido hacía mucho tiempo. El palacio, reconstruido y reformado, había recuperado su aspecto habitual; solo la distribución de las habitaciones había sufrido un cambio definitivo.

Se instalaron las oficinas y todas las secciones del Banco en el desafortunado primer piso, y el banquero se había instalado definitivamente en la planta baja; su despacho había vuelto a ocupar su posición junto a las misteriosas habitaciones, que; sin embargo, permanecían cerradas, y Samuel no había vuelto a entrar en ellas hacía más de un año.

A menudo echaba fuera sus recuerdos; en aquel día; sin embargo, le pareció que el único lugar adecuado para su angustiada confesión era ese, preparado en otros tiempos para la mujer que se había convertido en un obstáculo en su vida.

En la sala de terciopelo azul, con aplicaciones plateadas, se colocó un retrato, velado bajo una cortina, sobre un caballete. Samuel encendió las velas en dos candelabros colocados en el alero de la chimenea, girando el caballete hacia la luz y descubriendo el cuadro: Valéria, con la figura animada por la vida, apareció ante sus ojos, como la había visto en un momento inolvidable, con ese vestido blanco y transparente, y el ramo de flores en las rodillas., y el sol brilla en su cabello castaño, sonriéndole, ¡hermosa!

Un largo suspiro escapó del pecho del banquero.

– "Y tampoco eres lo que solías ser – pensó –. ¿Qué había sido de esa expresión de confianza infantil, del sereno candor que se reflejaba en tus ojos azules? La vida y las pasiones la consumieron.

Sin embargo, ¿qué crímenes podría haber cometido para que tu esposo te abandonase? ¿Le habrías sido infiel a Raúl, traicionándolo, al igual que me desilusionaste y olvidaste? ¿Qué tormenta ha pasado por tu frente, para transformarte en esa sombra de ti misma, como te encontré ayer?

El día anterior, Samuel, en su carruaje, se había encontrado con otro vehículo, dentro del cual pudo reconocer a Valéria, pero tan cambiada que no quiso creer lo que veía. Una nube de tristeza ensombreció la frente de la joven, sus ojos brillaron con destellos oscuros, y un áspero y duro tirón arrugó su boquita, una vez tan risueña.

Ella también lo había reconocido, pero con un gesto medio asombrado, algo enojado, volvió el rostro y bajó la sombrilla.

## La Venganza del Judío

El recuerdo de esta prueba de enemistad hizo que Samuel se ruborizara intensamente; con gesto brusco, bajó la cortina y, dándose la vuelta, tomó uno de los candelabros y se lo llevó al viejo dormitorio; lo colocó sobre la mesa, juntó dos sillones y, tomando un crucifijo de marfil de la alcoba, lo colocó sobre el Evangelio.

Acababa de hacer esos arreglos cuando dos discretos golpes en la entrada de la oficina le advirtieron que alguien lo estaba buscando.

— ¡Padre Rothey! — Samuel cerró la puerta de la habitación y condujo al sacerdote al dormitorio.

— Qué magnífico retiro os habéis preparado, joven amigo; un nido femenino exacto — dijo el anciano, con una sonrisa.

— Este retiro nunca fue para mí, pero para esa quien fue mi novia, y hoy es la Princesa Valéria de O. — respondió Samuel, señalando un sillón al visitante. — Ahogado por mi amor necio e invencible, guardaré este recuerdo de mi felicidad fugaz; aquí, donde pensé podría vivir feliz con la mujer que, se podría decir, me arrojó al camino del mal; deseo, padre Martincito, exponerle toda mi alma. Ante esta imagen simbólica del Redentor, cuya religión abrazo — puso su mano en el crucifijo —, quiero confesarte mis faltas y esperar tu misericordia y tu perdón.

— Habla, hijo mío — dijo el sacerdote, haciendo la señal de la cruz —. La misericordia del Padre es infinita y no hay carencia que no pueda remediarse con el verdadero arrepentimiento.

Samuel se incorporó sobre sus codos por un momento, su frente entre sus manos, pero superando su fugaz debilidad, se levantó y, en voz baja; sin embargo, sin esconder nada, desdobló toda su vida a los ojos de su confesor: sus amores con

## La Venganza del Judío

Valéria, las angustias de los celos que había aguantado antes con Ruth; finalmente, el insulto, que no se había merecido, que le había lanzado Raúl en el baile del Barón de Kirchberg, que le había hecho arder el alma de rabia y un loco anhelo de venganza.

Luego narró el plan diabólico que inspiró el embarazo simultáneo de las dos mujeres, el intercambio de hijos y su decisión de ministrar al hijo del Príncipe la educación del verdadero judío avaro, para transformarlo en un ser despreciable, con todos los defectos que injustamente se había atribuido a sí mismo, Samuel.

De ninguna manera buscando excusar sus propias iniquidades, contó cómo Ruth había llegado a ser la amante del Príncipe, y confesó que, sin compasión por su culpa y a pesar del estado de la acusada – embarazada de un hijo del Príncipe –, la había juzgado con crueldad, e informó además del incendio con el que Ruth cubrió su escape y el robo de las joyas.

Cada vez más agitado por estos recuerdos, narró su vida miserable, inocua, herida incluso en su sed de venganza por el incomprensible afecto sensible que le dedicó al niño secuestrado; su determinación de escapar, mediante el suicidio, de toda responsabilidad humana, y el reposo que había encontrado en la creencia en esta nada después de la muerte.

– Y justo cuando estaba seguro que solo era materia, la voz de mi padre se elevó de la tumba, demostrando que la personalidad sobrevive y sufre el castigo de sus actos – concluyó el banquero –. Es, por tanto, para ofrecer una reparación parcial por el mal que he hecho, que me haga cristiano, mi sacerdote. Le doy al niño secuestrado la religión de sus padres, y ninguna otra fe me separará de mi hijo. ¿Aceptará Dios mi arrepentimiento y me dará, en el momento decisivo, la fuerza para vencer la tentación del suicidio? ¡El futuro lo mostrará...!

Él guardó silencio. Inclinó la cabeza, derrotado.

Muy horrorizado, lleno de asombro y piedad, el anciano sacerdote había escuchado la larga narración del banquero; con mano temblorosa, se persignó de nuevo. Luego, inclinándose hacia Samuel, dijo, conmovido:

– Horribles son los abismos que hunden en el alma de los hombres las pasiones desenfrenadas, las sufriste, hijo mío, negando todos los sentimientos de la naturaleza. En tu ceguera podrías sacrificarte para vengar a la criatura inocente que te debe su existencia. ¿Cuál será el destino de esta desgraciada criatura, si la verdad se hace evidente, si se cumple el impío proyecto, y lo deja doblemente huérfano? No, no; no quiero creer que desee agregar esta carga a su crimen, que ya ha dado frutos tristes, y que hizo pagar tremendamente a la deshonrada Valéria su falta de fe hacia ti. Es verdad, hijo mío. Necesito decirte que desde hace bastante tiempo un celo sordo se agita en el corazón del Príncipe; una oportunidad fatal le hizo darse cuenta de la extraordinaria semejanza que existe entre usted y el chico al que le da el nombre de su hijo, y eso no muestra ningún rastro de sus supuestos padres. Luego puso a Valéria bajo sospecha de la traición más vergonzosa, y para compensar su desgracia, la encontró, con un medallón que ella, imprudentemente, siempre llevaba, tu retrato todavía escondido debajo del suyo. Con esta prueba irrefutable, el Príncipe la acusó, frente a su padre y Rodolfo, de haberlo traicionado y encubrir el fruto del adulterio a nombre de su esposa. La dejó, y solo las súplicas de su madre, en agonía, pudieron evitar un proceso ruidoso. Sus parientes todavía creen, y yo también lo he creído durante mucho tiempo, en las relaciones criminales entre ustedes dos, porque el parecido con

## La Venganza del Judío

Amadeo es muy extraño y, por supuesto, no podría adivinar la verdadera explicación del misterio.

Samuel saltó de su silla, pálido y agitado.

– ¡Ah! mujer desgraciada! Sin desearlo, me vengué infernalmente de ti – gritó con la cabeza entre las manos. ¡Debido a mi crimen, una mancha degradante ha estropeado tu puro honor! ¡Eso no! ¡Esto no es lo que quería!

– Que este acontecimiento, hijo mío, te demuestre, una vez más, lo ciega y débil que es la voluntad del hombre; humillaos ante los insondables caminos de la Providencia, que autoriza, en ciertos casos, el crimen, para ponerlo al servicio de la prueba y regeneración de sus criaturas. ¡Mira cómo la mano del Señor usó tus propias pasiones para regresar a Él, regenerado! Ustedes fueron traídos a la religión cristiana por el arrepentimiento, y sus almas son salvas de las profundidades del ateísmo. El loco orgullo de Raúl, que se hizo juzgar por encima de los demás por derecho de nacimiento, Dios lo castigó, permitiendo que su conexión criminal con la esposa del hombre quien, injustamente, insultó; y Valéria, sin el valor de confirmar la palabra dada al hombre de su elección, vio injustamente empañada su honor.

– ¡Sin embargo, la sola idea que fui yo quien le causó este daño irreparable me angustia terriblemente! – Murmuró Samuel.

El anciano sacerdote negó con la cabeza, con un suspiro:

– Este es siempre el resultado de una acción maligna. Mientras tanto, permíteme decirte, hijo mío, que es con actos, y nunca con arrepentimientos inocuos, que debes pagar tus errores. Dedica al niño secuestrado amor profundo y verdaderamente paterno; haz de él un hombre honrado y piadoso; caritativo, que sepa utilizar en buenas obras, con dignidad, y a favor de sus compañeros, la incalculable fortuna que le dejas, y habrás reparado gran parte de tu culpa hacia él, ya que no es el nombre ni la raza lo que hace al hombre bienaventurado y honrado ante el Señor. En lo que a mí respecta, rogaré ardientemente que la bondad divina relegue al olvido tu crimen; ayudar a Raúl y Valéria a cumplir honestamente sus obligaciones con el pequeño Amadeo, y en tu corazón, hijo mío, transmite la calma, la sumisión y la fuerza para cumplir con tu deber.

El banquero tenía la intención de hacer el menor escándalo posible por su conversión.

No le gustaba la idea de nuevos chismes de su decisión. También decidió que la ceremonia se realice sin ningún aparato, en la iglesia privada del Padre Martincito, después de la Misa y en presencia únicamente de los testigos necesarios.

El Barón de Kirchberg, el único de los cristianos de su conocimiento que inspiraba simpatía, estaba ausente; sin embargo, gracias al abad de Rothey, los miembros de una honorable familia de su parroquia aceptaron servir como padrinos y madrinas del millonario y su hijo. Era un viejo oficial jubilado, que vivía, de la exigua pensión que le permitía su rango, con su esposa y una hija casadas con un funcionario de rango modesto, piadoso y bueno, dieron a los neófitos la más benevolente y cordial bienvenida, y pronto se encariñaron profundamente con el hermoso niño.

Finalmente llegó el día del bautismo. Sin embargo, Samuel, concentrado y conmovido, apareció con una calma que, desde hacía algún tiempo, no conocía. Fue con un sentimiento y un amor intraducibles que, al final de la ceremonia, levantó al pequeño Egon en sus brazos y se acercó a l los labios de su boquita rosada y su cabello castaño. Tenía la sensación que le había devuelto una parte de lo que le había quitado. Con esa intención, había elegido para el niño el nombre de su abuelo materno; él mismo había adoptado la de su padrino, Hughes, por la que lo llamaremos de ahora en adelante.

Todos los asistentes caminaron desde la Iglesia hasta la casa del banquero, donde les esperaba un delicado almuerzo, servido con franca alegría; el sacerdote de Rothey parecía haber olvidado la confesión de Samuel, su venerable rostro estaba radiante, su alegría y buen humor nunca parecían desaparecer.

Reunidas en el salón, Hughes obsequió a las dos señoras el recuerdo de ese día, tan significativo para él, con las dos joyas que Antonieta y Valéria le habían devuelto una vez y que, para esta humilde familia, significaban fortuna. Las damas estaban extasiadas, y la más joven, tan amable como ingenua, le preguntó rápidamente a su ahijado si no se enojaría porque ella cambiaría, en la casa de algún joyero, estos magníficos diamantes por una cantidad equivalente. El banquero respondió, sonriendo, que era absolutamente independiente para usar su regalo como mejor le convenía, y agregó, besando su mano:

– Si te conviertes en madre, mi querida madrina, espero que consientas en mi compensación, y ser el padrino de tu hijo, pero un verdadero padrino, que te ayudará a superar las dificultades de la vida.

Después de la partida de sus invitados, el banquero se aisló en su dormitorio con el nuevo cristiano, cuya alegría, ya grande, alcanzó su clímax ante una mesa llena de juguetes que lo aguardaban.

Siguiendo con la mirada los ruidosos juegos del niño, y dando respuestas pacientes a sus interminables preguntas, Hughes meditó sobre el futuro y juró, una vez más, dedicar todos sus cuidados a la educación de este niño por su propia cuenta adquirido. La amistad de Egon facilitó la tarea, ya que, aunque era rebelde, voluntarioso y de naturaleza salvaje, era, por otro lado, muy cariñoso y solo una mirada severa del padre, a quien idolatraba, siempre había bastado, hasta esa fecha, para que volviera a la obediencia.

Sin embargo, en poco tiempo, los pensamientos de Hughes se volvieron todos hacia Valéria, cuya figura, hacía unos días, había recuperado un nuevo dominio en su corazón. La certeza que no se había olvidado por completo, que guardó su foto y recordó, tal vez, as palabras de amor una vez susurradas en sus oídos, lo deslumbraba, lo torturaba también, porque había pagado esta fidelidad silenciosa haciendo la mancha de una sospecha infundada.

– ¡Oh, Valéria! Podría el destino ofrecerme la oportunidad de sacrificar mi existencia para devolverte la felicidad, ¡qué feliz sería! – Él murmuró –. Desconectarme de la vida, sin cometer delito, ¿a qué más podría aspirar?

Habiéndose ido a dormir el niño, el banquero se quedó solo y absorto en la lectura del Evangelio. Y escuchó, de repente, tres golpes distintos, golpeando la pared.

## La Venganza del Judío

– "Es mi padre" – pensó, estremeciéndose –. ¿Estás satisfecho conmigo y quieres hablar conmigo? – Preguntó, conmovido.

La respuesta fue afirmativa. Luego se apresuró a traer papel y un portapapeles en el que colocó un lápiz; él puso sus manos sobre ella, absorto en una oración mental. Pasados unos minutos, recibió el siguiente mensaje, que lo hizo muy feliz:

– *"Los buenos impulsos, el arrepentimiento, constituyen el verdadero bautismo del espíritu. Continúa purificando tu corazón con obras; se humilde y creyente; el sosiego, la tranquilidad del alma será tu recompensa.*

*Rezo por ti; cuando surja la necesidad, te daré nuevos mensajes."*

# 5.- LA RECONCILIACIÓN

A su regreso de París, Antonieta pensó seriamente en reconciliar a Valéria con Raúl.

En las innumerables cartas que dirigió a su cuñada, el Príncipe le rogaba que no olvidara nada para lograr tal aproximación.

La enfermedad del anciano Conde de M., que inesperadamente se agravó, hasta tal punto que el médico advirtió a la familia que no tenía esperanza de cura, fue para Valéria el primer paso hacia la reconciliación con los suyos.

Ante esta noticia de la infelicidad que los aquejaba, Antonieta le escribió a su cuñada una carta cariñosa, pero algo severa, en la que demostraba lo criminal que sería albergar odio a un enfermo, al frente del cual el deber filial la llamaba, especialmente porque ella misma estaba enferma – Antonieta estaba esperando el próximo parto del tercer hijo –, no le era posible cuidar al Conde tan constantemente cuánto se recomendó. En una posdata, a la que se unió esta carta, había escrito el viejo Conde, en letras inciertas:

– "Mi querida Valéria, percibo la cercanía de mi desenlace, y deseo con toda el alma volver a verte; ¡perdona, querida mía, a tu padre moribundo, y consiente que, por última vez te abrace y bendiga!"

Estas líneas, y la idea de perder a su padre, sacaron a Valéria de su alienación; sobresaltado, lamentando amargamente la enorme distancia, siguió ese mismo día hasta Pesth, y, al ver el terrible cambio registrado en su padre, terminó destrozando la capa de hielo que cubría su corazón, ardiente y cariñoso.

Entre lágrimas, se arrojó a los brazos del Conde, quien la besó innumerables veces, repitiendo:

– Perdóname, niña querida, mi sospecha injustificada: ¿cómo fue posible que yo pudiera creer de verdad que tú, imagen viva de tu madre, pureza celestial, pudiste rebajarte a tanto?

– No hay nada que perdonarte, padre mío – murmuró Valéria, llevándose la mano seca del Conde a sus labios –. ¿Acaso eres culpable que todas las apariencias me acusen? Una vez más, por mi eterna salvación, les juro que solo en el pensamiento le fui infiel a Raúl; nunca, entre el banquero y yo, hubo relaciones criminales, y el hecho que Amadeo se le pareciera admirablemente es un misterio insondable para mí.

– Yo lo creo bien, hija mía, y te doy mi bendición por todo lo que has hecho y sacrificado por el amor de tu padre.

Después de esta reconciliación, Valéria se convirtió en la enfermera de su padre, con una devoción casi febril. Observó, día y noche, descuidando incluso el necesario descanso. El horrible remordimiento de haber sacrificado durante mucho tiempo su deber de hija a su resentimiento, la afligía; cada momento de esa menguante existencia fue para ella como un tesoro que había merecido perder, y cuando pensó que el enfermo dormía, se entregó por completo a su desesperación.

La enfermedad del conde empeoró tan rápidamente que expresó el deseo de prepararse para la muerte y recibió los sacramentos. En la noche inmediatamente posterior a esta triste ceremonia, el moribundo parecía estar dormido, porque estaba en extrema debilidad y, con el rostro escondido en la almohada, Valéria lloraba en silencio cuando sintió la mano de su padre posarse sobre su cabeza.

– No llores, hija; tus lágrimas rompen mi corazón – dijo –. Mis sufrimientos y la muerte que los seguirá, nada más son un justo castigo por los excesos de los que me hice culpable y que destruyeron mi fortuna y destruyeron mi vida. Estas disipaciones y desvaríos, fuiste tú quien las rescató, mi querida hija, y por eso, el remordimiento envenena mis últimos momentos. Día tras día agradezco a Dios por haberle dado a Rodolfo la fuerza para detenerse en la pendiente fatal y encontrar la felicidad en el amor de su esposa e hijos.

– No te reprendas, padre; solo trataste de hacerme feliz; sin embargo, la idea de separarme de ti me resulta terrible. Dios ha castigado mi obstinación y estaré sola, completamente aislada, porque ni siquiera mi hijo puede consolarme. Su presencia me oprime el corazón y me hace una madre terrible.

– No digas eso, Valéria; tienes un hermano y una hermana que te quieren; un esposo que anhela hacer las paces contigo; solo debes abrir tu corazón al perdón y al olvido, y no estarás sola –. La jovencita hizo un gesto negativo apasionadamente.

– Nunca, padre... no podré olvidar que Raúl, al dejarme, ha manchado mi honor. Cualquier reconciliación será inútil, porque Amadeo estaría siempre entre nosotros, como un enigma amenazador, y no puedo convivir con el hombre que levanta contra mí la sospecha de infamia y ha declarado que se ha abierto un abismo entre nosotros.

– No te rindas ante la injusticia, hija mía – aconsejó el enfermo, levantando la mano con gravedad –. Tal encuentro de circunstancias sospechosas exasperaría con razón a un hombre de carácter impulsivo y apasionado; sin embargo, Raúl está muy cambiado, su amor, y es más, su confianza en ti, terminó por derrotarlo, y eso lo demuestra por el cariño que le da al chico. No desprecies por tu orgullo, felicidad y paz, y prométeme que intentarás controlarte, no rechazar a Raúl. Tu reconciliación me hará feliz en el próximo mundo. ¡Recuerda que esta es la última petición que te hago!

– Trataré de obedecerle, padre, a tiempo – murmuró Valéria, rompiendo a llorar.

Pocos días después de este diálogo, el Conde murió y Valéria, agotada por sus vigilias y lágrimas, cayó enferma. Tan pronto como se juzgó un poco mejor, expresó su deseo de regresar a su apartada propiedad; sin embargo, el hermano y la cuñada, así como el médico, se opusieron tenazmente a este deseo. El doctor demandó que la joven viajara, durante unos meses, a Italia, para refrescar sus nervios agitados y desterrar las tristes impresiones de los últimos tiempos, en un ambiente completamente nuevo. Aunque algo resentida, Valéria terminó accediendo. Sin embargo, dijo:

– Prepara todo, porque no me ocuparé de nada; no puedo entender por qué tú y Rodolfo se entrometen tan a menudo en mi vida. En esto solo veo puro egoísmo, porque ¡mi existencia no tiene fines, obligaciones, futuro!

– Siéntete avergonzado de estas palabras impías – dijo Antonieta –. ¿No tendría una joven sana un propósito en la vida? No necesito referirme a una segunda persona, que tiene derecho a tu perdón y tu amor, ya que has jurado soportar todas las dificultades con ella; recuerde; sin embargo, que eres cristiana. Y luego, esté de acuerdo o no, arreglaremos todo, sin tu competencia.

## La Venganza del Judío

A partir de esa decisión, el intercambio se estableció con mayor frecuencia de misivas entre Raúl y la Condesa, quienes anunciaron la partida de Valéria, aconsejando aprovechar la oportunidad para acercarse nuevamente a ella.

El Príncipe, lleno de entusiasmo, aceptó la sugerencia e inmediatamente informó a Antonieta quien, valiéndose de un hombre de su confianza, alquiló, a orillas del lago de Como, dos fincas contiguas. Había reservado la más pequeña para Valéria; en la otra, él mismo quería habitar, esperando a la joven, aunque con su rebeldía, esperando el momento de la reconciliación.

Como la condición de Antonieta no le permitía acompañar a su cuñada, Raúl solo le pidió que le diera un acompañante a Valéria, una compañera eficiente y discreta, a quien confiar su plan y la que podría convertirse en su aliada.

Esta otra parte de la trama tuvo tanto éxito como la primera: una anciana pariente, conocida por Valéria desde su infancia, a quien amaba mucho, se ofreció espontáneamente a seguir a Valéria. La tía Adelia, como la llamaban todos, era el tipo acabado de estas finas solteronas, cuya alma sin ningún odio parecía haber sido creada solo para ser útil a los demás, era tan servicial, alegre, conversadora – no indiscreta –, amada por todos, vivió por etapas en los hogares de innumerables familias de su parentesco.

En cuanto Antonieta le dio a conocer la intención del Príncipe, se emocionó. Tenía pasión por el emparejamiento y no le gustaban las peleas de parejas. Por lo tanto, juró valerse de todos sus recursos para reunir a los jóvenes esposos.

Sin tener la menor sospecha del complot que la rodeaba, Valéria aun lamentaba la muerte de su padre. Indiferente y descorazonada, cumplió con todos los arreglos, dejándose

## La Venganza del Judío

transportar a las orillas del lago de Como con una indiferencia equivalente a una carga enviada a China.

El día antes de la partida, ambas jóvenes estaban reunidas en la habitación de la Condesa, que, demasiado alterada por su embarazo tardío, no se había levantado desde hacía unos días de cama. Sentada a su lado, Valéria meditaba, en silencio, con los ojos fijos en un cuadro que mostraba su brazo con Raúl. Este lienzo, ejecutado en el primer año de su matrimonio, fue un regalo del Príncipe a su cuñado.

Sin mirarla, Antonieta rompió repentinamente el silencio.

– Por cierto, Hada, tengo algunas cosas interesantes que contarte que me dio el sacerdote de Rothey. Hace tiempo que quería confiarte esta noticia, pero la muerte de papá con todas sus consecuencias me hizo olvidarlo.

– ¿Qué es lo que me querías decir? Sabes lo poco que me importan las noticias.

– Tu interés depende del valor de la novedad – dijo Antonieta, riendo –. Bien podría arrojar la lengua a los perros, antes que adivine lo siguiente: Samuel Maier, o más bien Hughes, que es su nombre actual, fue bautizado, con su hijo.

– ¡No es posible! – Exclamó Valéria sobresaltada.

– Y; sin embargo, nada más exacto: el mismo padre Martincito fue que realizó la ceremonia, por lo demás muy simple. Aunque el banquero se aseguró que todo se hiciera sin problemas, su conversión causó revuelo y sus ex hermanos en Moisés quedaron furiosos con él. ¿No tenía razón, entonces, cuando siempre decía que ese Samuel... o, mejor dicho, Hughes, no era judío como los demás?

– De todos modos, está muy cambiado – murmuró Valéria.

## La Venganza del Judío

Me lo encontré el día que llegué a Pesth. Se puso pálido, reconociéndome; en lo que a mí respecta; sin embargo, he reforzado mi convicción que Amadeo es su viva imagen; cualquier cosa se rebeló en mi corazón; creo que lo odié en ese momento; ¿Y quién puede asegurar que Raúl no tenga motivos para sospechar una infamia en el inexplicable hecho de este fuerte parecido?

Al notar la irritación de su amiga, la Condesa se apresuró a cambiar el curso de la conversación.

Al día siguiente, Rodolfo, estando de guardia, no pudo acompañar a su hermana, y aumentando la indisposición de Antonieta, Valéria hizo sus despedidas en el palacio de M. y se dirigió al punto de embarque, seguida solo por la tía Adelia, doncella y sirvienta, precedida, días antes, por algunos sirvientes.

La joven, que evitó todo agrupamiento humano desde el principio de su desgracia, se había marchado temprano para ocupar su lugar en un vagón antes que la masa de viajeros se hubiera reunido. Sin embargo, no había calculado con precisión la hora, y tan pronto como su carruaje se detuvo frente a las escaleras de acceso, vio una multitud tumultuosa, que descendía de las gradas y se extendía por todos lados.

Un tren acababa de llegar.

Decidida a esperar a que la multitud se dispersara, Valéria caminó lentamente, pero la tía Adelia, que había estado acompañada de un papagayo, un perrito reumático, y había sobrecargado a la camarera con multitud de bolsas y cajas, estaba impaciente por esta demora. Entonces convencieron a la Princesa que tomara el vagón tan rápido como quisiera.

Animada por la vivacidad incansable de la anciana, Valéria, sonriente, cruzó la sala de espera casi desierta; sin embargo, en la puerta, inesperadamente se topó con un hombre que estaba entrando, tomando a un niño de la mano.

— Disculpe, señora — dijo, haciendo a un lado gentilmente para despejar su camino.

Ante la vibración de esa voz, Valéria levantó bruscamente la cabeza y sus ojos se encontraron con la mirada ardiente del banquero, quien la miraba con una expresión intraducible.

Atacada por una repentina opresión, la niña se volvió, sus ojos buscando al niño que nunca había visto; en el mismo momento; sin embargo, soltó un grito ronco y se apoyó vacilante contra el marco de la puerta.

Esos ojos grandes de terciopelo, la boca caprichosa y el cabello castaño eran los de Raúl; este chico que la miró. entre divertido y curioso, era la viva figura del Príncipe.

Con el grito de la joven, una fuerte lividez se imprimió en las mejillas de Hughes; pretendía alejarse, pero en el mismo instante Valéria se recuperó, sosteniendo su brazo con la mano, dijo, con ojos llameantes:

— Aclare el misterio que le dio al rostro de su hijo los trazos de mi marido, y el de mi hijo el tuyo. ¡La palidez que te transfigura demuestra que sabes la verdad!

Las cejas negras del banquero temblaron y sus ojos se inundaron con un destello interior.

— Señora Princesa, ruega a Dios y a las fuerzas de la naturaleza que te expliquen este desafortunado acaso. ¡No puedo decirte nada!

Habiendo dicho estas palabras, la saludó rápidamente y se alejó, llevándose al chico.

## La Venganza del Judío

Como borracha, Valéria se subió al vagón. Este encuentro la había liberado de su letargo, y durante todo ese día el más incómodo de los pensamientos lucharon en su cerebro; no quería admitir una coincidencia que parecía más una cruel ironía. Sería el caso que su pensamiento, preocupado por Samuel, actuara sobre el feto, dándole las características del hombre amado...

Sin embargo, ¿cómo podría ser el hijo del banquero y de Ruth el retrato de Raúl?

No había solución a esta pregunta y, calmando la emoción, estaba convencida que Samuel también podía ser tan mortífero como ella, de esa fatalidad que lo condenaba a educar la fiel imagen del rival; que la lividez podría ser producto de la emoción del encuentro y no de un sentimiento de culpa; finalmente, que, si Dios determinó esta prueba para ambos, debía someterse necesariamente, sin ceder a sospechas ociosas.

Tranquilizada por estas reflexiones, Valéria decidió olvidarse del encuentro, dejar a un lado cualquier pensamiento de desconfianza y buscar solo en la oración el olvido y el descanso. Con estas resoluciones, llegó a la finca, cuya hermosa ubicación y arreglo placentero, pero elegante, le agradaba enormemente.

Desde la terraza se desplegaba todo un panorama sobre el lago y sus sugerentes orillas; toda la naturaleza respiraba tranquilidad.

– ¡Ah! Me sentiré aquí muy bien... – dijo Valéria.

En la terraza me entretendré con lecturas, ¡o hablaré contigo, tía Adelia! Esta hamaca y este sofá fueron construidos para la meditación.

## La Venganza del Judío

– Acuéstate, entonces, en uno u otro, y medita tanto como quieras, holgazán – respondió la anciana riendo –. Me encargaré de los arreglos de la casa.

Estando sola, Valéria apoyó los codos en el parapeto y escudriñó los alrededores: frente a ella estaba el lago, hacia el cual se dirigió, descendiendo una pequeña escalera de piedra. A la izquierda, se alzaba, a una distancia considerable, una finca cuyos únicos tejados se veían en los huecos que dejaba la vegetación de un vasto jardín. Frente a esta hermosa casa, construida sobre una pequeña península, que ingresaba al lago, apareció una terraza con columnas, decorada con grandes arbustos.

Valéria no sospechaba, deteniéndose con ojos indiferentes en esta habitación, preguntándose si estaba habitada o no, que ella misma estaba siendo objeto de ardiente admiración: en esta terraza estaba Raúl de pie.

Habiendo llegado unos días antes, con binoculares en mano, escondido detrás de los naranjos, estaba observando todo lo que sucedía en la otra finca, con el interés de un amante – y, de hecho, lo era tanto como en los primeros días de su matrimonio –. La prolongada separación, si se sumaba la inesperada resistencia de Valéria, sus sentimientos se agitaban; la presencia de su esposa le había sabido a victoria. Nunca, como entonces, le había parecido tan encantadora y deseable. Antonieta tenía razón: Valéria se había puesto aun más hermosa, y el pliegue enérgico que había moldeado su boca, y el brillo sombrío de sus ojos, le daban a su apariencia un carácter y un encanto completamente originales.

Con un gesto que demostraba su apasionada impaciencia, Raúl cerró los ojos.

## La Venganza del Judío

– "Necesito hacer las paces, superar tu terquedad de todos modos – pensó –. Me volveré loco si me quedo aquí más tiempo, para admirarte desde lejos. ¡Urge que me entreviste con la tía Adelia!"

Esta voluntad tuvo que ser satisfecha antes de lo que suponía; al día siguiente, recién se había levantado, cuando vinieron a anunciar que una señora quería hablar con él. Entusiasmado con un feliz presentimiento, ordenó que la presentaran con prontitud y tan pronto como la llevaran se levantó el velo y reconoció a la tía Adelia. La anciana le dijo, muy agitada, que anoche Valéria se había asombrado del aspecto encantador de la naturaleza y había expresado el deseo de darse un paseo en barco todas las noches, si el tiempo lo permitía. Había prisa, por lo tanto, mientras la joven aun dormía, vino a prevenir al Príncipe de esta intención, que aprovecharía, quizás, para preparar un encuentro casual.

– ¡Excelente! Agradezco el aviso, tía Adelia – dijo Raúl, mirando su mano –. Esta tarde un bote y un remero confiable estará disponible para la hermosa problemática – agregó con una sonrisa feliz.

Por la noche, Valéria, que había descansado todo el día, recibió una grata sorpresa cuando el sirviente anunció que el bote que había pedido la señora Princesa la esperaba junto a las escaleras.

– ¡Oh! ¡Qué amable eres, tía! ¡Cumpliste tan rápido una fantasía que yo mismo había olvidado! – Exclamó Valéria, abrazando a la buena mujer que, más de una vez, la había acunado en sus brazos. Y con una alegría que le recordaba el pasado, pidió la mantilla, se armó con un abanico y bajó las escaleras, tan emocionada que su tía Adelia tuvo dificultades para seguirla.

## La Venganza del Judío

En el bote, atado a la escalera, se sentó un hombre alto y delgado, con ropa de barquero, la cabeza con un enorme sombrero de paja que ocultaba su rostro. Valéria saltó al bote, sin mirar al remero; no notó el gesto de admiración de su tía cuando el hombre la ayudó a acomodarse.

– ¡Hum! Sin duda, toda mi dedicación para ti es necesaria para estar dispuesto a acompañarte – dijo la anciana –. Un paseo así, de noche, es quizás poético para una joven mujer romántica; sin embargo, a la edad que tengo, uno prefiere soñar en la cama antes que arriesgarse a un baño en estas olas negras. Generalmente, odio navegar. Y deberías dar un paseo a pie. Es mejor para la salud y es la única forma de conocer en detalle esta maravillosa región.

– No te pongas de mal humor, tía. Bien sabes que yo, cuando estaba feliz, me gustaba caminar; ahora siempre estoy muy cansada – dijo Valéria, con un suspiro –. Para satisfacerte, te prometo que todos los días daré un paseo, pero, a cambio, tolerarás las digresiones embarcadas, que son totalmente inofensivas – añadió riendo – porque no nos es posible hundirnos en esta agua pulida como la superficie de un espejo.

Después de un paseo, que duró una hora y le pareció maravilloso a Valéria, regresaron; sin embargo, este divagar a la luz de la luna, el suave vaivén si en la superficie plateada del lago, estaban tan contentos que ella ordenó al remero que permaneciera a su disposición, todos los días, a la misma hora.

En los días que siguieron, Valéria cumplió con lo que le había prometido: caminaba, por la mañana y por la tarde; por la noche, hacía un viaje en barco.

Este tratamiento tuvo una influencia beneficiosa en su salud: ligero rubor tiñó sus mejillas, y todo su físico recuperó la frescura y la elasticidad que había perdido desde su grave enfermedad.

Seis días después de su llegada, solo después de la cena las dos damas salieron a pasear. Por la mañana había hecho un calor desconcertante y la Princesa se había pasado el tiempo escribiendo cartas a sus familiares.

Estaba de buen humor y la caminata tomó más tiempo de lo previsto.

La tía Adelia notó de repente que el cielo se estaba nublando. Pronto buscaron el camino de regreso; la tormenta; sin embargo, les tomó la delantera; relámpagos cortaban el cielo y empezaron a caer gotas de lluvia.

— Ayúdate con todas tus fuerzas, tía, y corramos lo más rápido que podamos; de lo contrario, nos empaparemos – dijo Valéria, arrastrando a la anciana que, incapaz de caminar más rápido por su gordura, sudaba profusamente para seguirla.

— Allí, en esa habitación, nos refugiaremos; creo que es el mismo que se ve desde nuestra terraza – continuó la joven tocando el timbre.

La tía Adelia, cansada, sin aliento, quiso decir algo, pero no pudo, y Valéria buscaba inútilmente un significado a las misteriosas señales telegráficas de la anciana pariente, que agitaba los brazos cuando la puerta fue abierta por un lacayo que apareció en el umbral.

— Su Alteza el Señor Príncipe está ausente – le informó con una reverencia.

— No pretendemos perturbar a tu amo – aclaró Valéria, llevando a su tía al peristilo –. Solo queremos refugio mientras dure la tormenta, y nos gustaría poder enviar a una persona, a quien recompensaré enormemente, para que traiga mi carruaje aquí – agregó, poniendo una moneda de oro – un ducado – en la mano del lacayo.

Inmediatamente se dio cuenta que estaba lidiando con una noble dama de alta cuna, a pesar de la extrema sencillez de su vestido de luto. Sin responder, se inclinó humildemente y condujo a las dos damas a un pasillo junto a una galería acristalada que daba al jardín. Luego, habiendo anotado la dirección de la finca a donde debería haber enviado a buscar el carruaje, se alejó.

Inquieta y triste, la tía Adelia estaba en una ventana, dando golpecitos con los dedos en la ventana a un ritmo rápido.

Valéria, que no entendía nada de este mal humor y estaba demasiado cansada, se sentó en un sillón, feliz de haber estado resguardada de la violenta lluvia, que tronaba afuera sobre el techo de hierro de la galería acristalada.

En un momento, dos personas, que corrían desde el jardín, aparecieron en la entrada de la galería; un niño, que sacudía, riendo, su sombrero, haciendo escurrir el agua que se había acumulado en él, y una señora, de edad indefinible, que trató de contenerlo, repitiendo:

– Amadeo, Amadeo, déjame secarte; ¡no corras así!

El niño huyó de ella, con una risa estridente, y en tres saltos entró en el pasillo. Frente a mujeres que le eran desconocidas, se detuvo. Sin saber cómo proceder, miró a Valéria, que se había levantado, emitiendo una ronca exclamación:

– ¡Amadeo!

En el expresivo rostro del niño, al principio, hubo un enorme asombro, y luego una inmensa alegría: su memoria había revivido.

## La Venganza del Judío

– Mamá, mamá querida, ¡por fin te veré!

Y se arrojó al cuello de Valéria, abrazándola con tanto ardor que casi la asfixia.

A esa exclamación feliz, nacida del alma del alma del niño que ella había repudiado; a estos mimos, que le demostraron que su ausencia había dejado un vacío en la existencia de esta pequeña criatura que nadie había llenado; todos los sentimientos maternos, durante tanto tiempo sofocados en el corazón de la Princesa, de repente vibraron temblando como una hoja al viento se dejó caer en el sillón y, con el rostro bañado en lágrimas, llenó al niño de besos y caricias ardientes.

Inmensamente conmovida, la tía Adelia, haciendo una señal a la enfermera, se retiró con ella a una habitación privada, dejando a madre e hijo en su expansión.

Amadeo pronto se recuperó de su emoción; sin embargo, su verbosidad no tuvo fin. Como si quisiera recuperar el tiempo perdido, le contó a su madre todo lo que había despertado su interés de infancia: sus juegos con su padre, sus ensayos de montar en un burro de mansedumbre ideal; describió juguetes, sus diversiones, la trágica muerte de un conejo como mascota, etc.

Al notar que las lágrimas de Valéria no habían dejado de fluir, interrumpió:

– ¿Por qué lloras, mamá? Ahora que te hemos encontrado, todo está bien; te quedarás conmigo y papi. ¡Santo Dios!

¡Qué feliz estará de encontrarte aquí! En cualquier momento, llegará.

Estas ingenuas palabras llevaron a Valéria a la realidad de inmediato; se levantó de repente.

## La Venganza del Judío

— Mi amado hijo, no me es posible quedarme aquí, debo irme inmediatamente, pero vendrás a verme a menudo; vivo muy cerca de aquí, ¡y luego verás lo bien que nos divertiremos!

Un rubor intenso tiñó el rostro de Amadeo y sus ojos negros brillaron.

— ¿Crees, entonces, que te dejaré ir? ¡No creas esto! – Agarró con fuerza las dos manos de Valéria –. Te encontré y te guardo; y cuando llegue papá, te prohibirá que te vayas.

El criado, que entró para anunciar que el carruaje ya había llegado, bloqueó la respuesta de Valéria con su presencia.

— ¡Sé razonable, querido hijo! ¿Ves? Vinieron a buscarme, pero te prometo que volveré – dijo, tratando de liberarse de las manos del niño.

Sin embargo, Amadeo no quiso admitir ningún argumento; hizo a la ligera las promesas más asombrosas. Inquebrantable ante cualquier persuasión, se aferró a las faldas de su madre, llorando, gritando y se fue

Debo usar casi la violencia para hacer que la enfermera lo levante y lo tome, a pesar de su desesperada oposición.

Valéria, nerviosa como pudo, corrió hacia el carruaje. Regresó a la finca sin decir una palabra a la tía Adelia, que estaba inmersa en sus pensamientos secretos.

A la hora habitual, al día siguiente, se informó a la Princesa que la embarcación estaba lista. Su primera intención fue negarse; sin embargo, cambiando de opinión, dijo:

— Está bien; estoy deprimido ahora.

Esperaba que esta salida habitual le devolviera el equilibrio y le diera la suficiente calma para escribirle a Raúl y rogarle que enviara al niño varias veces, ya que todavía estaba seriamente decidida a no volver a ver al Príncipe.

— Te obligaré a que vayas sola hoy, si no prefieres que te acompañe la camarera — explicó la tía Adelia, cuando Valéria recogió su chal —. Me siento tan cansada de nuestra loca carrera de ayer que tengo que sentarme, porque no me siento lo suficientemente fuerte para acompañarte.

Valéria no puso ninguna objeción: quería estar sola, y la idea de ser observada por una doncella le repugnaba, ya que el remero no era nada a sus ojos.

Mientras cruzaba el lago, su intensa agitación había dado paso a una agradable melancolía. Sus ojos se detuvieron en la quinta que moraba el Príncipe: la luz entraba por algunas ventanas. También estaba el hijo. Solo coincidencia, o fue premeditado. ¿Por qué Raúl había venido a vivir tan cerca de ella? ¿Tenía él algún intento de reconciliación? Sin embargo, si se restableciera el amor por el niño y la confianza en ella, ¿cómo explicar esta transformación...?

Recordó el llanto y el dolor del niño, y su corazón se hundió; algunas lágrimas corrieron por su rostro.

— ¡Oh! ¿Por qué son cosas así?

Absorta en sus cavilaciones, no se había dado cuenta que la marcha de la canoa siguió disminuyendo hasta que se detuvo por completo. No se dio cuenta tampoco sabía que un extremo de su mantilla se había deslizado por el borde y colgado en el agua.

Entonces el remero se inclinó y, quitando el extremo húmedo, lo dejó en la banca. Si no quería, los ojos de Valéria miraban esa mano y su corazón dejaba de latir; aristocrática, blanca, esbelta, era esa mano, en cuyo dedo meñique un anillo brillaba a la luz de la luna que ella conocía bien; su dueño,

## La Venganza del Judío

también muy perturbado, se había olvidado esta vez de girar el bisel del lado de la palma hacia abajo.

Con una exclamación ahogada, se inclinó hacia adelante y encontró la mirada cariñosa de Raúl, que se había quitado el sombrero y le tendía ambas manos.

Necesariamente, su ropa y su barba, que se había dejado crecer, lo habían cambiado mucho, pero, ¿había sido ciega...?

Ante la actitud de su marido, Valéria se echó hacia atrás y una oleada de sangre le subió a las mejillas.

– Me vendieron y me traicionaron – exclamó.

– ¡En cuanto a la traición, no debes temer nada más que mi petición de perdonar y olvidar el pasado! – Fue la respuesta de Raúl.

Sí, vine aquí solo para verte de nuevo. Hoy supe que estabas, por casualidad, en mi finca, y decidí decidir este impasse. Bendigo esta oportunidad que te trajo, sola, a este recipiente, y ahora, te lo ruego, regresa a mis brazos; Permíteme reparar el pasado y destruir, con mi amor, la injusta desconfianza con la que te contaminé.

– ¿Crees posible que un abismo como el que abriste entre nosotros pueda desaparecer con unas palabras amables? – exclamó Valéria con amargura –. ¿Es posible que me olvide del terrible momento en que me señalaste frente al juzgado de familia, acusándome de adulterio, y alegando que solo la petición de un querido difunto me libraría de una vergüenza pública? No, no; ese recuerdo me hiere el corazón. No querías creer en mis juramentos de inocencia y, por la razón más insignificante, ¡volvería a tener la calamidad a mis pies!

Raúl palideció.

– Valéria, yo era ciego, como todos los hombres, y todas las apariencias te acusaban. Sin embargo, si rechazas mi pedido de esta manera, es porque nunca me amaste. ¿No sentiste la necesidad de volver a verme? ¿Nunca has entendido que Amadeo necesita una madre? ¿Eres intangible para las lágrimas de nuestro único hijo?

– Tú eres el que nunca me ha amado, que yo entendí cuando me abandonaste, casi en agonía, ante la burla del público; un amor arraigado y sincero es el único que cree en la inocencia, a pesar de las apariencias, y las mismas apariencias de antaño siguen existiendo hoy. ¿Tienes alguna prueba que me aclare?

– Sí, un milagro fue la prueba de tu inocencia; sin embargo, solo abriré mi corazón cuando regreses a mí. Espero que esto suceda pronto, que el cariño gane al orgullo, y que las crueles palabras que acabo de escuchar no sean tu decisión final.

– ¡No me atormentes, Raúl! En el futuro, quizás sea posible olvidar todo; en esta ocasión; sin embargo, mi herida sigue abierta; no puedo ser tuya. Ahora, por favor, sácame de aquí; estas emociones son superiores a mis puntos fuertes.

El Príncipe no dijo nada. Con gesto irritado, tomó los remos e hizo que el bote ligero se deslizara hacia la playa. Llegó a las escaleras saltó a los escalones y ayudó a Valéria a salir. Los ojos de ambos se cruzaron: tanta recriminación y dolor se reflejaban en los ojos de Raúl, que Valéria se detuvo, manteniendo su mano en la de él; su corazón latía violentamente: recordó en ese momento la última petición de su padre.

– Disculpa, Raúl, porque tu presencia me ha molestado – murmuró –. Prometo pensar en tus palabras y emprender todo por olvidar; en este momento; sin embargo, no es posible decidir – Ella apretó ligeramente la mano de su esposo y se alejó.

Triste, deprimido, nervioso, Raúl se subió al bote y se dirigió a su casa, pero muy pronto dejó de remar y, acostado de espaldas en el fondo de la barca, se entregó a sus meditaciones amargas y agitadas.

¿Cuánto tiempo llevaba pensando así? No podría decírselo.

Cansado, con la cabeza pesada, se levantó y lanzó una mirada desconsolada hacia la finca donde su recién descubierta pasión lo atraía poderosamente, pero en el mismo momento, tembló: volutas de humo se elevaban sobre el caserío, bañadas de lleno por la luna y, desde un lado de la fachada, las llamas ya lamían las paredes hasta el techo. Olvidándose de todo, tomó los remos: había estallado un incendio y la vida de su esposa estaba en peligro; ese pensamiento dominaba su cerebro.

A medida que se acercaba, notó que la gente corría, nerviosa; gritos y el crepitar del fuego llegaba a sus oídos; en un instante, Raúl se encontró en la terraza.

– ¿Dónde está la Princesa? – Le preguntó a una mujer casi desnuda, corrió, con la cabeza mareada, llevando dos jarrones de flores en los brazos.

La mujer no respondió y tenía la intención de seguir corriendo. Sin embargo, Raúl la tomó del brazo y la sacudió violentamente, haciéndole la misma pregunta. Despertándose sobresaltada de su abstracción, lo miró y murmuró:

– Está encima, creo; sin embargo, el humo es tan denso que no puede llegar a su habitación.

– ¿Y dónde está la habitación de la Princesa?

– En la mansión, encima de la Baronesa, donde empezó el incendio.

## La Venganza del Judío

Como enloquecido, Raúl se arrojó a la casa y subió las escaleras, tan golpeado por las llamas que no pudo sostenerse en el pasamanos; el humo era tan denso e irritante que cegaba y le costaba respirar.

– ¡Valéria! – Gritó con esfuerzo.

No hubo respuesta; al mismo tiempo; sin embargo, su pie tropezó con un cuerpo que yacía en el suelo.

Inclinándose, reconoció a la mujer, en camisón. Efectivamente, tenía la intención de escapar y, asfixiada por el humo, se había desmayado.

Levantándola en sus brazos, el Príncipe dio un paso atrás. ¡A tiempo! Las llamas brotaron de todos lados; El mismo Raúl, apenas podía respirar, asfixiado; su cabeza daba vueltas; sin embargo, con un último suspiro llegó a la terraza con su precioso cargamento.

El aire fresco le devolvió la calma. Subió a Valéria al bote, que ató firmemente, y regresó a la creciente multitud de personas curiosas y ayudantes voluntarios, ansiosos por conocer el destino de la tía Adelia. Nadie podía informar nada con seguridad; algunos creyeron escuchar los gritos de la anciana; otros dijeron que la habían visto correr por la habitación, en medio de las llamas, y luego volcar. Una cosa solo se había vuelto positiva: el fuego se había iniciado en la habitación de la tía Adelia, y de momento, no era posible entrar allí para saber si había escapado o no de la muerte.

Tomando prestado de una de las mujeres presentes, una gran bufanda de lana para cubrir a Valéria, el Príncipe regresó rápidamente al barco. Abrazó amorosamente a la joven, aun inconsciente, y, con un corazón extrañamente atribulado, se dirigió camino a casa.

## La Venganza del Judío

En medio del lago, se encontró con un gran bote lleno de gente que también habían visto el fuego y tenían prisa por ofrecer ayuda. Raúl les pidió que le informaran, a toda costa, de lo que le había pasado a la tía Adelia, y luego se apresuró a regresar a casa para ayudar a Valéria.

Cuando detuvo el bote a un costado de su finca, encontró a todas las mujeres de la casa agrupadas en la orilla y comentando el siniestro.

– Margot, ven y ayúdame a llevar a la Princesa – gritó a la ex doncella de Amadeo, que todavía le servía.

Y, seguido por esta mujer muy asustada, llevó a Valéria al dormitorio, donde la acostó en un sofá.

Después de un cuarto de hora, cuando la joven volvió a abrir los ojos, su primera mirada fue a Raúl, quien, arrodillado a su lado, le estaba dando olores para respirar mientras Margot se frotaba los pequeños pies descalzos.

Al darse cuenta que la Princesa abrió los ojos, la aya exclamó alegremente:

– ¡Bendito sea Dios! Ahora te voy a traer una taza de té; esto revivirá completamente a Su Alteza.

Valéria intentó decir algo; Raúl; sin embargo, se anticipó a ella y, tomándolos en sus brazos, susurró apasionadamente:

– Perdona, olvida el pasado, querida; ¿todavía puedes reconocer la mano de la Providencia, que así destruye tu techo, para llevarte de regreso al mío?

Sin una respuesta, Valéria envolvió sus brazos alrededor del cuello de su marido, apoyó la cabeza en su hombro y estalló en sollozos. Raúl la abrazó en silencio; no quería detener el torrente de lágrimas que, comprendió, debían provocar una reacción saludable.

## La Venganza del Judío

— Mi buen Raúl, te salvaste la vida, sin molestarte por la dureza con la que te rechacé – murmuró al fin Valéria –. Tú también tienes algo que perdonarme; ¡ah! ¡si entendieras cuanto he sufrido, sola, lejos de ti y de nuestro hijo, bajo el peso de inmerecidos reproches! Si no hubiera sido cristiana, me habría suicidado.

— Borremos ese pasado, empañado por la desconfianza y la sospecha injustificada – respondió Raúl profundamente conmovido.

¡Nunca toquemos este tema! A partir de hoy comienza para nosotros una nueva existencia de amor y confianza. Y ahora ven para decirte lo que me advirtió sobre tu inocencia.

El Príncipe se sentó a su lado y le contó, en detalle, su conversión al *Espiritismo*; la evidencia irrefutable de identidad proporcionada por su madre; finalmente dijo cuánto había sufrido con la certeza que había sacrificado su felicidad por una ilusión, el resurgimiento de su amor, la firme decisión de reconquistar a su Valéria e indemnizarla por sus errores con doble cariño.

La joven había escuchado todo, con creciente conmoción:

— ¡Ah! ¡Raúl, quiero compartir tu creencia! – Exclamó, sus ojos ardiendo con esa euforia que era natural para él –. ¡Quiero aclararme sobre esta nueva ciencia, que llena el abismo abierto por la muerte, y que dio lugar a que tu santa madre viniera a probar mi inocencia, del más allá de la tumba!

— Te enseñaré, mi amada esposa, y con la ayuda e iluminación de nuestros seres queridos invisibles, ya no tropezaremos en los caminos de vida. Ahora, te sugiero que vayas a abrazar a Amadeo, nuestro pobre inocente, a quien a veces hemos despreciado y; sin embargo, conservamos fielmente nuestra memoria en su corazoncito. Mi Loreley – junto a él con ternura, acariciando su cabello largo y desordenado de Valéria – permite que el pobre pecador, a quien devuelves la felicidad y la vida, se ponga tus pies de hada...

Ella se echó a reír...

– Entonces... todavía permaneces en la dulzura romántica... ¡Y yo que ni siquiera sospechaba, en mi indiferencia, tener como remero a un apuesto Príncipe! ¡Pobre Loreley que era!

Un momento después, la joven pareja se inclinó sobre su hijo dormido, con el cabello negro extendido sobre la almohada bordada. Al ver al niño, Valéria recordó su encuentro con el banquero y su hijo, cuyos rasgos eran idénticos a los del Príncipe.

– Raúl – dijo, tomando del brazo a su marido, que estaba de pie después de haber abrazado a Amadeo –. Ven. Necesito decirte un hecho extraordinario, que tuvo lugar el día de mi partida para Italia.

Ruborizada, informó de su encuentro con Samuel, le contó su sorpresa, cuando vio que su hijo era la viva imagen de Raúl, y la respuesta que le había dado el banquero.

Raúl la escuchó turbado y sorprendido; fue; sin embargo, muy distraído y, sobre todo, completamente infectado, en ese momento, por la felicidad reconquistada, para pensar en nuevos conflictos. La sola idea de enredarse en un laberinto inextricable de sospechas, falsas apariencias y misterios insondables lo horrorizaba una vez más.

– Sin duda, un parecido tan extraño es maravilloso y desagradable para Maier – dijo sonriendo –. Pero dejemos todo eso, Valéria. El banquero tiene razón: solo Dios podrá explicar tales hechos, amemos a nuestro hijo, moreno o rubio, ¿qué importa?

Sabemos que es nuestro y eso es suficiente. No es en el momento en que se eleva nuestra felicidad, brillante como este sol naciente, que debemos nublarla con tales sospechas. Ahora, amada mío, ven a descansar; buscaré noticias sobre lo que se ha sabido acerca de tu pobre tía.

– ¡Santo Dios! ¡Cómo podría olvidarme de ella en mi egoísmo! – Exclamó Valéria moviéndose – ¡Yo iré contigo!

Ambos fueron al despacho del Príncipe, y cuando el Príncipe tocó el timbre, apareció Margot, encantada. Ella se apresuró y para tranquilizar a los amos, anunciándoles que los sirvientes habían vuelto, trayendo a la tía Adelia, afortunadamente salvada, a pesar de unas dolorosas quemaduras y un ataque de nervios que había obligado a la pobre anciana a retirarse con prontitud.

Mientras le vendaban las quemaduras, ella había narrado que, por mala costumbre, había leído acostada; habiéndose dormido, el periódico seguramente se había incendiado y enviado sus llamas a las cortinas. El croar del loro y los ladridos furiosos del perro la despertaron; encontrándose rodeada de fuego, había perdido los estribos.

Un solo pensamiento le había venido a la mente: ¡salvar a los animales! Saltando de la cama, sostuvo la jaula en una mano y, con la otra, a Bibi y, con gritos desgarradores, se había agotado. Ciertamente, esos gritos suyos dispararon una alarma en la casa. No recordaba lo que había hecho a continuación, y no la habrían encontrado fácilmente en el cenador lejos donde había perdido los sentidos; sin embargo, los angustiosos graznidos del loro llamaron la atención del criado que la estaba buscando y, sin demora, fue llevada a la finca del Príncipe.

Al ser notificado, al regresar de su desmayo, que la Princesa y sus dos favoritos estaban a salvo, la anciana había revivido; ordenó té y luego se quedó dormida.

Serenos y felices, los cónyuges se alejaron, buscando igualmente un descanso.

Once meses después de esta reconciliación, un feliz acontecimiento llevó a la celebración al palacio del Príncipe de O., y en Pesth: Valéria dio a luz un segundo hijo; Antonieta cuidó de su amiga, y el joven padre se llenó de alegría.

Una mañana, diez días después del nacimiento de este hijo, Raúl vino a pasar una hora al lado de la cama de su esposa. Había sacado al recién nacido de su cuna y no se cansaba de admirarlo y besar sus manitas.

– ¿Cómo vamos a llamar a este hijo nuestra verdadera buena fortuna, finalmente recuperada? – Preguntó de repente.

– El hijo de nuestra felicidad se llamará Raúl – fue la respuesta de Valéria, mirando el bello rostro de su marido con una mirada húmeda y cariñosa.

Un rubor de alegría asomó a las mejillas de Raúl y un brillo de amor y gratitud brilló en sus ojos.

– ¡Agradecido! – Dijo, llevando la manita de Valéria a sus labios –. Y como mi nombre es sinónimo de felicidad, ya no puedo aspirar. Solo le pido a Dios que nos guarde y nos bendiga en su infinita misericordia.

## 6.– LOS PASOS DE LA ESCALERA

El encuentro casual en la estación de ferrocarril había molestado a Hughes Maier; incluso más que Valéria. Se había dado cuenta que había una sospecha en sus ojos, y él se preguntó, angustiado, si esta oportunidad no sería el primer paso en el descubrimiento del crimen, que estaba previsto para él.

Movido por esta inquietud, terminó dejando Pesth unos días después y, con Egon, se dirigió a su finca en Válden, donde permaneció entretenido y reconstruyó, según el plan original, el antiguo castillo feudal, ya en ruinas, del que había adquirido y utilizado el título.

Retirado, Hughes pasó el final del verano allí, respondiendo con mucha reserva sobre los acercamientos de los vecinos, algunos de los cuales tenían hijas para casarse y a quienes les gustaría ver su desteñido escudo de armas sumarse a los millones de judíos bautizados, que se hicieron pasar por viudos.

Dos o tres veces, exclusivamente para cerrar acuerdos urgentes, el banquero se dirigió a Pesth. Y fue en uno de esos viajes que descubrió inesperadamente, a través del Barón de Kirchberg, que Raúl y Valéria se habían reconciliado.

## La Venganza del Judío

Al escuchar esta noticia, un gran dolor se apoderó de su corazón: los celos desenfrenados hirieron su pobre alma desesperada.

Esta vez; sin embargo, Hughes tuvo el contrapeso que ayudó a vencer las pasiones: y rezó desde lo más profundo de su ser, y su oración no fue en vano. La nueva convicción, que había regenerado su alma, lo sostuvo en esta dolorosa prueba moral, y luego una comunicación espontánea de su padre reaccionó, con bastante fuerza, sobre la perturbación de su pobre espíritu.

– *"Ten vergüenza, hijo mío* – escribió Abraham –, *que te abandones a un sentimiento tan indigno, en lugar de alegrarte que las consecuencias de tu crimen disminuyen y que la mujer, inocente, ha recuperado la paz y la estima perdida por tu culpa. En la Tierra no olvides que todo es transitorio, que todo lo que posees lo abandonarás en el momento en que cierres los ojos de la materia; que solo las buenas obras, las victorias sobre las pasiones, serán los únicos capitales que llevarás a la Corte Suprema. Recuerda, hijo mío, cuando se presente la ocasión – y es pronto –, que el perdón y la caridad ennoblece a quien las ejerce, y esa fe se convierte en letra estéril si no se aviva con la acción."*

Estas palabras, para el alma enérgica del banquero, habían sido suficiente influencia. Abatido y entristecido, pero resuelto enseguida a dominar su loca pasión, regresó a Pesth, ahora sin embargo dedicándose al trabajo ya la práctica de la caridad, cada vez más extensa, pero completamente oculta.

A mediados de noviembre, una importante transacción financiera obligó a Hughes a viajar a Berlín.

Llevaba tres semanas allí cuando un día, frente al hotel donde se hospedaba, al bajar del carruaje, le llamaron la atención los sollozos de una niña. Y entonces vio, asombrado, que el portero reprendía enojado a la pobre niña que tenía un brazo ensangrentado. La niña lloró en voz alta mientras un niño de unos doce años, con una canasta de provisiones, intentaba defender y disculpar a la niña. Las bolsas de botellas y un charco de leche derramada frente a la puerta del hotel demostró la causa del escándalo.

Con una mirada de lástima, el banquero miró fijamente a la pobre criatura, de tres años, nada más, cuyas manitas temblaban nerviosamente. La ropa ya bien arruinada, los zapatitos ya agujereados, denotaba una gran pobreza: un encaje y un pañuelo mugriento, que le bordeaba la cabeza había caído al suelo y mechones de largo cabello castaño estaban extendidos sobre sus hombros.

– ¿Qué ha hecho esta niña para que le grite así a la pobrecita?
Si hubo daño, lo pagaré y todo estará en paz – dijo el banquero acercándose a la niña. Los ojos se volvieron hacia él.

– Sécate los ojos, Ruth – dijo el niño antes que el portero abriera la boca –. Este señor, que es muy bueno, te comprará una nueva botella de leche y el posadero no te golpeará más.

La niña luego levantó su cabecita y, a través de las copiosas lágrimas, sus dos grandes ojos negros y aterciopelados miraron a Hughes con una expresión angustiada, una de esperanza y suplica al mismo tiempo.

El banquero se estremeció: ese rostro diminuto, pálido y delgado, le recordaba extrañamente a Egon.

– ¿Sabes quién es esta chica o a quién pertenece? – Le preguntó al portero.

– No, señor Barón, pero ciertamente vive cerca, porque la veo pasar por aquí muchas veces.

– Sé dónde vive – dijo rápidamente el niño.

## La Venganza del Judío

– Vivo al mismo nivel que Marta, la lavandera, en cuya casa vive. Es una mujer pobre y bastante enferma; una es judía española, dicen, y que se llama Carmen Netosu.

Al escuchar este nombre, el banquero se estremeció y se sintió pálido. Pero, Con esfuerzo, se controló y sacó de su billetera unos táleros – antigua moneda alemana – y se los entregó al niño.

– Ve chico, paga a la dueña por la leche perdida y dile a la mujer enferma que la visitaré en una hora y traeré a su hija; el resto del dinero, guárdelo para usted, como pago por tu información.

– Gracias, Señor – dijo alegremente el niño. Pero no es necesario que se apresure a llevarse a la niña, porque la Sra. Netosu es costurera y no vuelve a casa hasta las seis horas y media. Ruth suele estar bajo la guardia de su ama, la cual es muy mala, la maltrata y la emplea en los servicios de la calle, a pesar de su corta edad. Su dirección es... – e indica la calle y la casa –.

– Ven, niña, conmigo, y yo te daré galletas – agregó Hughes, tomando la manita de la niña, que lo siguió tímidamente sin valor para protestar.

El banquero la condujo a la habitación que ocupaba, habiendo dado la orden que le enviaran una de las criadas del hotel. Con ingenua curiosidad, la niña examinó todo, muy asombrada por el lujo que la rodeaba, pero rápidamente sus ojos se fijaron repentinamente en una mesa, en el centro de la cual había frutas, pasteles, etc.

Hughes sentó a la niña en un sillón, dispuesto a cuidar de ella, cuando entró la mujer a la que había solicitado. Entregando a ésta algún dinero, pidiéndole que compre inmediatamente ropa blanca para su pequeña protegida.

## La Venganza del Judío

— Frente al hotel hay un buen bazar; allí lo encontraré todo. Estaré aquí en media hora, señor Barón – respondió la doncella llena de respeto.

Solo otra vez, el banquero le dio a la niña un pastel, y le ofreció fruta. Luego se apoyó en la mesa y la contempló en silencio. ¡No cabía duda! ¡Esta chica era la hermana de Egon, el hijo de Raúl! Pero, ¿por qué Ruth, que se había llevado una fortuna y tenía todo el derecho a ayudar a su rico amante, había caído en tal desdicha que exponía a su hija a la caridad de los demás?

El repentino regreso de la criada sacó a Hughes de su meditación.

— Ahora lleva a la chica a mi dormitorio y ponte la ropa.

Y tú, Ruth, no tengas miedo de nada – agregó al pasar su mano a través del cabello de la niña mientras ella se acurrucaba ansiosamente contra él.

Al encontrarse solo una vez más, Hughes comenzó a caminar de lado a lado, bastante agitado. Todo el pasado revivió en él. ¿Cómo sería su encuentro con la mujer traidora? ¿Qué decisión tomar sobre su futuro y el de su hija, la hija del rival casi en su totalidad feliz, a quién el destino había vuelto a elevar al colmo de la dicha?

— Que bueno sería si mi padre me aconsejara y me mostrara el camino directo a través del caos de mis sentimientos! – Pensó. Y, sentándose en su escritorio, sacó lápiz y papel. Al final de la oración, una fuerza misteriosa trazó estas palabras:

— *"¿Necesitas, hijo mío, mi consejo para entender la voz de tu conciencia? ¿Puede haber algún resentimiento existir contra una pobre agonizante, terriblemente castigada por el destino? Hijo mío: recoge, en tu casa, a quien tu crueldad expulsó de allí; ¡la niña inocente también tiene derecho a tu caridad! Por cierto ¡la generosidad que ejerzas te dará derecho a la benevolencia de los demás! Recuérdalo."*

Cuando, encantadora con su nuevo vestido, la niña regresó con su doncella, Hughes había recuperado la tranquilidad. Con ella de rodillas, Hughes inició un interrogatorio sobre su vida y la de su madre, después de haber despachado a la criada.

Tímidas fueron las respuestas de la niña. Era un cuadro doloroso y amargo por innumerables pruebas. Hughes sintió una lástima ardiente en su alma.

– "¡Pobre niña! Te juro que a partir de ahora ya no tendrás hambre y ni frío; ¡Te juro que no habrá mano para maltratarte!" – Pensó con tristeza.

Al intentar reiniciar la conversación, se dio cuenta que la niña había apoyado la cabeza en su pecho y se había quedado profundamente dormida.

A las seis en punto, Hughes se fue con Ruth y se dirigió a la casa que se le había indicado. El camino estaba cerca. La niña se sintió feliz y servía de guía. Frente a una casa vieja, detuvo a Hughes. Tras cruzar el primer patio, el segundo ancho, subieron por una escalera torcida y oscura, iluminada por una lámpara humeante y sucia.

– ¡Dios mío! ¿Cómo puede una mujer enferma trepar por una escalera así? – Preguntó Hughes, deteniéndose con cansancio frente a una puerta entreabierta de la que salía un olor fétido a agua podrida y comida.

Acompañado por la niña, entró en una habitación medio oscura, donde varias mujeres estaban ocupadas con grandes bultos de ropa.

## La Venganza del Judío

– ¿Ha vuelto Carmen Netosu? – Preguntó el banquero sacando el pañuelo perfumado, pues grande era su dificultad para respirar esa atmósfera.

Una mujer alta y de ojos duros se levantó al ver al banquero, pero, al reconocer a Ruth con su hermoso atuendo nuevo, se asombró y sospechó.

– La viuda Netosu aun no ha regresado, pero vendrá de un momento a otro. Si desea esperarla, puedo llevarlo a su habitación.

El banquero asintió. Luego, el posadero tomó una linterna y lo condujo a una buhardilla cercana situada directamente debajo del techo y a la que se subieron varios escalones. Luego se retiró, siempre recelosa.

Con una simple mirada el banquero entendió toda la miseria del entorno: dos sillas de paja, una vieja cómoda y una cama con una manta mugrienta formaban todo el mobiliario de su exmujer.

Luego vino el lujoso estudio de Ruth, el hermoso dormitorio, tan elegante y cómodo con sus tapices de satén, la cama con cortinas de encaje y almohadas. ¿Cómo podía la mujer deshonrada vivir ahora en una pocilga así? ¿Cómo pudo caer en tal suciedad?

Fue entonces cuando sonó una tos seca en la habitación de la lavandera. Hughes se estremeció. Una voz cansada en la penumbra dijo:

– ¿Estás diciendo, Marta, que un señor desea hablar conmigo? Es un error: ¡no conozco a nadie!

El banquero se estremeció y dio un paso atrás, adentrándose en la oscuridad para que no lo reconocieran de inmediato. Ruth entró vestida de negro, con la capa sobre el brazo.

## La Venganza del Judío

– Mami, mami – exclamó la niña, corriendo feliz hacia su madre mientras empujaba la puerta.

Con sus ojos, Ruth buscó al extraño. Al ver a su marido, de pie junto a la cama sucia, se estremeció, aterrorizada y sobresaltada. Ella no vio su mirada de simpatía, ni escuchó su agudo y emocional aliento. Pero Ruth instintivamente levantó los brazos como si tratara de protegerse de un espectro. Y, vacilante, se habría caído al suelo si el banquero, rápidamente, no la hubiera apoyado y colocado en una silla. La niña, sin entender nada, se había agachado en un rincón.

– ¡Samuel! ¡Tú! ¡Hombre Cruel! – Ruth murmuró, jadeando –. Oh, ¿por qué no acepté la bebida envenenada que me ofreciste ese día?

Y un sollozo ronco, acompañado de una tos seca, la interrumpió.

Con el pañuelo en los labios, Ruth lloró. ¡Y el pañuelo estaba teñido de sangre!

– Por el amor de Dios – dijo Hughes –, ¡no me recuerdes el pasado! Vine aquí para enmendar mi falta, por mi crueldad, y para llevarte de regreso al techo que nunca debiste haber abandonado si te hubiera juzgado humanamente.

Y Hughes, cariñosamente, se inclinó sobre Ruth y le puso la mano en la frente húmeda y febril.

Ruth lo miró asombrada.

– Pero ¿eres tú a quien escucho, Samuel? ¿No estoy soñando? Pero, no; ¡Veo que estás transformado! ¡Que tu corazón ya conoce la misericordia!

Así que no rechaces mi última petición: ¡cuida de esta niña, olvida su origen y salva a la pobre de la miseria y la vergüenza! ¡Por Dios, Samuel!

## La Venganza del Judío

– ¡Quiero tenerlas a los dos! ¡Tú, Ruth, lo superarás! Dios nos concederá paz y felicidad! – Respondió el banquero, emocionado. Con una sonrisa triste, Ruth negó con la cabeza y dijo:

– Todo ha terminado para mí, Samuel. Mis días están contados, lo sé. Déjame sola. ¿Qué podría hacer casi muerta y deshonrado, en tu casa resplandeciente? Pero moriré feliz sabiendo que la niña está contigo.

– Tonterías, mi Ruth. Dios nuestro Padre es el único juez, y no tengo a quien responder, me acompañarás a Pesth. Nadie sabrá dónde y cómo te encontré. Si debes morir, debe ser en la casa de tu marido. Me voy: haré los arreglos necesarios ahora y les enviaré ropa nueva. ¡En hora y media vendré a buscarte a ti y a la niña con todo listo!

Y Hughes se fue.

Al pasar por la habitación del posadero, le entregó un

factura bancaria, en pago de la tarifa mensual de Ruth. En la calle, hizo todas las compras necesarias y, en el hotel, tenía preparada una habitación contigua a la suya.

Dos horas más tarde, elegantemente vestida, Ruth se instaló, con la niña, en la cómoda y hermosa habitación del hotel. Se sentía como en un sueño, pero este lujo, estas comodidades de las que había estado privada durante tanto tiempo, la inquietaban.

Cuando la niña se durmió y se sirvió el té, los esposos, después de tanto tiempo separados, se encontraron por fin solos.

Con los codos sobre la mesa, pensó Hughes; y Ruth, quien lo miró ansiosa, de repente rompió a llorar, tomó la mano de su esposo y se la llevó a los labios.

## La Venganza del Judío

– ¡Qué bueno eres, Samuel! ¡Y qué ingrata fui! Cuando un día sepas todo lo que hice después de nuestra separación, me despreciarás; y ¿cómo me recibirán mis familiares? ¡Me estremezco al verlos de nuevo!

– Cálmate, mi Ruth; mientras no estés completamente sana, no quiero saber nada de tu pasado, del cual también soy responsable.

Si no hubiera sido tan cruel, no te hubieras degradado tanto – dijo el banquero con melancolía –. Perdonemos nuestros errores, así como espero que Dios nos perdone algún día. No temas a tus parientes. Tu padre ha muerto, tu madre se fue con sus hijos a Lemberg para tomar posesión de la herencia del tío Eleazar, y allí se quedó. Aaron está casado y vive en Viena. Sí, encontrarás grandes cambios en Pesth, y también en mi casa. Sabes, mi hijo y yo nos hemos hecho cristianos, y me gustaría que compartieras mi fe.

– Me convertiré en cristiana – dijo Ruth con los ojos brillantes.

– No debe haber obstáculos entre mis hijos, yo y mi querido benefactor.

Los médicos dieron pocas esperanzas. Es cierto que los cuidados podrían prolongar la vida de Ruth, pero curarla de una dolencia arraigada era difícil.

Tres semanas después de los hechos recién contados, Ruth hizo su entrada a la casa que había abandonado. Ahora, el hombre que luego la condenó a muerte, la apoyó con indulgencia, mostró su bondad y con ella tuvo el cuidado de un hermano. A pesar de todo, la emoción de Ruth, al ver a Egon, fue tal que finalmente se desmayó.

El repentino regreso de la baronesa, tan misteriosamente desaparecida, provocó a Pesth en una viva sorpresa: se dijeron rumores, se hicieron conjeturas al respecto, pero Ruth no estaba a la vista, y la reserva del banquero hacía incómoda cualquier duda al respecto: y todo se calmó, y finalmente nuevos desarrollos absorbieron la atención de los curiosos.

Al principio, la salud de Ruth pareció mejorar bajo la influencia benéfica del tratamiento y bajo la alegría del nuevo ambiente de bienestar, que antes le parecía perdido para siempre. Acostada en el sofá de su tocador, observando las diversiones de los niños, que rápidamente se convirtieron en excelentes amigos, Ruth realmente se sintió feliz, y esa felicidad devolvió a sus ojos el viejo resplandor e iluminaba sus delgadas mejillas con un reflejo de la belleza de antaño.

Pero el doctor prefirió no ocultarle al banquero que esta mejora era ficticia. Samuel, entonces, se consagró enteramente a su esposa, llenándola de atención: leyó para distraerla, habló, iniciándola paulatinamente en las enseñanzas del *Espiritismo*, en esta filosofía tan consoladora como grandiosa que desvela el futuro del alma y destruye el miedo a la muerte.

El padre Martincito también la visitaba constantemente, preparándola para la fe cristiana, que ahora quería abrazar: y dos meses después de su regreso, Ruth recibió algo de la felicidad que había perdido. ¡Sí, la felicidad volvía!

Hughes nunca volvió a hablar con la mujer sobre la narrativa que le había querido contar, a pesar de querer saber qué hechos, en 36 meses, habían podido destrozar su salud, de la desdichada y sumirla en la miseria. Pero una noche, cuando ambos estaban solos, Hughes dijo, estrechándole la mano:

– Buena amiga, ¿quieres contarme los hechos que sucedieron después de nuestra separación? Levi me dijo en ese momento que te habías ido en compañía de Gilberto Netosu,

## La Venganza del Judío

hombre de confianza del Príncipe. Cuando encontré el nombre de este hombre, me parece que Levi no me engañó. Pero me gustaría saberlo por ti mismo. Si te duele decirlo, te ruego que no digas nada – agregó Hughes afectuosamente.

– Te habría contado sobre ese pasado hace mucho tiempo, si tu silencio no me hubiera hecho suponer que querías ignorarlo todo – dijo Ruth en voz baja –. Tienes razón en sorprenderse de haber encontrado a un mendigo que te robó una fortuna.

El banquero, de repente, hizo una señal negativa, diciendo:

– No hay acusaciones, Ruth; ¡si tomabas lo que te pertenecía!

–No, no; déjame hablar abiertamente. Y no me condenes severamente después de mi confesión. Sé que he pecado terriblemente contra ti, pero sé que también fui castigada terriblemente.

Sin nadie, sin nombre, entregada en cuerpo y alma a la explotación de un miserable, soporté momentos atroces en los que la muerte sería un alivio para mí.

El banquero dejó escapar un largo suspiro; la voz de la conciencia acusó que él, solo él, había sido la causa de las desgracias de Ruth; su fría indiferencia había despertado en ella celos; ¿Y no eran estos celos los que la habían arrojado a los brazos de un amante? ¿Qué respondería en el más allá, cuando se le pidiera que explicara esta vida destruida?

Ruth describió por primera vez lo que había sucedido cuando el banquero salió de la habitación, tras el grito: "¡fuego, fuego!" que había atraído su atención. La aparición de Gilberto Netosu, a quien había acompañado, y su salida hacia París, con Nicolás Netosu.

## La Venganza del Judío

– Fuimos, él y yo, a una casa de tercera clase – prosiguió Ruth, todavía en voz baja –. Al día siguiente apareció Gilberto, diciendo que se estaba investigando para encontrarme. Luego pidieron que se vendieran las joyas, ya que era fundamental salir de París de inmediato. Y me mostró un cariño intenso, diciendo que estaba feliz de poder ayudarme. Ese fue mi desaliento, Hughes, que apenas escuchó sus palabras; la única idea que tenía era huir, huir, esconder mi vergüenza, escapar del escándalo público. Le di las joyas y nunca más las volví a ver. Tres días después, Gilberto me dijo que nos íbamos a Madrid.

– Tengo un familiar allí y algunas relaciones que podrían ser útiles – agregó –. A pesar de mi pesar por perturbar el descanso que necesita, debemos discutir sobre su situación. Para vivir libre de sospechas, debe tener un estado civil. No tiene nombre, ni función alguna para legitimar su situación. En tales condiciones, mi señora, no puede vivir en ningún lado. Pero afortunadamente tengo todos los papeles de mi esposa, que falleció hace unos meses. Era Carmen, española, y tu porte se parece al de ella. Si acepta hacerse pasar por mi esposa, creo que puedo garantizar su futuro con tranquilidad.

Tenía miedo de estas complicaciones, pero estuve de acuerdo con todo. Sin experiencia, no entendí que me habían entregado atado de pies y manos.

– Qué miserable – murmuró Hughes con atención.

– Sí, un miserable, como reconocí más tarde. Pero en esos primeros días fue amable y complaciente.

En Madrid, nos instalamos en una casa muy modesta, ubicada en un suburbio. Para atenderme, Gilberto trajo a una dama de honor, quien dijo que era pariente de la difunta Carmen, cuya había tomado el nombre. Estela – así se llamaba – no era una

## La Venganza del Judío

muchacha joven; muy coqueta, codiciosa, colaboraba con los planes de Gilberto, a quien explotaba y de quien, supe después, había extorsionado mucho dinero.

En cuanto a mí, no vi nada, ni me di cuenta, vivía completamente aislada, rodeado solo por mis tres guardias. Mi alma estaba deprimida, ni siquiera podía llorar. El nacimiento de Violeta, la pobre criatura hasta entonces sin nombre, sin futuro, aumentó mi sufrimiento moral. Pero mi naturaleza, joven y fuerte, resistió todas las emociones y me recuperé por completo. Estela era mi única compañía y me ayudó cuidando a la niña, ya que Gilberto siempre estaba ausente. Grandes fueron las dificultades en casa, porque no había dinero.

Un día en que ni siquiera habíamos almorzado, Gilberto vino a buscarme y declaró que el monto producido por la venta de mis joyas estaba completamente agotado con las molestias del parto y con nuestra manutención de tres meses, ya que todo había costado caro.

— Ahora solo podemos vivir de nuestro trabajo. No perdí el tiempo y conseguí un puesto como cajero en un teatro. Tú, mi querida Carmen, puedes ganar incluso más que yo: con tu hermosa voz, con tu excelente apariencia física... Con la compañía de Estela aprendiste bien el español y puedes interpretar papeles no muy complicados. Hablé con el gerente sobre ti y me prometió que vendrá a examinarte para arreglar el estreno, si está satisfecho.

Me sentí atónita: cantar en el escenario y por dinero parecía más allá de mis fuerzas.

— No, nunca — dije —. No puedo cantar frente a la audiencia, pero puedo dar lecciones de idiomas, canto o música; incluso me emplearé como costurera. Inventa cualquier otro trabajo, Gilberto, y trabajaré feliz.

## La Venganza del Judío

Él sonrió y respondió:

— Las costureras existen por miles. Si vive de esa manera, su hija seguramente se morirá de hambre. No la obligo a aceptar el teatro, pero si se niegas nos vemos obligados a separarnos porque lo que gano no es suficiente para mantener a todos.

Mi cabeza daba vueltas al pensar que estaría sola y sin recursos económicos en una ciudad ajena a mí. Sí, había que trabajar. Contra mi voluntad de aceptar el teatro, terminé aceptándolo.

Al día siguiente, vino un hombre con Gilberto, bastante desagradable. Era afable, pero desagradable. Me pidió que cantara algunos pasajes. Luego declaró un monólogo.

— ¡Estupenda! — Dijo con entusiasmo —. Mi querido Netosu, ¡respondo por el éxito de tu esposa! ¡La semana que viene debutará!

— Con qué emoción aparecí en el escenario de un pequeño teatro de mala fama, no podría describir. Pero tuve mucho éxito: el teatro siempre estaba lleno cuando mi nombre; es decir, el nombre de Carmen, aparecía en el anuncio. Los jóvenes bohemios, que colmaron la audiencia, me cubrieron de flores tan pronto como aparecí. Entre los admiradores se encontraba un español, de nombre Don César de Royas, que se distinguía por sus apasionados homenajes, sus frenéticos aplausos y las fervientes miradas con las que me perseguía.

Con gran sufrimiento, huyó de estos humillantes éxitos. Entonces pronto terminó mi papel, salí del teatro a escondidas, acompañado de Nicolás.

Un día, dos meses después del debut, Gilberto entró afligido y me dijo enojado que gracias a una intriga detrás del escenario, el gerente nos había despedido a los dos, furioso. Me sentí feliz y aliviada por no lucirme más frente al público, a pesar de las incertidumbres del futuro. Pero muy rápidamente, la miseria volvió a casa. Y, para colmo, Violeta enfermó. La llevé al hospital, donde dieron consultas gratuitas. El médico me dio recetas caras, el tratamiento fue caro. Gilberto se fue enseguida diciendo que no había dinero para ningún tratamiento. ¿Qué hacer? Entonces decidí vender mi última ropa. Gilberto me lo prohibió, diciendo que tal vez conseguiría una ubicación con una familia donde daría lecciones de francés y donde, más tarde, me llevaría.

Con esta nueva esperanza, me fui con Gilberto. La nueva casa estaba fuera de la ciudad, rodeada por un gran jardín.

Para mi asombro, entramos por una puerta diminuta y oculta, atravesamos las callejuelas en sombras de un parque y nos dirigimos a una enorme granja, subiendo los escalones de una veranda adornada con flores. Gilberto luego se detuvo y, con una sonrisa, me dijo:

Mira a tu alrededor, Carmen. Si esta casa le agrada, quizás podamos vivir aquí.

Lo miré sin comprender. Me tomó de la mano y me arrastró por una serie de lujosas habitaciones, pero todas desiertas. Salimos en una pequeña habitación, en medio de la cual vi a Estela con Violeta en brazos. La niña estaba bien vestida y una hermosa cuna, con una cortina bordada, fue colocada contra la pared. Entonces creí estar soñando.

– ¡Gilberto! – Exclamé, extendiendo ambas manos –. Así que fuiste tú quien hizo todo esto. ¡Qué agradecida te estoy!

Él no respondió. Pero me sentí tan feliz. Y no sospeché nada. Al poco tiempo me instalé en una de las hermosas habitaciones, donde encontré un armario con ropa que se ajustaba a mi corte: y me dediqué a mi hija, a quien pronto se restableció el tratamiento prescrito.

## La Venganza del Judío

Pasaron dos semanas en esta feliz quietud, cuando Gilberto, una tarde, se me acercó a la terraza y me propuso un paseo para mostrarme un pabellón que aun no conocía. Cerca vi un pabellón gótico cubierto de enredaderas y rodeado de rosales. Subimos la pequeña escalera y pronto nos encontramos en una antecámara iluminada por una delicada lámpara rosa suspendida del techo. Al final, había una puerta estrecha, decorada con trabajos artísticos.

Gilberto la abrió y, haciéndome pasar, dijo:

— Ahora, querida, agradece a quien te ofrece todas estas maravillosas...

Tan pronto como pasé el umbral, escuché el crujido de la llave en la cerradura.

Y en el mismo instante, dos brazos se entrelazaron y labios ardientes presionaron contra mi boca y mi cuello. Grité, desesperada y quise desenredarme. Sí, acababa de reconocer a don César y acababa de darse cuenta, demasiado tarde, que Netosu se había vendido.

Lo que sufrí, atrapada en esta casa, entregada a un hombre que me desagradaba, ¡solo Dios lo sabe! Mi abierta aversión disgustó a don César. Después de un tiempo desapareció y Gilberto me indicó que lo habían matado en un duelo. Le rogué, imploré al perseguidor que me dejara salir de esa maldita casa, pero no me quiso responder. Y entonces, para mi sorpresa, apareció un sucesor de César, llamado don Rodrigo.

Francamente, me habría suicidado si no fuera por la horrible suerte y dolorosa, el tremendo destino que tendría mi hija. Traté de huir, escapar de ese infierno con mi Violeta. Pero la casa estaba bien custodiada, además, ¿a dónde iría, sin dinero

## La Venganza del Judío

y en situación ilegal? También había decidido ahogar a Violeta y luego suicidarme, pero un hecho inesperado lo cambió todo.

Sin dar ninguna explicación, Gilberto me dijo que me preparara, ya que saldríamos de Madrid en veinticuatro horas. Estela, que estaba furiosa por una discusión con él, me dijo que la policía estaba detrás de Gilberto debido a ciertas transacciones turbias que había hecho, arruinando a los muchachos de la familia. Estela también me informó que los dos hermanos eran jugadores y que Gilberto solía recibir grandes cantidades de dinero de desconocidos, que gastaba con gusto.

Dejando España, nos trasladamos a París. Luego Gilberto encontró, para mí, trabajo en un teatro suburbano, pero él y Nicolás no hacían nada. Gilberto me trató con frialdad, como si fuera su propiedad legal. Vivió a mis expensas.

Me quitaba todo lo que ganaba, negándome incluso lo indispensable; robó y vendió mis pertenencias, llegaba a casa borracho, me maltrataba de la nada. Algunas veces vino con los bolsillos llenos de dinero, pero nunca supe de dónde vino ese dinero. Quería huir de este monstruo, al que odiaba; pero yo era impotente y él no quería separarse de mí.

Había pasado un año. Una noche trajeron a Gilberto con una herida en la cabeza, herida mortal. Me enteré de que, en un antro, había robado en el juego. En una pelea sangrienta y feroz, había sido herido. Al día siguiente, murió. Respiré más libremente: según la ley yo era su viuda y ahora podía vivir como quisiera.

Nicolás, que tenía un corazón mucho mejor, modales menos depravados, parecía estar muy impresionado por esta muerte: ya estaba enfermo y escupía sangre con frecuencia. Todas estas razones lo llevaron a cambiar de vida; me declaró que tenía la intención de trabajar honestamente y ayudarme de la mejor manera posible; escribió varias cartas y, a las tres semanas, me informó que todo estaba resuelto: un pariente lejano suyo, que vivía en Berlín, le había conseguido un puesto en una oficina, y un antiguo benefactor le había otorgado una ayuda pecuniaria que cubría todos los gastos de viaje e instalación.

Y así nos fuimos a Berlín. Todo salió bien al principio, pero de repente la enfermedad de Nicolás empeoró y ya no pudo salir del dormitorio. En seis semanas una tuberculosis rampante se lo llevó a la tumba, y creo que al tratarlo adquirí la enfermedad que me mata. Descubrí, en los papeles de Nicolás, el nombre de Benefactor desconocido: era el Príncipe de O. que siempre nos había cuidado a la niña y a mí.

Al estar sola, no sabía qué hacer. Mi ropa estaba demasiado arruinada para que pudiera dar lecciones, por buscar mucho trabajo. Pero ganaba tan poco que a menudo dormía en ayunas. Violeta, al menos, se alimentó; yo poco me importaba. Sentí que la enfermedad empeoraba, que se acercaba mi fin, entonces, anticipando la muerte, preparé una carta para Raúl, pidiéndole que cuidara de mi hija. Sin embargo, mientras viviera, no le pediría nada a nadie. Llevaba cuatro meses viviendo en el ático donde me encontraste y donde esperaba morir. Dios, sin embargo, había cambiado tu corazón; y me dieron la bienvenida a mí y a la niña de nuevo. ¡Solo puedo bendecir la misericordia de Dios y la tuya!

Agotada por la larga narración, Ruth se recostó en las almohadas y cerró los ojos brevemente.

Una marcada palidez había invadido el rostro del banquero, escuchó con angustia la historia del martirio físico y moral de Ruth. y su conciencia le gritó:

## La Venganza del Judío

– "Tú eres el único responsable de esta existencia perdida. ¡Es tu culpa que se haya arruinado, y la has condenado sin piedad, entregándola a un desgraciado miserable! ¡Tú eres el culpable, tú eres el culpable!"

– Ruth – dijo el banquero en voz alta y temblorosa – tu narración es mi condena: yo, solo yo, soy culpable, y Dios me hará responsable de tu vida arruinada por mí. ¡Tenías todo el derecho a exigirme si no amor apasionado, al menos amistad e indulgencia! Y fui cruel, ciego porque estaba en mi loco amor por una mujer que me despreciaba y me olvidaba.

– No te acuses, Hughes, la ofensa que te hice te golpeó profundamente y muy bien podría exasperar a un hombre violento y orgulloso; pero tú reparaste el mal, trayéndome de regreso, tratando con paternal cariño a la hija del que arrebató a tu amada. Para un gran culpable como yo, el destino fue misericordioso, muero reconciliada contigo, rodeada de todos los cuidados, consolada en la medida de lo posible y segura en el futuro de Violeta. Mi muerte nos traerá la liberación a los dos porque ¿podría volver a ser tu esposa, a pesar de tu perdón?

¿Podrías soportarme, sin disgusto, después de todo mi pasado vergonzoso y odioso, que me ha empañado y degradado? No, no, mil veces no; Dios sabe lo que hace y te perdona por tu arrepentimiento.

Él te dará libertad. Todavía eres joven, Hughes y olvidarás, y tomarás una nueva decisión que te dará una felicidad tranquila y, para los niños, una madre devota.

El banquero negó con la cabeza, pensativo. Y exclamó:

– No, Ruth; Ya no quiero asumir la responsabilidad del futuro de un alma. ¡El trabajo y los niños deberían ser suficientes para mí en esta vida!

## La Venganza del Judío

Después de esta dolorosa entrevista para ambos, Hughes duplicó aun más el cuidado de Ruth, tratando de adivinar todos sus deseos, de distraerla en todos los momentos disponibles para ella. Y por fin llegó la primavera, pero este despertar de la naturaleza, que parece infundir nueva vida a las criaturas, no tuvo influencia benéfica; en sus ojos ya brillaba ese extraño fuego que parece irradiar del alma que se va, reflejo de la patria a la que debe volver a entrar.

Una mañana, al entrar en la habitación de su esposa, el banquero notó que ella estaba pensando, inquieta. Sus manos pequeñas y demacradas rebuscaban mecánicamente en algunas cartas viejas, arrugadas y amarillentas.

– ¿Qué te preocupa, mi pobre amiga? – Preguntó Hughes sentado a su lado –. Cuéntamelo todo y, si está en mi poder, satisfaré tu deseo.

– Pareces leer mi mente – respondió Ruth, sonrojándose –. Sí, tengo un deseo, quizás el último de esta vida, pero temo ofenderte diciéndolo.

– Tranquilízate, nada, viniendo de ti, puede ofenderme, y con mucho gusto cumpliré tus deseos, ¡todos, todos! Incluso lo que me impongas como un sacrificio. Habla entonces.

– Ojalá... – comenzó Ruth con voz incierta–, me gustaría ver al Príncipe de O una vez más. No pienses, sin embargo, Hughes, déjame guiar un sentimiento criminal. Volví a mi primer amor y serás mi último pensamiento – Se llevó la mano a los labios del marido –. ¡Pero tú ves! Ayer lo encontré durante mi caminata, y esta mañana releí parte de las cartas que envió a los hermanos Netosu: una amabilidad constante hacia mí, y el miedo y la preocupación por el destino de la niña están pintados allí; siempre ha regalado dinero y no es responsable de los crímenes de Gilberto. Bueno, Hughes, me gustaría agradecer al Príncipe su generosidad, para tranquilizarlo sobre el futuro de Violeta.

Al ver la cara de Hughes ruborizarse, Ruth se detuvo tímidamente, con lágrimas en los ojos.

— Desearía cumplir tu deseo, mi pobre Ruth, si dependiera enteramente de mí. Pero no sé si el Príncipe querrá verte. ¿No sabe que, tiempo después de su partida, el señor de O. se peleó con su esposa, la separación duró más de un año, pero ahora se han reconciliado y, quizás en el colmo de su nueva felicidad, tiene escrúpulos...

— ¿Para volver a ver a una vieja amante? — Murmuró Ruth —. En este caso, no; será mejor que renuncies a mi deseo; déjanos dejarte en tu nueva felicidad.

— No seas tan conmovido e inútil; tu deseo es legítimo; así que tenga la seguridad que, si es posible, me las arreglaré para hacerlo.

Regresando a su oficina; Hughes comenzó a caminar hacia un lado a otro, agitado. La idea de ver a Raúl cruzar el umbral de su casa le repugnaba; por otro lado, pensaba que el orgulloso noble merecía ser llamado para recordar su mala conducta. Pero el banquero tomó una decisión. Y, tomando la pluma, escribió:

"*Príncipe,*

*La mujer a la que sedujiste se está muriendo de tuberculosis; sus horas están contadas. Con ella sabe que la ayudaste en sus necesidades y las de tu hija, le gustaría verte una vez más y mostrarte a tu hija. Entonces, señor Príncipe, cree que es posible cumplir este deseo de una pobre moribunda, las encontrará en mi morada.*

*Hughes Maier.*"

Cuando esta carta llegó a manos de Raúl, le causó consternación, mezclada con asombro y lástima; Ruth,

## La Venganza del Judío

muriendo, ¡estaba en la casa de su marido, del juez implacable que la había condenado a muerte! No entendió nada de este asombroso cambio.

Sí, con mucho gusto volvería a ver a la infortunada Ruth, que ciertamente tenía razones para esta entrevista suprema, pero ¿cómo ocultarle esta visita a Valéria? Inquieto, Raúl apoyó la cabeza entre las manos y quedó absorto.

Un suave beso en la mejilla lo sacó de su meditación.

– ¿Eres mía, Valéria? – Dijo, estremeciéndose.

– ¿Y tú qué opinas, Raúl? ¡Pero Dios mío! Te ves molesto. ¿Algo te aflige, amor?

– Sí, querida. El remordimiento y el pasado me afligen mucho.

– ¿Y este pasado tiene algún secreto que no puedas confiar en mí? – Preguntó Valéria, poniéndose pálida.

– ¡No, no hay secretos ni misterios entre nosotros! exclamó Raúl enérgicamente –. Te lo diré todo, por dolorosa que sea la confesión; luego júzgame, castígame y aconséjame.

Llevó a su esposa al sofá junto a él y le dijo cómo, para su frialdad, buscó distracciones fáciles en el mundo. Luego relató su encuentro con Ruth, su descubrimiento de su conexión, su odio por saber quién era la mujer a la que había seducido, la brutal crueldad del banquero, la huida de la niña judía y, finalmente, la sorpresa que le acababa de causar, que le entregó.

– Lee la carta y dime qué hacer – agregó para concluir.

Poniéndose pálida y sonrojada, Valéria había escuchado la confesión del marido. Los sentimientos más extraños la conmovieron. Pero los buenos sentimientos que formaban su carácter, dominaban cualquier otro empuje menos digno.

## La Venganza del Judío

— ¡Debes visitar a esta pobre mujer, Raúl, y hoy mismo! — dijo Valéria —. ¡Considera cuidadosamente cuántas injusticias le has hecho! Quizás tenga una solicitud para ti con respecto a la hija. Como tú, no entiendo el cambio repentino del banquero. Pero si Hughes ha perdonado a la mujer, no tiene ninguna obligación para educar a la niña, que es hija ilegítima. Ve, cariño; y cumple tu obligación de cristiano, de buen espíritu. No tengo nada que perdonarte. Que esa infeliz está severamente castigada.

— ¡Gracias! — Exclamó el Príncipe, trayendo a los labios las manos de Valéria —. Iré y le diré a Maier que después de la muerte de su esposa lo desligaré de la niña. El disgusto que me causa ir a esta casa me sirve como expiación por mi culpa. Pero creo que debería escribirle al banquero para pedirle una entrevista.

— ¿Para que la pobre enferma muera antes que tú llegues? Con los pacientes pulmonares nunca están seguras de la hora de la muerte. Si llegas tarde, ¿qué remordimiento tendrás? ¡No! Ve sin preparar ninguna entrevista. ¡Vete, antes que sea demasiado tarde!

Estas palabras de Valéria convencieron a Raúl. Listo el coche, siguió con dirección a la casa del banquero. Valéria, detrás de la ventana, vio irse al marido. Absorta en profundas reflexiones, no notó que el carruaje de Antonieta se detenía frente a la puerta, ni siquiera la entrada de su fiel amiga, hasta que Antonieta le puso la mano en el hombro.

— Dime, hada, ¿qué pasa? ¿Peleaste con Raúl? — Preguntó la Condesa. Simplemente pasó junto a mí, me miró, pero no pareció reconocerme. ¡Y ahora te encuentro en un estado de sonambulismo! ¿Es el exceso de alegría o alguna pelea con Raúl lo que les hizo girar la cabeza?

## La Venganza del Judío

Valéria sonrió. Y dijo:

– Estamos felices y estamos en completa armonía. Es el pasado, este pasado fatal, surgido de no sé dónde, lo que nos inquieta.

Ven a mis habitaciones y te lo cuento todo, Antonieta. No tengo secretos para ti, querida hermana.

– ¡Bueno, aquí tienes una historia fantástica! – Dijo la Condesa después de escuchar la larga narración de Valéria –. Es una fatalidad que Raúl, entre cientos y cientos de mujeres, seduzca a la esposa de Maier. Me imagino el odio de Samuel cuando baje toda la trama se abrió, una verdadera burla del destino. ¡Y Samuel que siempre estuvo tan orgulloso! ¡Pero es milagroso cómo reunió a su esposa, a su hija, y tuvo el valor, después de todo, de escribir esta carta pidiéndole a Raúl que volviera a ver a su ex amante! ¡Increíble!

– ¡Quizás quiera deshacerte de la niña!

– No lo creo: naturalezas como la de Maier nunca hacen nada por la mitad; si perdonó a su esposa, superó el odio que sentía por su hija ilegítima hasta el punto de aceptarlas a las dos en casa, ciertamente no piensa en deshacerse de la niña ahora, de tu parte ¿te gustaría tomar la pequeña para educarla con Amadeo?

– No piensas en lo que dices, Antonieta – replicó la Princesa.

– Entonces, ¿podría ser posible tal cosa? No, pero podemos colocarla en una casa honorable y asegurar su futuro.

– Eso puede hacer el propio banquero. Es lo suficientemente rico como para detenerse en una cuestión de dinero. Y, como pienso, él nunca aceptará la oferta de Raúl; deberías saberlo mejor que yo, por cierto.

## La Venganza del Judío

Valéria se quedó pensativa. En su mente, se estaba desarrollando un pasado lejano, con los altibajos de su amor por Samuel. La frente pálida, pero enérgica del banquero se dibujó ante ella, como si estuviera allí mismo, viva; la mirada fascinante y ardiente se sumergió en sus ojos; sus apasionadas palabras vibraron en sus oídos.

En verdad, ese pasado había sido olvidado: ella ya no lo amaba, pero el mero recuerdo de este hombre fue suficiente para despertar en su alma una vaga angustia, un sentimiento conmovedor, que ella misma no supo describir. Y terminó suspirando.

Antonieta, cogiéndola de la mano, se inclinó y dijo:

– No evoques en tu memoria la mirada demoníaca que casi destruye tu felicidad conyugal. No tienes la fuerza para enfrentar la fascinante influencia que ejerce este hombre sobre ti. Para cumplir con tu deber, que es amar a Raúl sin restricciones, y ser feliz así, debes desterrar su memoria y su imagen de una vez.

– Tienes razón – dijo Valéria, pasándose una mano por la frente –. Debo expulsar estos pensamientos ociosos. Raúl, solo Raúl es mi futuro, un futuro claro y radiante. Samuel es una visión de oscuridad, un abismo amenazante.

– ¡Bravo! – Dijo Antonieta, riendo –. Ahora déjame decirte por qué estoy aquí. Quiero llevar a todos a pasar el resto del día en mi casa. Mi pequeño Jorge se cayó y se lastimó el pie; el médico le ordenó que se acostara, así que le prometí que llevaría su amiguito Amadeo. Esperaré el regreso de Raúl y nos iremos todos juntos.

Mientras tanto, Raúl había llegado a la casa del banquero. La idea de pasar por los portales del banquero lo dejó en la más desagradable situación.

## La Venganza del Judío

— Anúncieme con la señora Baronesa — dijo, mientras le entregaba al camarero su tarjeta de visita.

— La Señora no recibe absolutamente a nadie — respondió el criado, algo avergonzado, al mismo tiempo le quitaba el manto de los hombros a Raúl —. Aquí está el señor Barón; tenga la bondad de dirigirse a él.

De hecho, en ese momento se abrió una puerta en el vestíbulo a la derecha. Entró el banquero. En presencia de Raúl, lo saludó con una reserva bastante cortés.

— Por favor, entre, señor Príncipe. Mi esposa no lo esperaba hoy, pero se lo haré saber inmediatamente. Y luego lo guiaré a la paciente.

La inesperada presencia de Hughes fue, para Raúl, de lo más desagradable; sin embargo, la presencia de los empleados de la casa le ayudó a no demostrar sus sentimientos internos.

— Estoy encantado encontrarlo, señor Maier. Tengo la oportunidad de discutir y resolver con usted una cuestión indispensable que me gustaría, fervientemente, ver terminado antes de presentarme a la baronesa.

— Si es así, señor Príncipe, venga a mi oficina — respondió el banquero, con un ligero asombro al mismo tiempo que invitó a Raúl a seguirlo.

Hughes tomó una silla para Raúl y se sentó.

— Aquí estoy a sus órdenes, Alteza, aunque no entiendo qué cosas tenemos que ajustar. Es con Ruth con quien quizás tengas que resolver un problema moral.

Nervioso, Raúl se retorció el bigote.

— Se olvida que hay una niña pequeña sobre la cual necesitamos entendernos. Ruth tiene una hija, y para ella no tiene obligación. Depende de mí, sí, es su futuro. Por tanto, debo

## La Venganza del Judío

decirle que, si muere su madre, la llevaré para educarla adecuadamente.

Hughes, asombrado, le dio a Raúl una mirada profunda y atenta.

– Quieres llevarse a su hija, pero, ¿la señora Princesa es consciente de la existencia de esta niña? ¿Está la Princesa consciente de admitirla en su casa?

Raúl se sonrojó mucho y sintió que le ardían las mejillas.

– No, no puedo exigir que mi esposa críe a una hija ilegítima, a pesar que ella y yo no tenemos ningún secreto el uno para el otro. Deseo colocar a la niña en el hogar de una familia honesta y así cuidar de su futuro.

Una sonrisa amarga y al mismo tiempo despectiva pasó por los labios del banquero. Y dijo:

– Reconozco tus intenciones, Príncipe. Pero estos cuidados son inútiles; porque yo me quedo con la niña, a quien puedo tomar como mi hija. Esto le asegura a Violeta una fortuna y una buena situación social. Perdoné a mi esposa sin ninguna restricción, y nunca deshonraré su memoria rechazando a la niña. Y ahora, alteza, voy a advertir a Ruth de su llegada – añadió Hughes, levantándose.

Solo, Raúl caminaba nervioso por la oficina. Hubo un gran descontento, una rabia silenciosa contra Hughes. Luego lo apartaron, con despectiva indiferencia, hacia él, Raúl, que había sufrido tanto por este extraño judío...

Sin embargo, de repente Raúl se detuvo frente a una gran mesa colocada en la esquina de la oficina, donde había periódicos, libros y encima de la cual había un hermoso busto ricamente tallado. Raúl se estremeció. Sí, el busto era de Allan Kardec, igual al que adornaba su propio escritorio; estos libros y periódicos y revistas eran publicaciones espíritas.

## La Venganza del Judío

Aquí estaba la clave del acertijo; ello explicaba el cambio radical en el carácter del banquero. ¡Se había convertido en un espírita! ¡La comprensión de los deberes espíritas había llevado al banquero a vencer, a dominar el odio y venganza, haciéndote misericordioso y caritativo! La voz de Hughes, invitándolo a la habitación del enfermo, sacó a Raúl de estas meditaciones. Como metamorfoseado, Raúl se volvió y, con franca cordialidad, dijo:

— Señor Maier, le confieso que estaba profundamente asombrado por su cambio en la forma de actuar y pensar. Pero solo entiendo la razón: ¡es espírita! Pues bien; déjame decirte que yo también lo soy, y ante este busto del admirable filósofo y científico, a quien ambos veneramos, le confieso que le he juzgado mal: es usted un hombre generoso y recto, y yo, juzgándolo mal, he cometido un gran error... – Se interrumpió por un momento...

— ¿Que me juzgaste un usurero? – Preguntó Hughes con una sonrisa melancólica.

— Eso también – asintió Raúl –, pero deploro todos los malos pensamientos míos dirigidos a ti – agregó Raúl, acercándose al banquero.

— Si eres espírita, como yo, entenderás que la hago mi ideal, y entenderás que hay una extraña interpretación de nuestros destinos, cuyas raíces encontraremos en el pasado lejano.

Como una ocasión como esta nunca se presentará – la mirada de Hughes se volvió brillante –, espero que también pongas en práctica, conmigo, el lema de nuestra Doctrina: "Fuera de la caridad no hay salvación."

En la puerta de la habitación de Ruth, el banquero se retiró; y Raúl entró solo.

## La Venganza del Judío

Ruth estaba acostada en un sofá, apoyando su cabeza en varias almohadas. Una túnica de felpa roja resaltó algo de su palidez mortal. En un taburete, Violeta jugaba con una muñeca valiosa, tan grande como ella.

Raúl se detuvo un momento, se sobresaltó y se movió; ¿esa mujer tan pálida, medio muerta, sería realmente la Ruth de antaño, soberbia y bella que subyugó sus sentidos? Violeta; sin embargo, estaba ahí para dar fe. Sin duda, esta hermosa criaturita, de cabello castaño, era realmente su hija, su viva imagen.

– ¡Ah, señora! ¿Debería encontrarte así? – dijo el Príncipe, caminando rápidamente y llevándose la mano extendida a los labios.

Ruth miró a Raúl, sus ojos brillantes por la fiebre e indicando a la niña, exclamó:

– ¡Aquí está Violeta!

Raúl atrajo a la niña hacia él y la abrazó. La niña, al principio intimidada, ahora se entusiasmó con el Príncipe, quien hizo algunas caricias. Violeta, mostrándole la muñeca, dijo:

– ¿No es hermosa mi muñeca? Papá me la dio ayer. Su nombre es Huguete.

– Eres una niña muy feliz – dijo el Príncipe, acariciando la cabeza de Violeta.

Y dirigiéndose a Ruth:

– Tu marido no me dejó ofrecer más a esta chica, excepto mi afecto y en relación contigo soy impotente para reparar las faltas cometidas.

– ¡Oh! Todavía tengo que agradecerte tu generosidad, constante para mí. En cuanto a Violeta, tu beso traerá felicidad.

## La Venganza del Judío

También te agradezco por venir. Netosu abusó mucho de tu generosidad, pero solo supe de su extorsión después de la muerte de los dos hermanos.

La respuesta de Raúl fue interrumpida por la niña que, desde la ventana, dijo:

– Papá está en el jardín; ¿puedo ir a su lado?

Y, sin esperar respuesta, se escapó, y poco después de su voz, muy brillante, se escuchó afuera. Curioso, el Príncipe se acercó a la ventana y vio, cerca del estanque, de donde brotaba una fuente, al banquero hablando con el jardinero; vio a la niña correr hacia ellos y agarrar el abrigo de Hughes. Se inclinó, levantó a la niña y la hizo girar, haciéndola reír a carcajadas. Raúl, silencioso, miraba todo.

Volviendo a la enferma, Raúl se sentó en una silla cercana y, estrechándole la mano, dijo:

– Su esposo es un hombre muy bueno para la niña, pero, Ruth, hábleme de usted misma, de las tristes y amargas experiencias que arruinaron su salud; dime cualquier deseo que pueda cumplir y, si ahora, te crees feliz.

– ¡Sí, estoy muy feliz! Tengo todo lo que puedo porque espero morir feliz con mi esposo, cubierta de bondad, en paz... En cuanto al futuro de Violeta, de los hijos, esclarecidos, gracias a Dios, sobre los destinos del alma por la consoladora fe en el *Espiritismo*, acercándome rápidamente al final al que aspiro, porque estoy muy cansada y ¡sufrí tanto!

Y Ruth contó algunos episodios del pasado, que mostraron bien quién era Netosu, sin mencionar las vergüenzas a las que la había sometido; y, debido a una repentina debilidad, Ruth cerró los ojos y se dejó caer sobre las almohadas.

## La Venganza del Judío

Raúl, asustado por el imprevisto, tomó una botella de sales de la mesa y la obligó a chuparla; Ruth se puso de pie de inmediato.

— No es nada, gracias – dijo con una sonrisa –, la emoción y nuestra conversación me agotó. Adiós Raúl por esta vida; y ¡hasta la vista en el mundo de los espíritus! Gracias, una vez más, por todo lo que has hecho a mi favor. Mantén una imagen indulgente de mí y reza por el alivio de mi pobre alma, como lo he hecho al rezar por tu felicidad y la de tu esposa.

Le ofreció las dos magras manos. Raúl los tomó, y con lágrimas corriendo por sus mejillas, los apretó varias veces.

— ¡Perdóname, Ruth! Sacrifiqué, con mi ligereza, tu futuro. Todos los días, lo juro, rezaré por ti.

Y Raúl, emocionado, no pudo decir nada más. Levantándose, abruptamente, salió de la habitación sin mirar atrás, y sin despedirse del banquero, subió al carruaje.

En su palacio, Raúl se enteró que su esposa estaba con su cuñada. Angustiado, incapaz de decirle nada a Antonieta, al menos en ese momento, entró en su oficina. La vergüenza, el dolor, el remordimiento lo oprimían, lo angustiaban. No pudo apartar del recuerdo la imagen de esa mujer medio muerta, tan opuesta a la bella mujer de antaño, tan llena de vida, de esplendor, que un día la conoció en un baile de la Ópera.

La voz de Valéria, pidiéndole que abriera la puerta, lo sacó de sus pensamientos. Y, bajo una impresión desagradable, Raúl le contó detalladamente a Valéria todo lo sucedido, incluida su conversación con el banquero.

Su corazón latía con fuerza, Valéria lo escuchó. Antonieta tenía razón: Hughes había rechazado la oferta y se quedaría con la niña. La pálida imagen del banquero despertó en su corazón una extraña fascinación. Pero Valéria ahuyentó la

## La Venganza del Judío

imagen. Dando vueltas alrededor del cuello de Raúl, Valéria lo besó en la boca.

— Basta de tristeza; no hablemos más del pasado, que es mejor olvidar. Nos amamos, nos pertenecemos y eso es suficiente para nosotros. Y ahora basta, mi amor: Antonieta nos espera.

La salud de Ruth empeoraba rápidamente; desde la entrevista con Raúl, su debilidad era grande, y ahora ya no podía abandonar la cama. Sin embargo, su fe en Dios persistió, tenía una calma profunda que nunca la abandonó. Al ver su final cercano, suspiró, contenta.

Una tarde, Ruth se acercó a su esposo, que estaba de pie a los pies de la cama, y le dijo:

— Ven a sentarte a mi lado. Me alegro mucho cuando te veo cerca de mí. Mis párpados pesan tanto que apenas puedo abrirlos, y mucho menos mantenerlos abiertos...

El banquero no respondió. Sacó un sillón, se sentó y estrechó la fría mano de Ruth en la suya. Su corazón estaba lleno de amargura: el médico le había dicho que Ruth no pasaría de esa noche.

Después de un breve silencio, Ruth abrió los ojos.

— Todo el pasado parece revivir en mí hoy — murmuró en un suspiro, sonriendo —. Y veo que poco, casi nada, he agradecido la felicidad que Dios me ha concedido. Acabo de recordar el día que siguió al nacimiento de nuestro Egon. Y como si despertara, te vi inclinado hacia mí, afligido y cariñoso. Entonces ¡una felicidad inundó mi corazón! Y creo, Hughes, que, si hubiera buscado pacientemente ganar tu corazón, habría salido victoriosa.

## La Venganza del Judío

El banquero se estremeció. Y una palidez cubrió sus mejillas. ¡Recordó la vez que se había inclinado sobre esa pobre madre, acariciándola con falso amor, para espiar el momento en que derramaba el narcótico y aprovechaba su sueño para arrebatarle a su hijo!

– ¿Qué tienes, Hughes? No quise hacerte sufrir, evocando el pasado – dijo Ruth en voz baja, agitando sus manos febriles sobre las mantas.

– Pobre mujer, que sacrificó mi egoísmo, perdóname, y pregunta por mí, en el espacio, cuando puedas entender que soy tan criminal para ti...

– Siempre rezaré a lo Alto por ti. Y ahora, Hughes, mi última petición: abrázame una vez más antes del final; me parece que tu beso lavará los sufrimientos que soporté y sellará nuestra reconciliación.

Llorando, el banquero apretó suavemente sus labios en los de la enferma. Con una fuerza imprevista, quizás la última, Ruth se levantó y rodeó el cuello de su marido con los brazos; y sus grandes ojos negros se volvieron brillantes, una alegría radiante la envolvió, sus pálidas mejillas de repente se sonrojaron, y por un instante toda su antigua belleza quedó estampada en su rostro. Pero estuvo cerca: una sacudida repentina sacudió su cuerpo, sus brazos se separaron de su marido, un suspiro largo y profundo abandonó su pecho agitado, luego su cabeza cayó: Ruth estaba muerta.

Un escalofrío recorrió al banquero. Asombrado, dejó el cadáver sobre las almohadas, colocó un crucifijo en su pecho, la besó en la frente pálida y se fue.

Después de dar instrucciones a los sirvientes de la casa, se refugió en sus habitaciones.

## La Venganza del Judío

Se sintió destrozado; una horrible sensación de vacío le oprimía el pecho. Se había acostumbrado, durante estos meses de cuidados, con Ruth. Se había conectado con esta viva-muerta, a quien, en el pasado, no había mirado ni una sola vez, cuando ella, tan cariñosa y llena de vida, había convivido con él. Y...

– ¡Oh! – Exclamó, presionando su mano sobre su frente ardiente –, ¿por qué desprecié, Dios mío, la situación en la que me colocó mi nacimiento, y aspiré a esa mujer orgullosa y malvada, de quien me separaba un millón de abismos de prejuicios? La paz, la felicidad, el hijo legítimo, todo lo abandoné, lo repelí, para estar solo, amando nada más que a estos dos niños extraños, ¡uno de los cuales un día me maldecirá!

En la mañana del entierro, hecho sin pompa, un enviado trajo, de un donante desconocido, una hermosa corona de rosas y camelias. Hughes, por su parte, sospechaba quién había enviado esta despedida silenciosa a la pobre muerta, víctima de la violencia de su propio marido. Y fue con dolorosa pena que depositó las flores en el ataúd.

## 7.- NO SE APROVECHA UN BIEN MAL ADQUIDO

Echemos ahora un vistazo retrospectivo, antes de continuar con nuestra narrativa, para que el lector pueda conocer el destino de dos personajes secundarios de nuestra historia. Se trata de Esteban, ex sirviente del banquero, y Marta, la infiel camarera de la Princesa de O.

Obteniendo una gran suma de dinero por su mala acción, ambos se mudaron a Viena y desde allí se embarcaron para el Nuevo Mundo.

Se sintieron felices. El dinero ahogó su sentimiento de remordimiento. Simplemente vieron el futuro brillante que les esperaba. Pero Esteban ya no estaba contento con lo que ya tenía. Quería más. Pensó en hacerse millonario como Samuel Maier. Durante el viaje, le explicó a su compañera sus planes para multiplicar por cien su fortuna. En el Nuevo Mundo, especularía, ganaría mucho dinero.

Y así, aterrizaron en Nueva York, donde inmediatamente buscaron a Cristóbal Wachtel, un tío materno de Marta que había emigrado hacía tres lustros y a quien quisiera preguntar la forma más fácil de especular y asentarse en el Nuevo Mundo.

## La Venganza del Judío

Pero se sintieron decepcionados, en casa de un cervecero se enteraron que el tío de Marta había dejado la ciudad hacía más de cinco años, se había mudado a una de las provincias del sur donde se habían descubierto tierras auríferas.

Algún tiempo después, Esteban se entusiasmó con la idea de convertirse también en dueño de una tierra capaz de tener oro. Pero, para eso, era necesario estar seguro que el tío de Marta todavía estaba vivo y, si lo hacía, le daría un buen consejo para que pudiera comprar un terreno adecuado... y no hacer un trato desventajoso, ¡y trató de enviar una carta! El tío de Martha la recibió. Y respondió con prontitud. Acogió con entusiasmo la idea de su nuevo sobrino. Y se informó que él mismo poseía una inmensa tierra que contenía, según la investigación, una considerable mina de oro, pero los recursos eran tan pequeños que él se vio obligado a dejar de excavar, además, al no tener hijos y su esposa ya muerta, había terminado temporalmente dejando el trabajo y abriendo un albergue, donde vivía con André Smith, sobrino de su difunta esposa.

Muy feliz de poder volver a ver a uno de sus familiares, Cristóbal Wachtel les hizo la siguiente propuesta a Marta y a su esposo, él accedió a darles, por un precio asequible, la tierra que poseía, pero se reservaba solo una décima parte de las ganancias para sí mismo.

– Sé que no es mucho – dijo él en la carta –, y creo que no regatearé con mi pariente por esta pequeña parte de los millones que llegarán a poseer. Y, por otro lado, André y yo trabajaremos duro con Esteban, por lo que no aceptaremos trabajadores extraños, lo que siempre es peligroso en este servicio.

Esta carta deslumbró el espíritu de Esteban, que ya soñaba con los millones predichos. Y, soñando, se vio a sí mismo de regreso a Pesth más más rico que su antiguo jefe.

## La Venganza del Judío

Estaba impaciente por ponerse a trabajar. Entonces compraron todo lo que podían necesitar y se fueron.

Fueron recibidos con los brazos abiertos por el tío Cristóbal. Este último, que había vendido el albergue, vino a instalarse con su sobrino.

El viejo Wachtel era ambicioso, trabajador y bondadoso, y se había dejado dominar por André, un muchacho holgazán, gozador, de veinticinco años, astuto, osado y enérgico. Tenía un bonito exterior. Parecía inofensivo, pero solo en apariencia.

Marta dejó una profunda huella en el ambiente. Era hermosa, elegante, tenía los modales de una camarera de la alta sociedad. Su porte altivo, impresionaba bien. Y André pronto sintió un cariño especial por la joven. Pero ocultó sus sentimientos, mostrándose a Marta como un pariente meramente devoto, y así, poco a poco, fue adquiriendo cierta intimidad.

Los viajes, la instalación y otros quehaceres habían durado casi un año. Sin embargo, cuando los hombres finalmente comenzaron el trabajo de las excavaciones, Marta estaba haciendo saltar a un niño en sus rodillas, al cual llamaba, riendo, "el futuro millonario."

Marta estaba muy feliz, todo le resultaba agradable en la elegante casita, que, de hecho, estaba toda rodeada de un hermoso jardín; una mujer negra fuerte la ayudó con las tareas del hogar; y aun quedaba dinero para compras, etc.

Y han pasado más de doce meses en el trabajo de las excavaciones, pero este trabajo resultó inútil. No aparecía ninguna mina.

Ya se había cavado un largo túnel, pero oro de verdad, nada: solo piedras.

## La Venganza del Judío

Esteban comenzaba a impacientarse y cavilaba sobre la idea de escribir a Samuel para extorsionarlo con una nueva suma con el fin de comprar la tierra vecina y comenzar inmediatamente a cavarla.

Pero no le contó a Marta sobre este nuevo proyecto, ya que odiaba recordar el origen de su fortuna. Desde que se convirtió en madre, de vez en cuando el remordimiento le picaba el corazón, después de todo había contribuido, a privar a otra madre de su primer hijo. De hecho, todavía ignoraba por completo las consecuencias que su crimen le había traído a Valéria.

Después de un tiempo, Marta volvió a ser madre, esta vez de una niña. Y estaba lejos de saber que se acercaba el castigo.

Una tarde, Marta estaba esperando que volvieran los trabajadores, porque el almuerzo ya estaba servido. En el porche, vio entonces, corriendo, a André, que gritaba pidiendo ayuda. ¿Había sucedido alguna desgracia? Al llegar Cerca de allí, André, aterrorizado, informó a la niña que su tío y él estaban a punto de salir de la mina cuando, al final del túnel, se escuchó un grito acompañado de un golpe sordo. Colapsó una parte del túnel y Esteban fue enterrado.

Marta corrió como loca hacia la mina. El cuerpo de Esteban ya había sido retirado, en uno de los carros utilizados para transportar tierra.

María estaba desesperada después del funeral. ¿Qué sería de ella sola en un país extraño con dos niños pequeños?

Mejor volver a Europa, pero esa idea le repugnaba. Y decidió mudarse a la ciudad vecina. Su tío aprobó su actitud y le vendió, por la mitad del precio recibido, el terreno y la casa.

## La Venganza del Judío

María quedó satisfecha con la transacción. Y se mudó, sin volver a ver ni a ver a nadie. Comenzó a vivir exclusivamente para sus hijos.

André era el único que venía a verla de vez en cuando, mostrándole una amistad constante. De hecho, Marta necesitaba un amigo, porque la desgracia la perseguía: su pequeño hijo, al que adoraba, había sido afectado por la escarlatina, que había devastado la ciudad, y de esa enfermedad sucumbió. Poco después, André vino a decirle que el tío Cristóbal, mientras hacía una reparación en el techo, había perdido el equilibrio y se había caído, resultando de la fuerte caída que se quedó mudo y estúpido.

Continuaron las visitas de André. Y un día le propuso matrimonio a María. Le confesó que la amaba desde el principio, pero que había sofocado ese sentimiento por respeto a Esteban. Ahora; sin embargo, no tenía marido, por lo que podía declararle el amor.

Marta aceptó de inmediato la propuesta. Se sintió desolada e infeliz. Y André le pareció muy simpático. ¿Quizás le devolvería su antigua felicidad?

Y ambos se casaron. Poco después, André pensó en ir a Nueva Orleans y abrir un elegante hotel allí, pero, poco después, cambió de opinión y decidió regresar a su antigua residencia y reanudar las excavaciones. Martha; sin embargo, se opuso tenazmente. Odiaba este lugar que le había costado tanto dolor. Pero André se mantuvo firme en su proyecto y terminó accediendo.

Algún tiempo después de la reinstalación, Cristóbal Wachtel vino a morir. Y André trabajaba solo en la mina. Una tarde vino a decirle a su esposa que sus esfuerzos finalmente se habían coronado. ¡Descubrió oro!

## La Venganza del Judío

Alegre y asombrada, Marta lo acompañó a la mina. Y al final del túnel, iluminado por una tenue linterna, su marido señaló los pedazos de tierra cubiertos de oro, con los que quería llenar un saco.

La atmósfera de este siniestro y fatal lugar era espesa y sofocante.

Atacada por un mal repentino, Marta, vacilante, se apoyó contra la pared: un frío helado la hizo temblar, le dio vueltas la cabeza; de repente creyó escuchar un grito desgarrador de André.

Entonces todo desapareció ante sus ojos.

Cuando despertó, pudo reconocer, a la luz del farol, que el saco, lleno de tierra mezclada con oro, todavía estaba allí. Pero André se había ido. Admirada y molesta por el hecho, regresó a casa. ¿Por qué André la había dejado desmayado al final del túnel? ¿Y dónde estaba ahora?

André apareció en la casa solo a medianoche. Regresó pálido con ojos asombrados. Comió, en silencio, algo de comida y, sin decirle nada a la mujer que lloraba, se acostó y pareció quedarse dormido.

El extraño comportamiento de André continuó durante los siguientes días: desaparecía todas las mañanas, solo regresaba por la noche, parecía desconfiar de todos, incluso de su esposa. Pero después de quince días, pareció mejorar. Se quedó en casa y decidió empezar a trabajar de nuevo.

Marta no se atrevía a preguntarle nada, pues se daba cuenta que cada vez que aludía a la mina, André se volvía loco, irritado.

Pero se sorprendió cuando, una mañana, André dijo:

## La Venganza del Judío

– Ven conmigo a la mina; tenemos que llevar la bolsa. Llevarás la linterna. No te asustes tanto. Tengo razones para hacer lo que hago – agregó con tristeza.

Marta obedeció en silencio.

En el fondo de la mina, puso la linterna en un montículo de tierra y ayudó al marido para poner las piedras en la bolsa. Sin embargo, en ese instante, sus ojos se nublaron, su cabeza dio vueltas. Un grito extraño y lúgubre, espantoso la sacó de su letargo y su mirada aterrorizada se posó en André, que había caído al suelo, echando espuma, convulsionando. Desesperada, Marta huyó en busca de ayuda. Y luego regresó a la mina, acompañada de su criada.

André todavía estaba inconsciente. Las dos mujeres, con dificultades, lo llevaron a casa. Cuando abrió los ojos, sin reconocer nada, tuvo un delirio furioso, gritó y maldijo.

Marta decidió llamar a un médico.

El día pasó lentamente. Por la noche, André pareció mejorar y se quedó dormido; Marta miraba a un lado. Cansada, también se quedó dormida. Sin embargo, una luz brillante la despertó. Y Marta vio horrorizada que André, con los ojos vidriosos, levantó la lámpara y prendió fuego a las cortinas de la ventana.

Las llamas ya lamían el techo y el humo, espesándose, llenó la habitación. Marta se arrojó sobre su marido, tratando de arrebatarle la lámpara de las manos y sacarlo. Pero André gritó, roncamente:

– ¡Suéltame, criatura estúpida! ¿No comprendes que es la oscuridad en esta mina maldita la que favorece a los miserables? Ahora, ¡con tanta claridad, ya no competirá conmigo por el oro!

## La Venganza del Judío

Marta también intentó arrastrar a su marido. Pero la ilusión le dio una fuerza hercúlea. De repente, Marta se acordó de Estefanía, su único tesoro, que dormía en el aposento alto. Corrió hacia él y, de cara al fuego, rescató a la niña, ya medio asfixiada por el humo.

André, gracias al coraje de la robusta mujer negra, también se salvó, pero tenía terribles quemaduras en el cuerpo. La casa se quemó hasta los cimientos, y cuando llegó el médico al amanecer, todo estaba en ruinas.

André fue colocado debajo de un cobertizo al final del jardín. Su delirio había desaparecido, ahora se apoderó de él una intensa postración. El médico encontró desesperada su condición. Además, no había remedios.

Muda y aniquilada, Marta no dejó a su marido ni un solo momento, aplicando compresas. Por la noche, André pareció volver de su aturdimiento. Abrió los ojos. Cuando vio a su esposa, la llamó con una señal.

– Marta, me muero – dijo, apretándole suavemente la mano –. Antes de morir, necesito aliviar mi conciencia culpable. Sí, hay una justicia divina.

Un gemido ronco escapó de los labios de Marta.

– Escucha – continuó el moribundo –, desde que te vi me enamoré de ti intensamente, pero cuando supe que amabas a tu marido, oculté mis sentimientos. Habíamos vendido la tierra porque el tío Cristóbal y yo habíamos excavado durante más de cinco docenas de meses sin encontrar nada más que piedras. Mientras tanto, el tío Cristóbal temiendo que tú y tu esposo encontraran oro, decidimos de antemano matar a Esteban. Cuando te vi, mis ideas cambiaron.

Pero seguí odiando a Esteban porque era tu marido y te amaba. Pero fue Esteban quien descubrió por primera vez el oro

## La Venganza del Judío

en la mina. Y no me contuve. Me arrojé sobre él, lo golpeé violentamente en la nuca y luego lo cubrí con tierra. Luego corrí a verte con las mentiras que ya conoces.

Esta inesperada confesión dejó a Marta atónita, confundida. La joven gritó y ocultó su rostro.

– Perdóname, Marta, y déjame seguir. Ves cómo Dios me castigó – dijo el moribundo, retorciéndose en su cama improvisada.

Y prosiguió, ahora con una voz más baja y ronca:

– Tenía mi plan: quería deshacerme del tío Cristóbal. Y así seguir siendo el único poseedor de riquezas y secretos. Y sucedió que un día, vi a mi tío trabajando en las vigas de la casa. Por detrás de él, sin que él me viera, le di un violento golpe en la cabeza y lo arrojé desde arriba. Pensé que había muerto.

Pero no. La conmoción y el miedo lo dejaron mudo y estúpido. Lo dejé vivir y luego me casé contigo. Fue entonces cuando la mano de Dios me esperaba...

En cuanto a lo que sucedió en la mina de oro, también voy a contarte. Cuando quise hacerme con el oro, vi a Esteban, aterrorizado. ¡Era su espíritu! Lo vi a pálido, con ojos vidriosos, levantarse a mi lado. Sus manos, apretadas, estaban agarrando con fuerza la bolsa de oro, tratando de sacármela. Me escapé como un loco, pero luego creí que todo era una alucinación y volví a la mina en tu compañía.

Y he aquí, de nuevo apareció el espíritu de Esteban y se apoderó de la bolsa, y una vez más caí al suelo. Te vi huir, pero no pude seguir tu ritmo porque los ojos de Esteban me clavaron en el suelo. Y Esteban luego se acercó a mí; un aliento desagradable, helado, nauseabundo, un olor a podrido me ahogaba. Una llama azul oscuro parecía oscilar alrededor de su rostro pálido y cadavérico. Y le oí decir:

## La Venganza del Judío

*"Estarás conmigo mañana y juntos veremos y distribuiremos el oro."* Entonces perdí el conocimiento.

Tras la narración de André, Marta, llena de horror, quiso levantarse y huir, pero le fallaron las fuerzas y se desmayó. Gracias a los buenos cuidados de la negra, Marta pronto se recuperó, pero André ya estaba muerto.

Marta abandonó apresuradamente el lugar de la desgracia, pronto después del entierro. Y regresó a la ciudad donde había vivido antes de su segundo matrimonio. Sus pensamientos eran tortuosos. Marta comenzaba a temer el dinero recibido del banquero. Fuera la mujer del asesino de Esteban, y eso la hizo temblar. Fue el remordimiento lo que sintió Marta. Remordimiento y pavor. En las desgracias que la lastimaron, Marta llegó a ver el castigo de Dios.

El sufrimiento fue horrible. Sin saber qué hacer, vendió todo y tomó el camino a Nueva York. Allí, creía, lejos de las desgracias de este maldito lugar, viviría para su hija y recuperaría la calma.

En la segunda noche de la travesía se produjo otra desgracia: otro barco, que venía en sentido contrario, se estrelló violentamente contra el que estaba Marta. Pero con tanta violencia que zozobró en pocos minutos. Pocas personas se salvaron, incluida Marta, pero su pequeña se ahogó.

De todas sus pertenencias, solo tenía un pequeño bolso de cuero, que, por instinto, se había deslizado alrededor de su cuello en el momento del siniestro. En él estaban sus documentos de identificación, así como el dinero para el viaje y algunas joyas que había recibido de Valéria durante el tiempo que había trabajado para ella y como recuerdo de despedida.

## La Venganza del Judío

Moralmente derrotada y enferma, Marta había cogido un peligroso resfriado en la horrible noche del naufragio. Fue ingresada en un hospital tan pronto como llegó a Nueva York; se encontró inflamación en los pulmones y los intestinos. No murió, pero estaba mal de salud. Una debilidad invencible, acompañada de estupor, socavó rápidamente su vida. Acosada por el remordimiento, Marta pidió la presencia de un sacerdote, confesándole todo. El sacerdote, brusco y de la clase fanática, se sintió abrumado por el horror, solo al pensar que un niño cristiano había sido entregado a la perdición espiritual, en las manos infieles de un judío, y él puso ante Marta, con sus amenazas, las llamas del infierno, y el castigo eterno, si ella no pagaba por su crimen con una confesión a los padres del niño, y resolvía dar solo le dio la absolución después que ella hubiera jurado, sobre la cruz, que iría inmediatamente a Pesth.

El propio sacerdote le proporcionó el dinero que necesitaba, la instaló en el barco y, aunque ella se opuso, le envió una carta al padre Rothey, de quien Marta había hablado, en el que, aludiendo al secreto, le pidió que interrogara a la criminal y le arrancara la confesión de un crimen atroz e inconcebible.

Marta desembarcó en Bremen con el alma y el cuerpo destrozados.

Sin perder el ritmo, se dirigió hacia Pesth. Ella anhelaba ahora por recibir todo castigo humano, para evitar la perdición eterna de su alma.

## 8.– NEMÉSIS, LA DIOSA DE LA VENGANZA Y EL CASTIGO
(Según la mitología)

Principios de mayo. Hermosa mañana; los rayos del sol, descendiendo sobre las rosas en flor, colocadas en los escalones de la terraza cerca de la habitación de la Princesa de O., proyectan sus caprichosos resplandores sobre las dos jóvenes que, descansadas en un diván protegido por un toldo de seda a rayas, charlaban animadamente.

Antonieta, aficionada a los paseos matutinos, vino a visitar a su amiga. Sabía que estaba sola, ya que Raúl, desde la reconciliación, había vuelto a ocupar su puesto en el Regimiento y no regresaba de allí hasta pasada la una de la tarde.

– ¿Y no tienes miedo de dejar a tus hijos en el campo durante dos días? – Preguntó Valéria –. Rodolfo no esperaba tu regreso, porque apenas ayer por la mañana me dijo que planeaba esperar su salida hoy y reunirse contigo el jueves.

– Yo misma vengo a buscar a mi dueño y señor para que ningún amigo lo retenga – dijo Antonieta en tono burlón –. En cuanto a mis hijos, no tengo nada de qué preocuparme: señorita.

## La Venganza del Judío

Ribot es una excelente criatura, sabe cuidarlos como yo lo haría; vine, pues, a pasar el día a tu lado. Vendrá Rodolfo: aquí, almorzaremos todos juntos y, por la tarde, saldremos para el campo, solos, como recién casados...

En ese momento entró el aya, trayendo al pequeño Raúl. Era un niño encantador, blanco y muy rosado. Los grandes ojos negros parecían aterciopelados. El cabello castaño era espeso.

Antonieta la tomó en sus brazos mientras Valéria preguntaba:

– ¿Sabes, Margot, si Amadeo está estudiando las lecciones?

– Sí. El principito y su profesor están en el pabellón gótico; quien llevó los cuadernos y los libros de Su Alteza fue Juan.

Valéria tomó una canasta de cerezas de la mesa y dijo:

– Lleva esta canasta al pabellón, Margot, y dile al señor Landri y a mi hijo a quien les envío como regalo para comer entre lecciones.

Margot, cesta en mano, acompañada de Raúl, se alejó.

– Ese niño blanco y rosado, es una fotografía; en miniatura, de Raúl – dijo Antonieta, riendo –. Mira, Valéria mía, que ahora solo amas a tu marido, y que tus pensamientos no estaban en otra parte cuando el chico vino al mundo.

Valéria sintió que se sonrojaba mucho.

– ¡Alabado sea Dios! – Ella respondió –. Francamente, yo no sabría realmente por qué crimen es que todos los representantes del nombre de los Príncipes de O. estarían condenados a tener el tipo judío; ¿No es suficiente que Amadeo degeneró?

## La Venganza del Judío

– No te enojes, hada. Degenerado, no... No seas injusta. Amadeo es magnífico, sí, y llegará a ser tan bello y peligroso como el original, del que es una copia fiel; Pero, Valéria, ¿sabías que me encontré a Maier anteayer? Tuve la impresión que iba a Rudenhof. Nos saludamos. Lo saludé primero para demostrarle que me importaba. Lo encontré demacrado, cambiado, triste, muy cansado. Y pálido.

– Pobre Samuel. ¡Sin desearlo, envenené su vida! – Exclamó Valéria, con un triste asentimiento.

Y la conversación se volvió hacia el pasado. Las dos amigas evocaron muchos pasajes algo olvidados de los que Samuel había sido el héroe.

Pasos ligeros y pesados, acompañados del tintineo de las espuelas, interrumpieron a las dos muchachas.

– Buenos días señoritas. Una casualidad, por cierto feliz, me liberó más temprano de lo que pensaba – dijo Raúl, besando gentilmente la mano de su cuñada.

Luego se sentó junto a su esposa y la abrazó suavemente.

– ¡Todavía con ropa de servicio! ¡Espada, revólver y otros dispositivos destructores! – Dijo Valéria riendo.

Y le quitó la gorra a su marido y pasó la mano por el cabello húmedo que el sudor había pegado a su frente.

– Es solo que tenía tanta prisa por verte. Rodolfo me acompañará y lo esperaremos para almorzar.

– ¡Excelente! – Respondieron las dos jóvenes.

– ¡Otra cosa! – Prosiguió Raúl –. Imagina que yo, por salir del coche, vi a una mujer de luto discutiendo con el portero. Cuando me vio, se acercó a mí y me pidió una entrevista privada.

## La Venganza del Judío

Ella me dijo que era un secreto importante. Al principio no entendí nada y quise darle una moneda. Luego me dijo que se llamaba Marta, tu camarera. No quería ayuda, solo una entrevista. Tenía una seria revelación que hacer. Hice que la llevaran a mi oficina, donde me espera. Ven, entonces, a escucharla. ¿No quieres?

– Marta, esta fiel criatura, que tan bien me sirvió, y que se fue a casar, ¿qué va a tener que decirnos? – Exclamó la Princesa sin entender nada.

– Bueno, oigámosla – dijo Raúl, levantándose –. Me parece que ha tenido algunos ataques de nervios. Debe estar muy enferma – Cuando, acompañados por el Príncipe, entraron al gabinete, Marta se acercó respetuosamente a saludar a sus antiguas amas. Parecía exhausta, agotada.

– Mi pobre Martha, ¿qué te pasó? – dijo Valéria, extendiendo la mano y mirándola con expresión de lástima.

– Soy, mi señora, un muerto en vida, muy indigno de su amabilidad, Princesa. Finalmente, Dios me permitió vivir lo suficiente para confesar mi culpa y aliviar mi conciencia.

– "Nos robó algo" – pensó Raúl sentándose cerca del escritorio –. Habla, buena mujer, y sin miedo, que pesa en tu conciencia – agregó en voz alta, tomando el revólver que colgaba de su cinturón y acercándola.

Martha quería hablar. Sus labios temblorosos simplemente se movieron, con sonidos incomprensibles. Sus piernas cedieron, se tambaleó.

– Siéntate aquí y cálmate – dijo amablemente Raúl –. Cualquier cosa que tenga que decirnos, la juzgaremos con indulgencia.

## La Venganza del Judío

Y sabremos guardar el secreto. Así que habla con la mayor apertura; ¡tal vez incluso tu falta no sea tan importante como crees!

Hubo una breve pausa. Las dos jóvenes miraron fijamente a Marta. Raúl, molesto por la demora, tomó el revólver de su escritorio y comenzó a examinarla.

Marta se enjugó los ojos y, con dificultad, empezó a hablar.

– Mi difunto esposo, Esteban, era un sirviente de confianza en la casa del banquero Samuel Maier. En ese momento, no teníamos forma de establecernos. Pero una buena propuesta del banquero nos mostró que había posibilidades de tener un futuro independiente.

Los tres oyentes intercambiaron una mirada de sorpresa. ¿Por qué estaba el nombre de Samuel en esta confesión?

– ¡La odiosa propuesta del señor Maier! ¡Pero nos pagó en moneda de oro! – Continuó Martha –. Grande fue la tentación de ganar el dinero, y terminamos coincidiendo con Maier. Pero Dios es justo, y ahora soy un mendigo triste, en agonía, que viene aquí a confesar su horrible crimen...

Y la voz de Marta se perdió en un gran sollozo.

– Pero sigue, desgraciada; ¿qué hiciste con el maldito judío después de todo? – Preguntó Raúl, impetuoso.

Los tres oyentes ya no dudaron de la importancia de la revelación; una agitación febril se apoderó de todos. ¿Qué sabrían ellos?

– La víspera del día en que la señora Princesa dio a luz a su hijo mayor – continuó Marta, perfilándose hacia la Baronesa – Maier también se convirtió en padre de un hijo. No sé por qué, pero el banquero quería cambiar a los niños. Una

## La Venganza del Judío

tarde, estaba sola mirando a Su Alteza, cuando el banquero, con su hijo, en la terraza, me llamó. Y le di a cambio el Principito, cuyo lugar fue ocupado por el pequeño judío.

Siguió un momento de silencio espeluznante y sofocante.

Raúl se estaba asfixiando. El recuerdo se desarrolló en su mente de las grandes torturas morales que siguieron a la traición; sus injustas acusaciones contra Valéria; y su hijo heredero robado por una mujer miserable, ¡mientras educaba y acariciaba al judío...!

Raúl sintió que un torrente de sangre subía a su cerebro, oscureciendo su visión.

– ¡Ladrona! ¡Infame! ¡Muere como debe morir un perro! Fueron las palabras que se le escaparon.

Y, levantando el revólver que tenía en la mano, disparó contra el pecho de Marta.

En la súper emoción en la que todos estaban, nadie había escuchado los pasos de un niño, que venía de la habitación contigua. Ni siquiera se habían dado cuenta que Amadeo levantaba la cortina y gritaba alegremente:

– ¡Papá, he terminado!

Cuando Marta vio el cañón apuntando a su pecho, instintivamente se movió hacia su lado derecho y la bala había entrado en el pecho del niño.

Amadeo se derrumbó sin dejar escapar un gemido. El Príncipe, lívido, se levantó; el niño, en un mar de sangre, se agitó débilmente.

En ese instante, Raúl se olvidó de todo lo que había escuchado; solo vio al pequeño ser, que se había acostumbrado a amar y acariciar con orgullo paternal. Arrojando el revólver aun humeante al suelo, se arrojó sobre el niño, lo levantó y lo apretó convulsivamente contra su pecho, repitiendo entre lágrimas.

– ¡Amadeo, querido! ¡Despierta! ¡Dios de misericordia! ¡No pude matarlo!

Tras el momento de asombro, Antonieta, con un esfuerzo, se levantó, mientras su amiga aun estaba inconsciente. La explosión alarmó el palacio; la oficina comenzaba a llenarse de sirvientes, todos asombrados. Temiendo que el personal se enterara de la verdad sobre el hecho terrible, la Condesa, en un abrir y cerrar de ojos, ordenó a los criados que se fueran.

Valéria fue llevada a sus habitaciones; Marta, se puso en cuclillas, todo temblorosa y sobresaltada, fue confiado a Elisa, la fiel sirvienta de la Princesa.

Entonces, acercándose a Raúl, Antonieta lo convenció, dulcemente para llevar al niño al dormitorio, donde podrían examinar la herida.

Para evitar preguntas, Antonieta explicó al grave criado del Príncipe que, por una infortunada casualidad, el revólver había disparado mientras Raúl la examinaba. Y luego le ordenó que fuera inmediato a llamar al Dr. Walter y pedirle al viejo amigo de la familia que no se demore. Y que, entonces, también llamaría al sacerdote Rothey.

Hecho esto, Antonieta volvió a la cabecera del niño. Raúl, en un sillón, estaba triste y desesperado. La joven desnudó al niño, le lavó la herida. Aplicó un paño húmedo. cuando hubo terminado poniéndole el primer vendaje, Rodolfo apareció en la puerta, pálido y sobresaltado.

– ¡Gran Dios! ¿Qué sucedió? No entiendo nada sobre lo que me dicen los criados – exclamó el Conde, caminando ansioso hacia su esposa.

## La Venganza del Judío

– ¡Silencio! – Dijo Antonieta –. Ven conmigo a la habitación de al lado y te contaré lo que pasó.

– ¡Infeliz Raúl! – Murmuró el Conde, acompañando a su esposa. Al enterarse de la confesión de Marta y lo que siguió, el Conde apretó el puño y dijo con los dientes apretados:

– ¡Y sigues diciendo que el judío no siempre es un sinvergüenza! ¿Ah?

¡Traidor ladrón de niños! ¡Pagarás caro tu traición! ¡Pobre Raúl! Yo también habría hecho lo mismo. Pero es triste que el niño sea el que sufrió... Pobre Raúl. Después de siete años, considera a este niño como su hijo... ¡Todo es horrible!

Con la llegada del Dr. Walter, terminó la conferencia de la pareja. Al conocer toda la verdad, el médico profundamente conmovido se acercó a la víctima inocente.

Rodolfo, a su vez, se acercó a Raúl y le estrechó la mano con fuerza.

– Mi pobre amigo, mi hermano, ten el coraje que todo no se pierde. El niño vive, debe salvarse a sí mismo. Pero no debes asistir a la curación. Ven conmigo a Valéria. No debes abandonarla en este momento.

El Príncipe se dejó llevar, mecánicamente, a las habitaciones de la Princesa.

Valéria aun estaba inconsciente. Y Raúl, ahora poseído por un ataque de desesperación, se tiró sobre un diván y lloró convulsivamente.

En la habitación contigua apareció Elisa desfigurada. Ayudando al Conde, le dijo que Marta, en cuanto llegó a su habitación, había tenido un síncope y cuando recuperó le dijo que sentía que se estaba muriendo.

## La Venganza del Judío

El chambelán Francisco había llegado finalmente con el padre Rothey. Y en ese mismo momento fue a ver, acompañado del cura, a la pobre moribunda.

El Dr. Walter continuó examinando al niño. Un pliegue profundo delató su preocupación.

– ¿Entonces, doctor? – Preguntó Antonieta, con el corazón apesadumbrado. Este último negó con la cabeza.

– En mi opinión, el caso está perdido. No puedo darle ninguna esperanza. Sin embargo, no tendré la última palabra sin antes obtener la opinión de un cirujano. Llame de inmediato a mi yerno, el Dr. Stocker, que es especialista en cirugía, a mi residencia. ¡Con urgencia!

Llorando, Antonieta ordenó a un sirviente que fuera lo más rápido posible. Luego regresó a la cama donde el niño aun estaba postrado. De vez en cuando tenías la impresión que estaba muerto, la respiración parecía detenerse.

– Pobre Amadeo – susurró, besando la frente húmeda y la manita del niño –. ¿Por qué deberías sufrir por lo inocente que eres? – Pero las lágrimas no la dejaron seguir. El médico; sin embargo, dijo, frunciendo el ceño:

– Es de esperar que el verdadero criminal no escape al castigo que se merece. ¡Este padre desnaturalizado encontrará en una prisión la oportunidad de reflexionar sobre su odiosa acción!

– Se lo merece. Pero siento lástima por él – dijo la Condesa –. Conozco bien a Maier, sé que es impulsivo, pero no es malo. Lo que no puedo entender es el propósito de su terrible acción.

Poco después llegó el Dr. Stocker. Examinó al pequeño herido y, después de una breve conferencia con su suegro, declaró que la herida era fatal, pero para aliviar un poco al paciente fue necesario extraer la bala.

Con su peculiar coraje, Antonieta declaró que quería ser asistente de los dos médicos. Entonces, sin dudarlo un momento, tomó al pequeño herido y ofreció el vendaje a los médicos, pero cuando el niño salió de su letargo, gimió, retorciéndose, y su mirada, posada en Antonieta, pareció preguntar por qué sufría tanto.

De repente, Antonieta exclamó:

– ¡Está muerto!

Y se lanzó sobre Amadeo, que, con los ojos cerrados y los labios entreabiertos, se había derrumbado sobre las almohadas.

El médico; sin embargo, dijo con calma:

– No, mi señora, se acaba de desmayar y creo que sobrevivirá a la noche.

Y el Dr. Walter apartó a la Condesa de la cama.

– Dormirá y eso le aliviará el dolor. Y ahora, mi señora, será bueno que descanse también. Mi yerno cuidará del paciente. Vuelvo con el Príncipe y su esposa. ¡Pobres criaturas! ¡Qué desgracia les sucedió...!

Abatida en cuerpo y alma, pero comprendiendo que debía mostrarse enérgica y valiente, Antonieta se dirigió al despacho de Raúl para descansar. Fue entonces cuando vio, todavía en el suelo, el maldito revólver. Horrorizada, lo recogió y lo colocó en un rincón oscuro.

– No quiero que Raúl vuelva a ver esa maldita arma – murmuró, recostándose en un sofá.

## La Venganza del Judío

La entrada de su marido la sacó de su letargo. Entró desfigurado. Se sentó junto a la mujer y se desabotonó el uniforme.

– ¿Qué tienes, Rodolfo? ¿Le pasó algo a Valéria?

– No. Valéria ha vuelto en sí. Y su primera palabra fue: ¡Raúl! Luego pidió noticias de Amadeo. La dejé en los brazos de su marido y ambos están al cuidado de Walter. ¡Esta historia me marea! La muerte de Amadeo es una fatalidad. ¡Pero es necesario presentar una acusación contra Maier! Y arrestarlo. ¡Ah! ¡He aquí, llega el padre Rothey! ¡Buenos días, sacerdote! ven a participar en nuestra discusión. Por supuesto, ya conoces la tragedia que esta casa acaba de ser el escenario.

El anciano sacerdote asintió y se permitió caer en un sillón. Se secó la frente con mano temblorosa. E informó que Marta acababa de expirar.

– Ella murió. En cuanto a ti, ¿estás pensando en reclamar al niño secuestrado?

– Eso creo, padre. ¡No dejaré impune una infamia así! Esta tarde presentaré cargos y exigiré que arresten a Maier. ¡Quiero ver a este judío insolente encarcelado en una prisión! Sus cómplices fueron liberados por la muerte; ¡pero Maier pagará por todos ellos!

El sacerdote, en voz baja, respondió:

– Tu odio y deseo de venganza son inútiles y no son buenos para un cristiano. He sabido desde hace mucho tiempo sobre el intercambio del niño, de todo lo que motivó tal odio tuyo. Pero no participaré en el juicio en un tribunal de hombres.

Esta repentina revelación del sacerdote hizo que el Conde se pusiera de puntillas. Sus ojos ardieron.

## La Venganza del Judío

— ¿Lo sabías todo hace mucho tiempo y guardaste silencio sobre tal sacrilegio? ¿Entonces Maier te reveló todo y tú no me dijiste nada? ¿Y se niega a testificar contra el judío, usted es un sacerdote cristiano? Pero no importa, padre; ¡acusaré a los infames! Mi esposa es testigo y otros testigos encontraré...

— No te corresponde a ti enseñarme mis deberes – respondió el sacerdote con calma –. Si predicara el odio y la venganza, entonces hablaría. Estás agotado, Conde. Pero sigue mi consejo, recupera tu sentido común antes de tomar cualquier decisión, sopesa bien las consecuencias, perseguir al banquero es un arma de doble filo que correas del dobladillo. Además, no olvides que, al promover el caso contra Maier, al mismo tiempo estarás sacando a la luz su pasado. Asuntos más íntimos, el humillante compromiso con Maier, se desarrollarán ante las miradas indiscretas de la gente. Tu nombre y el de Raúl, la memoria de tu padre, el honor de Valéria, todo se contaminará con tal proceso...

A estas palabras del cura, Rodolfo se puso pálido. Se había vuelto a sentar y ahora tenía la frente empapada de sudor. Sí, el cura tenía razón. Ciertos asuntos privados no debían salir a la luz pública... Comprendiendo que Rodolfo meditaba, el cura suspiró aliviado.

— Percibo con alegría, hijo mío, que vuelve tu calma – dijo, estrechando la mano del Conde –. Pero hay otro aspecto de la pregunta. La muerte del niño Amadeo agravó aun más la situación de Raúl. Tan criminal como es el banquero, puede devuelve el hijo de Raúl, sano y salvo, pero no puedes devolverle al banquero nada más que un cadáver...

La entrada del Dr. Walter interrumpió la conversación.

## La Venganza del Judío

– Vamos, padre, el médico lo sabe todo – dijo impaciente Rodolfo –. Y tú, querido Walter, ¿puedes quedarte callado ante un crimen que es de Maier?

El padre Martincito volvió a hablar. Recapituló lo que acababa de decir y finalizó destacando que este proceso sería un escándalo para ambas familias.

El médico había escuchado con atención todo. Se volvió hacia Rodolfo y, en voz baja, dijo gravemente:

– Acepto plenamente la opinión del sacerdote. Es justo. El Príncipe tiene un segundo hijo. Puede, si quiere, tener más. Ellos son jóvenes. Por tanto, se excluye el caso de extinción de la raza. En cuanto al chico secuestrado, es el Barón de Válden, millonario, y no tiene nada que perder, pero su título, porque no representa nada en el sentimentalismo de familiares que nunca lo han visto.

Antonieta, pálida y temblorosa, escuchó todo sin derrumbarse. Simplemente siguió los ojos de su marido, que estaba inquieto, paseando de un lado a otro. De repente se detuvo y dijo:

– ¡Hay una cosa en la que ninguno de ustedes ha pensado! Asumiendo que yo esté de acuerdo con todos ustedes, ¿pueden suponer que Raúl consienta en sacrificar a su hijo, su hijo mayor, para entregarlo a este malvado, que quizás lo robó, para vengar en él las ofensas ajenas?

– No, no – gritaron al mismo tiempo la Condesa y el padre Martincito.

Y luego el sacerdote agregó, con fuerza:

– En mi palabra de honor les aseguro que Egon está feliz, rodeado de amor y cuidado; ama al banquero como un padre. Maier, el pobre, se dejó arrastrar por sus pasiones a un crimen

## La Venganza del Judío

que deplora y busca corregir. No sé si sabes que Raúl sedujo a la esposa del banquero y que una hija fue producto de esta conexión. Maier; sin embargo, recuperó a su esposa, a quien antes había repudiado, la perdonó y terminó adoptando a su hija, ¡a quien ahora cría como su hija! ¡Solo una naturaleza generosa puede hacer esto!

Mientras continuaba el violento debate, el Príncipe y Valéria miraban junto a la cama de Amadeo.

La dolorosa desesperación de Raúl había preocupado a Valéria. Y nunca sus corazones habían estado tan unidos, entrelazados, como en esta amarga hora de prueba.

– ¡Ah! ¿Cómo puedo vivir con el remordimiento de haber matado a un inocente? – Dijo el Príncipe con amargura.

– Querido, Dios sabe que esa no fue tu intención – respondió Valéria –. Y ahora, vayamos a Amadeo; no lo dejemos solo.

Y ambos se colocaron en la cabecera de la cama. Amadeo continuó con los ojos medio cerrados, dificultad para respirar, opresión. Raúl y Valéria acompañaron cada suspiro del niño, cuyo rostro, contorsionado por el dolor, ya reflejaba los signos de la muerte.

Valéria y el Príncipe ya no pensaban que Amadeo era un extraño, el hijo del hombre que tanto daño les había hecho; incluso olvidaban que su verdadero hijo estaba sano y salvo, en otra residencia.

Su amor y pensamiento se centraban únicamente en el niño enfermo, a quien trataban como verdaderos padres.

Y las largas y agotadoras horas de vigilia demostraron que el cariño recíproco entre el niño y ellos era mucho más sólido que, quizás, entre seres de la misma sangre...

## La Venganza del Judío

A las seis de la tarde, Amadeo pareció despertar de su letargo...

– ¡Papá! – Murmuró mirando al Príncipe, pero con una mirada llena de malestar y sufrimiento.

Esa mirada, como una apelación, atravesó el corazón de Raúl como una daga afilada.

– Aquí estoy, amado hijo mío – dijo, inclinándose más cerca. Y dos gruesas lágrimas ardientes corrieron por su rostro, vinieron a mojar la frente del niño.

– ¿Estás llorando, papá? No, no llores. No lo hiciste a propósito.

Y acarició la mejilla del Príncipe con su manita.

Incapaz de responder, Raúl acercó sus labios al rostro del niño.

– Tú también, madre, no llores – dijo Amadeo, extendiendo la otra mano a Valéria –. Esto no me duele tanto. Cuando me cure, prometo no volver a entrar en la habitación sin llamar –. Ahogando sus sollozos, Valéria lo abrazó tiernamente.

– Sí, te curarás, querido, y todos seremos felices; ¡pero qué caliente estás! ¿No tienes sed?

Después de beber, el niño volvió a entrar en letargo, pero este descanso fue breve.

– ¡Papá, papá, me asfixio! – Gimió, temblando.

Rápidamente, Raúl volvió a abrir las cortinas y abrió las contraventanas; y entró aire limpio, y los rayos del sol inundaron la habitación.

– Llévame a la ventana, papá, quiero respirar más aire y mirar el jardín – dijo el niño, extendiendo sus bracitos hacia su padre. Valéria buscó ayudar. Raúl levantó al herido y lo llevó,

## La Venganza del Judío

con cuidado, a la ventana. Amadeo contempló la vegetación, pero su mirada se cansó rápidamente. Sus ojos, abiertos de par en par, expresaron terror, y sus manos agarraron la túnica del Príncipe.

– ¡Mami, papi, ayúdenme, tengo miedo...! Todo se está oscureciendo – exclamó con voz débil.

Y una convulsión sacudió su cuerpecito; su cabeza volvió a caer, sus ojos se cerraron, sus manos perdieron la fuerza y se aflojaron por completo: ¡estaba muerto!

Como un borracho, Raúl, tambaleándose, acostó al niño en el sofá, junto al cual Valéria cayó de rodillas llorando en voz alta.

– ¡El médico! – Gritó Raúl.

Pero solo había dado unos pasos y todo se oscureció y Raúl se derrumbó desmayado sobre la alfombra.

Dos horas después, todos los miembros de la familia – además de Valéria, a quien el médico había llevado a su habitación – estaban reunidos en la sala mortuoria. Sentado en un sillón, Raúl estaba pálido, profundamente abatido.

– ¿Así que definitivamente decidiste no presentar una demanda? ¿No reclamarás a tu hijo? – Rodolfo preguntó con una expresión de pena y lástima.

– Sí. Mi decisión es irrevocable por varias razones: nunca llevaré el nombre de mi esposa inocente ante los tribunales, pero entre todas las razones, hay una imperativa: odio hacer de este pequeño cadáver el objeto de un escándalo. ¡Pobre Amadeo! Pagó con su vida el poco tiempo que disfrutó, sin saberlo, de nuestro cariño y de nuestro nombre. No tengo el valor, ahora, de negar al niño que, en ese momento de agonía, me llamó padre; que, en su inmenso amor de infancia, encontró esa sublime frase para perdonarme: "¡Papi, no lo hiciste a propósito!"

¡Solo con el padre indigno que repelió a su propio hijo, debo tener explicaciones!

Quiero preguntarle a Maier cuál es el final de su odiosa acción y mostrarle los tristes resultados. Padre Martincito, escríbale, se lo ruego, y le invito a que venga ahora. Pero no mencione los motivos de la invitación.

El sacerdote estuvo de acuerdo. Y dijo:

– Cuando llegue, lo presentaré por la segunda puerta del jardín, que abriré yo y donde esperaré su llegada.

Cuando recibió la escueta nota, un mal presentimiento se apoderó de Hughes. ¿Qué significaría una invitación así, a una hora tan avanzada y por un camino tan escondido?

Poniéndose el sombrero y la capa, el banquero caminó hacia el palacio de O. Cuando se detuvo en la pequeña puerta del jardín, se apoyó contra la pared y se secó la frente empapada de sudor.

Se asustó. Había pasado años antes por esa misma puerta, en el tremendo día del intercambio de niños. Todo fue revivido ahora en su memoria.

La pequeña puerta estaba entreabierta. Con un ligero empujón, la abrió. La cruzó y entró en un camino sombreado, que parecía desierto. De repente, apareció un hombre y, con sorpresa, reconoció a Rodolfo.

– Sígame, Señor – dijo rápidamente el Conde.

Y ambos caminaron hacia la casa, sin intercambiar una palabra. Hughes no dudaba que le aguardaba una terrible expiación.

## La Venganza del Judío

Subiendo las escaleras, a través de una serie de habitaciones solitarias, tenuemente iluminado. Finalmente, el Conde se detuvo frente a una cortina.

– ¡Adelante!

Inquieto y pálido, el banquero obedeció: ahora estaba en una gran habitación, al final de la cual había una cama con dosel, y en la cama, en la pared, un gran crucifijo de plata. A la cabeza, Raúl, de pie con el padre Rothey y Rodolfo, que acababa de acercarse, detrás de él.

El banquero dio unos pasos hacia el Príncipe y se detuvo: los dos ojos se encontraron con una expresión indefinible. Ambos respiraron dolorosamente. Sobre la cama, una manta blanca parecía cubrir un cuerpo pequeño.

De un golpe, Raúl se inclinó y levantó la tapa, diciendo:

– ¿Ves a tu hijo y ahora dime si estás satisfecho con el resultado de tu venganza, hombre desnaturalizado?

Hughes, con los ojos muy abiertos, miró aterrorizado al niño, cuya camisa, entreabierta, dejaba al descubierto su pecho herido. Un gran horror se apoderó del banquero y le hizo temblar el cuerpo: la carita pálida del hijo renegado era la imagen del suyo. La cabeza le daba vueltas: la sangre le zumbaba en los oídos, oscureciéndole los ojos. Con un gemido bajo, se dejó caer de rodillas junto a la cama y su cabeza se inclinó pesadamente sobre la mano helada del chico.

Raúl miró al banquero con un extraño sentimiento de horror y compasión. Vio en el banquero un infierno de remordimientos; y estaba convencido, una vez más, que la mano implacable de la Justicia Divina sabe llegar al orgulloso pecador y, llegado el momento, derribarlo en el polvo, como un roble derribado por la tormenta.

## La Venganza del Judío

"No hagas a los demás lo que no quieras que te hagan a ti", dijo el gran Misionero, que conocía tan bien el corazón humano.

Y Raúl recordó, en esa ocasión, su entrevista con Hughes, frente del busto de Allan Kardec. Sí, entendió ahora sus palabras entonces. ¿Ahora no sería el momento de probar que la obra del gran Codificador del *Espiritismo* no había sido inútil, que al menos dos de sus discípulos dominaron las bajas pasiones, para proceder de acuerdo con la maravillosa Doctrina de los Espíritus?

"¡Sin caridad no hay salvación!"

Esta máxima abandonó sus labios casi involuntariamente. El banquero la escuchó y, como movido por un resorte, se puso de pie, pasando sus manos por su espeso cabello. Sus ojos brillaban. Dio dos pasos hacia Raúl y, con voz dolorida, pero firme, dijo:

– No merezco ni quiero tu caridad, Príncipe. Yo prefiero el encarcelamiento y la deshonra a tu generosidad hacia el odiado judío. Quiere perdonarme simplemente porque le teme a la publicidad; recurrir al crimen, te da vergüenza mostrar al público las miserias y las locuras de una familia aristocrática. Entrégame ahora a la justicia de los hombres, de lo contrario me presentaré a sufrir los castigos de mi crimen. Si no fuera por la certeza de la vida más allá, habría acabado con mi vida: ¡un tiro en la oreja!

Y el banquero prosiguió:

– Llamasteis a mi venganza insensata e incomprensible; pero le debo a usted, que inspiró el crimen, una explicación. ¡Pues bien! En esa hora fatal en que me insultaste, no me diste una explicación porque solo veías un judío en mí. Sí, crees que un judío no merece ni la más mínima consideración. Y yo

## La Venganza del Judío

entonces ¡juré venganza! Antes, murmuraba, aunque me hubieras robado todo: la felicidad, la amada mujer, a la que compraste, como yo, pagando las deudas de los condes de M... ¡Pues bien! A tu orgullo de raza y al desprecio que me arrojaste en la cara, quise responder de manera brutal, quise responder de tal manera que rompiera tu corazón, y tu orgullo. Le robé a su hijo para convertirlo en un auténtico judío, usurero, sórdido, irreligioso, y luego se lo entregaría y le diría: "Mira, aquí está tu verdadero hijo: ¿es o no un verdadero judío?"

Después de eso deseé... – el banquero se rio sardónicamente –. Pero ¿de qué sirve la voluntad de un hombre frente a las decisiones del destino? Y mi sueño de venganza se fue deshaciendo, poco a poco, dejándome solo remordimiento. Abatido por la suerte, me resigné y aquí estoy para pagar mi deuda con la venganza humana. Ahora, me explíqueme, pregunto: ¿Qué significa este cadáver, esta herida horrenda? ¿Qué has hecho con mi hijo? Al tuyo he amado y cuidado, hermoso y fuerte; puedes retomarlo; puedes acusarme y castigarme, pero contra la vida de este niño inocente no tuviste ninguno derecho a prestar atención.

Ahogado por la emoción, Hughes se detuvo... Raúl, con una mezcla de horror y admiración, lo había escuchado todo. Las últimas palabras del banquero dejaron su rostro pálido.

Pasándose una mano por la frente, luchando por mantener la calma, Raúl respondió:

– Lamento profundamente todo lo que ha sucedido. Tu, Maier, bueno sabes que lo amaba como a un hijo. La bala iba dirigida a Marta, tu miserable cómplice que acababa de revelar la verdad. Un accidente fatal trajo al niño a la puerta justo cuando yo disparaba el arma. Amadeo expiró en mis brazos y su última palabra fue: "Papi." ¡Y el pensamiento que murió por mi mano me rompe el alma!

## La Venganza del Judío

Ya no estoy orgulloso de mi raza, como me acusaste hace un rato. Solo me quedó el cariño por el chico, al que siempre consideré como hijo. En cuanto a ti, no te denunciaré porque no tienes derecho a empañar la memoria del padre del que una vez amaste y tu venganza casi destruye la vida y el honor, porque creí que Valéria me había traicionado: solo las súplicas de mi madre moribunda salvaron a los inocentes de un divorcio escandaloso. Si quieres pagar un crimen, lo puedes hacer aquí mismo en el mundo, incluso mejor que en una cárcel: dedícate al niño, dale todo tu cariño, haz del Príncipe de O. que bajo el título de Barón de Válden, un generoso, buen hombre, de honor, un hombre de corazón, haz de él un ser caritativo y útil a la sociedad, y así habrás pagado tu deuda con la justicia celestial y también con nosotros.

– ¡Dios te acaba de inspirar! – exclamó alegremente el padre Rothey –. Ambos acaban de experimentar los excesos a los que conducen las pasiones indómitas; sabes cuantas lágrimas y sufrimientos ambos infligidos a la amada mujer. Aprovechen la oportunidad, mis queridos hijos, para poner fin a sus disputas de inmediato. Hacia esta víctima inocente, que es Amadeo, une las manos y perdónate desde el fondo de tu corazón.

El cura no esperó respuesta y tomó las manos de los hombres y se unió a ellos por un momento en el pecho helado del muerto.

Ni el banquero ni Raúl resistieron: ambos estaban cansados de tanto odio y querían descanso, paz, tranquilidad.

Raúl se inclinó hacia Amadeo y le besó la frente pálida. Y porque dio paso a Hughes, quien, con el corazón ahogado, apretó los labios contra la boquita. Era la primera y última caricia que le daría a su hijo.

La Venganza del Judío

Entonces el banquero se levantó y se acercó a Raúl, quien estaba hablando en voz baja con Rodolfo y su esposa.

– Reconozco, Príncipe, tu generosidad y te agradezco por ello – dijo emocionado. Y tú, Conde, perdóname también si en la irritación del momento dije algo que pudiera ofenderte.

Rodolfo hizo una reverencia en silencio; en cuanto a Antonieta, le tendió ambas manos.

– Y ahora déjame retirarme por el jardín, como vine. Estoy agitado y no deseo encontrarme con ninguno de sus empleados.

– Ven, hijo mío – dijo el padre Rothey –. Yo te guiaré –. Ambos salieron de la sala mortuoria.

En el jardín, el banquero dijo:

– De aquí me iré solo, padre Martincito; conozco el camino – Y Hughes se despidió del cura.

Con el corazón apesadumbrado, el banquero se acercó a la terraza, lleno de recuerdos. Pero de repente Hughes se sorprendió:

A la luz de la luna, acababa de ver una figura femenina apoyada contra la balaustrada, con la cabeza entre las manos. Su largo cabello rubio estaba extendido sobre una bata blanca y una compresa le bordeaba la frente.

– Valéria – exclamó casi involuntariamente. La joven se levantó, sobresaltada, en presencia de su ex prometido.

– ¡¿Tú?! ¡Qué imprudencia! ¿Y si te ve Raúl?

– Tranquilízate. Ya no somos enemigos. Tu marido te lo contará todo. Y como el azar me pone frente a ti, Valéria – se acercó y su mirada enérgica se hundió en la de la Princesa – di si puedes perdóname por todo el daño que te he hecho con mi rabia ciega –. Valéria alzó sus hermosos ojos azules hacia el rostro pálido del banquero; la compasión y el dolor se apoderaron de su alma.

– Que Dios te perdone como yo lo hago desde el fondo de mi corazón – dijo, extendiendo su mano –. Si Raúl puede hacer las paces contigo, ¿qué puedo decir, yo, la culpable, cuya debilidad te llevó al mal? Le pediré a Dios todos los días que te dé fuerza, paz y felicidad y que me perdone por haberte hecho infeliz.

– Gracias, Valéria – murmuró el banquero, apretando la mano de la joven contra los labios –. ¡Oh! Si pudiera pagar tu felicidad con mi vida, ¡no lo dudaría!

Regresó de repente y, febrilmente agitado, tomó el camino que bajaba por el sendero que conducía a la pequeña puerta. Poco sabía él que el destino le había dado la oportunidad de cumplir su promesa.

Valéria se reclinó contra la balaustrada; el recuerdo de Hughes la perseguía; ¡sus ojos grandes, oscuros, ardientes, esa voz cuyo timbre velado tenía el don de hacer vibrar cada fibra de su corazón...! Valéria era consciente de amar a Raúl; sin embargo, ¡solo el nombre del banquero le causaba una angustia indescriptible!

– ¡Dios mío! ¿Cuándo se hará la paz en mi alma? ¿Cuándo disfrutaré del amor sin una mezcla de sentimientos similares? Cerró los ojos y apoyó la frente contra un jarrón de mármol. Tan profunda era su abstracción que no notó los pasos del Príncipe. Solo cuando la abrazó, levantó la cabeza.

– ¿Eres tú, Raúl? Qué pálido estás, querido. Cálmate, te pregunto: debes preservar tu salud para mí y para nuestro hijo. Eres inocente de la desgracia que nos hiere. ¿Quién te puede culpar?

– Mi conciencia. Me manché las manos con un asesinato.

## La Venganza del Judío

– ¡No! Dios juzga las intenciones. Siempre fuiste el mejor de los padres para Amadeo, a pesar de su rostro extraño.

– Mi Valéria, el remordimiento de mi injusta acusación contra ti me inspiró la indulgencia hacia Maier. Nos reconciliamos. Haz un esfuerzo también para perdonarlo.

– Lo perdoné, Raúl, acabo de ver al banquero, que pasó por aquí. Me pidió perdón. Percibí en él un remordimiento. Me dijo que hizo las paces contigo.

– Es verdad.

Y el Príncipe le contó a Valéria todos los detalles y las decisiones tomadas.

– Pero ¿qué dices? – Exclamó Valéria –. ¿Renunciar a nuestro hijo? ¿Se quedará entonces con Maier y nunca sabrá quiénes somos?

– Es mejor proceder así, querida. Tenemos que salvar el honor de tu difunto padre y también de Rodolfo. Para reclamar a Egon y reconocerlo oficialmente como un verdadero hijo, sería necesario entablar una demanda que, además de manchar nuestro nombre, destruiría a Maier ¿Quieres esto? Sé que no. Además, Egon ama, como me dicen con todo su corazón, al hombre que cree que es su padre. ¿Somos nosotros, a quienes nunca ha visto, algo para él? Es demasiado joven para comprender toda la tragedia. No puede reflexionar.

¿Estarías feliz si se lo quitamos a Maier? No, al contrario, sufrirías mucho. Inclinémonos ante la decisión de la suerte y busquemos la felicidad en Raúl, el hijo que tenemos.

## La Venganza del Judío

Valéria no respondió nada; con la cabeza apoyada en el pecho de su marido, lloró por ese último y doloroso sacrificio impuesto a su corazón de madre.

* * *

El fatal suceso que había sufrido la familia de O. conmovió a toda la ciudad de Pesth. Pero nadie sospechaba la verdad. Y los habitantes lamentaron sinceramente al infortunado padre, ahora transformado en el asesino de su propio hijo...

Una compacta multitud asistió al funeral. La gente llenó las calles. Y todas las miradas se posaron en el Príncipe, sintiendo pena por él.

Este último, pálido como un muerto, caminaba detrás del ataúd. Valéria, que estaba apoyada en su brazo, muy abatida, se esforzaba por no llorar.

En el palacio del banquero, en un pequeño salón, un hombre desfigurado y agitado estaba parado cerca de una ventana con las cortinas bajas. Su mirada febril recorrió la calle llena de curiosos para ver el funeral.

A medida que se acercaba la procesión, un temblor nervioso sacudió el cuerpo de Hughes, que se aferraba convulsivamente a las cortinas de terciopelo; y sus ojos buscaban a través de las contraventanas el diminuto ataúd, casi sumergido en las flores que cubrían a su renegado hijo.

Ella no vio eso, en uno de los balcones, la aya, ansiosa por ver también el imponente funeral había traído allí a Egon y

## La Venganza del Judío

Violeta, quienes, encaramados en una silla, miraban con curiosidad a la multitud y le hacían un millón de preguntas a su criada.

¿Fue casualidad o algún recuerdo lo que hizo que Valéria levantara la vista al pasar por la casa del banquero? Su mirada, que vagaba por la hilera de ventanas, se detuvo cuando vio dos cabecitas en un balcón.

– ¡Mira, Raúl! – Exclamó suavemente, apretando el brazo de su marido.

¡Mira ese balcón! ¡Nuestro hijo! ¡Es tu vivo retrato!

Raúl miró hacia arriba y miró con profunda tristeza al hermoso niño, su amado tesoro: y luego desvió la mirada sintiendo que su garganta se contrajo.

## 9.- EL PAGO DE LA DEUDA

Pasaron dos meses después de la muerte del niño Amadeo.

Tras el funeral, Raúl había obtenido una licencia de seis meses y, con su familia, se había instalado en la finca de su cuñado, invitado por Antonieta y Rodolfo, quienes buscaban aliviar el dolor de la desgracia que acababan de vivir.

El choque moral sufrido por Raúl había dejado huellas más dolorosas de lo que se había pensado al principio. Desde el fatal suceso, una extraña inquietud, un nerviosismo febril, habían amargado su existencia.

Nada le interesaba más; ahora vivía en meditación, solitario.

En vano Valéria y Rodolfo se esforzaron por distraerlo y así sacarlo de esa apática situación. Pero ni la compra de unos caballos, que tanto disfrutaba el Príncipe y le gustaba domar, había conseguido que Raúl volviera a su estado normal, aunque con el deporte había mejorado mucho.

El banquero también vivía en Rudenhof, junto a los niños; su vida también era tan solitaria, que lo habían visto solo una o dos veces, solo un simple saludo, rápido, por ambos lados, había sido un signo de buena vecindad. Y nada más.

Una mañana de julio, Raúl ordenó que dos de los caballos nuevos en un cabriole pequeño; y, solo, se fue a dar un

## La Venganza del Judío

pequeño paseo. Quería, una vez más, calmar al inquieto equipo antes de ofrecérselo a Valéria.

Ya estaba bastante lejos de la casa y estaba pensando en su regreso, cuando de la cuneta que bordeaba la carretera apareció de repente un mendigo.

Debió de ser sordomudo porque, gritando palabras inarticuladas, se arrojó sobre la tripulación agitando el sombrero; los caballos asombrados se lanzaron hacia los lados y, con asombrosa velocidad, cruzaron el campo. Sin esperar, Raúl soltó una de las riendas y ya no pudo sostenerla. El peligro era inminente. Pero equilibrándose Raúl intentaba detener el coche. Pero en vano. Al sentir la mano del conductor, los animales se desorientaron. Corrieron a voluntad, ahora directamente al lago cerca de Rudenhof, un gran lago de agua plateada, que ya aparecía en la distancia entre los árboles. Raúl tomó una decisión: si los animales no paraban, se tiraba del cabriolé con riesgo de romperse piernas y brazos.

A su vez, el banquero, aprovechando el frescor de la mañana, también había salido a pasear. Pensativo, caminó por un sendero que bordeaba el gran lago. Le encantaban estos lugares y muchas veces visitaba el islote donde había pasado las mejores horas de su vida.

Unos gritos de terror, venidos de cerca, lo atrajeron: se volteó y entonces vio, con asombro, un descapotable roto, que dos caballos, relucientes, arrastraban hacia el lago. En el cabriolé había un hombre de uniforme, naturalmente esperando el mejor momento para tirarse al suelo.

Hughes reconoció de inmediato al Príncipe e instintivamente recordó su última entrevista con Valéria, su promesa de defender su felicidad incluso a costa de su propia vida. Alcanzando el momento de cumplir la promesa, Raúl estaba en peligro de muerte; su deber era intentar salvarlo, sacrificando, si era necesario, su propia vida, que, dicho sea de paso, ahora estaba vacía y sin propósito: una carga.

Sin pensarlo más, buscó el camino y se arrojó contra los animales, con el sombrero en la mano, golpeó los ojos de uno, luego agarró la melena del otro. Sin esperar este obstáculo, los animales se detuvieron y se encabritaron; uno de ellos cayó, derribando al cabriolé. Raúl fue expulsado violentamente y perdió el conocimiento. Y el banquero, golpeado en la cabeza con una herradura, también cayó de bruces. Quería levantarse, pero perdió el equilibrio y rodó por la zanja.

Afortunadamente, algunos campesinos habían visto el desastre desde lejos. Corrieron y soltaron a los animales. Luego levantaron a los heridos.

El primero que volvió en sí fue Raúl. Sentía dolores internos y salía mucha sangre de su boca. Al reconocer a Hughes como su salvador, sintió una extraña emoción. Inmediatamente ordenó a dos campesinos que llevaran al banquero a su casa y le pidieran un vehículo en Rudenhof para él, Raúl. El hecho que Hughes no mostrara signos de vida asustó bastante al Príncipe.

El asombro de Valéria y Antonieta fue grande cuando Raúl, quien se había vuelto a desmayar, lo sacaron del vehículo, todo manchado de sangre. Los sirvientes fueron enviados inmediatamente a Pesth en busca de Rodolfo y médicos.

Luego de un minucioso examen, los médicos negaron con la cabeza y advirtieron a Rodolfo que, de confirmarse la lesión interna, la vida del Príncipe se vería comprometida.

Valéria vigilaba la cama de su marido día y noche. Se sintió abrumada por mil aflicciones. Su amor y devoción

## La Venganza del Judío

parecían estar en su apogeo. Sus pensamientos solo a veces se transportaban a Hughes, que había arriesgado su vida para salvar su felicidad, como había prometido; y ahora sufría solo y abandonado. Valéria sabía que el banquero estaba gravemente enfermo, herido en el hombro y la cabeza, y que después de un desmayo que había durado catorce horas, Hughes había caído en una fiebre alta y estaba entre la vida y la muerte. Valéria siempre tenía noticias de Hughes, ya que el Conde enviaba un mensajero a Rudenhof todos los días para traer noticias.

Al parecer, Raúl se estaba recuperando. Se las había arreglado para levantarse de la cama y caminar. Pero siempre sentía que algún órgano interno había sido golpeado. El dolor de pecho y espalda no se lo permitía. Y la sangre, a intervalos, reaparecía: y un insomnio desagradable no lo abandonaba, lo agotaba.

El Príncipe también tenía el mayor interés en el estado del banquero.

– ¡Si no fuera por su generosa dedicación, amigos míos, no tendría la suerte de volver a verlos! – solía decir.

Rodolfo siempre se dirigía a Rudenhof, pero el delirio no dejaba al banquero reconocer a nadie. Pero él también terminó mejorando. La razón ya se había vuelto hacia él, la curación completa parecía no tardar mucho.

Cuando Rodolfo se dispuso a hacer otra visita a Hughes, Antonieta declaró que también quería ir y expresar, ella misma, toda la gratitud de su familia al banquero.

Hughes dormitaba cuando el Conde y la Condesa entraron en la habitación. Pero el banquero pronto se despertó cuando la niña se acercó a la cama. Cuando vio a los visitantes, se sintió avergonzado: odiaba reciba la condescendencia de orgullosos aristócratas. Pero Antonieta le dio la mano, diciendo:

## La Venganza del Judío

– ¡Alabado sea Dios! ¡Está fuera de peligro, señor Maier!

Me enteré de tu mejora y quise acompañar a Rodolfo para agradecerte el inmenso servicio que nos has prestado.

Había tanta simpatía e interés en la mirada de la Condesa que Hughes se sintió desarmado de inmediato.

– ¡Muchas gracias! Que el Conde también acepte mi agradecimiento.

Pero que nadie vea ningún mérito en mí. ¿Qué cosa puede perder en su vida a un hombre inútil como yo, que en el fondo se cree un criminal? ¡Si no fuera espírita, ya habría terminado con mi vida vacía, sin un objetivo! Pero morir salvando a un hombre útil y amado como el Príncipe sería un suicidio muy agradable a Dios. Pero Dios no lo quería; sin embargo, estoy feliz de haber conservado al Príncipe por el amor de su esposa y sus seres queridos.

– ¡Ah! – Exclamó Antonieta de repente, secándose las lágrimas.

– ¡Pero tu heroica acción no podrá evitar una infelicidad, todos los médicos creen que Raúl, al caer, sufrió una lesión interna, muy grave, que tarde o temprano será fatal!

El banquero sintió que un leve rubor teñía de repente el rostro.

– ¿Y cómo recibió la Princesa la noticia de tal desgracia? ¡Es horrible!

– Ella no sabe nada – dijo Rodolfo –. De hecho, el propio Raúl aun desconoce su verdadero estado. Pero creo que sospecha al caminar muy abatido y pensativo. ¡Desvalido! Todavía es tan joven, es feliz, y pronto morirá... ¡Sin duda, es horrible...!

## La Venganza del Judío

Hughes, siendo de naturaleza vigorosa, entró muy rápidamente en convalecencia.

Rodolfo siguió visitándolo siempre, y juntos pasaron horas hablando. Y así, el Conde puede observar cómo el banquero y los hijos de su rival se amaban profunda y sinceramente, como padre e hijos. Rodolfo admiraba la paciencia inagotable con la que el banquero atendía a los juegos más pequeños de los niños, a sus deseos más insignificantes.

De hecho, el propio Rodolfo había cambiado mucho, en él ya no quedaba ni rastro del chico endeudado y lleno de sueños locos. El coronel, conde de M., era un hombre de treinta y tres años, muy metódico, sólido y padre de cuatro. La influencia benéfica de la vida doméstica y familiar, junto a una esposa honesta, había reaccionado en él de manera saludable, removiendo más de un defecto e incluso prejuicios que, para el joven oficial de antaño, parecían hechos de profunda importancia.

Gracias a este cambio interior radical, Rodolfo estaba ahora en capacidad de analizar al banquero con imparcialidad, viendo todos sus defectos, admitió sin embargo sus apreciables cualidades. Y así, un día, le dijo:

– Admito que he sido injusto contigo, Válden; pero nunca es tarde para reconocer los errores. Eres, sin duda, un hombre muy generoso, mientras que tu sangre oriental no te juega una mala pasada; ¡y tu interés en Raúl, así como la dedicación extrema a los niños, son sobre todo elogios!

Hughes no respondió. Pero sonrió y negó lentamente con la cabeza.

A diferencia de Hughes, la condición de Raúl empeoraba día a día. Después de varias conferencias, los médicos decidieron que el paciente debía partir hacia Niza, donde permanecería todo el invierno.

— ¡Pero díganme, señores, toda la verdad sobre mi situación! — preguntó Raúl con firmeza —. Soy un soldado, no le tengo miedo a la muerte. Pero recuerda que tengo intereses, situaciones que resolver, cuestiones importantes que necesitan ser aclaradas. Díganme, por tanto, sin restricciones, si crees que mi curación es posible...

— Su Alteza — respondió un viejo médico —, ya que usted lo exige, confieso que su estado es muy grave. Es difícil, muy difícil de curar. Pero la naturaleza tiene recursos asombrosos en su privilegiada edad. Creo que un clima templado puede hacer un milagro.

A esa respuesta, Raúl respondió con una triste sonrisa. Cuando estuvo a solas con Rodolfo, dijo:

— Ha llegado el momento, hermano mío, de prepararme para un viaje mucho más largo que Niza. Espero que me ayudes a arreglar todo, sin despertar la curiosidad y la atención de Valéria. ¡Pobre cosa! Sé que es difícil quitarle la esperanza en este momento. También podría recomendarle a Maier que me visite junto con los niños. Me gustaría abrazarlo y agradecerle, así como ver a Egon una vez más.

Conmovido, Rodolfo se comprometió inmediatamente a hacerlo.

Finalmente llegó el día de la partida. Entristecido, el Príncipe se sentó en la terraza: esperaba la llegada de Hughes y los niños. Raúl había perdido peso visiblemente y estaba muy cambiado; una palidez marcada y enfermiza cubría sus rasgos, y sus grandes ojos negros ahora tenían un brillo febril.

Valéria estaba ocupada con los preparativos finales para el viaje, cuando un carruaje se detuvo frente a las escaleras. El

## La Venganza del Judío

banquero bajó con los niños, y fue recibido por Antonieta. Y todos fueron a la terraza. Antonieta jaló a los niños para que los dos hombres pudieran hablar más libremente.

Raúl se levantó y, extendiéndole las manos, dijo:

– Agradecido por tu dedicación. Con alegría veo que estás restaurado y que tu noble acción no ha tenido consecuencias desagradables.

– ¡Príncipe! – Dijo Hughes, vívidamente conmovido –. No merezco gracias. Pagué una porción de gratitud al amable salvador de mi honor. ¡Pero, ay que no pude evitarle una enfermedad desagradable!

– Muerte, sí – respondió Raúl, moviendo la cabeza –. Pero este hecho nunca disminuye tu mérito. ¡El hombre solo tiene voluntad, pero la verdad es que Dios tiene nuestros destinos!

– ¿Para qué son esos pensamientos siniestros, Príncipe? Estoy seguro que lo superarás.

– No; bien sé que estoy condenado a muerte. Me lo dijeron los médicos. Pero ¿sería yo un espírita si temiera el pasaje que me llevará a mis amigos en el espacio? Afortunadamente todavía tengo tiempo para prepararme para tal viaje. Ahora, Barón, dígame si lo trajo: ¡Egon!

– Sí, lo hice, y a Violeta también. Los traeré aquí ahora.

– ¡Gracias! Pero ¿no parece una gran obligación amar y criar a estos dos niños extraños y servirles de padre de por vida?

– Nunca, Príncipe – respondió Hughes con vehemencia –. Para mí, estos dos niños representan un nuevo camino abierto por la Providencia para que pueda reparar y redimir mis fallas, que no son pocas. Escapé de la muerte, y esto refuerza esta convicción. Y, si realmente vienes a morir, allí en el espacio tu espíritu verá y juzgará mis acciones, en caso que rompa mi promesa. Mi cariño, todo lo que tengo es de estos niños. ¡Todo!

Raúl, sin contestar nada, le estrechó la mano; luego salió el banquero a traer a Egon y Violeta, que jugaban con los hijos de Antonieta. Los trajo a la terraza.

– ¿Ves a este señor, Egon? – Le dijo cariñosamente Samuel al niño – Es mi amigo y al que le debes respeto y cariño. Así que ve y besa su mano y no te avergüences.

El niño se acercó y, con sus ojos aterciopelados, miró fijamente a Raúl. Recordando la recomendación de su padre, tomó la mano del Príncipe y la besó.

Raúl se movió, acercó al chico hacia él y le besó la frente. Sí, era solo su hijo, su imagen en miniatura, línea por línea. Emocionado y agitado ahora, el Príncipe pasó una mano por el cabello rubio de Egon y lo miró con los ojos vidriosos por las lágrimas.

El niño notó los ojos húmedos de Raúl. Poniendo sus brazos alrededor de su cuello, preguntó de repente:

– ¿Por qué lloras y estás tan triste?

En ese momento apareció Valéria, vestida con ropa de viaje.

Estaba hermosa, encantadora, con su sombrero de terciopelo que resaltaba su tez nacarada. Su presencia hizo retroceder al banquero: la mirada de amor ansioso que Valéria había echado por su marido le provocó al banquero una especie de opresión.

– ¡Mira! ¡Aquí está Egon! – Exclamó Raúl, instando al niño hacia ella.

## La Venganza del Judío

Valéria se olvidó de todo: arrojándose sobre el chico, lo cubrió de ternura. Luego se arrodilló frente a él, se alejó un paso de él y lo miró vívidamente con emoción.

Egon no se encontraba bien; este repentino afecto lo intimidó. Se liberó de las manos de la Princesa y corrió hacia el banquero, rodeándolo con sus brazos.

Los celos maternos apretaron el corazón de Valéria. Reprimiendo ese sentimiento, extendió ambas manos hacia Hughes y le preguntó:

– ¿Cómo puedo darte las gracias por retenerme Raúl?

Y Valéria no dijo nada más: se enrojeció, le dolía bastante hablar en presencia de su marido con el hombre al que una vez había amado.

El banquero fingió no darse cuenta de las dos manos extendidas de la Princesa. Dio un paso atrás y se inclinó respetuosamente. Luego respondió:

– No he hecho nada más que mi deber, Princesa, mantener la felicidad a tu lado. El Príncipe ya me ha expresado su gratitud que está muy por encima de mis pobres méritos.

La voz de Hughes era áspera, hostil. Valéria miró hacia arriba con asombro. Sin decir nada, cruzó la terraza y desapareció por la puerta.

Raúl había observado bien la escena. Ahora hubo un silencio incómodo. El Príncipe luego dijo:

– ¡Adiós, señor Maier, a esta vida! ¡Adiós y olvidémonos de nuestros errores recíprocos!

– ¡Ningún adiós de por vida, Príncipe! ¡Aun estarás curado! – Respondió Hughes con febril agitación.

– ¿Por qué fuiste duro con Valéria? ¡Ella todavía no sabe nada de mi condición y no puede entender que ella será la futura viuda del Príncipe de O. que mostraba tan acre resentimiento por el pasado! Francamente, creía que vería en ti un buen amigo.

Una sonrisa inadvertida cruzó los labios de Raúl al pronunciar estas últimas palabras.

– ¡Príncipe! – Exclamó el banquero, perdiendo el control sobre sí mismo – ¡Reponga energías y regrese feliz del viaje! Puedo considerarme su amigo y de su esposa. Pero ante la viuda del Príncipe de O. no recuerdo, pero una cosa: es que me arriesgué mi vida para preservar a su adorado esposo, su felicidad, como ella me acaba de decir.

Y sin esperar respuesta, el banquero se fue apresuradamente.

– ¡Cabeza de Hierro! – Murmuró Raúl –. Por supuesto, este resentimiento no es solo el de la indiferencia...

Al regresar a Rudenhof, Maier se encerró en su oficina. Una perturbación indecible, mil pensamientos tumultuosos agitaron su alma.

La idea que Valéria quedaría viuda, completamente libre, hizo que su rostro se coloreara levemente. Cerró los ojos: y la bella hada que le había hechizado y que también lo había amado. Pero ahora el corazón de Valéria pertenecía a su marido. Entonces, ¿no había visto la mirada tierna y amorosa que le había dado a su marido? Este recuerdo dejó el corazón del banquero oprimido, como si estuviera bajo un compresor.

– ¡Loco que estoy, Dios mío! – Murmuró de repente –. ¡Última alegría de un pobre moribundo! Después de ocho años de tortura, mi corazón todavía sufre por esta mujer que me traicionó y olvidó. Muchos errores que practiqué con Valéria, pero encontró paz y felicidad. ¡Ella ama y es amada! Y tengo mi vida destruida, arrastro una existencia sin rumbo. ¡No, no!

## La Venganza del Judío

¡Lejos de mí, fantasma del pasado! ¡La viuda del Príncipe de O. debe estar muerta para mí, al igual que lo fue su esposa!

Y el banquero, emocionado, sacó los papeles esparcidos y se puso a trabajar febrilmente para olvidar...

En Niza, la salud se veía mejor. Pero fue una ilusión, una mejora momentánea.

Sin embargo, un hecho alegraba al Príncipe, era que ya no tenía dudas que había conquistado por completo a Valéria. Todos sus pensamientos, todos sus sentimientos estaban enfocados en él; ella lo trató con excesivo cuidado: miraba todas las noches, siempre solícita.

Una tarde, mientras paseaba, Raúl tuvo una alegría viva, encontró al coronel B., quien había sido su iniciador en el *Espiritismo*. El viejo militar había llevado a Niza a su esposa e hija enfermas. Luego de saludos rápidos, el coronel terminó invitando al Príncipe y a Valéria para un poco de té. Y desde ese día, las dos familias mantuvieron relaciones amistosas, que fueron muy reconfortantes para Raúl.

El coronel y su gente quedaron impresionados por el doloroso cambio exterior de Raúl, y el médico les confirmó que efectivamente se esperaba la muerte del Príncipe en breve. Sin embargo, la familia del coronel ocultó la triste verdad: buscaban, por tanto, distraer al paciente por todos los medios posibles.

Raúl había retomado sus conferencias sobre *Espiritismo*, ahora con un nuevo ardor. Y, a petición suya, la señora Bertin lo había puesto en comunicación con el espíritu de su madre, la Princesa de O.

La amable médium prestó, con mucha paciencia, los deseos del paciente, ya que todas estas conversaciones lo consolaban moral y físicamente.

## La Venganza del Judío

Una noche, el espíritu de la Princesa Odila había sido evocado nuevamente, mientras Valéria jugaba una partida de ajedrez con el coronel. Raúl le preguntó mentalmente a su madre si su corazonada era correcta. Y si también debería prepararse para una breve desencarnación.

Después de unos momentos, el Espíritu escribió:

– *"Sí, hijo mío. Tu liberación está cerca para descansar y ser feliz. Entonces tendrás la convicción que tu prueba no fue inútil."*

Raúl se quedó sin habla y absorto, pero luego se inclinó sobre el lápiz y dijo en voz baja:

– Gracias, madre mía, por tu franca respuesta. ¿Podrás ahora explicarme los extraños acontecimientos de mi vida, que parecen tanto una expiación como una prueba? ¿Eventos que han interpretado de manera tan extraña el destino de Valéria? Sabes, querida madre, no es solo mi curiosidad, es un deseo ardiente de iluminarme.

– *"Puedo responderte, hijo. Y verás que todo lo que te parece extraño es la consecuencia justa de los actos de tus vidas pasadas. Siempre saldamos una deuda en cada existencia, y las personas que nos dedican odio o amor son viajeros que el simple azar nos hace encontrar. Solo la armonía nos da tranquilidad y felicidad; de ella, de la armonía, nace la perfección y de esta comprensión de Dios. Cuando alcanzamos este grado de conocimiento, todo nos parece claro, todas las fuerzas del Bien, que viven en nosotros, actúan bajo la inspiración divina. Pero, hijo mío, para alcanzar esta sublime meta es necesario luchar duro, aprender a gobernarse, perdonar los errores de los demás, etc.*

*Tú, mi querido Raúl, Maier y Valéria, son viejos conocidos. Un pasado lejano que se pierde en la noche del tiempo los une y Maier eran enemigos irreductibles, muchos crímenes y mucha sangre te unen. Y en casi todos los crímenes Valéria representó el mismo papel, vacilante,*

## La Venganza del Judío

*voluble, nunca supo a cuál preferir, por eso siempre los envenenaba a los dos.*

*En una de esas vidas, ambos vivían en Roma en ese momento Diocleciano era el César. En esa época, que ya pasó, Maier era un pagano fanático y, siendo pretor, perseguía a los cristianos, incluyéndote a ti, porque habías seducido a su esposa, Valéria. Pero la existencia que más influyó en la vida actual de Maier, la vivió hace cuatro siglos, en Suabia. En ese momento, los judíos fueron perseguidos ferozmente. En esta búsqueda, nadie tenía más sed de sangre que el Conde de Siegfried de Charfeustein y su primo Vernon: tú, hijo mío, eras Vernon; Siegfried, él. Matar a un israelita, deshonrar a una mujer judía, pisar con garras montar a un anciano pobre o a un niño judío era uno de los pasatiempos favoritos. Un día; sin embargo, invadieron y saquearon cierta región donde abundaban los judíos. Siegfried se encontró con una hermosa doncella llamada Judith. Ella era hermosa, de esta judía Siegfried estaba locamente enamorado. Llevándola al castillo, el joven pensó en casarse con ella. Pero esos proyectos fueron destruidos por ti, te hiciste amado por Judith y la secuestraste. Furioso, Siegfried logró matarte. Tomó a Judith de regreso y, por celos, la apuñaló.*

*Ahora puedes entender tu vida actual. Sí, es una expiación, una prueba. Siegfried reencarnó como judío para poder sentir la injusticia que cometió al matar a judíos inocentes.*

*En cuanto a ti, lo has encontrado de nuevo – ¡y gracias, sea alabado el Señor! –. Sin embargo, con esta nueva existencia, todo cambió. La oportunidad que Dios les dio a ambos fue bien aprovechada. Ambos sufrieron las pasiones, comprendieron los errores que habían cometido. Incluso quiso sacrificar su vida por la tuya, vino a perdonar a Ruth incluso se ha convertido en un padre devoto para los dos niños que no son sus hijos. ¡En verdad, hijo mío, has hecho un gran progreso en esta vida!"*

## La Venganza del Judío

Esta hermosa comunicación dejó a Raúl muy impresionado. Meditó durante mucho tiempo y poco a poco fue adquiriendo una reconfortante serenidad; una sumisión a la voluntad del Creador terminó por iluminarle el alma.

Pero la salud del Príncipe siguió deteriorándose: los vómitos ahora eran sanguinolentos. Y una debilidad invencible le quitó las ganas incluso de hablar. Estaba claro que su muerte estaba cerca.

Solo Valéria pareció no comprender el breve desenlace. Creía en la recuperación de su marido.

Una noche, Valéria se sentó junto al enfermo e hizo planes para el futuro. Habló dulcemente. Raúl escuchó todo. Y, con una sonrisa melancólica, la besó en la frente y respondió:

– Querida, ¿por qué hablarme de esperanzas cuando los médicos no las tienen? ¿No sería mejor prepararnos para la separación que presentimos?

Valéria abrazó a Raúl y gimió suavemente.

– ¡Raúl, no hables así! ¡No puedo creer esto, eres joven eres fuerte, vivirás! ¡El destino no puede ser tan cruel cuando apenas hemos logrado la felicidad!

Y la voz de Valéria fue amortiguada por sus abundantes lágrimas.

– ¡Todo lo que Dios hace está bien, Valéria! Además, querida Valéria, la muerte del cuerpo es solo una separación temporal, ¡lo invisible, como bien sabes, no está ausente!

Valéria nada respondió, con la cabeza apoyada en el pecho del marido, lloró convulsivamente. Raúl la dejó desahogarse, pero también lloraba en silencio.

– ¡No me entristezcas, querida! – dijo Raúl, controlándose –. Ninguno de nosotros puede escapar a la muerte. Y no olvides que te dejo un niño para que lo eduques. A él le debes la vida, para él tienes el deber de velar por tu preciosa salud.

— Si una desgracia horrible me hiere, te juro, Raúl mío, seguiré el ejemplo de tu madre y me consagraré a nuestro hijo el resto de mis días.

El Príncipe meneó la cabeza y dijo:

— No quiero aceptar tal promesa. No puedo exigir un duelo eterno. Considero un sacrilegio contra la naturaleza estar obligado por un juramento a la tumba. Serás libre, mi Valéria. Vivirás como te manda el corazón. Y dado que abordamos un tema así desagradable, quiero hacer una solicitud. En el cajón izquierdo de mi escritorio hay una carta, cerrada y sellada, dirigida a ti. Ve a buscarla y guárdala contigo, pero no lo abras. Si Dios me llama, veinticuatro meses después puedes abrirlo. Antes de esa fecha, te pido que no lo hagas. Las líneas que escribí te demostrarán que mi amor te cuida tanto como hoy, cariño.

Emocionada, Valéria recogió la carta, la besó y luego la guardó en un pequeño bolso que siempre la acompañaba.

— Todo lo que viene de ti, querido, es sagrado para mí. Pero espero que estés curado y por eso te devolveré la carta, sin ni siquiera leerla.

Pasaron algunas semanas. Raúl se estaba debilitando visiblemente. Desanimado, pidió la presencia de Rodolfo y Antonieta. Valéria les telegrafió a ambos.

Cuando supe que el Conde y su esposa llegarían esa mañana, Raúl se dirigió a la terraza, que ahora estaba acristalada.

— ¿Cómo te sientes hoy? — Preguntó Valéria, mientras arreglaba mejor las almohadas.

## La Venganza del Judío

– Mucho mejor, pero me siento extrañamente somnoliento. Si bajas las cortinas, creo que dormiré un poco hasta que lleguen nuestros familiares.

Valéria también. Luego sacó un sillón y se sentó junto a su marido, que sonreía feliz y luego dormía.

Valéria también se durmió, estaba tan cansada. Y se durmió tan profundamente que ni siquiera notó el ronco suspiro que levantó el pecho del Príncipe; no sintió el temblor convulsivo que sacudió el cuerpo de Raúl; ni siquiera la rueda del carro que acababa de detenerse frente a las escaleras. Pero los fuertes pasos que resonaban en la terraza la hicieron abrir los ojos.

De pie, se llevó un dedo a los labios pidiendo silencio y abrazó a su hermano y cuñada.

– Él duerme – dijo Valéria –. Su sueño es precioso. ¡Estará muy feliz cuando te despierte y los vea!

Rodolfo se acercó de puntillas; mirando a Raúl de cerca, el Conde palideció. Haciendo una señal imperceptible a Antonieta, le pidió que alejara a Valéria de la terraza.

Tan pronto como ambas salieron de la habitación, Rodolfo llamó a un sirviente y le ordenó que llamara a un médico. Este vino corriendo, pero con una simple mirada comprendió que todo había terminado, el Príncipe de O. estaba muerto.

Aunque Antonieta intentó retener a Valéria, la Princesa insistió en volver a la terraza.

– Quizás mi Raúl ya esté despierto. Necesito estar a su lado.

Y caminó hacia la terraza. Cuando vio al médico, un mal presentimiento sacudió su cuerpo.

– ¡Raúl! – Gritó y se apresuró al sofá. Rodolfo intentó detenerla.

– ¡Ánimo, hermana mía! ¡Ánimo, que Raúl dejó de sufrir! – Valéria gimió en voz alta y cayó hacia atrás, desmayándose en los brazos de su hermano.

## 10.– LA VIUDEZ

La muerte de Raúl dejó a Valéria en una profunda desesperación. El agotamiento nervioso causado por las largas vigilias resultó en una enfermedad que la obligó a permanecer en Niza durante varias semanas. Antonieta, siempre servicial, la trató con especial dedicación, de hecho, ayudada por la amable Sra. Bertin, quien sintió una sincera simpatía por Valéria.

Durante su convalecencia, un día Valéria le pidió a la Sra. Bertin que evocara el espíritu de la Princesa Odila. Ella estuvo de acuerdo, pero grande fue la sorpresa: en lugar de la Princesa, ¡fue Raúl quien habló!

Pero de manera tan convincente que Valéria no tuvo dudas: y su corazón sintió un profundo alivio.

A mediados de septiembre murió Raúl. Solamente un mes después, la Princesa regresó a Pesth, acompañando el cuerpo embalsamado de su marido. Después del entierro, Valéria se instaló en el palacio, ahora desierto, sin hacer ni recibir visitas.

Su desesperación, poco a poco, se fue convirtiendo en calma resignación, pero la tristeza la hacía indiferente a todo lo que no tuviera nada que ver con el culto a sus recuerdos, contemplado durante horas el retrato de Raúl, convenciéndose que su alma no se lo permitiría, y así evocaba en su memoria el

## La Venganza del Judío

timbre de la voz de su marido, su mirada aterciopelada, buscando así llenar el vacío que la oprimía.

¡Cuántas veces había pensado en abrir la carta que le había dejado Raúl! Pero su marido le había dicho: "¡No durante 24 meses"! Y Valéria, suspirando, besó la carta y la devolvió.

Y pasó el invierno.

Valéria nunca vio al banquero. Incluso evitó pronunciar su nombre. Desde la última vez que lo vio, un sentimiento amargo, casi de rabia, había invadido su corazón. Ahora que estaba viuda y estaba libre, temía volver a verlo. Además, estaba viviendo tan cerca de Rudenhof... Fue entonces con alegría que supo que el banquero se había ido, con los niños, a su finca en Válden, con el fin de veranear. Valéria se sintió aliviada.

Para Rodolfo; sin embargo, Hughes fue un excelente amigo. Más tarde, luego de la reconciliación y la salida de Raúl y Valéria hacia Niza, el banquero comenzó a visitar con frecuencia a Rodolfo.

Siempre traía a los niños, que se familiarizaron con el Conde. Antonieta favoreció estas relaciones, deseando una aproximación cada vez más afectuosa entre los pequeños, tan ligados por el origen.

Sin embargo, cuando Hughes se enteró del regreso de la Princesa a Pesth, empezó a esquivarlo; Rodolfo; sin embargo, entendió la actitud del banquero y le agradeció mucho por ello.

Una tarde, en el campo, se encontraron Rodolfo y el banquero. Después de saludos rápidos, Hughes estaba a punto de despedirse, cuando el Conde le preguntó a quemarropa:

– ¿Por qué tipo de capricho has dejado de ir a Rudenhof este año? Mis hijos están tristes por no ver a sus amiguitos. Y tú, ¿por qué no vienes a visitarnos?

## La Venganza del Judío

Hughes sintió que se le enrojecían las mejillas.

– Pensé que debería actuar así para evitar molestias a la Princesa – dijo, evitando la mirada fija de Rodolfo.

No quiero que tenga recuerdos desagradables. Pero enviaré a Egon y Violeta a partir de mañana, si quieres. En la noche de ese mismo día, encontrándose solo, Rodolfo acercó a Antonieta a un sofá y dijo:

– Escucha, Antonieta. ¿No crees, como yo, que Valéria se volverá a casar? Es joven, es hermosa, ¡no llorará por Raúl por siempre!

– Es posible, respondió Antonieta –. ¡Incluso es probable, pero no ahora! Ella no piensa en eso.

– ¡Y cómo! – Respondió Rodolfo, retorciéndose el bigote –. Ella se calmará, y la vida tomará nuevos rumbos... Habla, francamente, Antonieta, ¿qué pasará? ¡Sé que a veces tienes una visión profética!

Antonieta soltó una larga carcajada.

– ¡Sí! Estás jugando al verde para cosechar uno maduro... Quieres saber si, con el dolor calmado, Valéria se casará con Maier, ¿eh? Pero no lo creo, ¡en primer lugar, porque Valéria encontraría esta unión una ofensa a la memoria de Raúl! Después, porque Maier desconfía mucho de ella. Nunca volverá a conectarse con el pasado...

– ¡Está celoso como diez demonios! – Gritó Rodolfo, pensativo –. Es un hombre muy extraño...

– ¡No podemos desearles que vuelvan a estar donde estaban hace nueve años! – Respondió Antonieta.

– ¡Ciertamente no! Pero a veces me pregunto ¿tenemos derecho a volver a arrojar prejuicios en el equilibrio de los destinos de estos dos seres o, por el contrario, deberíamos posponer el hecho que la unión de ambos es la manifestación de la voluntad divina, una unión que devolvería al infortunado niño a su verdadera madre?

Antonieta no pudo contenerse y puso sus brazos alrededor del cuello de su esposo, diciendo:

– ¡Si pudiera, aun te amaría más y más ahora mismo!

Tus palabras son justas y generosas. Sí, Rodolfo, hagamos la promesa de no poner ningún obstáculo en el camino del destino y aceptar, sin repugnancia, lo que decida lo Alto.

Sin embargo, el invierno pasó sin nada nuevo... Y llegó la primavera, festiva y luminosa. Y Rodolfo instaló a su esposa y hermana en el campo, pasando cada momento disponible con ellas.

Era mediados de junio. Muy caliente, casi asfixiante. En una de estas tardes, Valéria, a la que le gustaban los paseos solitarios, se dispuso a salir un rato, prometiendo; sin embargo, a su cuñada volvería a tomar el té.

– ¡Santo Dios! ¿Cómo puedes, Valéria, caminar con este calor?

La atmósfera es muy pesada, el cielo está rojo, tal vez se desate una tormenta.

– Hace quince días que el tiempo es el mismo, y no habrá de llover exactamente el día que planeo salir. En cualquier caso, les advierto que me voy a los lados del pabellón en un lugar encantador, muy fresco, donde me gusta leer a la sombra de los árboles.

Cogió un libro, se despidió de Antonieta y bajó al jardín.

Valéria había conquistado la calma. Pero la suave melancolía de los ojos azules se extendió por su rostro delicadamente hermoso. Llevaba un vestido ligero de granadina, un sombrero de paja de ala ancha la protegía del sol.

Con su paso rápido, cruzó el parque y entró en el bosque. Respiró hondo, absorbiendo el agradable aroma aromático. Sin darse cuenta, se desvió del camino y tomó un atajo que no conocía. Y así salió a un pequeño claro, donde había una banca de musgo, creado por la naturaleza.

– ¿Cómo es que nunca he visto este maravilloso lugar? – Pensó Valéria sentándose, ya cansada.

Abrió el libro y se dedicó a leer.

Se quedó así mucho tiempo, cuando un repentino oscurecimiento la hizo levantar la cabeza: el cielo estaba todo cubierto de espesas nubes oscuras, amenazaba una tormenta.

Rápidamente se levantó para volver a la casa. Pero no pudo hacerlo, unos pocos pasos y las primeras gotas empezaron a caer. Valéria, inquieta, se levantó el vestido y salió corriendo, esperando encontrar al pabellón de caza antes que estallara la tormenta, todo a la vez. Pero la Princesa no pudo encontrar el camino. Sus pies estaban enterrados en el musgo, su vestido atrapado en árboles y espinas.

De repente pensó que había equivocado el camino. Corriendo, mirando al suelo, de repente chocó violentamente con alguien, casi cayendo al suelo si dos brazos no la sostenían. Muy asustada, miró hacia arriba y retrocedió, dejando escapar instintivamente esta exclamación:

– ¡Samuel! ¡¿Tú?!

Luego, tratando de calmarse, agregó, sintiendo un torrente de sangre correr por su rostro:

– Disculpe, señor Barón, ¡me resbalé violentamente!

## La Venganza del Judío

El banquero, sorprendido, hizo una reverencia y dijo respetuosamente:

– Le ruego que me disculpe, señora Princesa, por el susto que le provoqué, poniéndome tan torpemente en tu camino y provocando así este choque.

A pesar de la delicadeza de estas palabras, hubo alguna cosa que lastimó a Valéria; la Princesa trató de pasar abruptamente, pero Hughes la detuvo, diciendo:

– Permítame advertirle que está lejos de su casa. La lluvia va en aumento y estará empapada de agua, especialmente si cruza el campo. Permítame que la lleve unos pasos desde aquí, donde hay una pequeña casa de madera capaz de ofrecernos cobijo hasta que pase la tormenta.

– Gracias, pero... no tengo miedo de mojarme y tengo muchas ganas de volver – respondió Valéria, sintiendo una leve irritación en su corazón.

– Puede enfermarse por un simple capricho, señora. Quien es madre debe tener más prudencia. O más bien... – una amarga expresión de ironía vibró en la voz de Hughes –. ¿Es mi presencia tan desagradable para usted hasta este momento? Francamente, no soy consciente de haber provocado o merecido tal lección.

Valéria levantó con altivez su hermosa cabeza y luego un destello del rencor saltó de sus ojos muy azules.

– Su forma de persuadir es irresistible, señor Barón. Acepto la oferta. En cuanto a la idea que tu presencia juega un papel en mis decisiones, es completamente errónea: solo tengo miedo que mis familiares se sientan incómodos por mi ausencia...

El banquero no respondió. Y, con un gesto amable, la hizo acompañarlo entre matas, matorrales y árboles, en ese lugar tan espeso. Después de un buen paseo, salieron a un vasto claro que descendía a un pequeño valle, en el fondo del cual corría un arroyo burbujeante.

En medio del claro se alzaba un pequeño pabellón de madera, todo acristalado por un lado. Un columpio estaba suspendido entre dos árboles cercanos.

Maier sacó una llave de su bolsillo, abrió la puerta del pabellón, invitó a la Princesa a pasar, quedándose él de lado de afuera, expuesto a la ahora violenta lluvia.

Valéria, con una mirada sencilla, recorrió la habitación: mesas, sillas, una rueca. Ciertamente la choza servía de "estudio", junto a la pared de vidrio había un caballete en el que había un cuadro cubierto con una tela verde. A su lado había cajas de pintura, un taburete, una paleta, pinceles. Del otro lado, sobre la mesa, pergaminos, lazos, un juego de pelota y otros juguetes.

Valéria se sentó en una de las sillas, frente al caballete: y luego se dio cuenta que Maier no había entrado.

– ¿Qué está haciendo, Sr. Maier? – Preguntó después de un momento de vacilación –. A mi vez, debo decirte que arriesgas tu vida, y que un padre debe tener más cuidado consigo mismo, especialmente cuando los hijos no tienen otros parientes. No quiero asumir la responsabilidad de tu muerte y, si no entras, renuncio a la hospitalidad y dejaré este albergue.

– Creo que soy mucho más robusto que tú, querida Señora – dijo el banquero con una leve sonrisa iluminando su rostro –. Además, he escapado de la muerte con tanta frecuencia que me considero invulnerable.

## La Venganza del Judío

Pero ten la seguridad, Princesa: no tendrás remordimientos por hacerme morir antes de tiempo: obedezco y me refugio de la tormenta.

Y Hughes entró y se apoyó contra la puerta.

Había silencio. Involuntariamente, la mirada de Hughes se deslizó hacia Valéria y se detuvo. Una admiración apasionada, innumerables recuerdos hicieron que su corazón se acelerara. Por un momento, Hughes olvidó el trágico pasado que los había separado.

Los recuerdos envolvieron el cerebro de Hughes. No podía nunca olvidar a Valéria. Recordó los primeros días de su compromiso y un gran suspiro brotó de su pecho oprimido. Rodolfo no se había equivocado; el banquero estaba celoso, y ese sentimiento lo torturaba a veces casi hasta la locura. El viejo amor, casi extinto, regresaba ahora con una nueva fuerza impulsiva e imparable. Maier ya no era el chico que quería escalar el cielo. Por sí mismo, no aspiraba a nada, aunque estaba seguro que Valéria, tan hermosa, tan joven, tan irresistible, que algún día haría una nueva elección...

Pero la idea que Valéria pudiera ser de otro hizo que Hughes alucinara, y entonces le vinieron los celos furiosos, las ganas de ofender a Valéria, hacerle ver que nada más representó en su vida...

Al sentir la mirada inquisitiva del banquero, Valéria se sintió incómoda. El silencio que reinaba entre ellos se volvió insoportable.

– ¿Por qué nadie más lo ve, señor Barón? – Dijo, dándose la vuelta – Un repentino sonrojo se apoderó de sus mejillas –. Rodolfo se ha quejado que a menudo lo evitas sin motivo. Y no respondes a sus invitaciones.

## La Venganza del Judío

– Estoy bastante ocupado y no asisto a la sociedad. Más allá de lo que sea... – y la voz de Hughes se volvió velada–. Sé por experiencia propia, que no puedo abusar de la benevolencia del Conde, ya que debe dedicarse exclusivamente a la Princesa.

– ¡Ah! Si tratas de evitar mi presencia, no será por mucho tiempo. Es hora, ya que tengo la intención de ir a Estiria en breve – dijo Valéria, tirando nerviosamente de su capa de encaje.

– Ese no es el significado que le di a mis palabras, Señora. Solo quería recordar que, con mi presencia, despertaré el recuerdo de un pasado cruel.

Hubo otro silencio. Cada vez más nerviosa, la Princesa lo interrumpió haciéndole una nueva pregunta, esta vez banal:

– ¿Es posible saber lo que estás pintando?

– Sí, pero mi trabajo será de poco interés: es un tema bíblico y tan pronto como termine la pintura la enviaré a un bazar benéfico, donde se expondrá.

Y Hughes corrió la cortina que ocultaba el cuadro. Al mirar el cuadro, Valéria retrocedió, petrificada.

Era una imagen enorme, casi terminada, y representaba el fruto de los pensamientos y sentimientos del artista, representó a Dalila cortando del cabello de Sansón dormido.

El héroe israelita descansaba en una cama; su rostro estaba tranquilo. Los labios, entreabiertos, mostraban una sonrisa de felicidad. Dalila se inclinó sobre el durmiente. Estaba vestida con una túnica blanca y su cabello castaño ondulaba sobre sus hombros y su pecho. En una mano tenía unas tijeras y en la otra un mechón de pelo. En sus ojos azules dibujaba la más cruel satisfacción.

La ira y la indignación pintaron el rostro de Valéria de un rojo púrpura.

## La Venganza del Judío

– ¿Y te atreverás a exponer este odioso cuadro?

– ¡Pero Dios mío! ¿por qué no, Princesa? – Respondió el banquero, volviendo a cubrir el marco –. El tema no es nuevo, pero su actualidad es eterna: más de un Sansón moderno debería preocuparse por la lección, y así no ceder ante una Dalila, que lo traicionará en el momento oportuno por un prejuicio racial, al igual que la hermosa hija de los filisteos, que creían que estaba haciendo un acto meritorio al vender al judío imprudente...

Valéria dio un paso hacia el banquero. Su rostro se veía caliente.

– ¿Qué quiere decir con estas sugerencias, Sr. Maier? ¿Por qué me miras enojado ahora? ¿Qué he hecho para que quieras castigarme por el pasado?

– ¿Yo, enojado? – Replicó Hughes, mirando a los ojos brillantes de Valéria –. ¿Yo, queriendo castigarte por el pasado? Pero ¿qué derecho tengo yo? ¡Qué extrañamente te engañas, Princesa! Sé que ambos hemos olvidado las locuras de la juventud. A cada uno de nosotros, el destino le ha dado una tarea: a mí, pagar ciertas deudas, amar y educar a los hijos del Príncipe; y a ti para cuidar a tu hijo y llorar fielmente por el bondadoso hombre que tanto te amó.

En ese momento hubo gritos y llamadas. Hughes se detuvo.

– Te están buscando, Señora. ¡Por aquí! – Exclamó el banquero, habiendo prestado atención.

Poco después, apareció un sirviente con mantas. Se quedó sin aliento.

– ¡Alabado sea Dios, Alteza! Estás sana y salva. Te hemos estado buscando durante una hora, Bautista y yo.

## La Venganza del Judío

— ¿Trajiste el carruaje, Pedro? — Preguntó Valéria, aceptando fríamente la manta que Hughes había recibido del sirviente.

— Sí, lo hice, alteza. El coche está a cien pasos de aquí. Es imposible acercarse.

Valéria llegó a casa visiblemente conmocionada. Ni siquiera respondió a las preguntas de Antonieta. Solo dijo que estaba con un violento dolor de cabeza y corrió a encerrarse en su habitación. Las lágrimas corrían a raudales.

— ¡Insolente! ¡Infame! ¡Compararme con Dalila! — Dijo, arrojándose en el sofá.

En ese momento, Valéria odiaba al banquero. Si pudiera, lo pisaría.

Angustiada e incluso asombrada, Antonieta consultó a los empleados.

Sabiendo que su amiga había sido detenida por el banquero, inmediatamente sospechó las causas del dolor de cabeza de Valéria. Curiosa por los detalles, Antonieta llamó a la puerta del dormitorio.

Valéria se acercó a la puerta y se arrojó a los brazos de su amiga.

— ¡Buen Dios! Hada, ¿qué pasó? Escuché que encontraste a Maier. ¿Te ofendió?

— Me dijo muchas cosas malas y se atrevió a burlarse de mí — dijo Valéria, con el rostro enrojecido.

Y, con la voz quebrada, informó de todo.

— Este Sansón y esta Dalila son su foto y la mía. ¡Y es esta abominable imagen la que quiere exponer!

— Tranquilízate, Valéria. Esta pintura, se lo aseguro, Maier no la exhibirá en ningún lado. ¡Rodolfo, mañana, irá a su casa y lo regañará! Pero no veo ofensa en lo que dijo Maier. Es cierto que ambos tienen deberes que cumplir. ¡Pero estás muy nerviosa!

La soledad es mala para ti. Este invierno volverás a aparecer en sociedad.

– Nunca, Antonieta. ¡La sociedad me es odiosa! Me iré a Estiria. No me detengas, Antonieta. ¡Sé que este cambio me hará bien!

– Sí, tienes razón, Valéria. Yo mismo pasaré quince días contigo. Y en septiembre nos recogerá Rodolfo.

Esto combinado, Valéria aceptó una gota de tranquilizante y se acostó. Luego, la Condesa se retiró de las habitaciones de su amiga.

Rodolfo ya había llegado a casa. Estaba en su oficina arreglando papeles cuando entró Antonieta, un poco nerviosa.

– ¿Que tiene? Supe por Bautista que Valéria estaba indispuesta. ¿Va a ser serio?

– No, tu salud es perfecta. ¡Pero imagina que se encontró con Maier en este paseo!

– ¡Santo Dios! Espero que no se hayan reconciliado, ¿eh? – dijo el Conde con una mueca.

– ¡Todo lo contrario, Rodolfo, la ofendió sistemáticamente! – Y Antonieta contó lo sucedido.

Al contrario de lo que esperaba, Rodolfo se echó a reír.

– ¡El diablo de un hombre! ¡Sabe cómo fingir conquistar a una mujer y sacudirse su indiferencia! ¡Pobre Valéria! ¡Oh! ¡Oh! ¡Oh! ¡Una Dalila! ¡Y Sansón estalla de celos desde que se quedó viuda! Por eso es tan mordaz y lanza su ira a la tela. Pero dile a Valéria que hablaré con él mañana, porque voy a Rudenhof.

## La Venganza del Judío

Al día siguiente, el coche del Conde se detuvo frente a la barandilla del parque Rudenhof. Rodolfo bajó y, por los callejones, se dirigió a la casa.

Cerca de la hierba, vio a dos niños jugando, vigilados por sirvientes. Ambos corrieron a encontrarse con Rodolfo.

– ¿No trajiste a Jorge? – Preguntó Egon, decepcionado.

– No, buen chico, pero te traeré una invitación para que lo visites mañana por la tarde. ¿Está tu padre en casa?

– Sí. Él jugó con nosotros hace un rato. Pero ahora está en la oficina turca, cerca del "atelier."

– Bueno, iré a buscarlo. ¡Nos vemos niños!

Hughes, acostado en el sofá, tenía un libro en la mano. Sin embargo, después de leerlo, el banquero soñó, con la mirada fija en el techo, con Valéria.

Después de la partida de la joven, Hughes se había desplomado en un sillón y una tormenta de sentimientos había rugido en su alma. ¡Cuánto Valéria era hermosa! Hughes se sintió como su esclavo; su corazón, sus sentidos, estaban abrumados... ¡y estaba libre! ¡Pensamiento infernal que lo perseguía sin descanso!

Cuando pudo recobrar la calma, se levantó cansado, exhausto, se dirigió hacia Rudenhof, tomando el cuadro que tanto había perturbado a Valéria.

– ¡Estúpido Sansón! ¿Cuándo dejarás de palpitar bajo las tijeras de Dalila? – Murmuró el banquero.

La noche le había devuelto la calma y la energía. Por la mañana había trabajado y jugado con los niños. Pero ahora, de nuevo, solo la dulce y gentil quimera se había apoderado una vez más de su espíritu. La llegada de Rodolfo; sin embargo, lo trajo a la realidad.

## La Venganza del Judío

Los dos hombres se saludaron cordialmente. Rodolfo se sentó, encendió un puro y dijo:

– Vengo a reprenderte, Barón. Dime, ¿por qué ayer trataste a mi hermana con refinada malicia?

– No te entiendo, Conde. No soy consciente de haberle faltado al respeto a la Princesa.

– ¡Hum! Pero sigamos adelante. Has pintado un cuadro que deseas exponer. El tema ofendió mucho a mi hermana. ¿Puedes mostrarme ese cuadro?

– Con mucho gusto, Conde.

El Conde examinó la obra detenidamente.

– Aquí hay una broma de mal gusto – dijo Rodolfo, entre enojado y riendo –. La comparación es injusta. Valéria no te traicionó voluntariamente.

Mi padre la obligó, dejándola elegir: o dimitir de ti o hacerle volar los sesos. Naturalmente, no puedes exhibir esta imagen. Si el cuadro está destinado a la caridad, véndemelo. El banquero negó con la cabeza.

Si la intención al pintar era vengarse de Valéria, ya lo has hecho. ¡La idea que ella fuera una Dalila le costó un torrente de lágrimas! Conténtate con eso, Válden, y terminemos amistosamente.

Un rubor casi febril recorrió el rostro del banquero.

– La Princesa no debe derramar lágrimas por mí. ¡Esto no agrada a Dios! Afirmarle a la Princesa que ninguna mirada indiscreta se posará en este lienzo, que es un mal chiste mío que espero que pueda perdonar.

Y Hughes le tendió la mano al Conde, que la retuvo.

– ¿Por qué eres vengativo, Hughes, en lugar de reparar el pasado? Esta imagen es traidora, no es cierta. Pues bien:

todavía eres joven, el destino te ofrece un éxito insólito y, en lo que a mí respecta, ya no soy el niño temerario de antaño, cegado por los prejuicios, esta vez, querido Hughes, ¡no pondría ningún obstáculo a tu felicidad y a la de Valéria!

Hughes retrocedió y se estremeció. Su rostro estaba lívido y sonrojado.

– Eso es imposible. Gracias, Conde, gracias desde el fondo de mi alma. No podrías darme mejor prueba de amistad – Hughes apretó la mano de Rodolfo con ambas manos –. Yo sé bien que el pasado es irreparable. Algo invencible se interpuso entre nosotros, ¿no es la tumba del Príncipe Raúl? ¿Es mi mala acción? Tampoco creo que Valéria encontrara más felicidad conmigo. He sufrido atrozmente por intentar un vuelo tan alto... Entre la Princesa de O. y yo existe un abismo muy profundo.

– ¡Chico extraño! – Murmuró el Conde, apretándose las manos –. Entonces, nos vemos, Válden. Y que todo sea conforme a la voluntad del Altísimo de Dios...

## 11.- LA CARTA DE RAÚL

Pasaron dos meses. Según su deseo, Valéria viajó a Estiria – provincia de Hungría; en la región alpina – aunque la disculpa de Hughes transmitida por Rodolfo había calmado su ira.

Valéria había regresado a Pesth y la familia del conde de M. también había abandonado el campo, a pesar del maravilloso otoño.

En el aniversario de la muerte del Príncipe, Valéria, al regresar del cementerio, se encerró en sus habitaciones. ¡Por fin pudo abrir la famosa carta que Raúl le había dejado para ser leída 24 meses después de su muerte!

Agitada, con el corazón latiendo con fuerza, Valéria abrió el sobre, antes de leerlo abrió la ventana y respiró hondo. Luego se sentó en el escritorio. ¿Qué sabrías? Temblando, sacó las páginas escritas del sobre.

Al ver las líneas, escritas por el que ya no existía, Valéria no pudo reprimir sus sollozos ni detener sus lágrimas. Durante un buen rato lloró, con los ojos fijos en el gran retrato de Raúl, que parecía sonreír desde el encuadre como si estuviera vivo. Valéria luego besó la carta, la desdobló y, conmovida, leyó lo siguiente:

*"Mi querida Valéria:*

## La Venganza del Judío

Es una voz de más allá de la tumba que oirás leyendo esta carta. La voz de un amigo que te amará tanto como ahora, pero ya no con ese cariño material distorsionado por los celos y el egoísmo. Cuando se acerca el momento solemne cuando el alma volverá a entrar en su patria eterna, la vida se juzga de otra manera; y mi amor por ti, mi dulce amada, se centra en un solo pensamiento, en asegurar tu felicidad, ya que materialmente no estaré aquí para velar por ti y nuestro hijo.

Espero que el dolor de mi pérdida se alivie leyendo esta carta; ese tiempo, ese gran consolador, ha vertido su bálsamo en la herida de tu corazón. En esa esperanza exigí veinticuatro meses antes de contarte estas cosas que, dichas antes, te habrían parecido odiosas. Ahora; sin embargo, habrás recuperado la calma y la vida volverá a reclamar ciertos derechos y comprenderás mis pensamientos y el profundo amor que me inspiras. Yo te dejo, mi Valéria, en la plenitud de la juventud y la belleza, y en la larga vida que aun te espera, solo te dejo, como consuelo, a nuestro pequeño Raúl, un tesoro frágil, expuesto a mil peligros. Si lo perdieras, ¿qué te quedaría? Mi pecho se aprieta al pensar que tendrías una existencia hueca y vacía, tan acostumbrada al cuidado y amor de un hombre del que eres un ídolo.

No quiero que te condenes eternamente a la soledad, a un exagerado sentimiento de ternura y fidelidad a mi recuerdo. Y sin empujarte nunca a una nueva elección, creo que es mi deber advertirte que hay un hombre para a quien tienes errores que reparar y que creo que es muy digno y capaz de darte felicidad.

Sí, entiendes que hablo de Hughes Maier. Estoy plenamente convencido que él siempre te ama, y tal pasión merece estima porque, aunque lo ha llevado al crimen, también lo ha ennoblecido.

Inspiró en él la fuerza para obtener las mayores victorias en las tremendas luchas que un corazón puede librar. La suerte lo ha humillado cruelmente; un prejuicio racial le quitó la felicidad; tu crimen te puso a manos del rival; su esposa lo traicionó y, en una burla

## La Venganza del Judío

*increíble, el destino le dejó solo los hijos de aquel a quien se le ordenó odiar.*

*A estos dos pequeños; sin embargo, debe darle todo el cariño de un verdadero padre, fortuna, nombre, etc., y sin embargo esta pesada y difícil carga la ha apoyado de una manera que merece elogios.*

*Finalmente, Maier hizo el sacrificio más duro que puede hacer un corazón ultrajado y violento, cuando está verdaderamente arrepentido, quiso salvarme, a costa de su propia vida, para preservar la mía y ¡tu felicidad! Sin embargo, si no hubo resultado, no fue culpa suya. Este último suceso me hizo comprender que, por ti, mi Valéria, él y yo peleamos un duelo celestial... Y veo que, del peligro mortal que corremos los dos, él, más expuesto, se ha salvado, mientras yo estoy moribundo. Entonces entendí que el cielo se había pronunciado en contra mía, y nada más justo y cordial que el que desaparece para rendir el premio al superviviente, y esto sin rencor y sin celos mezquinos. Entonces, ¿sería menos generoso que mi rival, especialmente cuando tengo la convicción interna que su amor es una garantía para tu futuro?*

*Así que, querida Valéria, si vienes a conocer a este hombre y si ves que sus sentimientos siguen siendo los mismos, te pido: ¡no lo rechaces! Es muy infeliz viviendo solo, y nuestro Egon necesita una madre. Si piensas que puedes volver a ser feliz allí en la Tierra, yo desde el espacio los bendeciré: y rezaré por ambos. No creas que mi espíritu estará celoso. Sé que mi amor siempre permanecerá en tu corazón, que no moriré en tu memoria. En cuanto al hecho que Maier sea judío, esto no debe impedir nada, porque la verdadera nobleza es la del corazón, no la del nacimiento."*

Muchas otras palabras de amor seguían a Valéria y Egon, así como los últimos recuerdos a Antonieta y Rodolfo, luego la firma de Raúl.

## La Venganza del Judío

Una emoción violenta se había apoderado de Valéria durante la lectura. Un revoltijo de sentimientos revolucionó su cerebro. La generosidad de Raúl le inspiró una adoración muy apasionada. Y al pensar en Hughes, Valéria se estremeció...

En ese momento, numerosos golpes en la puerta sacaron a Valéria de sus últimos pensamientos. De inmediato guardó la carta, que ya había leído unas diez veces, y fue a contestar. Era Antonieta quien llegaba.

– Abre, Valéria. ¡Soy yo! ¡Rápido!

A primera vista, Valéria se dio cuenta que Antonieta le traía una noticia desagradable.

– ¿Qué pasó? ¿Hubo alguna desgracia para Rodolfo o los niños? – Preguntó la Princesa, sobresaltada.

– Mi pobre Valéria, no te equivocas; ¡Traigo la noticia de una desgracia! respondió la Condesa, tratando de calmar su voz.

– No se trata de tus hijos, se trata de Egon y Violeta.

– ¿Ellos están enfermos?

– ¡Dios los llamó a sí mismo!

Valéria no pudo contenerse y gritó de desesperación. Muy temblorosa, se dejó caer en un sillón.

– ¡No es posible! Debe ser un rumor. ¿Quién te dijo eso?

– Rodolfo. Y venía de la casa de Válden. ¡Está terriblemente perturbado! Sosteniendo la silla con ambas manos, Valéria trató de estabilizarse.

– ¡Egon, Ego! ¡Mi pobre hijo está muerto! ¡No puedo creerlo!

¡El domingo pasado estaba lleno de salud y vida, antes de volver a Rudenhof...! ¿Y Violeta también? Pero ¿qué pasó, Dios mío?

## La Venganza del Judío

— Cálmate, Valéria. Te lo contaré todo. Rodolfo caminaba esta mañana hacia el cuartel y lo admiró cuando vio la puerta de la casa del banquero una redada. Salió del coche y fue a mirar. A continuación, el portero le contó lo sucedido. El día anterior, la enfermera y los dos niños fueron a dar un paseo en bote por el lago. Cuando regresaron, hubo un fuerte vendaval. Y el sombrero de Egon voló. Con picardía, el niño trató de atraparlo cerca de la barca. Perdiendo el equilibrio, cayó. En cuanto a la canoa, en la que todos iban, también perdió el equilibrio y se volteó. Solo Trenberg pudo salvarse a sí mismo. Poco después, unos pescadores sacaron los cuerpos del lago. ¡Una tragedia! El desafortunado Trenberg telegrafió al banquero e hizo transportar los cadáveres al ferrocarril.

Ahora están en Pesth.

— Y Hughes, ¿qué hace? — Preguntó Valéria, petrificada.

— Su condición es horrible. Rodolfo está con él. ¡Hughes está loco de desesperación! "¡Dios no quiere mi arrepentimiento! ¡Él me quitó la prueba de mi vida, el objetivo de mi existencia!" — le dijo el banquero a Rodolfo, que trataba de consolarlo.

— ¿Verás a los muertos? — Preguntó la Princesa, palideciendo.

— Yo vengo de allí — dijo la Condesa, con una solución —. Tenía que contarte todo, mi Valéria. Todavía no he podido ver a Hughes. Se ha encerrado en su habitación, está agotado. Entonces la anciana madre de la enfermera, al ver a su hija muerta, hizo una escena deplorable.

Estaba desconsolada, el miserable. Hughes intentó calmarla y le prometió una pensión vitalicia. No pude resistir la escena, que fue demasiado emotiva para mí y volví a verte,

## La Venganza del Judío

después de vestir a los dos angelitos, ¡que parecían estar durmiendo...!

Y Antonieta, en un ataque de llanto, se interrumpió.

Muy pálida, como muerta, Valéria se levantó. Tenía los ojos secos. La pérdida del hijo y el hijo de Raúl, más la pena después de la desgracia que había herido a Maier, todo se había derrumbado sobre ella como un relámpago. El pecho se sintió oprimido. Pero ni una lágrima había salido para aliviarla.

— Gracias por venir. No me gustaría recibir la noticia a través de personas extrañas. Ahora, vuelve con Odila. Tu presencia allí es indispensable. No tengas miedo de dejarme sola. Mi cabeza está mareada, necesito soledad.

No queriendo molestar a la Princesa, Antonieta salió de la habitación diciendo:

— Así que nos vemos querida y que Dios te proteja, dándote calma y resignación. Mañana volveré temprano.

Al quedarse sola, Valéria se sintió febril. Quería ardientemente ver a Egon una vez más, besarlo, llorar y rezar con él, sin testigos. Pero, ¿cómo podría hacerlo?

Sus pensamientos fueron interrumpidos por la ruidosa llegada del pequeño Raúl, quien felizmente vino a llamar a su madre a la cena. Valéria lo atrajo hacia ella y, enamorada, lo besó. Ahora era su único tesoro.

La calma volvió. Valéria abrazó al chico una vez más y tocó la campana. Llegó la camarera y la Princesa le ordenó que llevara al niño, que estaba casi dormido, a sus habitaciones y no le sirviera la cena. Luego se tumbó en el sofá y empezó a meditar.

Eran casi las nueve en punto. Con el regreso de la camarera, Valéria pareció despertar. Luego se levantó, tranquila y resuelta.

## La Venganza del Judío

– Elisa, ven aquí. ¿Puedo contar con tu lealtad y discreción?

– ¡Oh! ¡Señora Princesa! ¡Pero si te he servido durante once años! ¿Puedes dudar de mí?

– Pues bien, Elisa. Escuche: los dos hijos del banquero se ahogaron. Quiero rezar con estas dos pequeñas víctimas y despedirme de ellas. Pero sola, y sin ostentación, ¿comprendes? Pues bien, Elisa: quiero que me acompañes cerca del Sr. Válden, y espérame junto a la puerta del jardín. Si los dos cuerpos se exhiben en el gran salón, como piensa mi cuñada, puedo entrar y salir sin que me vean.

– ¡Oh! ¡Su Alteza! ¡Sé cuánto sufre y se compadece tu corazón! – Exclamó la camarera besando la mano de Valéria –. Recuerdo bien muchas cosas porque Marta me confesó su crimen. ¡Seré muda como una tumba!

Veinte minutos después, Valéria empujaba, un poco temblorosa, la pequeña puerta del jardín de la casa del banquero. Jadeante y emocionada, la Princesa caminó por el oscuro sendero que, hacía una década antes, había cruzado. En ese momento, había venido a reclamar su libertad, pero ahora venía a despedirse del hijo que le habían robado y al que nunca le había dado el nombre de madre. Poco después, Valéria llegó a la vasta terraza, silenciosa.

Con vacilación, subió los escalones y atravesó una habitación a mitad de camino.

Estaba oscuro y la entrada al vasto salón se detuvo, inestable. Fue en la cámara ardiente. Dos cuerpecitos vestidos de blanco parecían estar dormidos sobre ataúdes. La cámara parecía un bosque: una gran cantidad de flores de las más variadas especies adornaban el entorno.

## La Venganza del Judío

Valéria tenía ganas de llorar. Su mirada no podía apartarse del catafalco, donde un hombre estaba arrodillado, con la cabeza apoyada en la almohada sobre la que descansaban los niños. En este hombre, que era Hughes, todo era desesperación. Valéria reconoció al banquero y caminó hacia el catafalco. Hughes estaba tan absorto en sus pensamientos que ni siquiera se dio cuenta de la llegada de la Princesa.

Solo cuando ella le tocó el hombro, murmuró asombrado:

– ¿Estás aquí, Valéria? – Su rostro estaba pálido y agitado –. ¡Oh! Me cubrí de culpa, porque cuidé muy mal a tu hijo. ¡Dios; sin embargo, da testimonio que lo amaba fuera lo que fuera!

– No vine a censurar a nadie. No tienes la culpa. Vine a llorar contigo y rezar – murmuró Valéria, arrodillándose y apoyando la frente en las frías manitas de Egon.

Por unos minutos Valéria se olvidó de todo. Fue absorbida en una oración ardiente por el alma del pobre muchacho. Con los ojos nublados por lágrimas de fuego, Valéria se inclinó hacia Egon y besó su boquita ahora incolora. En ese momento la estremeció un estremecimiento nervioso de angustia, y Valéria lloró un buen rato.

Por un momento creyó que su Egon estaba simplemente inerte, dormido. Con un gemido, se volvió y se dio cuenta que Hughes la había dejado sola.

Extraña sensación de malestar y aislamiento angustiado. El alma de Valéria, incluso en un momento tan angustioso, Hughes no podía olvidar su resentimiento. Entonces tenía prisa por salir de esa casa. Una vez más elevó su mente a Dios e hizo una oración ferviente. Luego besó a las dos víctimas y las cubrió con el velo.

## La Venganza del Judío

Estaba a punto de salir del vestíbulo cuando vio en la habitación contigua, entreabierta, el banquero sentado a una mesa en la que estaba un cuadro a gran escala de los dos niños. Valéria sintió compasión y se acercó diciendo:

– No puedo mirar con indiferencia la amarga desesperación que se apodera de ti. Ten coraje; todo lo que has apoyado valientemente.

Fuiste un verdadero padre para los dos niños. ¡Dios te compensará por todo, estoy segura!

– Gracias por las buenas palabras – respondió Hughes, levantándose lentamente –. Pero ¿qué me queda en la vida después de esta tragedia?

Solo el pasado, del que debo avergonzarme. En tu hijo amé una parte de ti; en la hija de la infortunada Ruth, estaba mi conciencia encarnada; dedicarme a ellos era mi propósito. El objetivo de mi vida. Y ahora, ¿cómo puedo vivir, solo, en esta casa enorme y desierta, sin la risa franca de los únicos seres que me amaron?

La voz del banquero se volvió apagada. Bajó la cabeza.

– El tiempo te calmará y, a tu edad, no es bueno escapar de la vida social. Eres joven, tienes muchos dones y virtudes, encontrarás un cariño que te hará olvidar todo el pasado.

Y ese cariño te permitirá amar a tus hijos, no a los extraños.

Hughes, al oír estas palabras, se levantó bruscamente mientras era impulsado por un resorte. Su mirada parpadeó y, como un rayo, se sumergió en los ojos de Valéria.

– ¡Entiendo, Señora! Te refieres a esto: "Borra de tu memoria y de tu corazón todo recuerdo que tengas de mí, busca otra mujer porque te olvidé; ¡ningún soplo del pasado me calienta el corazón!" Pero cálmate, Valéria, porque no espero nada y no pido nada; pero déjame decirte que nunca dejé de

## La Venganza del Judío

amarte: ni tu traición ni el doloroso momento en que te llevaron de mis brazos al altar, ni siquiera el tiempo, ¡nada puede destruir este loco amor mío! No, ninguna mujer puede hacerme olvidar el pasado. Sé que la tumba del Príncipe y tu olvido nos han separado para siempre. Pero también sé que hubo un tiempo en que me amabas más que a Raúl... Pero por el amor de Dios dime que todavía piensas, a veces, en los breves momentos que pasamos juntos durante la tormenta, y ¡yo entonces me inclinaré y seguiré arrastrando esta existencia vacía y miserable...!

Valéria se sintió pálida y un repentino rubor inundó sus rasgos.

– No, no puedo olvidar esos momentos. Pero, Hughes, ¿puedes seguir amándome después de todo el daño que te he hecho? ¿Después de ser la esposa de otra persona?

El banquero se pasó las manos por el pelo.

– ¡Oh! Dios sabe cuánto he intentado alejarme de este sentimiento. ¡Quería olvidarte, incluso odiarte!, pero una fuerza más grande me une a ti. ¡Estoy embrujado, Valéria! Apártate de mí, te lo pido. Sé que no tengo derecho a hablar contigo así, pero en este momento de duelo y aislamiento, junto con los escombros de mi futuro, toda la verdad huyó de mis labios. Ahora lo sabes todo.

– No desprecies tu confesión. Ella representa para mí un nuevo futuro – dijo Valéria enérgicamente, acercándose al banquero –. Nunca, Hughes, serás abandonado. La tumba de Raúl no es un obstáculo, más bien es un altar donde nuestros corazones, separados durante mucho tiempo, ¡finalmente se encontrarán!

Y Valéria, con los ojos brillantes, tomó de su pecho la carta del Príncipe.

## La Venganza del Judío

– Raúl, antes de morir, me dio esta carta pidiéndome que no la abriera sino en 24 meses. Puedes leerla.

Hughes sintió que se le nublaban los ojos. ¿Qué contenido tendría esa carta? Inclinándose hacia la luz, devoró las líneas mientras un violento rubor enrojecía su rostro.

– ¡Ah! corazón generoso! – Dijo mientras la carta se le caía de las manos.

Y su mirada ardiente se fijó en la niña, que estaba llorando. Tirando de ella hacia atrás con decisión, Hughes la abrazó contra su pecho.

– ¡Por fin estás conmigo, amada mujer! Pero... ¿a qué precio? – dijo, enamorado.

En un momento, estas dos almas reconciliadas se fusionaron en un abrazo.

Tengo que irme, Hughes. ¡Es tarde! Entonces algún empleado podrá entrar y ¿qué pensarían?

– Tienes razón, querida. Siempre tengo miedo que mi felicidad sea solo un sueño. ¿Podría esperar un resultado así en este día de duelo?

– ¡No quisiera dejarte, te ves tan agotado! – Dijo la Princesa con entusiasmo –. Ven conmigo. Lejos de esta habitación tan lúgubre, descansarás una hora, y así conversaremos más libremente.

– Desde luego, querida Valéria – dijo con ternura el banquero –. Pero, por mi parte, me temo que a los criados les sorprenderá mi visita en un momento tan inapropiado.

Nadie nos verá, excepto Elisa, mi fiel doncella. Además, mañana todos sabrán que estamos comprometidos.

Hughes tomó su sombrero, dobló la carta de Raúl y le ofreció a la Princesa su brazo. Silenciosamente salieron del pasillo. En la terraza Hughes se detuvo y, señalando a Valéria la fuente y las glorietas, dijo:

– ¿Recuerdas, Valéria, tu primera visita aquí?

– ¡Malvado! – Dijo la joven –. Entonces era ciega... Sin ser observados, ambos llegaron a las habitaciones de Valéria, donde la buena Elisa les sirvió una comida, luego los dejó solos.

Sentados en el pequeño diván, con las manos juntas, una conversación íntima los devolvió a la tranquilidad.

– ¿Por qué es que la felicidad aquí en la Tierra nunca se nos da por completo? – dijo Hughes con un suspiro –. ¿Por qué, Dios mío, tenemos que pagar nuestro amor con la muerte de dos niños pequeños? ¡Me gustaría mucho cumplir mi palabra al Príncipe, convirtiéndolos en dos seres ejemplares! Pero...

Y Hughes inclinó la cabeza con tristeza. Valéria le apretó la mano y salió de la habitación.

Solo, el banquero se levantó y miró el gran retrato de Raúl sobre el escritorio. Con un ferviente impulso, Hughes hizo luego una oración, agradeciendo al espíritu de Raúl por permitirle un poco de felicidad. Un leve estruendo de pasos hizo que Hughes se volviera su cabeza, y vio a Valéria sosteniendo en sus brazos a su pequeño Raúl dormido, la viva imagen de Egon.

– ¡Mira! – Dijo con emoción –. Te traigo un nuevo Egon.

Ámalo tanto como al otro. No tiene padre y necesita a alguien que lo haga honesto y útil a la sociedad.

Hughes, con emoción, besó a la encantadora criatura, acarició su cabello rubio y luego sus ojos buscaron el retrato de Raúl, prometiéndole desde el fondo de su alma ser un verdadero padre para su hijo, generoso y devoto, como si hubiera sido su propio hijo.

## La Venganza del Judío

Cuando pasaron seis semanas desde los hechos que acabamos de relatar, un pequeño grupo reunido en el salón del Conde de M. festejaba en la intimidad el matrimonio de Hughes con Valéria.

El Conde había propuesto quedarse unas semanas con el niño para que los dos cónyuges pudieran hacer el viaje de bodas en paz. Pero el banquero se negó, afirmando que ambos Valéria como él quería el descanso íntimo junto al hijo de Raúl. Nunca se separarían del niño.

Mientras Antonieta abrazaba a su cuñada y se despedía de ella, Rodolfo se acercó a Hughes diciéndole entre risas:

– Estaba escrito que te convertirías en mi cuñado. Si hubiéramos entendido la voluntad de las estrellas nos habríamos evitado muchos problemas...

– Me consuelo sabiendo que hoy me recibes con menos asco que antes – respondió el banquero, también riendo.

– ¡Realmente lo creo! ¡Es que te conozco mucho mejor ahora y te aprecio mucho! ¡Estoy convencido que naciste para la felicidad de Valéria!

Y Rodolfo, acompañado de Antonieta, se despidió feliz.

Valéria había esperado que su esposo no cambiara nada en las habitaciones que una vez le había preparado. Hughes, por tanto, no había tocado la disposición de los objetos. Tendría que reemplazar lo que el tiempo había desvanecido.

Emocionado, el banquero llevó a su joven esposa a las habitaciones donde había vivido momentos tristes y donde lloraba una felicidad aparentemente perdida para siempre.

– Mi reina – dijo Hughes, con emoción –, ¡durante mucho tiempo que estabas aquí esperado! ¡Que vivas feliz en esta casa! – añadió con ternura.

## La Venganza del Judío

Con una mirada, Valéria contempló el maravilloso apartamento adornado con tapices azulados, bordados en plata. Todo se sintió como un retiro de hadas. En ese momento Valéria también notó dos grandes marcos dorados, fijados a caballetes. Acercándose, levantó la cortina y descubrió su propio retrato de una doncella y la pintura que representaba a Sansón y Dalila...

– ¿Aun conservas esta odiosa pintura? – dijo, haciendo un puchero.

– Por supuesto, querida – dijo Hughes, riendo –. Y yo te ofrezco la imagen como primer regalo, porque sabes bien que me has desarmado mucho más completamente de lo que Dalila desarmó a Sansón: ¡y que mi corazón se ha convertido en tu esclavo!

Valéria sonrió y se volvió hacia la ventana: levantó la cortina de encaje, mirando hacia el cielo en ese momento lleno de estrellas radiantes...

¡Mira, Hughes, qué noche tan maravillosa! ¡Al mirar todas estas estrellas, nuestra alma se llena de adoración por el Creador!

Hughes se acercó y, abrazando a Valéria, dijo con emoción:

– Sí, cariño, especialmente cuando piensas que en estas innumerables estrellas viven seres inteligentes, almas revueltas palpitantes o llenas de amor. Gracias a Dios por hacerme entender que solo soy un átomo. ¡Un átomo que, a pesar de su culpa y negación, podría ser llevado a un remanso de felicidad y paz!

ROCHESTER

## Libros de Vera Kryzhanovskaia y JW Rochester

La Pulsera de Cleopatra
La Venganza del Judío
La Monja de los Casamientos
La Hija del Hechicero
La Flor del Pantano
La Ira Divina
La Leyenda del Castillo de Montignoso
La Muerte del Planeta
La Noche de San Bartolomé
La Venganza del Judío
Bienaventurados los pobres de espíritu
Cobra Capela
Dolores
Trilogía del Reino de las Sombras
De los Cielos a la Tierra

Episodios de la Vida de Tiberius
Hechizo Infernal
Herculanum
En la Frontera
Naema, la Bruja
En el Castillo de Escocia (Trilogia 2)
Nueva Era
El Elixir de la larga vida
El Faraón Mernephtah
Los Legisladores
Los Magos
El Terrible Fantasma
El Paraíso sin Adan
Romance de una Reina
Ustedes son Dioses

La Venganza del Judío
## Libros de Elisa Masselli

Siempre existe una razón

Nada queda sin respuesta

La vida está hecha de decisiones

La Misión de cada uno

Es necesario algo más

El Pasado no importa

El Destino en sus manos

Dios estaba con él

Cuando el pasado no pasa

Apenas comenzando

La Venganza del Judío
# Grandes Éxitos de Zibia Gasparetto

Con más de 20 millones de títulos vendidos, la autora ha contribuido para el fortalecimiento de la literatura espiritualista en el mercado editorial y para la popularización de la espiritualidad. Conozca más éxitos de la escritora.

## Romances Dictados por el Espíritu Lucius

| | |
|---|---|
| La Fuerza de la Vida | Cuando es necesario volver |
| La Verdad de cada uno | Abriéndose para la Vida |
| La vida sabe lo que hace | Sin miedo de vivir |
| Ella confió en la vida | Solo el amor lo consigue |
| Entre el Amor y la Guerra | Todos Somos Inocentes |
| Esmeralda | Todo tiene su precio |
| Espinas del Tiempo | Todo valió la pena |
| Lazos Eternos | Un amor de verdad |
| Nada es por Casualidad | Venciendo el pasado |
| Nadie es de Nadie | |
| El Abogado de Dios | |
| El Mañana a Dios pertenece | |
| El Amor Venció | |
| Encuentro Inesperado | |
| Al borde del destino | |
| El Astuto | |
| El Morro de las Ilusiones | |
| ¿Dónde está Teresa? | |
| Por las puertas del Corazón | |
| Cuando la Vida escoge | |
| Cuando llega la Hora | |

La Venganza del Judío

## Libros de Vera Lúcia Marinzeck de Carvalho y Patricia

Violetas en la Ventana
Viviendo en el Mundo de los Espíritus
La Casa del Escritor
El Vuelo de la Gaviota

## Vera Lúcia Marinzeck de Carvalho y Antônio Carlos

Amad a los Enemigos
Esclavo Bernardino
la Roca de los Amantes
Rosa, la tercera víctima fatal
Cautivos y Libertos

La Venganza del Judío
# Libros de Eliana Machado Coelho y Schellida

Corazones sin Destino

El Brillo de la Verdad

El Derecho de Ser Feliz

El Retorno

En el Silencio de las Pasiones

Fuerza para Recomenzar

La Certeza de la Victoria

La Conquista de la Paz

Lecciones que la Vida Ofrece

Más Fuerte que Nunca

Sin Reglas para Amar

Un Diario en el Tiempo

Un Motivo para Vivir

¡Eliana Machado Coelho y Schellida, Romances que cautivan, enseñan, conmueven y pueden cambiar tu vida!

La Venganza del Judío
# Libros de Mónica de Castro y Leonel

A Pesar de Todo

Con el Amor no se Juega

De Frente con la Verdad

De Todo mi Ser

Deseo

El Precio de Ser Diferente

Gemelas

Giselle, La Amante del Inquisidor

Greta

Hasta que la Vida los Separe

Impulsos del Corazón

Jurema de la Selva

La Actriz

La Fuerza del Destino

Recuerdos que el Viento Trae

Secretos del Alma

Sintiendo en la Propia Piel

# World Spiritist Institute
## https://iplogger.org/2R3gV6

www.ingramcontent.com/pod-product-compliance
Lightning Source LLC
LaVergne TN
LVHW041615060526
838200LV00040B/1299